2008

中国教育经费统计年鉴

China Educational Finance Statistical Yearbook

教　育　部　财　务　司
国家统计局社会和科技统计司　编

中国统计出版社
China Statistics Press

(京)新登字 041 号

图书在版编目(CIP)数据

中国教育经费统计年鉴.2008/教育部财务司,国家统计局社科司编.
—北京:中国统计出版社,2009.6
ISBN 978-7-5037-5693-1

Ⅰ.中…
Ⅱ.①教… ②国…
Ⅲ.教育经费—统计资料—中国—2008—年鉴
Ⅳ.G526.72—54

中国版本图书馆 CIP 数据核字(2009)第 075121 号

中国教育经费统计年鉴—2008

作　　者/教育部财务司　国家统计局社会和科技统计司
责任编辑/徐　颖
封面设计/艺编广告
出版发行/中国统计出版社
通信地址/北京市西城区月坛南街 57 号　邮政编码/100826
办公地址/北京市丰台区西三环南路甲 6 号　邮政编码/100073
网　　址/www.stats.gov.cn/tjshujia
电　　话/邮购(010)63376907　书店(010)68783172
印　　刷/河北天普润印刷厂
经　　销/新华书店
开　　本/787×1092mm　1/16
字　　数/980 千字
印　　张/42
版　　别/2009 年 6 月第 1 版
版　　次/2009 年 6 月第 1 次印刷
书　　号/ISBN 978-7-5037-5693-1/G·184
定　　价/180.00 元

《中国教育经费统计年鉴—2008》
编辑委员会

前　　言

《中国教育经费统计年鉴—2008》比较全面、系统地反映了2007年全国教育经费来源和使用的情况，为国家和地方编制教育发展规划、制定教育财政政策提供了重要的参考依据。它对于研究教育经费结构和使用效益有一定价值；对于各地之间的情况交流，提高教育财务管理水平，也将会起到促进作用。

随着我国公共财政体制的逐步建立和各项财政制度改革的深入，为完整、准确地反映政府收支活动，经国务院同意，财政部制定了《政府收支分类改革方案》，决定自2007年1月1日起，全面实施政府收支分类改革。改革后，政府收支的分类范围、分类体系和具体科目设置办法等都有较大变化。为了与这项改革相适应，并配合近年来教育事业自身的改革和发展，特对全国教育经费统计部分指标作了相应的调整。

全国教育经费统计资料的各项数据是从最基层单位开始填报，经过乡(镇)、县(市、区)、地(市)、省(自治区、直辖市)等教育主管部门层层汇总的。各级教育行政部门和统计部门对教育经费统计工作十分重视，从人员、时间、设备等方面给予了保证，并认真组织，按照准确、及时、完整的要求编制报表，保证了全国教育经费统计资料汇总工作的顺利完成。

教育部财务司组织了全国教育经费统计资料的审核、整理工作，以及全国教育经费统计分析的计算机程序编制工作。国家统计局社会与科技统计司对全国教育经费统计工作给予了很大的支持，并与教育部财务司联衔编印出版此年鉴。参加这项工作的除教育部财务司的同志外，还有上海智力开发研究所和部分省(自治区、直辖市)教育部门的同志。目前，中国教育经费统计工作还处于充实、完善阶段，加之全国性教育经费统计涉及范围广，工作量大，因此在资料的收集、编排、整理等环节上难免有不足之处，诚望同志们提出批评和建议，以便今后加以改进，把教育经费统计工作做得更好。

编　者

2009年3月

目　录

第一部分　全国教育经费收支

1—1　全国教育经费总收入……………………………………………………（2）
1—2　全国各级各类教育机构教育经费收入情况………………………………（4）
1—3　中央属各级各类教育机构教育经费收入情况……………………………（6）
1—4　地方各级各类教育机构教育经费收入情况………………………………（8）
1—5　全国教育部门和其他部门各级各类教育机构教育经费收入情况…………（10）
1—6　中央属教育部门和其他部门各级各类教育机构教育经费收入情况………（12）
1—7　地方教育部门和其他部门各级各类教育机构教育经费收入情况…………（14）
1—8　企业办各级各类教育机构教育经费收入情况……………………………（16）
1—9　中央企业办各级各类教育机构教育经费收入情况…………………………（18）
1—10　地方企业办各级各类教育机构教育经费收入情况………………………（20）
1—11　民办各级各类教育机构教育经费收入情况………………………………（22）
1—12　全国各级各类教育机构教育经费支出明细………………………………（24）
1—13　中央属各级各类教育机构教育经费支出明细……………………………（26）
1—14　地方各级各类教育机构教育经费支出明细………………………………（28）
1—15　全国教育部门和其他部门各级各类教育机构教育经费支出明细…………（30）
1—16　中央属教育部门和其他部门各级各类教育机构教育经费支出明细………（32）
1—17　地方教育部门和其他部门各级各类教育机构教育经费支出明细…………（34）
1—18　企业办各级各类教育机构教育经费支出明细……………………………（36）
1—19　中央企业办各级各类教育机构教育经费支出明细…………………………（38）
1—20　地方企业办各级各类教育机构教育经费支出明细…………………………（40）
1—21　民办各级各类教育机构教育经费支出明细………………………………（42）
1—22　全国各级各类教育机构预算内教育事业费和基本建设支出明细…………（44）
1—23　中央属各级各类教育机构预算内教育事业费和基本建设支出明细………（46）
1—24　地方各级各类教育机构预算内教育事业费和基本建设支出明细…………（48）
1—25　全国教育部门和其他部门各级各类教育机构预算内教育事业费
和基本建设支出明细…………………………………………………………（50）
1—26　中央属教育部门和其他部门各级各类教育机构预算内教育事业费和
基本建设支出明细……………………………………………………………（52）

1—27　地方教育部门和其他部门各级各类教育机构预算内教育事业费和基本建设支出明细……（54）
1—28　企业办各级各类教育机构预算内教育事业费和基本建设支出明细………（56）
1—29　中央企业办各级各类教育机构预算内教育事业费和基本建设支出明细　……（58）
1—30　地方企业办各级各类教育机构预算内教育事业费和基本建设支出明细　……（60）
1—31　民办各级各类教育机构预算内教育事业费和基本建设支出明细…………（62）
1—32　全国教育部门和其他部门各级学校生均教育经费支出……………………（64）
1—33　全国教育部门和其他部门各级学校生均预算内教育经费支出……………（65）
1—34　中央属教育部门和其他部门各级学校生均教育经费支出…………………（66）
1—35　中央属教育部门和其他部门各级学校生均预算内教育经费支出…………（67）
1—36　地方教育部门和其他部门各级学校生均教育经费支出……………………（68）
1—37　地方教育部门和其他部门各级学校生均预算内教育经费支出……………（69）

第二部分　省、自治区、直辖市按来源分类教育经费收入

2—1　分地区教育经费总收入……………………………………………………（72）
2—2　分地区国家财政性教育经费………………………………………………（74）
2—3　分地区财政预算内教育经费………………………………………………（76）
2—4　分地区财政预算内教育事业费拨款………………………………………（78）
2—5　分地区财政预算内基本建设拨款…………………………………………（80）
2—6　分地区财政预算内科研拨款………………………………………………（82）
2—7　分地区财政预算内其他拨款………………………………………………（84）
2—8　分地区各级政府征收用于教育的税费……………………………………（86）
2—9　分地区教育费附加…………………………………………………………（88）
2—10　分地区地方教育附加………………………………………………………（90）
2—11　分地区企业办学中的企业拨款……………………………………………（92）
2—12　分地区校办产业和社会服务收入用于教育的经费………………………（94）
2—13　分地区民办学校中举办者投入……………………………………………（96）
2—14　分地区社会捐赠经费………………………………………………………（98）
2—15　分地区农村捐赠经费　……………………………………………………（100）
2—16　分地区事业收入　…………………………………………………………（102）
2—17　分地区学杂费收入　………………………………………………………（104）
2—18　分地区其他收入　…………………………………………………………（106）

第三部分　省、自治区、直辖市各级各类教育机构教育经费收入情况

3—1　分地区各级各类教育机构教育经费收入情况　……………………………（110）
3—2　分地区中央属各级各类教育机构教育经费收入情况　……………………（112）
3—3　分地区地方各级各类教育机构教育经费收入情况　………………………（114）
3—4　分地区高等学校教育经费收入情况　………………………………………（116）

3—5 分地区中央属高等学校教育经费收入情况 …………………………… (118)
3—6 分地区地方高等学校教育经费收入情况 …………………………… (120)
3—7 分地区普通高等学校教育经费收入情况 …………………………… (122)
3—8 分地区中央属普通高等学校教育经费收入情况 …………………………… (124)
3—9 分地区地方普通高等学校教育经费收入情况 …………………………… (126)
3—10 分地区普通高等本科学校教育经费收入情况 …………………………… (128)
3—11 分地区中央属普通高等本科学校教育经费收入情况 …………………………… (130)
3—12 分地区地方普通高等本科学校教育经费收入情况 …………………………… (132)
3—13 分地区普通高等专科学校教育经费收入情况 …………………………… (134)
3—14 分地区中央属普通高等专科学校教育经费收入情况 …………………………… (136)
3—15 分地区地方普通高等专科学校教育经费收入情况 …………………………… (138)
3—16 分地区普通高等职业学校教育经费收入情况 …………………………… (140)
3—17 分地区中央属普通高等职业学校教育经费收入情况 …………………………… (142)
3—18 分地区地方普通高等职业学校教育经费收入情况 …………………………… (144)
3—19 分地区成人高等学校教育经费收入情况 …………………………… (146)
3—20 分地区中央属成人高等学校教育经费收入情况 …………………………… (148)
3—21 分地区地方成人高等学校教育经费收入情况 …………………………… (150)
3—22 分地区中等职业学校教育经费收入情况 …………………………… (152)
3—23 分地区中央属中等职业学校教育经费收入情况 …………………………… (154)
3—24 分地区地方中等职业学校教育经费收入情况 …………………………… (156)
3—25 分地区中等专业学校教育经费收入情况 …………………………… (158)
3—26 分地区中央属中等专业学校教育经费收入情况 …………………………… (160)
3—27 分地区地方中等专业学校教育经费收入情况 …………………………… (162)
3—28 分地区职业高中教育经费收入情况 …………………………… (164)
3—29 分地区中央属职业高中教育经费收入情况 …………………………… (166)
3—30 分地区地方职业高中教育经费收入情况 …………………………… (168)
3—31 分地区农村职业高中教育经费收入情况 …………………………… (170)
3—32 分地区技工学校教育经费收入情况 …………………………… (172)
3—33 分地区中央属技工学校教育经费收入情况 …………………………… (174)
3—34 分地区地方技工学校教育经费收入情况 …………………………… (176)
3—35 分地区成人中等专业学校教育经费收入情况 …………………………… (178)
3—36 分地区中央属成人中等专业学校教育经费收入情况 …………………………… (180)
3—37 分地区地方成人中等专业学校教育经费收入情况 …………………………… (182)
3—38 分地区中学教育经费收入情况 …………………………… (184)
3—39 分地区中央属中学教育经费收入情况 …………………………… (186)
3—40 分地区地方中学教育经费收入情况 …………………………… (188)
3—41 分地区普通中学教育经费收入情况 …………………………… (190)
3—42 分地区中央属普通中学教育经费收入情况 …………………………… (192)

3—43 分地区地方普通中学教育经费收入情况 …………………………………… (194)
3—44 分地区普通高中教育经费收入情况 ………………………………………… (196)
3—45 分地区中央属普通高中教育经费收入情况 ………………………………… (198)
3—46 分地区地方普通高中教育经费收入情况 …………………………………… (200)
3—47 分地区农村高中教育经费收入情况 ………………………………………… (202)
3—48 分地区中央属农村高中教育经费收入情况 ………………………………… (204)
3—49 分地区地方农村高中教育经费收入情况 …………………………………… (206)
3—50 分地区普通初中教育经费收入情况 ………………………………………… (208)
3—51 分地区中央属普通初中教育经费收入情况 ………………………………… (210)
3—52 分地区地方普通初中教育经费收入情况 …………………………………… (212)
3—53 分地区农村初中教育经费收入情况 ………………………………………… (214)
3—54 分地区中央属农村初中教育经费收入情况 ………………………………… (216)
3—55 分地区地方农村初中教育经费收入情况 …………………………………… (218)
3—56 分地区成人中学教育经费收入情况 ………………………………………… (220)
3—57 分地区小学教育经费收入情况 ……………………………………………… (222)
3—58 分地区中央属小学教育经费收入情况 ……………………………………… (224)
3—59 分地区地方小学教育经费收入情况 ………………………………………… (226)
3—60 分地区普通小学教育经费收入情况 ………………………………………… (228)
3—61 分地区中央属普通小学教育经费收入情况 ………………………………… (230)
3—62 分地区地方普通小学教育经费收入情况 …………………………………… (232)
3—63 分地区农村小学教育经费收入情况 ………………………………………… (234)
3—64 分地区中央属农村小学教育经费收入情况 ………………………………… (236)
3—65 分地区地方农村小学教育经费收入情况 …………………………………… (238)
3—66 分地区成人小学教育经费收入情况 ………………………………………… (240)
3—67 分地区特殊教育教育经费收入情况 ………………………………………… (242)
3—68 分地区特殊教育学校教育经费收入情况 …………………………………… (244)
3—69 分地区工读学校教育经费收入情况 ………………………………………… (246)
3—70 分地区幼儿园教育经费收入情况 …………………………………………… (248)
3—71 分地区中央属幼儿园教育经费收入情况 …………………………………… (250)
3—72 分地区地方幼儿园教育经费收入情况 ……………………………………… (252)
3—73 分地区教育行政单位教育经费收入情况 …………………………………… (254)
3—74 分地区中央属教育行政单位教育经费收入情况 …………………………… (256)
3—75 分地区地方教育行政单位教育经费收入情况 ……………………………… (258)
3—76 分地区教育事业单位教育经费收入情况 …………………………………… (260)
3—77 分地区中央属教育事业单位教育经费收入情况 …………………………… (262)
3—78 分地区地方教育事业单位教育经费收入情况 ……………………………… (264)
3—79 分地区其他教育机构教育经费收入情况 …………………………………… (266)
3—80 分地区中央属其他教育机构教育经费收入情况 …………………………… (268)

3—81 分地区地方其他教育机构教育经费收入情况 …… (270)

第四部分 省、自治区、直辖市各级各类教育机构教育经费支出明细

4—1 分地区各级各类教育机构教育经费支出明细 …… (274)
4—2 分地区中央属各级各类教育机构教育经费支出明细 …… (276)
4—3 分地区地方各级各类教育机构教育经费支出明细 …… (278)
4—4 分地区高等学校教育经费支出明细 …… (280)
4—5 分地区中央属高等学校教育经费支出明细 …… (282)
4—6 分地区地方高等学校教育经费支出明细 …… (284)
4—7 分地区普通高等学校教育经费支出明细 …… (286)
4—8 分地区中央属普通高等学校教育经费支出明细 …… (288)
4—9 分地区地方普通高等学校教育经费支出明细 …… (290)
4—10 分地区普通高等本科学校教育经费支出明细 …… (292)
4—11 分地区中央属普通高等本科学校教育经费支出明细 …… (294)
4—12 分地区地方普通高等本科学校教育经费支出明细 …… (296)
4—13 分地区普通高等专科学校教育经费支出明细 …… (298)
4—14 分地区中央属普通高等专科学校教育经费支出明细 …… (300)
4—15 分地区地方普通高等专科学校教育经费支出明细 …… (302)
4—16 分地区普通高等职业学校教育经费支出明细 …… (304)
4—17 分地区中央属普通高等职业学校教育经费支出明细 …… (306)
4—18 分地区地方普通高等职业学校教育经费支出明细 …… (308)
4—19 分地区成人高等学校教育经费支出明细 …… (310)
4—20 分地区中央属成人高等学校教育经费支出明细 …… (312)
4—21 分地区地方成人高等学校教育经费支出明细 …… (314)
4—22 分地区中等职业学校教育经费支出明细 …… (316)
4—23 分地区中央属中等职业学校教育经费支出明细 …… (318)
4—24 分地区地方中等职业学校教育经费支出明细 …… (320)
4—25 分地区中等专业学校教育经费支出明细 …… (322)
4—26 分地区中央属中等专业学校教育经费支出明细 …… (324)
4—27 分地区地方中等专业学校教育经费支出明细 …… (326)
4—28 分地区职业高中教育经费支出明细 …… (328)
4—29 分地区中央属职业高中教育经费支出明细 …… (330)
4—30 分地区地方职业高中教育经费支出明细 …… (332)
4—31 分地区农村职业高中教育经费支出明细 …… (334)
4—32 分地区技工学校教育经费支出明细 …… (336)
4—33 分地区中央属技工学校教育经费支出明细 …… (338)
4—34 分地区地方技工学校教育经费支出明细 …… (340)
4—35 分地区成人中等专业学校教育经费支出明细 …… (342)

4—36　分地区中央属成人中等专业学校教育经费支出明细 …………………… (344)
4—37　分地区地方成人中等专业学校教育经费支出明细 …………………… (346)
4—38　分地区中学教育经费支出明细 ………………………………………… (348)
4—39　分地区中央属中学教育经费支出明细 ………………………………… (350)
4—40　分地区地方中学教育经费支出明细 …………………………………… (352)
4—41　分地区普通中学教育经费支出明细 …………………………………… (354)
4—42　分地区中央属普通中学教育经费支出明细 …………………………… (356)
4—43　分地区地方普通中学教育经费支出明细 ……………………………… (358)
4—44　分地区普通高中教育经费支出明细 …………………………………… (360)
4—45　分地区中央属普通高中教育经费支出明细 …………………………… (362)
4—46　分地区地方普通高中教育经费支出明细 ……………………………… (364)
4—47　分地区农村高中教育经费支出明细 …………………………………… (366)
4—48　分地区中央属农村高中教育经费支出明细 …………………………… (368)
4—49　分地区地方农村高中教育经费支出明细 ……………………………… (370)
4—50　分地区普通初中教育经费支出明细 …………………………………… (372)
4—51　分地区中央属普通初中教育经费支出明细 …………………………… (374)
4—52　分地区地方普通初中教育经费支出明细 ……………………………… (376)
4—53　分地区农村初中教育经费支出明细 …………………………………… (378)
4—54　分地区中央属农村初中教育经费支出明细 …………………………… (380)
4—55　分地区地方农村初中教育经费支出明细 ……………………………… (382)
4—56　分地区成人中学教育经费支出明细 …………………………………… (384)
4—57　分地区小学教育经费支出明细 ………………………………………… (386)
4—58　分地区中央属小学教育经费支出明细 ………………………………… (388)
4—59　分地区地方小学教育经费支出明细 …………………………………… (390)
4—60　分地区普通小学教育经费支出明细 …………………………………… (392)
4—61　分地区中央属普通小学教育经费支出明细 …………………………… (394)
4—62　分地区地方普通小学教育经费支出明细 ……………………………… (396)
4—63　分地区农村小学教育经费支出明细 …………………………………… (398)
4—64　分地区中央属农村小学教育经费支出明细 …………………………… (400)
4—65　分地区地方农村小学教育经费支出明细 ……………………………… (402)
4—66　分地区成人小学教育经费支出明细 …………………………………… (404)
4—67　分地区特殊教育教育经费支出明细 …………………………………… (406)
4—68　分地区特殊教育学校教育经费支出明细 ……………………………… (408)
4—69　分地区工读学校教育经费支出明细 …………………………………… (410)
4—70　分地区幼儿园教育经费支出明细 ……………………………………… (412)
4—71　分地区中央属幼儿园教育经费支出明细 ……………………………… (414)
4—72　分地区地方幼儿园教育经费支出明细 ………………………………… (416)
4—73　分地区教育行政单位教育经费支出明细 ……………………………… (418)

4—74 分地区中央属教育行政单位教育经费支出明细 ……………………… (420)
4—75 分地区地方教育行政单位教育经费支出明细 ……………………… (422)
4—76 分地区教育事业单位教育经费支出明细 ……………………………… (424)
4—77 分地区中央属教育事业单位教育经费支出明细 ……………………… (426)
4—78 分地区地方教育事业单位教育经费支出明细 ………………………… (428)
4—79 分地区其他教育机构教育经费支出明细 ……………………………… (430)
4—80 分地区中央属其他教育机构教育经费支出明细 ……………………… (432)
4—81 分地区地方其他教育机构教育经费支出明细 ………………………… (434)

第五部分 省、自治区、直辖市各级各类教育机构预算内教育事业费和基本建设支出明细

5—1 分地区各级各类教育机构预算内教育事业费和基本建设支出明细 …… (438)
5—2 分地区中央属各级各类教育机构预算内教育事业费和基本建设支出明细 …………………………………………………………………… (440)
5—3 分地区地方各级各类教育机构预算内教育事业费和基本建设支出明细 …………………………………………………………………… (442)
5—4 分地区高等学校预算内教育事业费和基本建设支出明细 ……………… (444)
5—5 分地区中央属高等学校预算内教育事业费和基本建设支出明细 ……… (446)
5—6 分地区地方高等学校预算内教育事业费和基本建设支出明细 ………… (448)
5—7 分地区普通高等学校预算内教育事业费和基本建设支出明细 ………… (450)
5—8 分地区中央属普通高等学校预算内教育事业费和基本建设支出明细 … (452)
5—9 分地区地方普通高等学校预算内教育事业费和基本建设支出明细 …… (454)
5—10 分地区普通高等本科学校预算内教育事业费和基本建设支出明细 …… (456)
5—11 分地区中央属普通高等本科学校预算内教育事业费和基本建设支出明细 …………………………………………………………………… (458)
5—12 分地区地方普通高等本科学校预算内教育事业费和基本建设支出明细…… (460)
5—13 分地区普通高等专科学校预算内教育事业费和基本建设支出明细 …… (462)
5—14 分地区中央属普通高等专科学校预算内教育事业费和基本建设支出明细 …………………………………………………………………… (464)
5—15 分地区地方普通高等专科学校预算内教育事业费和基本建设支出明细…… (466)
5—16 分地区普通高等职业学校预算内教育事业费和基本建设支出明细 …… (468)
5—17 分地区中央属普通高等职业学校预算内教育事业费和基本建设支出明细 …………………………………………………………………… (470)
5—18 分地区地方普通高等职业学校预算内教育事业费和基本建设支出明细…… (472)
5—19 分地区成人高等学校预算内教育事业费和基本建设支出明细 ………… (474)
5—20 分地区中央属成人高等学校预算内教育事业费和基本建设支出明细 … (476)
5—21 分地区地方成人高等学校预算内教育事业费和基本建设支出明细 …… (478)
5—22 分地区中等职业学校预算内教育事业费和基本建设支出明细 ………… (480)
5—23 分地区中央属中等职业学校预算内教育事业费和基本建设支出明细 … (482)

5—24 分地区地方中等职业学校预算内教育事业费和基本建设支出明细 …… (484)
5—25 分地区中等专业学校预算内教育事业费和基本建设支出明细 ………… (486)
5—26 分地区中央属中等专业学校预算内教育事业费和基本建设支出明细 … (488)
5—27 分地区地方中等专业学校预算内教育事业费和基本建设支出明细 …… (490)
5—28 分地区职业高中预算内教育事业费和基本建设支出明细 ……………… (492)
5—29 分地区中央属职业高中预算内教育事业费和基本建设支出明细 ……… (494)
5—30 分地区地方职业高中预算内教育事业费和基本建设支出明细 ………… (496)
5—31 分地区农村职业高中预算内教育事业费和基本建设支出明细 ………… (498)
5—32 分地区技工学校预算内教育事业费和基本建设支出明细 ……………… (500)
5—33 分地区中央属技工学校预算内教育事业费和基本建设支出明细 ……… (502)
5—34 分地区地方技工学校预算内教育事业费和基本建设支出明细 ………… (504)
5—35 分地区成人中等专业学校预算内教育事业费和基本建设支出明细 …… (506)
5—36 分地区中央属成人中等专业学校预算内教育事业费和基本建设
支出明细 ……………………………………………………………… (508)
5—37 分地区地方成人中等专业学校预算内教育事业费和基本建设支出明细…… (510)
5—38 分地区中学预算内教育事业费和基本建设支出明细 …………………… (512)
5—39 分地区中央属中学预算内教育事业费和基本建设支出明细 …………… (514)
5—40 分地区地方中学预算内教育事业费和基本建设支出明细 ……………… (516)
5—41 分地区普通中学预算内教育事业费和基本建设支出明细 ……………… (518)
5—42 分地区中央属普通中学预算内教育事业费和基本建设支出明细 ……… (520)
5—43 分地区地方普通中学预算内教育事业费和基本建设支出明细 ………… (522)
5—44 分地区普通高中预算内教育事业费和基本建设支出明细 ……………… (524)
5—45 分地区中央属普通高中预算内教育事业费和基本建设支出明细 ……… (526)
5—46 分地区地方普通高中预算内教育事业费和基本建设支出明细 ………… (528)
5—47 分地区农村高中预算内教育事业费和基本建设支出明细 ……………… (530)
5—48 分地区中央属农村高中预算内教育事业费和基本建设支出明细 ……… (532)
5—49 分地区地方农村高中预算内教育事业费和基本建设支出明细 ………… (534)
5—50 分地区普通初中预算内教育事业费和基本建设支出明细 ……………… (536)
5—51 分地区中央属普通初中预算内教育事业费和基本建设支出明细 ……… (538)
5—52 分地区地方普通初中预算内教育事业费和基本建设支出明细 ………… (540)
5—53 分地区农村初中预算内教育事业费和基本建设支出明细 ……………… (542)
5—54 分地区中央属农村初中预算内教育事业费和基本建设支出明细 ……… (544)
5—55 分地区地方农村初中预算内教育事业费和基本建设支出明细 ………… (546)
5—56 分地区成人中学预算内教育事业费和基本建设支出明细 ……………… (548)
5—57 分地区小学预算内教育事业费和基本建设支出明细 …………………… (550)
5—58 分地区中央属小学预算内教育事业费和基本建设支出明细 …………… (552)
5—59 分地区地方小学预算内教育事业费和基本建设支出明细 ……………… (554)
5—60 分地区普通小学预算内教育事业费和基本建设支出明细 ……………… (556)

5—61　分地区中央属普通小学预算内教育事业费和基本建设支出明细 ……… (558)
5—62　分地区地方普通小学预算内教育事业费和基本建设支出明细 ………… (560)
5—63　分地区农村小学预算内教育事业费和基本建设支出明细 ……………… (562)
5—64　分地区中央属农村小学预算内教育事业费和基本建设支出明细 ……… (564)
5—65　分地区地方农村小学预算内教育事业费和基本建设支出明细 ………… (566)
5—66　分地区成人小学预算内教育事业费和基本建设支出明细 ……………… (568)
5—67　分地区特殊教育预算内教育事业费和基本建设支出明细 ……………… (570)
5—68　分地区特殊教育学校预算内教育事业费和基本建设支出明细 ………… (572)
5—69　分地区工读学校预算内教育事业费和基本建设支出明细 ……………… (574)
5—70　分地区幼儿园预算内教育事业费和基本建设支出明细 ………………… (576)
5—71　分地区中央属幼儿园预算内教育事业费和基本建设支出明细 ………… (578)
5—72　分地区地方幼儿园预算内教育事业费和基本建设支出明细 …………… (580)
5—73　分地区教育行政单位预算内教育事业费和基本建设支出明细 ………… (582)
5—74　分地区中央属教育行政单位预算内教育事业费和基本建设支出明细 … (584)
5—75　分地区地方教育行政单位预算内教育事业费和基本建设支出明细 …… (586)
5—76　分地区教育事业单位预算内教育事业费和基本建设支出明细 ………… (588)
5—77　分地区中央属教育事业单位预算内教育事业费和基本建设支出明细 … (590)
5—78　分地区地方教育事业单位预算内教育事业费和基本建设支出明细 …… (592)
5—79　分地区其他教育机构预算内教育事业费和基本建设支出明细 ………… (594)
5—80　分地区中央属其他教育机构预算内教育事业费和基本建设支出明细 … (596)
5—81　分地区地方其他教育机构预算内教育事业费和基本建设支出明细 …… (598)

第六部分　省、自治区、直辖市教育部门和其他部门各级各类学校生均教育经费支出

6—1　分地区高等学校生均教育经费支出 ……………………………………… (603)
6—2　分地区高等学校生均预算内教育经费支出 ……………………………… (604)
6—3　分地区中央属高等学校生均教育经费支出 ……………………………… (605)
6—4　分地区中央属高等学校生均预算内教育经费支出 ……………………… (606)
6—5　分地区地方高等学校生均教育经费支出 ………………………………… (607)
6—6　分地区地方高等学校生均预算内教育经费支出 ………………………… (608)
6—7　分地区普通高等学校生均教育经费支出 ………………………………… (609)
6—8　分地区普通高等学校生均预算内教育经费支出 ………………………… (610)
6—9　分地区中央属普通高等学校生均教育经费支出 ………………………… (611)
6—10　分地区中央属普通高等学校生均预算内教育经费支出 ……………… (612)
6—11　分地区地方普通高等学校生均教育经费支出 ………………………… (613)
6—12　分地区地方普通高等学校生均预算内教育经费支出 ………………… (614)
6—13　分地区普通高等本科学校生均教育经费支出 ………………………… (615)
6—14　分地区普通高等本科学校生均预算内教育经费支出 ………………… (616)
6—15　分地区地方普通高等本科学校生均教育经费支出 …………………… (617)

6—16 分地区地方普通高等本科学校生均预算内教育经费支出 ………………(618)
6—17 分地区地方普通高等专科学校生均教育经费支出 ……………………(619)
6—18 分地区地方普通高等专科学校生均预算内教育经费支出 ………………(620)
6—19 分地区地方普通高等职业学校生均教育经费支出 ……………………(621)
6—20 分地区地方普通高等职业学校生均预算内教育经费支出 ………………(622)
6—21 分地区地方中等职业学校生均教育经费支出 …………………………(623)
6—22 分地区地方中等职业学校生均预算内教育经费支出 …………………(624)
6—23 分地区地方中等专业学校生均教育经费支出 …………………………(625)
6—24 分地区地方中等专业学校生均预算内教育经费支出 …………………(626)
6—25 分地区地方职业高中生均教育经费支出 ……………………………(627)
6—26 分地区地方职业高中生均预算内教育经费支出 ………………………(628)
6—27 分地区地方农村职业高中生均教育经费支出 …………………………(629)
6—28 分地区地方农村职业高中生均预算内教育经费支出 …………………(630)
6—29 分地区地方技工学校生均教育经费支出 ……………………………(631)
6—30 分地区地方技工学校生均预算内教育经费支出 ………………………(632)
6—31 分地区地方普通中学生均教育经费支出 ……………………………(633)
6—32 分地区地方普通中学生均预算内教育经费支出 ………………………(634)
6—33 分地区地方普通高中生均教育经费支出 ……………………………(635)
6—34 分地区地方普通高中生均预算内教育经费支出 ………………………(636)
6—35 分地区地方农村高中生均教育经费支出 ……………………………(637)
6—36 分地区地方农村高中生均预算内教育经费支出 ………………………(638)
6—37 分地区地方普通初中生均教育经费支出 ……………………………(639)
6—38 分地区地方普通初中生均预算内教育经费支出 ………………………(640)
6—39 分地区地方农村初中生均教育经费支出 ……………………………(641)
6—40 分地区地方农村初中生均预算内教育经费支出 ………………………(642)
6—41 分地区地方普通小学生均教育经费支出 ……………………………(643)
6—42 分地区地方普通小学生均预算内教育经费支出 ………………………(644)
6—43 分地区地方农村小学生均教育经费支出 ……………………………(645)
6—44 分地区地方农村小学生均预算内教育经费支出 ………………………(646)
6—45 分地区地方特殊教育学校生均教育经费支出 …………………………(647)
6—46 分地区地方特殊教育学校生均预算内教育经费支出 …………………(648)
6—47 分地区地方幼儿园生均教育经费支出 ………………………………(649)
6—48 分地区地方幼儿园生均预算内教育经费支出 …………………………(650)

附录

全国教育经费统计指标说明……………………………………………………(653)

第一部分

全国教育经费收支

1—1 全国教育经费

指标	总计		
	合计	中央	地方
总计	**1214806630**	**136258881**	**1078547749**
一、国家财政性教育经费	828021421	78805108	749216313
1. 预算内教育经费	765490819	76248075	689242744
(1)教育事业费拨款	639843798	38180954	601662844
(2)基本建设拨款	20177157	3897175	16279982
(3)科研拨款	12400037	8497974	3902063
(4)其他拨款	93069827	25671972	67397855
2. 各级政府征收用于教育的税费	54326044	18732	54307312
(1)教育费附加	43942867	18732	43924135
(2)地方教育附加	10383177		10383177
3. 企业办学中的企业拨款	5202838	1128339	4074499
4. 校办产业和社会服务收入用于教育的经费	3001720	1409962	1591758
二、民办学校中举办者投入	8093374		8093374
三、社会捐赠经费	9305839	1443295	7862544
#农村	619456		619456
四、事业收入	317723573	46047689	271675884
#学杂费	213090822	21968282	191122540
五、其他收入	51662423	9962789	41699634

注：表中“#”表示其中的主要项，以下同。表中“空格”表示无该项数据，以下同。

总收入

单位：千元

教育部门和其他部门			企业办学			民办学校
合计	中央	地方	合计	中央	地方	地方
1125346328	131556479	993789849	14278260	4702402	9575858	75182042
816037659	75373329	740664330	8956825	3431779	5525046	3026937
759153981	73991586	685162395	3482514	2256489	1226025	2854324
634476654	36209932	598266722	2957403	1971022	986381	2409741
19911228	3753195	16158033	167848	143980	23868	98081
12400037	8497974	3902063				
92366062	25530485	66835577	357263	141487	215776	346502
54001846	10330	53991516	151585	8402	143183	172613
43656298	10330	43645968	145140	8402	136738	141429
10345548		10345548	6445		6445	31184
			5202838	1128339	4074499	
2881832	1371413	1510419	119888	38549	81339	
						8093374
8574192	1437062	7137130	48635	6233	42402	683012
619456		619456				
252423953	45006274	207417679	4559617	1041415	3518202	60740003
156193312	21201106	134992206	3646090	767176	2878914	53251420
48310524	9739814	38570710	713183	222975	490208	2638716

1—2 全国各级各类教育机构

学校类别	总计	国家财政性教育经费	预算内教育经费	教育事业费拨款	基本建设拨款	科研拨款	其他拨款	各级政府征收用于教育的税费	教育费附加
总计	**1214806630**	**828021421**	**765490819**	**639843798**	**20177157**	**12400037**	**93069827**	**54326044**	**43942867**
一、高等学校	376230072	164811880	159991507	122441502	8572237	12400037	16577731	1911765	1414055
1. 普通高等学校	363418512	159831871	155430423	118610610	8531582	12371149	15917082	1724730	1241980
高等本科学校	300260837	136593166	133729145	100250136	7363729	12246915	13868365	856734	519210
高等专科学校	7937051	3686471	3596185	3120500	78765	42046	354874	72207	60686
高等职业学校	55220624	19552234	18105093	15239974	1089088	82188	1693843	795789	662084
2. 成人高等学校	12811560	4980009	4561084	3830892	40655	28888	660649	187035	172075
二、中等职业学校	85179826	51219569	44087521	38028056	1680002		4379463	6341036	5350952
1. 中等专业学校	34733531	19516377	17562319	15081488	530409		1950422	1695156	1427185
2. 职业高中	34793131	22809253	18550467	16423143	576088		1551236	4164597	3570438
#农村	3926637	2512223	2133153	1960569	30940		141644	365437	321141
3. 技工学校	9944542	5188938	4533506	3561777	551781		419948	273938	195379
4. 成人中专学校	5708622	3705001	3441229	2961648	21724		457857	207345	157950
三、中学	345244616	253608500	229345118	204785161	5624909		18935048	21937072	17946263
1. 普通中学	344823248	253388215	229155188	204611817	5624149		18919222	21907025	17937390
普通高中	139350441	79481949	68990981	59768541	2778830		6443610	9743580	8346588
#农村	17836128	9983103	8966298	8182455	73235		710608	932983	812618
普通初中	205472807	173906266	160164207	144843276	2845319		12475612	12163445	9590802
#农村	110430731	103232971	97260617	89220129	1135015		6905473	5552660	3940889
2. 成人中学	421368	220285	189930	173344	760		15826	30047	8873
四、小学	294872368	267426211	251791476	222586447	2415291		26789738	13766360	10753935
1. 普通小学	294829746	267388633	251754626	222550797	2415291		26788538	13765716	10753293
#农村	188346641	180699905	173490398	154563809	1127799		17798790	6588818	4706535
2. 成人小学	42622	37578	36850	35650			1200	644	642
五、特殊教育	3116273	2881353	2613114	2362267	23480		227367	267275	233243
1. 特殊教育学校	3013833	2791818	2529879	2293166	20270		216443	260975	226943
2. 工读学校	102440	89535	83235	69101	3210		10924	6300	6300
六、幼儿园	15713892	10282693	9549467	8531959	121308		896200	715568	570853
七、教育行政单位	19123621	15874239	12423096	10485257	401641		1536198	3433704	2797253
八、教育事业单位	45980976	35582797	29457702	25083034	763732		3610936	5923278	4848747
九、其他	29344986	26334179	26231818	5540115	574557		20117146	29986	27566

教育经费收入情况

单位：千元

地方教育附加	企业办学中的企业拨款	校办产业和社会服务收入用于教育的经费	民办学校中举办者投入	社会捐赠经费	#农村	事业收入	#学杂费	其他收入
10383177	**5202838**	**3001720**	**8093374**	**9305839**	**619456**	**317723573**	**213090822**	**51662423**
497710	987279	1921329	3192210	2746661		176615723	127744527	28863598
482750	798146	1878572	3187880	2718090		169870272	122319137	27810399
337524	217607	1789680	2340273	2458583		134529405	92116763	24339410
11521	17229	850	528	17784		3935259	2759589	297009
133705	563310	88042	847079	241723		31405608	27442785	3173980
14960	189133	42757	4330	28571		6745451	5425390	1053199
990084	649756	141256	735634	289087	5157	29560309	24010105	3375227
267971	192919	65983	256608	86366	1376	13272534	10988367	1601646
594159	64503	29686	346942	185991	3781	10349840	8413888	1101105
44296	9730	3903	37457	21247	3779	1232393	997256	123317
78559	340958	40536	69891	10266		4250501	3550147	424946
49395	51376	5051	62193	6464		1687434	1057703	247530
3990809	1898405	427905	2815726	3132342	256045	76187421	50321492	9500627
3969635	1898405	427597	2812176	3132035	255921	76020491	50274088	9470331
1396992	547853	199535	1562584	1292813	91302	52494180	37097080	4518915
120365	57294	26528	164926	154180	34162	7089968	5171484	443951
2572643	1350552	228062	1249592	1839222	164619	23526311	13177008	4951416
1611771	287943	131751	149921	565064	134132	4650034	1123887	1832741
21174		308	3550	307	124	166930	47404	30296
3012425	1654280	214095	1349383	2639876	343502	18310402	9890971	5146496
3012423	1654280	214011	1349383	2639875	343502	18305647	9886890	5146208
1882283	501520	119169	180693	1100541	306007	4105761	855981	2259741
2		84		1		4755	4081	288
34032		964	421	37513	1845	108008	27884	88978
34032		964	421	37452	1845	97660	24729	86482
				61		10348	3155	2496
144715	1337	16321		152282	10081	4826441		452476
636451	4335	13104		114386	1198	2089850		1045146
1074531	499	201318		150642	1628	7478466		2769071
2420	6947	65428		43050		2546953	1095843	420804

1—3 中央属各级各类教育机构

学校类别	总计	国家财政性教育经费							
			预算内教育经费					各级政府征收用于教育的税费	
				教育事业费拨款	基本建设拨款	科研拨款	其他拨款		教育费附加
总计	**143184157**	**85730384**	**83147661**	**42246877**	**3969322**	**10163041**	**26768421**	**44422**	**44422**
一、高等学校	113858917	59929427	58073989	37265415	3741546	10163041	6903987	25800	25800
1.普通高等学校	113190485	59786156	58004586	37210742	3741546	10159961	6892337	25800	25800
高等本科学校	111898299	59277159	57782248	37101861	3681941	10158095	6840351	25800	25800
高等专科学校	184451	100909	100039	50833	32005	1726	15475		
高等职业学校	1107735	408088	122299	58048	27600	140	36511		
2.成人高等学校	668432	143271	69403	54673		3080	11650		
二、中等职业学校	676697	378851	214043	129991	33300		50752	15876	15876
1.中等专业学校	441094	267887	179012	100215	33300		45497	15876	15876
2.职业高中	60539	37602	22882	20003			2879		
#农村									
3.技工学校	120872	45012	9143	7221			1922		
4.成人中专学校	54192	28350	3006	2552			454		
三、中学	1741162	1288347	1036536	897754	80502		58280	2066	2066
1.普通中学	1741162	1288347	1036536	897754	80502		58280	2066	2066
普通高中	861833	539168	450520	378063	47434		25023	1401	1401
#农村	79363	73671	66638	55461	5964		5213		
普通初中	879329	749179	586016	519691	33068		33257	665	665
#农村	439627	425399	375367	331649	25608		18110		
2.成人中学									
四、小学	1225061	1091134	814050	754135	32798		27117	680	680
1.普通小学	1225061	1091134	814050	754135	32798		27117	680	680
#农村	612279	603861	527010	483602	24468		18940		
2.成人小学									
五、特殊教育									
1.特殊教育学校									
2.工读学校									
六、幼儿园	6766	4613	3276	2161			1115		
七、教育行政单位	110691	89345	85005	83748			1257		
八、教育事业单位	5522499	3324297	3305426	2621509	35730		648187		
九、其他	20042364	19624370	19615336	492164	45446		19077726		

教育经费收入情况

单位:千元

地方教育附加	企业办学中的企业拨款	校办产业和社会服务收入用于教育的经费	民办学校中举办者投入	社会捐赠经费	#农村	事业收入	#学杂费	其他收入
	1128339	**1409962**		**1443295**		**46047689**	**21968282**	**9962789**
	459079	1370559		1375517		43401808	21528239	9152165
	385211	1370559		1375517		42909039	21148793	9119773
	98553	1370558		1375207		42271963	20628296	8973970
	870					71239	59052	12303
	285788	1		310		565837	461445	133500
	73868					492769	379446	32392
	147941	991		54		267111	204545	30681
	72899	100		51		151953	106694	21203
	14720			3		17995	16921	4939
	34978	891				73815	57782	2045
	25344					23348	23148	2494
	241415	8330		22922		295745	198595	134148
	241415	8330		22922		295745	198595	134148
	83906	3341		14495		216953	156471	91217
	5921	1112		127		5411	2945	154
	157509	4989		8427		78792	42124	42931
	46256	3776		941		12306	5694	981
	266786	9618		6410		52546	16984	74971
	266786	9618		6410		52546	16984	74971
	71918	4933		582		6817	754	1019
	1337			15		1622		516
	4335	5		13		17514		3819
	499	18372				1744487		453715
	6947	2087		38364		266856	19919	112774

1—4 地方各级各类教育机构

学校类别	总计	国家财政性教育经费	预算内教育经费	教育事业费拨款	基本建设拨款	科研拨款	其他拨款	各级政府征收用于教育的税费	教育费附加
总计	**1071622473**	**742291037**	**682343158**	**597596921**	**16207835**	**2236996**	**66301406**	**54281622**	**43898445**
一、高等学校	262371155	104882453	101917518	85176087	4830691	2236996	9673744	1885965	1388255
1. 普通高等学校	250228027	100045715	97425837	81399868	4790036	2211188	9024745	1698930	1216180
高等本科学校	188362538	77316007	75946897	63148275	3681788	2088820	7028014	830934	493410
高等专科学校	7752600	3585562	3496146	3069667	46760	40320	339399	72207	60686
高等职业学校	54112889	19144146	17982794	15181926	1061488	82048	1657332	795789	662084
2. 成人高等学校	12143128	4836738	4491681	3776219	40655	25808	648999	187035	172075
二、中等职业学校	84503129	50840718	43873478	37898065	1646702		4328711	6325160	5335076
1. 中等专业学校	34292437	19248490	17383307	14981273	497109		1904925	1679280	1411309
2. 职业高中	34732592	22771651	18527585	16403140	576088		1548357	4164597	3570438
#农村	3926637	2512223	2133153	1960569	30940		141644	365437	321141
3. 技工学校	9823670	5143926	4524363	3554556	551781		418026	273938	195379
4. 成人中专学校	5654430	3676651	3438223	2959096	21724		457403	207345	157950
三、中学	343503454	252320153	228308582	203887407	5544407		18876768	21935006	17944197
1. 普通中学	343082086	252099868	228118652	203714063	5543647		18860942	21904959	17935324
普通高中	138488608	78942781	68540461	59390478	2731396		6418587	9742179	8345187
#农村	17756765	9909432	8899660	8126994	67271		705395	932983	812618
普通初中	204593478	173157087	159578191	144323585	2812251		12442355	12162780	9590137
#农村	109991104	102807572	96885250	88888480	1109407		6887363	5552660	3940889
2. 成人中学	421368	220285	189930	173344	760		15826	30047	8873
四、小学	293647307	266335077	250977426	221832312	2382493		26762621	13765680	10753255
1. 普通小学	293604685	266297499	250940576	221796662	2382493		26761421	13765036	10752613
#农村	187734362	180096044	172963388	154080207	1103331		17779850	6588818	4706535
2. 成人小学	42622	37578	36850	35650			1200	644	642
五、特殊教育	3116273	2881353	2613114	2362267	23480		227367	267275	233243
1. 特殊教育学校	3013833	2791818	2529879	2293166	20270		216443	260975	226943
2. 工读学校	102440	89535	83235	69101	3210		10924	6300	6300
六、幼儿园	15707126	10278080	9546191	8529798	121308		895085	715568	570853
七、教育行政单位	19012930	15784894	12338091	10401509	401641		1534941	3433704	2797253
八、教育事业单位	40458477	32258500	26152276	22461525	728002		2962749	5923278	4848747
九、其他	9302622	6709809	6616482	5047951	529111		1039420	29986	27566

教育经费收入情况

单位：千元

地方教育附加	企业办学中的企业拨款	校办产业和社会服务收入用于教育的经费	民办学校中举办者投入	社会捐赠经费	#农村	事业收入	#学杂费	其他收入
10383177	**4074499**	**1591758**	**8093374**	**7862544**	**619456**	**271675884**	**191122540**	**41699634**
497710	528200	550770	3192210	1371144		133213915	106216288	19711433
482750	412935	508013	3187880	1342573		126961233	101170344	18690626
337524	119054	419122	2340273	1083376		92257442	71488467	15365440
11521	16359	850	528	17784		3864020	2700537	284706
133705	277522	88041	847079	241413		30839771	26981340	3040480
14960	115265	42757	4330	28571		6252682	5045944	1020807
990084	501815	140265	735634	289033	5157	29293198	23805560	3344546
267971	120020	65883	256608	86315	1376	13120581	10881673	1580443
594159	49783	29686	346942	185988	3781	10331845	8396967	1096166
44296	9730	3903	37457	21247	3779	1232393	997256	123317
78559	305980	39645	69891	10266		4176686	3492365	422901
49395	26032	5051	62193	6464		1664086	1034555	245036
3990809	1656990	419575	2815726	3109420	256045	75891676	50122897	9366479
3969635	1656990	419267	2812176	3109113	255921	75724746	50075493	9336183
1396992	463947	196194	1562584	1278318	91302	52277227	36940609	4427698
120365	51373	25416	164926	154053	34162	7084557	5168539	443797
2572643	1193043	223073	1249592	1830795	164619	23447519	13134884	4908485
1611771	241687	127975	149921	564123	134132	4637728	1118193	1831760
21174		308	3550	307	124	166930	47404	30296
3012425	1387494	204477	1349383	2633466	343502	18257856	9873987	5071525
3012423	1387494	204393	1349383	2633465	343502	18253101	9869906	5071237
1882283	429602	114236	180693	1099959	306007	4098944	855227	2258722
2		84		1		4755	4081	288
34032		964	421	37513	1845	108008	27884	88978
34032		964	421	37452	1845	97660	24729	86482
				61		10348	3155	2496
144715		16321		152267	10081	4824819		451960
636451		13099		114373	1198	2072336		1041327
1074531		182946		150642	1628	5733979		2315356
2420		63341		4686		2280097	1075924	308030

1—5 全国教育部门和其他部门各级各类

学校类别	总 计	预算内教育经费	教育事业费拨款	基本建设拨款	科研拨款	其他拨款	各级政府征收用于教育的税费	教育费附加
总 计	**1125346328**	**759153981**	**634476654**	**19911228**	**12400037**	**92366062**	**54001846**	**43656298**
一、高等学校	338203470	158426031	121235059	8482206	12400037	16308729	1872834	1383274
1. 普通高等学校	325973235	153932376	117436895	8441551	12371149	15682781	1685799	1211199
高等本科学校	275540923	132595208	99323165	7287729	12246915	13737399	832450	498926
高等专科学校	7662023	3547653	3092982	78765	42046	333860	72207	60686
高等职业学校	42770289	17789515	15020748	1075057	82188	1611522	781142	651587
2. 成人高等学校	12230235	4493655	3798164	40655	28888	625948	187035	172075
二、中等职业学校	75903022	42948742	37056469	1644202		4248071	6243618	5257022
1. 中等专业学校	31872445	17141611	14776811	499109		1865691	1672031	1404120
2. 职业高中	31223991	18129123	16022859	571588		1534676	4138157	3547426
#农村	3577510	2087299	1916547	30940		139812	348153	304689
3. 技工学校	7679530	4319921	3372029	551781		396111	227139	148580
4. 成人中专学校	5127056	3358087	2884770	21724		451593	206291	156896
三、中学	316158082	227236810	202922172	5550619		18764019	21821848	17846966
1. 普通中学	315803032	227049447	202751395	5549859		18748193	21791801	17838093
普通高中	126969401	68335164	59197161	2748034		6389969	9698868	8310031
#农村	16494453	8873803	8103682	67271		702850	931502	812163
普通初中	188833631	158714283	143554234	2801825		12358224	12092933	9528062
#农村	107743066	96698025	88710583	1109407		6878035	5543956	3932939
2. 成人中学	355050	187363	170777	760		15826	30047	8873
四、小学	281935318	250347908	221324583	2355863		26667462	13694736	10691466
1. 普通小学	281895862	250311293	221289168	2355863		26666262	13694092	10690824
#农村	185710179	172790538	153916746	1102921		17770871	6580541	4700051
2. 成人小学	39456	36615	35415			1200	644	642
五、特殊教育	3109866	2612372	2361558	23480		227334	266274	233151
1. 特殊教育学校	3007426	2529137	2292457	20270		216410	259974	226851
2. 工读学校	102440	83235	69101	3210		10924	6300	6300
六、幼儿园	15707191	9546197	8529798	121308		895091	715568	570853
七、教育行政单位	19089574	12400108	10463526	401641		1534941	3433704	2797253
八、教育事业单位	45965321	29445373	25071316	763732		3610325	5923278	4848747
九、其他	29274484	26190440	5512173	568177		20110090	29986	27566

教育机构教育经费收入情况

单位:千元

地方教育附加	事业收入	#学杂费	校办产业和社会服务收入用于教育的经费	捐赠收入	其他收入	附1:本年实际收取学费	#普通本专科学费	附2:上级补助收入
10345548	**252423953**	**156193312**	**2881832**	**8574192**	**48310524**	**158320886**	**74287201**	**5809144**
489560	145726562	98942122	1870162	2609263	27698618	101437000	74287201	1391586
474600	139283618	93771906	1830201	2581160	26660081	96018744	71514928	1299710
333524	113975389	72663618	1770867	2412253	23954756	73889053	54556966	933947
11521	3750217	2637996	850	17552	273544	2817008	2597882	25152
129555	21558012	18470292	58484	151355	2431781	19312683	14360080	340611
14960	6442944	5170216	39961	28103	1038537	5418256	2772273	91876
986596	23526610	18797147	121699	258943	2803410	18960102		814435
267911	11453170	9433385	59898	82023	1463712	9483857		390960
590731	7861426	6255680	28162	161395	905728	6427521		253529
43464	1018483	814488	3853	11577	108145	826048		39743
78559	2894336	2376821	28595	9197	200342	2324654		112591
49395	1317678	731261	5044	6328	233628	724070		57355
3974882	55695304	33913748	402212	2646679	8355229	33426123		1462624
3953708	55588313	33875525	401904	2646373	8325194	33386988		1457914
1388837	43612291	29830773	190102	1038850	4094126	29357924		545230
119339	6154689	4440085	25412	117002	392045	4427512		70368
2564871	11976022	4044752	211802	1607523	4231068	4029064		912684
1611017	3107995		127328	514926	1750836			509135
21174	106991	38223	308	306	30035	39135		4710
3003270	10455161	3422559	191673	2562301	4683539	3428042		1202492
3003268	10453337	3421409	191589	2562300	4683251	3426626		1202466
1880490	2952981		112957	1090731	2182431			636400
2	1824	1150	84	1	288	1416		26
33123	104843	27066	964	36726	88687	27790		28251
33123	94495	23911	964	36665	86191	24620		28161
	10348	3155		61	2496	3170		90
144715	4824863		16321	152282	451960			101712
636451	2086686		13099	114373	1041604			144920
1074531	7476011		201318	150642	2768699			643897
2420	2527913	1090670	64384	42983	418778	1041829		19227

1—6　中央属教育部门和其他部门各级各类

学校类别	总　计	预 算 内 教育经费	教育事业 费 拨 款	基本建设 拨　　款	科　研 拨　款	其　他 拨　款	各级政府 征　　收 用于教育 的 税 费	教育费 附　加
总　　计	**138481755**	**80891172**	**40275855**	**3825342**	**10163041**	**26626934**	**36020**	**36020**
一、高等学校	112089630	57547869	36808396	3718546	10163041	6857886	25800	25800
1. 普通高等学校	111561142	57498469	36769755	3718546	10159961	6850207	25800	25800
高等本科学校	111008284	57318348	36681048	3668441	10158095	6810764	25800	25800
高等专科学校	133190	91409	50358	32005	1726	7320		
高等职业学校	419668	88712	38349	18100	140	32123		
2. 成人高等学校	528488	49400	38641		3080	7679		
二、中等职业学校	176824	85042	58362	2000		24680	10220	10220
1. 中等专业学校	161804	74891	51051	2000		21840	10220	10220
2. 职业高中	12258	10151	7311			2840		
#农村								
3. 技工学校	2762							
4. 成人中专学校								
三、中学	517913	251077	197566	30000		23511		
1. 普通中学	517913	251077	197566	30000		23511		
普通高中	396104	196902	152644	30000		14258		
#农村								
普通初中	121809	54175	44922			9253		
#农村								
2. 成人中学								
四、小学	141973	78106	75501			2605		
1. 普通小学	141973	78106	75501			2605		
#农村								
2. 成人小学								
五、特殊教育								
1. 特殊教育学校								
2. 工读学校								
六、幼儿园	65	6				6		
七、教育行政单位	76644	62017	62017					
八、教育事业单位	5506844	3293097	2609791	35730		647576		
九、其他	19971862	19573958	464222	39066		19070670		

教育机构教育经费收入情况

单位:千元

地方教育附加	事业收入	#学杂费	校办产业和社会服务收入用于教育的经费	捐赠收入	其他收入	附1:本年实际收取学费	#普通本专科学费	附2:上级补助收入
	45006274	**21201106**	**1371413**	**1437062**	**9739814**	**20796890**	**10094769**	**242616**
	42772958	21015616	1351746	1375233	9016024	20612945	10094769	212245
	42325201	20672293	1351746	1375233	8984693	20157653	9658709	210467
	41973567	20388613	1351745	1374923	8963901	19843573	9388090	210467
	33643	21456			8138	21456	21456	
	317991	262224	1	310	12654	292624	249163	
	447757	343323			31331	455292	436060	1778
	70088	52774			11474	52845		14740
	65398	50447			11295	50518		14740
	1971	1217			136	1217		
	2719	1110			43	1110		
	150607	113860	31	19462	96736	112487		
	150607	113860	31	19462	96736	112487		
	115811	92844		13102	70289	91451		
	34796	21016	31	6360	26447	21036		
	8379	4110	221	4055	51212	3867		15631
	8379	4110	221	4055	51212	3867		15631
	44			15				
	14350				277			
	1742032		18372		453343			
	247816	14746	1043	38297	110748	14746		

1—7　地方教育部门和其他部门各级各类

学校类别	总　计	预算内教育经费					各级政府征收用于教育的税费	
			教育事业费拨款	基本建设拨款	科研拨款	其他拨款		教育费附加
总　　计	**986864573**	**678262809**	**594200799**	**16085886**	**2236996**	**65739128**	**53965826**	**43620278**
一、高等学校	226113840	100878162	84426663	4763660	2236996	9450843	1847034	1357474
1. 普通高等学校	214412093	96433907	80667140	4723005	2211188	8832574	1659999	1185399
高等本科学校	164532639	75276860	62642117	3619288	2088820	6926635	806650	473126
高等专科学校	7528833	3456244	3042624	46760	40320	326540	72207	60686
高等职业学校	42350621	17700803	14982399	1056957	82048	1579399	781142	651587
2. 成人高等学校	11701747	4444255	3759523	40655	25808	618269	187035	172075
二、中等职业学校	75726198	42863700	36998107	1642202		4223391	6233398	5246802
1. 中等专业学校	31710641	17066720	14725760	497109		1843851	1661811	1393900
2. 职业高中	31211733	18118972	16015548	571588		1531836	4138157	3547426
＃农村	3577510	2087299	1916547	30940		139812	348153	304689
3. 技工学校	7676768	4319921	3372029	551781		396111	227139	148580
4. 成人中专学校	5127056	3358087	2884770	21724		451593	206291	156896
三、中学	315640169	226985733	202724606	5520619		18740508	21821848	17846966
1. 普通中学	315285119	226798370	202553829	5519859		18724682	21791801	17838093
普通高中	126573297	68138262	59044517	2718034		6375711	9698868	8310031
＃农村	16494453	8873803	8103682	67271		702850	931502	812163
普通初中	188711822	158660108	143509312	2801825		12348971	12092933	9528062
＃农村	107743066	96698025	88710583	1109407		6878035	5543956	3932939
2. 成人中学	355050	187363	170777	760		15826	30047	8873
四、小学	281793345	250269802	221249082	2355863		26664857	13694736	10691466
1. 普通小学	281753889	250233187	221213667	2355863		26663657	13694092	10690824
＃农村	185710179	172790538	153916746	1102921		17770871	6580541	4700051
2. 成人小学	39456	36615	35415			1200	644	642
五、特殊教育	3109866	2612372	2361558	23480		227334	266274	233151
1. 特殊教育学校	3007426	2529137	2292457	20270		216410	259974	226851
2. 工读学校	102440	83235	69101	3210		10924	6300	6300
六、幼儿园	15707126	9546191	8529798	121308		895085	715568	570853
七、教育行政单位	19012930	12338091	10401509	401641		1534941	3433704	2797253
八、教育事业单位	40458477	26152276	22461525	728002		2962749	5923278	4848747
九、其他	9302622	6616482	5047951	529111		1039420	29986	27566

教育机构教育经费收入情况

单位：千元

地方教育附加	事业收入	#学杂费	校办产业和社会服务收入用于教育的经费	捐赠收入	其他收入	附1:本年实际收取学费	#普通本专科学费	附2:上级补助收入
10345548	**207417679**	**134992206**	**1510419**	**7137130**	**38570710**	**137523996**	**64192432**	**5566528**
489560	102953604	77926506	518416	1234030	18682594	80824055	64192432	1179341
474600	96958417	73099613	478455	1205927	17675388	75861091	61856219	1089243
333524	72001822	52275005	419122	1037330	14990855	54045480	45168876	723480
11521	3716574	2616540	850	17552	265406	2795552	2576426	25152
129555	21240021	18208068	58483	151045	2419127	19020059	14110917	340611
14960	5995187	4826893	39961	28103	1007206	4962964	2336213	90098
986596	23456522	18744373	121699	258943	2791936	18907257		799695
267911	11387772	9382938	59898	82023	1452417	9433339		376220
590731	7859455	6254463	28162	161395	905592	6426304		253529
43464	1018483	814488	3853	11577	108145	826048		39743
78559	2891617	2375711	28595	9197	200299	2323544		112591
49395	1317678	731261	5044	6328	233628	724070		57355
3974882	55544697	33799888	402181	2627217	8258493	33313636		1462624
3953708	55437706	33761665	401873	2626911	8228458	33274501		1457914
1388837	43496480	29737929	190102	1025748	4023837	29266473		545230
119339	6154689	4440085	25412	117002	392045	4427512		70368
2564871	11941226	4023736	211771	1601163	4204621	4008028		912684
1611017	3107995		127328	514926	1750836			509135
21174	106991	38223	308	306	30035	39135		4710
3003270	10446782	3418449	191452	2558246	4632327	3424175		1186861
3003268	10444958	3417299	191368	2558245	4632039	3422759		1186835
1880490	2952981		112957	1090731	2182431			636400
2	1824	1150	84	1	288	1416		26
33123	104843	27066	964	36726	88687	27790		28251
33123	94495	23911	964	36665	86191	24620		28161
	10348	3155		61	2496	3170		90
144715	4824819		16321	152267	451960			101712
636451	2072336		13099	114373	1041327			144920
1074531	5733979		182946	150642	2315356			643897
2420	2280097	1075924	63341	4686	308030	1027083		19227

1—8 企业办各级各类

学校类别	总计	预算内教育经费	教育事业费拨款	基本建设拨款	其他拨款	各级政府征收用于教育的税费	教育费附加	地方教育附加
总计	**14278260**	**3482514**	**2957403**	**167848**	**357263**	**151585**	**145140**	**6445**
一、高等学校	3758664	701573	615754	23000	62819	800	800	
1. 普通高等学校	3335838	674314	592626	23000	58688	800	800	
高等本科学校	1374558	562721	518223	13500	30998			
高等专科学校	218126	46716	27518		19198			
高等职业学校	1743154	64877	46885	9500	8492	800	800	
2. 成人高等学校	422826	27259	23128		4131			
二、中等职业学校	2983814	476697	365772	35300	75625	82929	82823	106
1. 中等专业学校	725766	187993	115494	31300	41199	17000	16940	60
2. 职业高中	370390	66412	56117	4000	6295	19130	19084	46
#农村	37470	6529	6529			16220	16220	
3. 技工学校	1737962	199479	176999		22480	46799	46799	
4. 成人中专学校	149696	22813	17162		5651			
三、中学	4242287	1165260	982832	69780	112648	33286	30199	3087
1. 普通中学	4242059	1165260	982832	69780	112648	33286	30199	3087
普通高中	1508080	366532	305883	26854	33795	11320	10299	1021
#农村	172641	74138	62181	5964	5993			
普通初中	2733979	798728	676949	42926	78853	21966	19900	2066
#农村	735951	399621	352819	25608	21194	129	129	
2. 成人中学	228							
四、小学	3166590	1059019	929493	33388	96138	34570	31318	3252
1. 普通小学	3166590	1059019	929493	33388	96138	34570	31318	3252
#农村	1153448	592626	544242	24878	23506	3243	3171	72
2. 成人小学								
五、特殊教育								
1. 特殊教育学校								
2. 工读学校								
六、幼儿园	6701	3270	2161		1109			
七、教育行政单位	34047	22988	21731		1257			
八、教育事业单位	15655	12329	11718		611			
九、其他	70502	41378	27942	6380	7056			

教育机构教育经费收入情况

单位:千元

企业拨款	事业收入	#学杂费	校办产业和经营收益用于教育的经费	捐赠收入	其他收入	附:本年实际收取学杂费	#普通本专科学费
5202838	**4559617**	**3646090**	**119888**	**48635**	**713183**	**3530082**	**1111814**
987279	1811866	1491697	51167	12608	193371	1582758	1111814
798146	1618018	1341935	48371	12601	183588	1421464	1022594
217607	552684	489156	18813	12334	10399	492085	437006
17229	130716	68367			23465	129747	116544
563310	934618	784412	29558	267	149724	799632	469044
189133	193848	149762	2796	7	9783	161294	89220
649756	1458392	1218644	19557	861	295622	1041304	
192919	290004	225305	6085	177	31588	224740	
64503	164192	122593	1524	133	54496	123885	
9730	4931	696	50		10	1812	
340958	933327	805232	11941	545	204913	653777	
51376	70869	65514	7	6	4625	38902	
1898405	965862	730204	25693	29255	124526	712743	
1898405	965635	729977	25693	29254	124526	712516	
547853	510215	409312	9433	18310	44417	407294	
57294	25842	20866	1116	4642	9609	20810	
1350552	455420	320665	16260	10944	80109	305222	
287943	28480	17722	4423	1066	14289	17508	
	227	227		1		227	
1654280	297260	200372	22422	5831	93208	189192	
1654280	297260	200372	22422	5831	93208	189192	
501520	25419	10370	6212	1213	23215	10400	
1337	1578				516		
4335	3164		5	13	3542		
499	2455				372		
6947	19040	5173	1044	67	2026	4085	

1—9 中央企业办各级各类

学校类别	总计	预算内教育经费	教育事业费拨款	基本建设拨款	其他拨款	各级政府征收用于教育的税费	教育费附加	地方教育附加
总计	**4702402**	**2256489**	**1971022**	**143980**	**141487**	**8402**	**8402**	
一、高等学校	1769287	526120	457019	23000	46101			
1. 普通高等学校	1629343	506117	440987	23000	42130			
高等本科学校	890015	463900	420813	13500	29587			
高等专科学校	51261	8630	475		8155			
高等职业学校	688067	33587	19699	9500	4388			
2. 成人高等学校	139944	20003	16032		3971			
二、中等职业学校	499873	129001	71629	31300	26072	5656	5656	
1. 中等专业学校	279290	104121	49164	31300	23657	5656	5656	
2. 职业高中	48281	12731	12692		39			
#农村								
3. 技工学校	118110	9143	7221		1922			
4. 成人中专学校	54192	3006	2552		454			
三、中学	1223249	785459	700188	50502	34769	2066	2066	
1. 普通中学	1223249	785459	700188	50502	34769	2066	2066	
普通高中	465729	253618	225419	17434	10765	1401	1401	
#农村	79363	66638	55461	5964	5213			
普通初中	757520	531841	474769	33068	24004	665	665	
#农村	439627	375367	331649	25608	18110			
2. 成人中学								
四、小学	1083088	735944	678634	32798	24512	680	680	
1. 普通小学	1083088	735944	678634	32798	24512	680	680	
#农村	612279	527010	483602	24468	18940			
2. 成人小学								
五、特殊教育								
1. 特殊教育学校								
2. 工读学校								
六、幼儿园	6701	3270	2161		1109			
七、教育行政单位	34047	22988	21731		1257			
八、教育事业单位	15655	12329	11718		611			
九、其他	70502	41378	27942	6380	7056			

教育机构教育经费收入情况

单位：千元

企业拨款	事业收入	#学杂费	校办产业和经营收益用于教育的经费	捐赠收入	其他收入	附：本年实际收取学杂费	#普通本专科学费
1128339	**1041415**	**767176**	**38549**	**6233**	**222975**	**746036**	**398660**
459079	628850	512623	18813	284	136141	515553	398660
385211	583838	476500	18813	284	135080	479429	375210
98553	298396	239683	18813	284	10069	242612	212397
870	37596	37596			4165	37596	37596
285788	247846	199221			120846	199221	125217
73868	45012	36123			1061	36124	23450
147941	197023	151771	991	54	19207	128282	
72899	86555	56247	100	51	9908	55827	
14720	16024	15704		3	4803	15783	
34978	71096	56672	891		2002	56672	
25344	23348	23148			2494		
241415	145138	84735	8299	3460	37412	85631	
241415	145138	84735	8299	3460	37412	85631	
83906	101142	63627	3341	1393	20928	65051	
5921	5411	2945	1112	127	154	2889	
157509	43996	21108	4958	2067	16484	20580	
46256	12306	5694	3776	941	981	5548	
266786	44167	12874	9397	2355	23759	12485	
266786	44167	12874	9397	2355	23759	12485	
71918	6817	754	4933	582	1019	754	
1337	1578				516		
4335	3164		5	13	3542		
499	2455				372		
6947	19040	5173	1044	67	2026	4085	

1—10 地方企业办各级各类

学校类别	总计	预算内教育经费	教育事业费拨款	基本建设拨款	其他拨款	各级政府征收用于教育的税费	教育费附加	地方教育附加
总计	**9575858**	**1226025**	**986381**	**23868**	**215776**	**143183**	**136738**	**6445**
一、高等学校	1989377	175453	158735		16718	800	800	
1. 普通高等学校	1706495	168197	151639		16558	800	800	
高等本科学校	484543	98821	97410		1411			
高等专科学校	166865	38086	27043		11043			
高等职业学校	1055087	31290	27186		4104	800	800	
2. 成人高等学校	282882	7256	7096		160			
二、中等职业学校	2483941	347696	294143	4000	49553	77273	77167	106
1. 中等专业学校	446476	83872	66330		17542	11344	11284	60
2. 职业高中	322109	53681	43425	4000	6256	19130	19084	46
#农村	37470	6529	6529			16220	16220	
3. 技工学校	1619852	190336	169778		20558	46799	46799	
4. 成人中专学校	95504	19807	14610		5197			
三、中学	3019038	379801	282644	19278	77879	31220	28133	3087
1. 普通中学	3018810	379801	282644	19278	77879	31220	28133	3087
普通高中	1042351	112914	80464	9420	23030	9919	8898	1021
#农村	93278	7500	6720		780			
普通初中	1976459	266887	202180	9858	54849	21301	19235	2066
#农村	296324	24254	21170		3084	129	129	
2. 成人中学	228							
四、小学	2083502	323075	250859	590	71626	33890	30638	3252
1. 普通小学	2083502	323075	250859	590	71626	33890	30638	3252
#农村	541169	65616	60640	410	4566	3243	3171	72
2. 成人小学								
五、特殊教育								
1. 特殊教育学校								
2. 工读学校								
六、幼儿园								
七、教育行政单位								
八、教育事业单位								
九、其他								

教育机构教育经费收入情况

单位:千元

企业拨款	事业收入	#学杂费	校办产业和经营收益用于教育的经费	捐赠收入	其他收入	附:本年实际收取学杂费	#普通本专科学费
4074499	**3518202**	**2878914**	**81339**	**42402**	**490208**	**2784046**	**713154**
528200	1183016	979074	32354	12324	57230	1067205	713154
412935	1034180	865435	29558	12317	48508	942035	647384
119054	254288	249473		12050	330	249473	224609
16359	93120	30771			19300	92151	78948
277522	686772	585191	29558	267	28878	600411	343827
115265	148836	113639	2796	7	8722	125170	65770
501815	1261369	1066873	18566	807	276415	913022	
120020	203449	169058	5985	126	21680	168913	
49783	148168	106889	1524	130	49693	108102	
9730	4931	696	50		10	1812	
305980	862231	748560	11050	545	202911	597105	
26032	47521	42366	7	6	2131	38902	
1656990	820724	645469	17394	25795	87114	627112	
1656990	820497	645242	17394	25794	87114	626885	
463947	409073	345685	6092	16917	23489	342243	
51373	20431	17921	4	4515	9455	17921	
1193043	411424	299557	11302	8877	63625	284642	
241687	16174	12028	647	125	13308	11960	
	227	227		1		227	
1387494	253093	187498	13025	3476	69449	176707	
1387494	253093	187498	13025	3476	69449	176707	
429602	18602	9616	1279	631	22196	9646	

1—11 民办各级各类

学校类别	总　计	预算内教育经费				各级政府征收用于教育的税费		
			教育事业费拨款	基本建设拨款	其他拨款		教育费附加	地方教育附加
总　　计	**75182042**	**2854324**	**2409741**	**98081**	**346502**	**172613**	**141429**	**31184**
一、高等学校	34267938	863903	590689	67031	206183	38131	29981	8150
1. 普通高等学校	34109439	823733	581089	67031	175613	38131	29981	8150
高等本科学校	23345356	571216	408748	62500	99968	24284	20284	4000
高等专科学校	56902	1816			1816			
高等职业学校	10707181	250701	172341	4531	73829	13847	9697	4150
2. 成人高等学校	158499	40170	9600		30570			
二、中等职业学校	6292990	662082	605815	500	55767	14489	11107	3382
1. 中等专业学校	2135320	232715	189183		43532	6125	6125	
2. 职业高中	3198750	354932	344167	500	10265	7310	3928	3382
＃农村	311657	39325	37493		1832	1064	232	832
3. 技工学校	527050	14106	12749		1357			
4. 成人中专学校	431870	60329	59716		613	1054	1054	
三、中学	24844247	943048	880157	4510	58381	81938	69098	12840
1. 普通中学	24778157	940481	877590	4510	58381	81938	69098	12840
普通高中	10872960	289285	265497	3942	19846	33392	26258	7134
＃农村	1169034	18357	16592		1765	1481	455	1026
普通初中	13905197	651196	612093	568	38535	48546	42840	5706
＃农村	1951714	162971	156727		6244	8575	7821	754
2. 成人中学	66090	2567	2567					
四、小学	9770460	384549	332371	26040	26138	37054	31151	5903
1. 普通小学	9767294	384314	332136	26040	26138	37054	31151	5903
＃农村	1483014	107234	102821		4413	5034	3313	1721
2. 成人小学	3166	235	235					
五、特殊教育	6407	742	709		33	1001	92	909
1. 特殊教育学校	6407	742	709		33	1001	92	909
2. 工读学校								
六、幼儿园								
七、教育行政单位								
八、教育事业单位								
九、其他								

教育机构教育经费收入情况

单位:千元

举办单位、个人投入	事业收入	#学杂费	校办产业和经营收益用于教育的经费	捐赠收入	其他收入	附:本年实际收取学杂费	#普通本专科学费
8093374	**60740003**	**53251420**	**258435**	**683012**	**2380281**	**53137589**	**24457652**
3192210	29077295	27310708	72315	124790	899294	27615446	24457652
3187880	28968636	27205296	71884	124329	894846	27514276	24414148
2340273	20001332	18963989	21738	33996	352517	19247800	18677768
528	54326	53226		232		49444	49230
847079	8912978	8188081	50146	90101	542329	8217032	5687150
4330	108659	105412	431	461	4448	101170	43504
735634	4575307	3994314	59497	29283	216698	3785572	
256608	1529360	1329677	13539	4166	92807	1253376	
346942	2324222	2035615	32446	24463	108435	2013767	
37457	208979	182072	2253	9670	12909	169947	
69891	422838	368094	11419	524	8272	262918	
62193	298887	260928	2093	130	7184	255511	
2815726	19526255	15677540	100513	456408	920359	15564846	
2812176	19466543	15668586	100513	456408	920098	15557842	
1562584	8371674	6856995	42733	235653	337639	6807706	
164926	909437	710533	1949	32536	40348	697121	
1249592	11094869	8811591	57780	220755	582459	8750136	
149921	1513559	1106165	3401	49072	64215	1109203	
3550	59712	8954			261	7004	
1349383	7557981	6268040	26110	71744	343639	6170907	
1349383	7555050	6265109	26110	71744	343639	6167976	
180693	1127361	845611	4094	8597	50001	829355	
	2931	2931				2931	
421	3165	818		787	291	818	
421	3165	818		787	291	818	

1—12 全国各级各类教育机构

学校类别	合计	事业性经费支出				
			个人部分	工资福利支出	对个人和家庭的补助支出	
						#助学金
总计	**1166839131**	**1117009964**	**654392000**	**483793390**	**170598610**	**31801832**
一、高等学校	361826204	331577327	143644095	93314117	50329978	15401796
1. 普通高等学校	349692104	320148793	138104649	89300404	48804245	15133249
高等本科学校	287650515	262918967	114694040	72320130	42373910	12678898
高等专科学校	7668010	7213715	3146613	2199867	946746	352070
高等职业学校	54373579	50016111	20263996	14780407	5483589	2102281
2. 成人高等学校	12134100	11428534	5539446	4013713	1525733	268547
二、中等职业学校	83557468	80503069	44571979	31147204	13424775	5504976
1. 中等专业学校	33781177	32500069	17603829	12058915	5544914	2277838
2. 职业高中	34256238	33333412	19054790	13413676	5641114	2557392
#农村	3923618	3849119	2276611	1709871	566740	302374
3. 技工学校	9862683	9091373	4456554	3237708	1218846	512860
4. 成人中专学校	5657370	5578215	3456806	2436905	1019901	156886
三、中学	342271434	332346420	212666969	170857802	41809167	5396696
1. 普通中学	341870261	331946213	212461651	170684533	41777118	5392963
普通高中	136738983	131244030	75145833	60741120	14404713	1162925
#农村	17171814	16910976	10336992	8771640	1565352	160246
普通初中	205131278	200702183	137315818	109943413	27372405	4230038
#农村	110575357	108868501	77467907	62593756	14874151	3157438
2. 成人中学	401173	400207	205318	173269	32049	3733
四、小学	293013469	289363377	216812827	163260005	53552822	3797771
1. 普通小学	292971105	289321013	216778734	163229581	53549153	3797727
#农村	187924011	186200670	144392073	109380749	35011324	3168382
2. 成人小学	42364	42364	34093	30424	3669	44
五、特殊教育	3056009	2993927	2081292	1585023	496269	45406
1. 特殊教育学校	2954438	2895566	2019577	1540578	478999	45117
2. 工读学校	101571	98361	61715	44445	17270	289
六、幼儿园	15497834	15300625	10561671	8777148	1784523	
七、教育行政单位	18006801	17352793	6903900	4505511	2398389	140638
八、教育事业单位	39898127	38533442	12420858	7079648	5341210	1485655
九、其他	9711785	9038984	4728409	3266932	1461477	28894

教育经费支出明细

单位：千元

公用部分	商品和服务支出	其他资本性支出	专项公用支出	专项项目支出	基本建设支出
462617964	**269906707**	**192711257**	**87465812**	**105245445**	**49829167**
187933232	107786290	80146942	41312729	38834213	30248877
182044144	103825817	78218327	40520613	37697714	29543311
148224927	88360399	59864528	31918525	27946003	24731548
4067102	1867387	2199715	1274218	925497	454295
29752115	13598031	16154084	7327870	8826214	4357468
5889088	3960473	1928615	792116	1136499	705566
35931090	20047940	15883150	7433353	8449797	3054399
14896240	8715465	6180775	3262385	2918390	1281108
14278622	7311885	6966737	2726852	4239885	922826
1572508	907483	665025	329539	335486	74499
4634819	2487329	2147490	1136055	1011435	771310
2121409	1533261	588148	308061	280087	79155
119679451	68587055	51092396	19211182	31881214	9925014
119484562	68430761	51053801	19190214	31863587	9924048
56098197	31471834	24626363	9286062	15340301	5494953
6573984	3891569	2682415	984555	1697860	260838
63386365	36958927	26427438	9904152	16523286	4429095
31400594	18637272	12763322	4524149	8239173	1706856
194889	156294	38595	20968	17627	966
72550550	43797643	28752907	10524465	18228442	3650092
72542279	43789878	28752401	10524001	18228400	3650092
41808597	25450386	16358211	5303431	11054780	1723341
8271	7765	506	464	42	
912635	533302	379333	190466	188867	62082
875989	515184	360805	173148	187657	58872
36646	18118	18528	17318	1210	3210
4738954	3399753	1339201	668617	670584	197209
10448893	6387999	4060894	1811319	2249575	654008
26112584	16344228	9768356	5702782	4065574	1364685
4310575	3022497	1288078	610899	677179	672801

1—13 中央属各级各类教育机构

学校类别	合计	事业性经费支出	个人部分	工资福利支出	对个人和家庭的补助支出	#助学金
总　计	**116719833**	**107002434**	**45574612**	**26359488**	**19215124**	**5268952**
一、高等学校	107439971	98065919	41578749	24008787	17569962	4216194
1.普通高等学校	106957114	97583062	41441657	23903236	17538421	4214054
高等本科学校	105724114	96560360	40939288	23508393	17430895	4173036
高等专科学校	184067	135731	70060	50749	19311	4408
高等职业学校	1048933	886971	432309	344094	88215	36610
2.成人高等学校	482857	482857	137092	105551	31541	2140
二、中等职业学校	702791	661977	328233	251263	76970	25020
1.中等专业学校	473865	435141	225037	167914	57123	19226
2.职业高中	61322	61322	37723	26521	11202	2387
#农村						
3.技工学校	113680	111590	47566	42551	5015	3336
4.成人中专学校	53924	53924	17907	14277	3630	71
三、中学	1772570	1682087	1093546	893443	200103	32224
1.普通中学	1772570	1682087	1093546	893443	200103	32224
普通高中	889639	838483	505490	393424	112066	9747
#农村	79705	73090	52832	48612	4220	2423
普通初中	882931	843604	588056	500019	88037	22477
#农村	440284	410873	303090	273189	29901	17444
2.成人中学						
四、小学	1247121	1200639	862233	739783	122450	32859
1.普通小学	1247121	1200639	862233	739783	122450	32859
#农村	611267	579907	435249	390489	44760	26926
2.成人小学						
五、特殊教育						
1.特殊教育学校						
2.工读学校						
六、幼儿园	6759	6759	4821	3694	1127	
七、教育行政单位	95891	95891	48114	42127	5987	100
八、教育事业单位	4594635	4464965	1374954	243365	1131589	949204
九、其他	860095	824197	283962	177026	106936	13351

教育经费支出明细

单位:千元

公用部分	商品和服务支出	其他资本性支出	专项公用支出	专项项目支出	基本建设支出
61427822	**43544250**	**17883572**	**10210254**	**7673318**	**9717399**
56487170	39569589	16917581	9783640	7133941	9374052
56141405	39300460	16840945	9762356	7078589	9374052
55621072	38946407	16674665	9665385	7009280	9163754
65671	43982	21689	13258	8431	48336
454662	310071	144591	83713	60878	161962
345765	269129	76636	21284	55352	
333744	251500	82244	50590	31654	40814
210104	154032	56072	38241	17831	38724
23599	15418	8181	1309	6872	
64024	53556	10468	6278	4190	2090
36017	28494	7523	4762	2761	
588541	300764	287777	85829	201948	90483
588541	300764	287777	85829	201948	90483
332993	161738	171255	50549	120706	51156
20258	11920	8338	1420	6918	6615
255548	139026	116522	35280	81242	39327
107783	61634	46149	9143	37006	29411
338406	194209	144197	48881	95316	46482
338406	194209	144197	48881	95316	46482
144658	86542	58116	12225	45891	31360
1938	1761	177	177		
47777	47409	368	368		
3090011	2808868	281143	152258	128885	129670
540235	370150	170085	88511	81574	35898

1—14 地方各级各类教育机构

学校类别	合　计	事业性经费支出	个人部分	工资福利支出	对个人和家庭的补助支出	#助学金
总　　计	**1050119298**	**1010007530**	**608817388**	**457433902**	**151383486**	**26532880**
一、高等学校	254386233	233511408	102065346	69305330	32760016	11185602
1. 普通高等学校	242734990	222565731	96662992	65397168	31265824	10919195
高等本科学校	181926401	166358607	73754752	48811737	24943015	8505862
高等专科学校	7483943	7077984	3076553	2149118	927435	347662
高等职业学校	53324646	49129140	19831687	14436313	5395374	2065671
2. 成人高等学校	11651243	10945677	5402354	3908162	1494192	266407
二、中等职业学校	82854677	79841092	44243746	30895941	13347805	5479956
1. 中等专业学校	33307312	32064928	17378792	11891001	5487791	2258612
2. 职业高中	34194916	33272090	19017067	13387155	5629912	2555005
#农村	3923618	3849119	2276611	1709871	566740	302374
3. 技工学校	9749003	8979783	4408988	3195157	1213831	509524
4. 成人中专学校	5603446	5524291	3438899	2422628	1016271	156815
三、中学	340498864	330664333	211573423	169964359	41609064	5364472
1. 普通中学	340097691	330264126	211368105	169791090	41577015	5360739
普通高中	135849344	130405547	74640343	60347696	14292647	1153178
#农村	17092109	16837886	10284160	8723028	1561132	157823
普通初中	204248347	199858579	136727762	109443394	27284368	4207561
#农村	110135073	108457628	77164817	62320567	14844250	3139994
2. 成人中学	401173	400207	205318	173269	32049	3733
四、小学	291766348	288162738	215950594	162520222	53430372	3764912
1. 普通小学	291723984	288120374	215916501	162489798	53426703	3764868
#农村	187312744	185620763	143956824	108990260	34966564	3141456
2. 成人小学	42364	42364	34093	30424	3669	44
五、特殊教育	3056009	2993927	2081292	1585023	496269	45406
1. 特殊教育学校	2954438	2895566	2019577	1540578	478999	45117
2. 工读学校	101571	98361	61715	44445	17270	289
六、幼儿园	15491075	15293866	10556850	8773454	1783396	
七、教育行政单位	17910910	17256902	6855786	4463384	2392402	140538
八、教育事业单位	35303492	34068477	11045904	6836283	4209621	536451
九、其他	8851690	8214787	4444447	3089906	1354541	15543

教育经费支出明细

单位:千元

公用部分	商品和服务支出	其他资本性支出	专项公用支出	专项项目支出	基本建设支出
401190142	**226362457**	**174827685**	**77255558**	**97572127**	**40111768**
131446062	68216701	63229361	31529089	31700272	20874825
125902739	64525357	61377382	30758257	30619125	20169259
92603855	49413992	43189863	22253140	20936723	15567794
4001431	1823405	2178026	1260960	917066	405959
29297453	13287960	16009493	7244157	8765336	4195506
5543323	3691344	1851979	770832	1081147	705566
35597346	19796440	15800906	7382763	8418143	3013585
14686136	8561433	6124703	3224144	2900559	1242384
14255023	7296467	6958556	2725543	4233013	922826
1572508	907483	665025	329539	335486	74499
4570795	2433773	2137022	1129777	1007245	769220
2085392	1504767	580625	303299	277326	79155
119090910	68286291	50804619	19125353	31679266	9834531
118896021	68129997	50766024	19104385	31661639	9833565
55765204	31310096	24455108	9235513	15219595	5443797
6553726	3879649	2674077	983135	1690942	254223
63130817	36819901	26310916	9868872	16442044	4389768
31292811	18575638	12717173	4515006	8202167	1677445
194889	156294	38595	20968	17627	966
72212144	43603434	28608710	10475584	18133126	3603610
72203873	43595669	28608204	10475120	18133084	3603610
41663939	25363844	16300095	5291206	11008889	1691981
8271	7765	506	464	42	
912635	533302	379333	190466	188867	62082
875989	515184	360805	173148	187657	58872
36646	18118	18528	17318	1210	3210
4737016	3397992	1339024	668440	670584	197209
10401116	6340590	4060526	1810951	2249575	654008
23022573	13535360	9487213	5550524	3936689	1235015
3770340	2652347	1117993	522388	595605	636903

1—15 全国教育部门和其他部门各级各类

学校类别	合计	事业性经费支出				
			个人部分	工资福利支出	对个人和家庭的补助支出	#助学金
总计	**1079184987**	**1034477327**	**620868301**	**454028520**	**166839781**	**29659902**
一、高等学校	325538185	298930488	134954814	86018263	48936551	14445948
1.普通高等学校	314086280	288097686	129700481	82246538	47453943	14184278
高等本科学校	264817574	242620743	109454302	68085580	41368722	11961077
高等专科学校	7348363	6924160	3015340	2094282	921058	343220
高等职业学校	41920343	38552783	17230839	12066676	5164163	1879981
2.成人高等学校	11451905	10832802	5254333	3771725	1482608	261670
二、中等职业学校	73957686	71219358	40373950	27939030	12434920	4747911
1.中等专业学校	30701231	29601070	16306963	11093126	5213837	2042056
2.职业高中	30672156	29777759	17429453	12213788	5215665	2188537
#农村	3577755	3503556	2112011	1595842	516169	256181
3.技工学校	7496396	6785603	3440761	2377319	1063442	421876
4.成人中专学校	5087903	5054926	3196773	2254797	941976	95442
三、中学	313414584	304476205	198772664	157850408	40922256	5094874
1.普通中学	313071137	304133724	198600847	157707995	40892852	5092866
普通高中	124415187	119488289	69461055	55396060	14064995	1045746
#农村	15835077	15587550	9680339	8155987	1524352	141035
普通初中	188655950	184645435	129139792	102311935	26827857	4047120
#农村	107806229	106165429	75922532	61156252	14766280	3101934
2.成人中学	343447	342481	171817	142413	29404	2008
四、小学	280237012	276757932	210146087	157058923	53087164	3672061
1.普通小学	280197735	276718655	210114352	157030804	53083548	3672057
#农村	185288297	183633339	142852648	107987238	34865410	3117148
2.成人小学	39277	39277	31735	28119	3616	4
五、特殊教育	3049878	2987796	2077801	1581861	495940	45142
1.特殊教育学校	2948307	2889435	2016086	1537416	478670	44853
2.工读学校	101571	98361	61715	44445	17270	289
六、幼儿园	15491133	15293924	10556878	8773482	1783396	
七、教育行政单位	17972754	17318746	6886112	4491399	2394713	140538
八、教育事业单位	39882472	38517787	12411714	7072705	5339009	1485655
九、其他	9641283	8975091	4688281	3242449	1445832	27773

教育机构教育经费支出明细

单位:千元

公用部分	商品和服务支出	其他资本性支出	专项公用支出	专项项目支出	基本建设支出
413609026	**244597222**	**169011804**	**78669136**	**90342668**	**44707660**
163975674	97241764	66733910	36541460	30192450	26607697
158397205	93483878	64913327	35779289	29134038	25988594
133166441	81427478	51738963	28893578	22845385	22196831
3908820	1785836	2122984	1237744	885240	424203
21321944	10270564	11051380	5647967	5403413	3367560
5578469	3757886	1820583	762171	1058412	619103
30845408	17202319	13643089	6491189	7151900	2738328
13294107	7850673	5443434	2967349	2476085	1100161
12348306	6242877	6105429	2353995	3751434	894397
1391545	817247	574298	291273	283025	74199
3344842	1739493	1605349	903735	701614	710793
1858153	1369276	488877	266110	222767	32977
105703541	60232253	45471288	17104727	28366561	8938379
105532877	60098159	45434718	17084517	28350201	8937413
50027234	27886494	22140740	8439981	13700759	4926898
5907211	3493817	2413394	885346	1528048	247527
55505643	32211665	23293978	8644536	14649442	4010515
30242897	17932305	12310592	4349302	7961290	1640800
170664	134094	36570	20210	16360	966
66611845	40274934	26336911	9554024	16782887	3479080
66604303	40267871	26336432	9553587	16782845	3479080
40780691	24858640	15922051	5102513	10819538	1654958
7542	7063	479	437	42	
909995	531733	378262	190108	188154	62082
873349	513615	359734	172790	186944	58872
36646	18118	18528	17318	1210	3210
4737046	3398013	1339033	668449	670584	197209
10432634	6372108	4060526	1810951	2249575	654008
26106073	16338705	9767368	5701794	4065574	1364685
4286810	3005393	1281417	606434	674983	666192

1—16　中央属教育部门和其他部门各级各类

学校类别	合　计	事业性经费支出	个人部分	工资福利支出	对个人和家庭的补助支出	#助学金
总　　计	**111999639**	**102568924**	**43009025**	**24217430**	**18791595**	**5133394**
一、高等学校	105683949	96440107	40904202	23467292	17436910	4164764
1. 普通高等学校	105342070	96098228	40837478	23423318	17414160	4163834
高等本科学校	104862409	95724909	40631235	23291708	17339527	4139389
高等专科学校	128767	80431	42354	25771	16583	3928
高等职业学校	350894	292888	163889	105839	58050	20517
2. 成人高等学校	341879	341879	66724	43974	22750	930
二、中等职业学校	175695	173695	89217	66789	22428	4685
1. 中等专业学校	161084	159084	79024	60022	19002	4176
2. 职业高中	12258	12258	9318	5971	3347	463
#农村						
3. 技工学校	2353	2353	875	796	79	46
4. 成人中专学校						
三、中学	552857	526943	274487	188210	86277	2508
1. 普通中学	552857	526943	274487	188210	86277	2508
普通高中	430948	405056	210708	143822	66886	1804
#农村						
普通初中	121909	121887	63779	44388	19391	704
#农村						
2. 成人中学						
四、小学	156663	156663	101121	78131	22990	3
1. 普通小学	156663	156663	101121	78131	22990	3
#农村						
2. 成人小学						
五、特殊教育						
1. 特殊教育学校						
2. 工读学校						
六、幼儿园	58	58	28	28		
七、教育行政单位	61844	61844	30326	28015	2311	
八、教育事业单位	4578980	4449310	1365810	236422	1129388	949204
九、其他	789593	760304	243834	152543	91291	12230

教育机构教育经费支出明细

单位：千元

公用部分	商品和服务支出	其他资本性支出			基本建设支出
			专项公用支出	专项项目支出	
59559899	**42440100**	**17119799**	**9876911**	**7242888**	**9430715**
55535905	39058956	16476949	9573561	6903388	9243842
55260750	38839430	16421320	9555452	6865868	9243842
55093674	38737191	16356483	9512008	6844475	9137500
38077	26769	11308	10667	641	48336
128999	75470	53529	32777	20752	58006
275155	219526	55629	18109	37520	
84478	57951	26527	20742	5785	2000
80060	53551	26509	20724	5785	2000
2940	2922	18	18		
1478	1478				
252456	104536	147920	33137	114783	25914
252456	104536	147920	33137	114783	25914
194348	77898	116450	25666	90784	25892
58108	26638	31470	7471	23999	22
55542	30727	24815	14146	10669	
55542	30727	24815	14146	10669	
30	21	9	9		
31518	31518				
3083500	2803345	280155	151270	128885	129670
516470	353046	163424	84046	79378	29289

1—17 地方教育部门和其他部门各级各类

学校类别	合　计	事业性经费支出	个人部分	工资福利支出	对个人和家庭的补助支出	#助学金
总　　计	**967185348**	**931908403**	**577859276**	**429811090**	**148048186**	**24526508**
一、高等学校	219854236	202490381	94050612	62550971	31499641	10281184
1. 普通高等学校	208744210	191999458	88863003	58823220	30039783	10020444
高等本科学校	159955165	146895834	68823067	44793872	24029195	7821688
高等专科学校	7219596	6843729	2972986	2068511	904475	339292
高等职业学校	41569449	38259895	17066950	11960837	5106113	1859464
2. 成人高等学校	11110026	10490923	5187609	3727751	1459858	260740
二、中等职业学校	73781991	71045663	40284733	27872241	12412492	4743226
1. 中等专业学校	30540147	29441986	16227939	11033104	5194835	2037880
2. 职业高中	30659898	29765501	17420135	12207817	5212318	2188074
#农村	3577755	3503556	2112011	1595842	516169	256181
3. 技工学校	7494043	6783250	3439886	2376523	1063363	421830
4. 成人中专学校	5087903	5054926	3196773	2254797	941976	95442
三、中学	312861727	303949262	198498177	157662198	40835979	5092366
1. 普通中学	312518280	303606781	198326360	157519785	40806575	5090358
普通高中	123984239	119083233	69250347	55252238	13998109	1043942
#农村	15835077	15587550	9680339	8155987	1524352	141035
普通初中	188534041	184523548	129076013	102267547	26808466	4046416
#农村	107806229	106165429	75922532	61156252	14766280	3101934
2. 成人中学	343447	342481	171817	142413	29404	2008
四、小学	280080349	276601269	210044966	156980792	53064174	3672058
1. 普通小学	280041072	276561992	210013231	156952673	53060558	3672054
#农村	185288297	183633339	142852648	107987238	34865410	3117148
2. 成人小学	39277	39277	31735	28119	3616	4
五、特殊教育	3049878	2987796	2077801	1581861	495940	45142
1. 特殊教育学校	2948307	2889435	2016086	1537416	478670	44853
2. 工读学校	101571	98361	61715	44445	17270	289
六、幼儿园	15491075	15293866	10556850	8773454	1783396	
七、教育行政单位	17910910	17256902	6855786	4463384	2392402	140538
八、教育事业单位	35303492	34068477	11045904	6836283	4209621	536451
九、其他	8851690	8214787	4444447	3089906	1354541	15543

教育机构教育经费支出明细

单位：千元

公用部分	商品和服务支出	其他资本性支出	专项公用支出	专项项目支出	基本建设支出
354049127	**202157122**	**151892005**	**68792225**	**83099780**	**35276945**
108439769	58182808	50256961	26967899	23289062	17363855
103136455	54644448	48492007	26223837	22268170	16744752
78072767	42690287	35382480	19381570	16000910	13059331
3870743	1759067	2111676	1227077	884599	375867
21192945	10195094	10997851	5615190	5382661	3309554
5303314	3538360	1764954	744062	1020892	619103
30760930	17144368	13616562	6470447	7146115	2736328
13214047	7797122	5416925	2946625	2470300	1098161
12345366	6239955	6105411	2353977	3751434	894397
1391545	817247	574298	291273	283025	74199
3343364	1738015	1605349	903735	701614	710793
1858153	1369276	488877	266110	222767	32977
105451085	60127717	45323368	17071590	28251778	8912465
105280421	59993623	45286798	17051380	28235418	8911499
49832886	27808596	22024290	8414315	13609975	4901006
5907211	3493817	2413394	885346	1528048	247527
55447535	32185027	23262508	8637065	14625443	4010493
30242897	17932305	12310592	4349302	7961290	1640800
170664	134094	36570	20210	16360	966
66556303	40244207	26312096	9539878	16772218	3479080
66548761	40237144	26311617	9539441	16772176	3479080
40780691	24858640	15922051	5102513	10819538	1654958
7542	7063	479	437	42	
909995	531733	378262	190108	188154	62082
873349	513615	359734	172790	186944	58872
36646	18118	18528	17318	1210	3210
4737016	3397992	1339024	668440	670584	197209
10401116	6340590	4060526	1810951	2249575	654008
23022573	13535360	9487213	5550524	3936689	1235015
3770340	2652347	1117993	522388	595605	636903

1—18 企业办各级各类

学校类别	合 计	事业性经费支出	个人部分	工资福利支出	对个人和家庭的补助支出	#助学金
总 计	**14673909**	**13840016**	**8281438**	**7058881**	**1222557**	**324486**
一、高等学校	4053151	3512227	1556322	1290781	265541	92829
1. 普通高等学校	3626783	3087036	1314785	1088420	226365	87044
高等本科学校	1626519	1253945	441645	330814	110831	48085
高等专科学校	221293	216201	121165	97285	23880	7042
高等职业学校	1778971	1616890	751975	660321	91654	31917
2. 成人高等学校	426368	425191	241537	202361	39176	5785
二、中等职业学校	2933114	2876353	1516727	1227474	289253	129148
1. 中等专业学校	725507	683464	382368	293398	88970	29681
2. 职业高中	383311	383311	201944	158280	43664	19548
#农村	37932	37932	18444	11760	6684	6651
3. 技工学校	1675616	1661096	856497	719509	136988	73525
4. 成人中专学校	148680	148482	75918	56287	19631	6394
三、中学	4277769	4121803	2783398	2441202	342196	46115
1. 普通中学	4277613	4121647	2783334	2441138	342196	46115
普通高中	1515194	1470610	933470	830239	103231	13789
#农村	179173	171140	122120	105846	16274	4304
普通初中	2762419	2651037	1849864	1610899	238965	32326
#农村	748680	709097	523699	473231	50468	18238
2. 成人中学	156	156	64	64		
四、小学	3282970	3209337	2353138	2050220	302918	55173
1. 普通小学	3282970	3209337	2353138	2050220	302918	55173
#农村	1156891	1108103	818233	711101	107132	28347
2. 成人小学						
五、特殊教育						
1. 特殊教育学校						
2. 工读学校						
六、幼儿园	6701	6701	4793	3666	1127	
七、教育行政单位	34047	34047	17788	14112	3676	100
八、教育事业单位	15655	15655	9144	6943	2201	
九、其他	70502	63893	40128	24483	15645	1121

教育机构教育经费支出明细

单位：千元

公用部分	商品和服务支出	其他资本性支出	专项公用支出	专项项目支出	基本建设支出
5558578	**3450726**	**2107852**	**1008017**	**1099835**	**833893**
1955905	1049926	905979	430954	475025	540924
1772251	904511	867740	414474	453266	539747
812300	306400	505900	195194	310706	372574
95036	70191	24845	14869	9976	5092
864915	527920	336995	204411	132584	162081
183654	145415	38239	16480	21759	1177
1359626	894781	464845	248191	216654	56761
301096	218665	82431	42006	40425	42043
181367	90196	91171	17540	73631	
19488	1783	17705	342	17363	
804599	531876	272723	177427	95296	14520
72564	54044	18520	11218	7302	198
1338405	907832	430573	199655	230918	155966
1338313	907760	430553	199635	230918	155966
537140	367184	169956	74321	95635	44584
49020	31914	17106	5501	11605	8033
801173	540576	260597	125314	135283	111382
185398	108719	76679	24101	52578	39583
92	72	20	20		
856199	557929	298270	123228	175042	73633
856199	557929	298270	123228	175042	73633
289870	171600	118270	42004	76266	48788
1908	1740	168	168		
16259	15891	368	368		
6511	5523	988	988		
23765	17104	6661	4465	2196	6609

1—19 中央企业办各级各类

学校类别	合计	事业性经费支出	个人部分	工资福利支出	对个人和家庭的补助支出	#助学金
总　计	**4720194**	**4433510**	**2565587**	**2142058**	**423529**	**135558**
一、高等学校	1756022	1625812	674547	541495	133052	51430
1. 普通高等学校	1615044	1484834	604179	479918	124261	50220
高等本科学校	861705	835451	308053	216685	91368	33647
高等专科学校	55300	55300	27706	24978	2728	480
高等职业学校	698039	594083	268420	238255	30165	16093
2. 成人高等学校	140978	140978	70368	61577	8791	1210
二、中等职业学校	527096	488282	239016	184474	54542	20335
1. 中等专业学校	312781	276057	146013	107892	38121	15050
2. 职业高中	49064	49064	28405	20550	7855	1924
#农村						
3. 技工学校	111327	109237	46691	41755	4936	3290
4. 成人中专学校	53924	53924	17907	14277	3630	71
三、中学	1219713	1155144	819059	705233	113826	29716
1. 普通中学	1219713	1155144	819059	705233	113826	29716
普通高中	458691	433427	294782	249602	45180	7943
#农村	79705	73090	52832	48612	4220	2423
普通初中	761022	721717	524277	455631	68646	21773
#农村	440284	410873	303090	273189	29901	17444
2. 成人中学						
四、小学	1090458	1043976	761112	661652	99460	32856
1. 普通小学	1090458	1043976	761112	661652	99460	32856
#农村	611267	579907	435249	390489	44760	26926
2. 成人小学						
五、特殊教育						
1. 特殊教育学校						
2. 工读学校						
六、幼儿园	6701	6701	4793	3666	1127	
七、教育行政单位	34047	34047	17788	14112	3676	100
八、教育事业单位	15655	15655	9144	6943	2201	
九、其他	70502	63893	40128	24483	15645	1121

教育机构教育经费支出明细

单位：千元

公用部分	商品和服务支出	其他资本性支出			基本建设支出
			专项公用支出	专项项目支出	
1867923	**1104150**	**763773**	**333343**	**430430**	**286684**
951265	510633	440632	210079	230553	130210
880655	461030	419625	206904	212721	130210
527398	209216	318182	153377	164805	26254
27594	17213	10381	2591	7790	
325663	234601	91062	50936	40126	103956
70610	49603	21007	3175	17832	
249266	193549	55717	29848	25869	38814
130044	100481	29563	17517	12046	36724
20659	12496	8163	1291	6872	
62546	52078	10468	6278	4190	2090
36017	28494	7523	4762	2761	
336085	196228	139857	52692	87165	64569
336085	196228	139857	52692	87165	64569
138645	83840	54805	24883	29922	25264
20258	11920	8338	1420	6918	6615
197440	112388	85052	27809	57243	39305
107783	61634	46149	9143	37006	29411
282864	163482	119382	34735	84647	46482
282864	163482	119382	34735	84647	46482
144658	86542	58116	12225	45891	31360
1908	1740	168	168		
16259	15891	368	368		
6511	5523	988	988		
23765	17104	6661	4465	2196	6609

1—20 地方企业办各级各类

学校类别	合 计	事业性经费支出	个人部分	工资福利支出	对个人和家庭的补助支出	#助学金
总 计	**9953715**	**9406506**	**5715851**	**4916823**	**799028**	**188928**
一、高等学校	2297129	1886415	881775	749286	132489	41399
1. 普通高等学校	2011739	1602202	710606	608502	102104	36824
高等本科学校	764814	418494	133592	114129	19463	14438
高等专科学校	165993	160901	93459	72307	21152	6562
高等职业学校	1080932	1022807	483555	422066	61489	15824
2. 成人高等学校	285390	284213	171169	140784	30385	4575
二、中等职业学校	2406018	2388071	1277711	1043000	234711	108813
1. 中等专业学校	412726	407407	236355	185506	50849	14631
2. 职业高中	334247	334247	173539	137730	35809	17624
#农村	37932	37932	18444	11760	6684	6651
3. 技工学校	1564289	1551859	809806	677754	132052	70235
4. 成人中专学校	94756	94558	58011	42010	16001	6323
三、中学	3058056	2966659	1964339	1735969	228370	16399
1. 普通中学	3057900	2966503	1964275	1735905	228370	16399
普通高中	1056503	1037183	638688	580637	58051	5846
#农村	99468	98050	69288	57234	12054	1881
普通初中	2001397	1929320	1325587	1155268	170319	10553
#农村	308396	298224	220609	200042	20567	794
2. 成人中学	156	156	64	64		
四、小学	2192512	2165361	1592026	1388568	203458	22317
1. 普通小学	2192512	2165361	1592026	1388568	203458	22317
#农村	545624	528196	382984	320612	62372	1421
2. 成人小学						
五、特殊教育						
1. 特殊教育学校						
2. 工读学校						
六、幼儿园						
七、教育行政单位						
八、教育事业单位						
九、其他						

教育机构教育经费支出明细

单位：千元

公用部分	商品和服务支出	其他资本性支出	专项公用支出	专项项目支出	基本建设支出
3690655	**2346576**	**1344079**	**674674**	**669405**	**547209**
1004640	539293	465347	220875	244472	410714
891596	443481	448115	207570	240545	409537
284902	97184	187718	41817	145901	346320
67442	52978	14464	12278	2186	5092
539252	293319	245933	153475	92458	58125
113044	95812	17232	13305	3927	1177
1110360	701232	409128	218343	190785	17947
171052	118184	52868	24489	28379	5319
160708	77700	83008	16249	66759	
19488	1783	17705	342	17363	
742053	479798	262255	171149	91106	12430
36547	25550	10997	6456	4541	198
1002320	711604	290716	146963	143753	91397
1002228	711532	290696	146943	143753	91397
398495	283344	115151	49438	65713	19320
28762	19994	8768	4081	4687	1418
603733	428188	175545	97505	78040	72077
77615	47085	30530	14958	15572	10172
92	72	20	20		
573335	394447	178888	88493	90395	27151
573335	394447	178888	88493	90395	27151
145212	85058	60154	29779	30375	17428

1—21 民办各级各类

学校类别	合 计	事业性经费支出	个人部分			
				工资福利支出	对个人和家庭的补助支出	
						#助学金
总 计	**72980235**	**68692621**	**25242261**	**22705989**	**2536272**	**1817444**
一、高等学校	32234868	29134612	7132959	6005073	1127886	863019
1. 普通高等学校	31979041	28964071	7089383	5965446	1123937	861927
高等本科学校	21206422	19044279	4798093	3903736	894357	669736
高等专科学校	98354	73354	10108	8300	1808	1808
高等职业学校	10674265	9846438	2281182	2053410	227772	190383
2. 成人高等学校	255827	170541	43576	39627	3949	1092
二、中等职业学校	6666668	6407358	2681302	1980700	700602	627917
1. 中等专业学校	2354439	2215535	914498	672391	242107	206101
2. 职业高中	3200771	3172342	1423393	1041608	381785	349307
#农村	307931	307631	146156	102269	43887	39542
3. 技工学校	690671	644674	159296	140880	18416	17459
4. 成人中专学校	420787	374807	184115	125821	58294	55050
三、中学	24579081	23748412	11110907	10566192	544715	255707
1. 普通中学	24521511	23690842	11077470	10535400	542070	253982
普通高中	10808602	10285131	4751308	4514821	236487	103390
#农村	1157564	1152286	534533	509807	24726	14907
普通初中	13712909	13405711	6326162	6020579	305583	150592
#农村	2020448	1993975	1021676	964273	57403	37266
2. 成人中学	57570	57570	33437	30792	2645	1725
四、小学	9493487	9396108	4313602	4150862	162740	70537
1. 普通小学	9490400	9393021	4311244	4148557	162687	70497
#农村	1478823	1459228	721192	682410	38782	22887
2. 成人小学	3087	3087	2358	2305	53	40
五、特殊教育	6131	6131	3491	3162	329	264
1. 特殊教育学校	6131	6131	3491	3162	329	264
2. 工读学校						
六、幼儿园						
七、教育行政单位						
八、教育事业单位						
九、其他						

教育机构教育经费支出明细

单位:千元

公用部分	商品和服务支出	其他资本性支出	专项公用支出	专项项目支出	基本建设支出
43450360	**21858759**	**21591601**	**7788659**	**13802942**	**4287614**
22001653	9494600	12507053	4340315	8166738	3100256
21874688	9437428	12437260	4326850	8110410	3014970
14246186	6626521	7619665	2829753	4789912	2162143
63246	11360	51886	21605	30281	25000
7565256	2799547	4765709	1475492	3290217	827827
126965	57172	69793	13465	56328	85286
3726056	1950840	1775216	693973	1081243	259310
1301037	646127	654910	253030	401880	138904
1748949	978812	770137	355317	414820	28429
161475	88453	73022	37924	35098	300
485378	215960	269418	54893	214525	45997
190692	109941	80751	30733	50018	45980
12637505	7446970	5190535	1906800	3283735	830669
12613372	7424842	5188530	1906062	3282468	830669
5533823	3218156	2315667	771760	1543907	523471
617753	365838	251915	93708	158207	5278
7079549	4206686	2872863	1134302	1738561	307198
972299	596248	376051	150746	225305	26473
24133	22128	2005	738	1267	
5082506	2964780	2117726	847213	1270513	97379
5081777	2964078	2117699	847186	1270513	97379
738036	420146	317890	158914	158976	19595
729	702	27	27		
2640	1569	1071	358	713	
2640	1569	1071	358	713	

1—22 全国各级各类教育机构预算内

学校类别	合计	事业性经费支出				
			个人部分	工资福利支出	对个人和家庭的补助支出	
						#助学金
总　　计	**661012017**	**641630530**	**474304881**	**377233146**	**97071735**	**21385820**
一、高等学校	129038547	121410906	73738792	50059264	23679528	7905548
1. 普通高等学校	125009946	117440707	70870549	47882606	22987943	7747836
高等本科学校	105849632	99297482	59018880	39254140	19764740	6267868
高等专科学校	3177998	3088690	1797383	1329634	467749	203049
高等职业学校	15982316	15054535	10054286	7298832	2755454	1276919
2. 成人高等学校	4028601	3970199	2868243	2176658	691585	157712
二、中等职业学校	39429367	37919014	29318424	20890792	8427632	4427115
1. 中等专业学校	15609991	15153559	11157186	7756337	3400849	1799383
2. 职业高中	17164755	16655018	13479834	9699047	3780787	2101556
#农村	2024641	1993651	1656763	1257237	399526	262228
3. 技工学校	3640039	3116777	2251082	1584053	667029	401464
4. 成人中专学校	3014582	2993660	2430322	1851355	578967	124712
三、中学	213305670	207621625	162157750	136977484	25180266	4399469
1. 普通中学	213130412	207447133	162028978	136870758	25158220	4395998
普通高中	63860518	61038282	49301344	41784585	7516759	614323
#农村	8550651	8441131	7177307	6354988	822319	88106
普通初中	149269894	146408851	112727634	95086173	17641461	3781675
#农村	91473085	90261858	68992892	58698485	10294407	2961679
2. 成人中学	175258	174492	128772	106726	22046	3471
四、小学	228093926	225603722	181925700	148748819	33176881	3519971
1. 普通小学	228058270	225568066	181895330	148721292	33174038	3519971
#农村	158334587	157153639	126600087	104389461	22210626	3003007
2. 成人小学	35656	35656	30370	27527	2843	
五、特殊教育	2385842	2337101	1812146	1480574	331572	38405
1. 特殊教育学校	2313486	2267955	1765746	1440829	324917	38351
2. 工读学校	72356	69146	46400	39745	6655	54
六、幼儿园	8796231	8687206	7525035	6573478	951557	
七、教育行政单位	11013329	10509933	5427645	4015665	1411980	109119
八、教育事业单位	22870523	22004139	8990222	5814989	3175233	967140
九、其他	6078582	5536884	3409167	2672081	737086	19053

教育事业费和基本建设支出明细

单位:千元

公用部分	商品和服务支出	其他资本性支出	专项公用支出	专项项目支出	基本建设支出
167325649	**103973219**	**63352430**	**30396682**	**32955748**	**19381487**
47672114	28691835	18980279	12104107	6876172	7627641
46570158	27932151	18638007	11927824	6710183	7569239
40278602	24664977	15613625	10189479	5424146	6552150
1291307	591645	699662	248948	450714	89308
5000249	2675529	2324720	1489397	835323	927781
1101956	759684	342272	176283	165989	58402
8600590	4759024	3841566	2034495	1807071	1510353
3996373	2255051	1741322	1136025	605297	456432
3175184	1661556	1513628	587165	926463	509737
336888	199553	137335	70559	66776	30990
865695	409860	455835	235486	220349	523262
563338	432557	130781	75819	54962	20922
45463875	28046132	17417743	6259609	11158134	5684045
45418155	28010960	17407195	6256576	11150619	5683279
11736938	6447481	5289457	1731924	3557533	2822236
1263824	757111	506713	139716	366997	109520
33681217	21563479	12117738	4524652	7593086	2861043
21268966	13848459	7420507	2716633	4703874	1211227
45720	35172	10548	3033	7515	766
43678022	29125809	14552213	5214855	9337358	2490204
43672736	29120694	14552042	5214684	9337358	2490204
30553552	20251168	10302384	3347693	6954691	1180948
5286	5115	171	171		
524955	343163	181792	96816	84976	48741
502209	329192	173017	88041	84976	45531
22746	13971	8775	8775		3210
1162171	760461	401710	183468	218242	109025
5082288	3196595	1885693	886319	999374	503396
13013917	7701040	5312877	3299816	2013061	866384
2127717	1349160	778557	317197	461360	541698

1—23　中央属各级各类教育机构预算内

学校类别	合　计	事业性经费支出				
			个人部分	工资福利支出	对个人和家庭的补助支出	
						#助学金
总　　计	**47059481**	**43346448**	**23402955**	**14168833**	**9234122**	**2637931**
一、高等学校	41872627	38456456	21051199	12725950	8325249	2048525
1. 普通高等学校	41801502	38385331	21026602	12708895	8317707	2047875
高等本科学校	41633552	38266317	20948038	12659327	8288711	2031765
高等专科学校	91824	56488	31725	27074	4651	3569
高等职业学校	76126	62526	46839	22494	24345	12541
2. 成人高等学校	71125	71125	24597	17055	7542	650
二、中等职业学校	197449	162059	94630	59229	35401	17474
1. 中等专业学校	169841	136541	78112	48449	29663	15537
2. 职业高中	20003	20003	13711	9658	4053	758
#农村						
3. 技工学校	4793	2703	1179		1179	1179
4. 成人中专学校	2812	2812	1628	1122	506	
三、中学	1339043	1262748	1036814	911408	125406	22959
1. 普通中学	1339043	1262748	1036814	911408	125406	22959
普通高中	626644	583367	480120	411510	68610	4384
#农村	213127	207163	195232	186727	8505	2301
普通初中	712399	679381	556694	499898	56796	18575
#农村	493708	468100	396939	365556	31383	15442
2. 成人中学						
四、小学	448981	410783	231045	172655	58390	28956
1. 普通小学	448981	410783	231045	172655	58390	28956
#农村	262180	237712	134693	107107	27586	23873
2. 成人小学						
五、特殊教育						
1. 特殊教育学校						
2. 工读学校						
六、幼儿园	3270	3270	2709	1608	1101	
七、教育行政单位	70947	70947	36388	32613	3775	
八、教育事业单位	2499135	2387825	737557	132689	604868	506782
九、其他	628029	592360	212613	132681	79932	13235

教育事业费和基本建设支出明细

单位:千元

公用部分	商品和服务支出	其他资本性支出			基本建设支出
			专项公用支出	专项项目支出	
19943493	**13890786**	**6052707**	**3510425**	**2542282**	**3713033**
17405257	11850877	5554380	3292350	2262030	3416171
17358729	11825723	5533006	3287742	2245264	3416171
17318279	11798919	5519360	3275945	2243415	3367235
24763	17743	7020	6379	641	35336
15687	9061	6626	5418	1208	13600
46528	25154	21374	4608	16766	
67429	36138	31291	19025	12266	35390
58429	28238	30191	17985	12206	33300
6292	6292				
1524	524	1000	1000		2090
1184	1084	100	40	60	
225934	131546	94388	24342	70046	76295
225934	131546	94388	24342	70046	76295
103247	56904	46343	16099	30244	43277
11931	8155	3776	560	3216	5964
122687	74642	48045	8243	39802	33018
71161	43918	27243	4639	22604	25608
179738	111160	68578	19069	49509	38198
179738	111160	68578	19069	49509	38198
103019	62982	40037	6472	33565	24468
561	561				
34559	34377	182	182		
1650268	1500050	150218	81404	68814	111310
379747	226077	153670	74053	79617	35669

1—24 地方各级各类教育机构预算内

学校类别	合计	事业性经费支出	个人部分	工资福利支出	对个人和家庭的补助支出	#助学金
总计	**613952536**	**598284082**	**450901926**	**363064313**	**87837613**	**18747889**
一、高等学校	87165920	82954450	52687593	37333314	15354279	5857023
1. 普通高等学校	83208444	79055376	49843947	35173711	14670236	5699961
高等本科学校	64216080	61031165	38070842	26594813	11476029	4236103
高等专科学校	3086174	3032202	1765658	1302560	463098	199480
高等职业学校	15906190	14992009	10007447	7276338	2731109	1264378
2. 成人高等学校	3957476	3899074	2843646	2159603	684043	157062
二、中等职业学校	39231918	37756955	29223794	20831563	8392231	4409641
1. 中等专业学校	15440150	15017018	11079074	7707888	3371186	1783846
2. 职业高中	17144752	16635015	13466123	9689389	3776734	2100798
#农村	2024641	1993651	1656763	1257237	399526	262228
3. 技工学校	3635246	3114074	2249903	1584053	665850	400285
4. 成人中专学校	3011770	2990848	2428694	1850233	578461	124712
三、中学	211966627	206358877	161120936	136066076	25054860	4376510
1. 普通中学	211791369	206184385	160992164	135959350	25032814	4373039
普通高中	63233874	60454915	48821224	41373075	7448149	609939
#农村	8337524	8233968	6982075	6168261	813814	85805
普通初中	148557495	145729470	112170940	94586275	17584665	3763100
#农村	90979377	89793758	68595953	58332929	10263024	2946237
2. 成人中学	175258	174492	128772	106726	22046	3471
四、小学	227644945	225192939	181694655	148576164	33118491	3491015
1. 普通小学	227609289	225157283	181664285	148548637	33115648	3491015
#农村	158072407	156915927	126465394	104282354	22183040	2979134
2. 成人小学	35656	35656	30370	27527	2843	
五、特殊教育	2385842	2337101	1812146	1480574	331572	38405
1. 特殊教育学校	2313486	2267955	1765746	1440829	324917	38351
2. 工读学校	72356	69146	46400	39745	6655	54
六、幼儿园	8792961	8683936	7522326	6571870	950456	
七、教育行政单位	10942382	10438986	5391257	3983052	1408205	109119
八、教育事业单位	20371388	19616314	8252665	5682300	2570365	460358
九、其他	5450553	4944524	3196554	2539400	657154	5818

教育事业费和基本建设支出明细

单位：千元

公用部分	商品和服务支出	其他资本性支出			基本建设支出
			专项公用支出	专项项目支出	
147382156	**90082433**	**57299723**	**26886257**	**30413466**	**15668454**
30266857	16840958	13425899	8811757	4614142	4211470
29211429	16106428	13105001	8640082	4464919	4153068
22960323	12866058	10094265	6913534	3180731	3184915
1266544	573902	692642	242569	450073	53972
4984562	2666468	2318094	1483979	834115	914181
1055428	734530	320898	171675	149223	58402
8533161	4722886	3810275	2015470	1794805	1474963
3937944	2226813	1711131	1118040	593091	423132
3168892	1655264	1513628	587165	926463	509737
336888	199553	137335	70559	66776	30990
864171	409336	454835	234486	220349	521172
562154	431473	130681	75779	54902	20922
45237941	27914586	17323355	6235267	11088088	5607750
45192221	27879414	17312807	6232234	11080573	5606984
11633691	6390577	5243114	1715825	3527289	2778959
1251893	748956	502937	139156	363781	103556
33558530	21488837	12069693	4516409	7553284	2828025
21197805	13804541	7393264	2711994	4681270	1185619
45720	35172	10548	3033	7515	766
43498284	29014649	14483635	5195786	9287849	2452006
43492998	29009534	14483464	5195615	9287849	2452006
30450533	20188186	10262347	3341221	6921126	1156480
5286	5115	171	171		
524955	343163	181792	96816	84976	48741
502209	329192	173017	88041	84976	45531
22746	13971	8775	8775		3210
1161610	759900	401710	183468	218242	109025
5047729	3162218	1885511	886137	999374	503396
11363649	6200990	5162659	3218412	1944247	755074
1747970	1123083	624887	243144	381743	506029

1—25 全国教育部门和其他部门各级各类教育机构

学校类别	合 计	事业性经费支出				
			个人部分	工资福利支出	对个人和家庭的补助支出	#助学金
总 计	**655234482**	**636158801**	**470440309**	**374760832**	**95679477**	**20295248**
一、高等学校	127666596	120192726	73001146	49749686	23251460	7561490
1. 普通高等学校	123723501	116308033	70169415	47600962	22568453	7407385
高等本科学校	104824494	98414615	58516831	39050507	19466324	6030105
高等专科学校	3136001	3046693	1759460	1302634	456826	199201
高等职业学校	15763006	14846725	9893124	7247821	2645303	1178079
2. 成人高等学校	3943095	3884693	2831731	2148724	683007	154105
二、中等职业学校	38427841	36952298	28459474	20685849	7773625	3822656
1. 中等专业学校	15244952	14819840	10879101	7690354	3188747	1605889
2. 职业高中	16760021	16250784	13109899	9659483	3450416	1785817
#农村	1979473	1948483	1613651	1254289	359362	221955
3. 技工学校	3488346	2967174	2107786	1499043	608743	348520
4. 成人中专学校	2934522	2914500	2362688	1836969	525719	82430
三、中学	210900993	205287658	160415504	135430417	24985087	4318336
1. 普通中学	210728318	205115749	160289315	135324589	24964726	4316550
普通高中	62929376	60142256	48562339	41117381	7444958	592333
#农村	8308261	8204705	6959691	6148304	811387	83710
普通初中	147798942	144973493	111726976	94207208	17519768	3724217
#农村	90820260	89634641	68510715	58268001	10242714	2932140
2. 成人中学	172675	171909	126189	105828	20361	1786
四、小学	227175219	224725150	181452727	148375403	33077324	3460313
1. 普通小学	227139798	224689729	181422357	148347876	33074481	3460313
#农村	157907995	156751885	126386154	104224290	22161864	2963388
2. 成人小学	35421	35421	30370	27527	2843	
五、特殊教育	2385133	2336392	1811813	1480500	331313	38146
1. 特殊教育学校	2312777	2267246	1765413	1440755	324658	38092
2. 工读学校	72356	69146	46400	39745	6655	54
六、幼儿园	8792961	8683936	7522326	6571870	950456	
七、教育行政单位	10990341	10486945	5414773	4004776	1409997	109119
八、教育事业单位	22858194	21991810	8981873	5808526	3173347	967140
九、其他	6037204	5501886	3380673	2653805	726868	18048

预算内教育事业费和基本建设支出明细

单位:千元

公用部分	商品和服务支出	其他资本性支出			基本建设支出
			专项公用支出	专项项目支出	
165718492	**102999558**	**62718934**	**30213445**	**32505489**	**19075681**
47191580	28553787	18637793	12016304	6621489	7473870
46138618	27796633	18341985	11840021	6501964	7415468
39897784	24556617	15341167	10110577	5230590	6409879
1287233	587571	699662	248948	450714	89308
4953601	2652445	2301156	1480496	820660	916281
1052962	757154	295808	176283	119525	58402
8492824	4702692	3790132	2010312	1779820	1475543
3940739	2229327	1711412	1118839	592573	425112
3140885	1641501	1499384	582388	916996	509237
334832	197750	137082	70546	66536	30990
859388	407653	451735	233386	218349	521172
551812	424211	127601	75699	51902	20022
44872154	27597527	17274627	6215683	11058944	5613335
44826434	27562355	17264079	6212650	11051429	5612569
11579917	6332279	5247638	1716087	3531551	2787120
1245014	742923	502091	138439	363652	103556
33246517	21230076	12016441	4496563	7519878	2825449
21123926	13735417	7388509	2708107	4680402	1185619
45720	35172	10548	3033	7515	766
43272423	28815035	14457388	5188925	9268463	2450069
43267372	28810155	14457217	5188754	9268463	2450069
30365731	20110907	10254824	3336257	6918567	1156110
5051	4880	171	171		
524579	342817	181762	96786	84976	48741
501833	328846	172987	88011	84976	45531
22746	13971	8775	8775		3210
1161610	759900	401710	183468	218242	109025
5072172	3186661	1885511	886137	999374	503396
13009937	7697701	5312236	3299175	2013061	866384
2121213	1343438	777775	316655	461120	535318

1—26 中央属教育部门和其他部门各级各类教育机构

学校类别	合 计	事 业 性 经费支出				
			个人部分	工资福利支出	对个人和家庭的补助支出	
						#助学金
总 计	**44800413**	**41238800**	**21914555**	**12926893**	**8987662**	**2554976**
一、高等学校	41335828	37942657	20792975	12546827	8246148	2032115
1.普通高等学校	41301019	37907848	20785917	12542485	8243432	2031568
高等本科学校	41172818	37819083	20727145	12507143	8220002	2016685
高等专科学校	83194	47858	25186	21766	3420	3089
高等职业学校	45007	40907	33586	13576	20010	11794
2.成人高等学校	34809	34809	7058	4342	2716	547
二、中等职业学校	62209	60209	28450	20740	7710	3495
1.中等专业学校	54898	52898	23595	16348	7247	3032
2.职业高中	7311	7311	4855	4392	463	463
#农村						
3.技工学校						
4.成人中专学校						
三、中学	210014	184171	107035	64298	42737	351
1.普通中学	210014	184171	107035	64298	42737	351
普通高中	165373	139530	80487	47762	32725	221
#农村						
普通初中	44641	44641	26548	16536	10012	130
#农村						
2.成人中学						
四、小学	70946	70946	49252	32673	16579	3
1.普通小学	70946	70946	49252	32673	16579	3
#农村						
2.成人小学						
五、特殊教育						
1.特殊教育学校						
2.工读学校						
六、幼儿园						
七、教育行政单位	47959	47959	23516	21724	1792	
八、教育事业单位	2486806	2375496	729208	126226	602982	506782
九、其他	586651	557362	184119	114405	69714	12230

预算内教育事业费和基本建设支出明细

单位：千元

	公用部分	商品和服务支出	其他资本性支出	专项公用支出	专项项目支出	基本建设支出
	19324245	**13534123**	**5790122**	**3419445**	**2370677**	**3561613**
	17149682	11737978	5411704	3227255	2184449	3393171
	17121931	11715137	5406794	3222647	2184147	3393171
	17091938	11697055	5394883	3212268	2182615	3353735
	22672	15652	7020	6379	641	35336
	7321	2430	4891	4000	891	4100
	27751	22841	4910	4608	302	
	31759	17255	14504	9498	5006	2000
	29303	14799	14504	9498	5006	2000
	2456	2456				
	77136	26378	50758	17727	33031	25843
	77136	26378	50758	17727	33031	25843
	59043	20209	38834	14760	24074	25843
	18093	6169	11924	2967	8957	
	21694	11003	10691	10691		
	21694	11003	10691	10691		
	24443	24443				
	1646288	1496711	149577	80763	68814	111310
	373243	220355	152888	73511	79377	29289

1—27 地方教育部门和其他部门各级各类教育机构

学校类别	合计	事业性经费支出	个人部分	工资福利支出	对个人和家庭的补助支出	#助学金
总计	**610434069**	**594920001**	**448525754**	**361833939**	**86691815**	**17740272**
一、高等学校	86330768	82250069	52208171	37202859	15005312	5529375
1.普通高等学校	82422482	78400185	49383498	35058477	14325021	5375817
高等本科学校	63651676	60595532	37789686	26543364	11246322	4013420
高等专科学校	3052807	2998835	1734274	1280868	453406	196112
高等职业学校	15717999	14805818	9859538	7234245	2625293	1166285
2.成人高等学校	3908286	3849884	2824673	2144382	680291	153558
二、中等职业学校	38365632	36892089	28431024	20665109	7765915	3819161
1.中等专业学校	15190054	14766942	10855506	7674006	3181500	1602857
2.职业高中	16752710	16243473	13105044	9655091	3449953	1785354
#农村	1979473	1948483	1613651	1254289	359362	221955
3.技工学校	3488346	2967174	2107786	1499043	608743	348520
4.成人中专学校	2934522	2914500	2362688	1836969	525719	82430
三、中学	210690979	205103487	160308469	135366119	24942350	4317985
1.普通中学	210518304	204931578	160182280	135260291	24921989	4316199
普通高中	62764003	60002726	48481852	41069619	7412233	592112
#农村	8308261	8204705	6959691	6148304	811387	83710
普通初中	147754301	144928852	111700428	94190672	17509756	3724087
#农村	90820260	89634641	68510715	58268001	10242714	2932140
2.成人中学	172675	171909	126189	105828	20361	1786
四、小学	227104273	224654204	181403475	148342730	33060745	3460310
1.普通小学	227068852	224618783	181373105	148315203	33057902	3460310
#农村	157907995	156751885	126386154	104224290	22161864	2963388
2.成人小学	35421	35421	30370	27527	2843	
五、特殊教育	2385133	2336392	1811813	1480500	331313	38146
1.特殊教育学校	2312777	2267246	1765413	1440755	324658	38092
2.工读学校	72356	69146	46400	39745	6655	54
六、幼儿园	8792961	8683936	7522326	6571870	950456	
七、教育行政单位	10942382	10438986	5391257	3983052	1408205	109119
八、教育事业单位	20371388	19616314	8252665	5682300	2570365	460358
九、其他	5450553	4944524	3196554	2539400	657154	5818

预算内教育事业费和基本建设支出明细

单位：千元

公用部分	商品和服务支出	其他资本性支出			基本建设支出
			专项公用支出	专项项目支出	
146394247	**89465435**	**56928812**	**26794000**	**30134812**	**15514068**
30041898	16815809	13226089	8789049	4437040	4080699
29016687	16081496	12935191	8617374	4317817	4022297
22805846	12859562	9946284	6898309	3047975	3056144
1264561	571919	692642	242569	450073	53972
4946280	2650015	2296265	1476496	819769	912181
1025211	734313	290898	171675	119223	58402
8461065	4685437	3775628	2000814	1774814	1473543
3911436	2214528	1696908	1109341	587567	423112
3138429	1639045	1499384	582388	916996	509237
334832	197750	137082	70546	66536	30990
859388	407653	451735	233386	218349	521172
551812	424211	127601	75699	51902	20022
44795018	27571149	17223869	6197956	11025913	5587492
44749298	27535977	17213321	6194923	11018398	5586726
11520874	6312070	5208804	1701327	3507477	2761277
1245014	742923	502091	138439	363652	103556
33228424	21223907	12004517	4493596	7510921	2825449
21123926	13735417	7388509	2708107	4680402	1185619
45720	35172	10548	3033	7515	766
43250729	28804032	14446697	5178234	9268463	2450069
43245678	28799152	14446526	5178063	9268463	2450069
30365731	20110907	10254824	3336257	6918567	1156110
5051	4880	171	171		
524579	342817	181762	96786	84976	48741
501833	328846	172987	88011	84976	45531
22746	13971	8775	8775		3210
1161610	759900	401710	183468	218242	109025
5047729	3162218	1885511	886137	999374	503396
11363649	6200990	5162659	3218412	1944247	755074
1747970	1123083	624887	243144	381743	506029

1—28 企业办各级各类教育机构

学校类别	合计	事业性经费支出	个人部分	工资福利支出	对个人和家庭的补助支出	#助学金
总计	**3222342**	**3057562**	**2154607**	**1746131**	**408476**	**180740**
一、高等学校	686684	663684	308486	209901	98585	30549
1.普通高等学校	641303	618303	281882	191596	90286	26973
高等本科学校	558144	544644	224903	152184	72719	19090
高等专科学校	40506	40506	36432	27000	9432	3848
高等职业学校	42653	33153	20547	12412	8135	4035
2.成人高等学校	45381	45381	26604	18305	8299	3576
二、中等职业学校	390909	357519	289842	171942	117900	88689
1.中等专业学校	179495	148195	102675	60824	41851	23916
2.职业高中	54282	54282	40487	19828	20659	16175
#农村	6529	6529	6529		6529	6529
3.技工学校	139710	137620	131440	82810	48630	42686
4.成人中专学校	17422	17422	15240	8480	6760	5912
三、中学	1463913	1402036	1174921	1060621	114300	28492
1.普通中学	1463913	1402036	1174921	1060621	114300	28492
普通高中	581070	554216	488098	443438	44660	5589
#农村	220957	214993	200150	191620	8530	2326
普通初中	882843	847820	686823	617183	69640	22903
#农村	523508	497900	419044	383768	35276	15598
2.成人中学						
四、小学	600871	560738	328934	266431	62503	32005
1.普通小学	600871	560738	328934	266431	62503	32005
#农村	316237	291399	169792	136775	33017	24251
2.成人小学						
五、特殊教育						
1.特殊教育学校						
2.工读学校						
六、幼儿园	3270	3270	2709	1608	1101	
七、教育行政单位	22988	22988	12872	10889	1983	
八、教育事业单位	12329	12329	8349	6463	1886	
九、其他	41378	34998	28494	18276	10218	1005

预算内教育事业费和基本建设支出明细

单位：千元

公用部分	商品和服务支出	其他资本性支出	专项公用支出	专项项目支出	基本建设支出
902955	**498397**	**404558**	**109213**	**295345**	**164780**
355198	119122	236076	65095	170981	23000
336421	116809	219612	65095	154517	23000
319741	101864	217877	63677	154200	13500
4074	4074				
12606	10871	1735	1418	317	9500
18777	2313	16464		16464	
67677	30101	37576	14332	23244	33390
45520	20649	24871	12242	12629	31300
13795	5240	8555		8555	
6180	2180	4000	2000	2000	2090
2182	2032	150	90	60	
227115	169916	57199	13408	43791	61877
227115	169916	57199	13408	43791	61877
66118	53123	12995	2974	10021	26854
14843	10565	4278	933	3345	5964
160997	116793	44204	10434	33770	35023
78856	50670	28186	4957	23229	25608
231804	159702	72102	15013	57089	40133
231804	159702	72102	15013	57089	40133
121607	77433	44174	9581	34593	24838
561	561				
10116	9934	182	182		
3980	3339	641	641		
6504	5722	782	542	240	6380

1—29 中央企业办各级各类教育机构

学校类别	合 计	事业性经费支出				
			个人部分	工资福利支出	对个人和家庭的补助支出	
						#助学金
总 计	**2259068**	**2107648**	**1488400**	**1241940**	**246460**	**82955**
一、高等学校	536799	513799	258224	179123	79101	16410
1. 普通高等学校	500483	477483	240685	166410	74275	16307
高等本科学校	460734	447234	220893	152184	68709	15080
高等专科学校	8630	8630	6539	5308	1231	480
高等职业学校	31119	21619	13253	8918	4335	747
2. 成人高等学校	36316	36316	17539	12713	4826	103
二、中等职业学校	135240	101850	66180	38489	27691	13979
1. 中等专业学校	114943	83643	54517	32101	22416	12505
2. 职业高中	12692	12692	8856	5266	3590	295
#农村						
3. 技工学校	4793	2703	1179		1179	1179
4. 成人中专学校	2812	2812	1628	1122	506	
三、中学	1129029	1078577	929779	847110	82669	22608
1. 普通中学	1129029	1078577	929779	847110	82669	22608
普通高中	461271	443837	399633	363748	35885	4163
#农村	213127	207163	195232	186727	8505	2301
普通初中	667758	634740	530146	483362	46784	18445
#农村	493708	468100	396939	365556	31383	15442
2. 成人中学						
四、小学	378035	339837	181793	139982	41811	28953
1. 普通小学	378035	339837	181793	139982	41811	28953
#农村	262180	237712	134693	107107	27586	23873
2. 成人小学						
五、特殊教育						
1. 特殊教育学校						
2. 工读学校						
六、幼儿园	3270	3270	2709	1608	1101	
七、教育行政单位	22988	22988	12872	10889	1983	
八、教育事业单位	12329	12329	8349	6463	1886	
九、其他	41378	34998	28494	18276	10218	1005

预算内教育事业费和基本建设支出明细

单位：千元

公用部分	商品和服务支出	其他资本性支出	专项公用支出	专项项目支出	基本建设支出
619248	**356663**	**262585**	**90980**	**171605**	**151420**
255575	112899	142676	65095	77581	23000
236798	110586	126212	65095	61117	23000
226341	101864	124477	63677	60800	13500
2091	2091				
8366	6631	1735	1418	317	9500
18777	2313	16464		16464	
35670	18883	16787	9527	7260	33390
29126	13439	15687	8487	7200	31300
3836	3836				
1524	524	1000	1000		2090
1184	1084	100	40	60	
148798	105168	43630	6615	37015	50452
148798	105168	43630	6615	37015	50452
44204	36695	7509	1339	6170	17434
11931	8155	3776	560	3216	5964
104594	68473	36121	5276	30845	33018
71161	43918	27243	4639	22604	25608
158044	100157	57887	8378	49509	38198
158044	100157	57887	8378	49509	38198
103019	62982	40037	6472	33565	24468
561	561				
10116	9934	182	182		
3980	3339	641	641		
6504	5722	782	542	240	6380

1—30　地方企业办各级各类教育机构

学校类别	合　计	事业性经费支出	个人部分	工资福利支出	对个人和家庭的补助支出	#助学金
总　　计	**963274**	**949914**	**666207**	**504191**	**162016**	**97785**
一、高等学校	149885	149885	50262	30778	19484	14139
1. 普通高等学校	140820	140820	41197	25186	16011	10666
高等本科学校	97410	97410	4010		4010	4010
高等专科学校	31876	31876	29893	21692	8201	3368
高等职业学校	11534	11534	7294	3494	3800	3288
2. 成人高等学校	9065	9065	9065	5592	3473	3473
二、中等职业学校	255669	255669	223662	133453	90209	74710
1. 中等专业学校	64552	64552	48158	28723	19435	11411
2. 职业高中	41590	41590	31631	14562	17069	15880
#农村	6529	6529	6529		6529	6529
3. 技工学校	134917	134917	130261	82810	47451	41507
4. 成人中专学校	14610	14610	13612	7358	6254	5912
三、中学	334884	323459	245142	213511	31631	5884
1. 普通中学	334884	323459	245142	213511	31631	5884
普通高中	119799	110379	88465	79690	8775	1426
#农村	7830	7830	4918	4893	25	25
普通初中	215085	213080	156677	133821	22856	4458
#农村	29800	29800	22105	18212	3893	156
2. 成人中学						
四、小学	222836	220901	147141	126449	20692	3052
1. 普通小学	222836	220901	147141	126449	20692	3052
#农村	54057	53687	35099	29668	5431	378
2. 成人小学						
五、特殊教育						
1. 特殊教育学校						
2. 工读学校						
六、幼儿园						
七、教育行政单位						
八、教育事业单位						
九、其他						

预算内教育事业费和基本建设支出明细

单位:千元

公用部分	商品和服务支出	其他资本性支出			基本建设支出
			专项公用支出	专项项目支出	
283707	**141734**	**141973**	**18233**	**123740**	**13360**
99623	6223	93400		93400	
99623	6223	93400		93400	
93400		93400		93400	
1983	1983				
4240	4240				
32007	11218	20789	4805	15984	
16394	7210	9184	3755	5429	
9959	1404	8555		8555	
4656	1656	3000	1000	2000	
998	948	50	50		
78317	64748	13569	6793	6776	11425
78317	64748	13569	6793	6776	11425
21914	16428	5486	1635	3851	9420
2912	2410	502	373	129	
56403	48320	8083	5158	2925	2005
7695	6752	943	318	625	
73760	59545	14215	6635	7580	1935
73760	59545	14215	6635	7580	1935
18588	14451	4137	3109	1028	370

1—31 民办各级各类教育机构

学校类别	合计	事业性经费支出				
			个人部分	工资福利支出	对个人和家庭的补助支出	
						#助学金
总计	**2555193**	**2414167**	**1709965**	**726183**	**983782**	**909832**
一、高等学校	685267	554496	429160	99677	329483	313509
1. 普通高等学校	645142	514371	419252	90048	329204	313478
高等本科学校	466994	338223	277146	51449	225697	218673
高等专科学校	1491	1491	1491		1491	
高等职业学校	176657	174657	140615	38599	102016	94805
2. 成人高等学校	40125	40125	9908	9629	279	31
二、中等职业学校	610617	609197	569108	33001	536107	515770
1. 中等专业学校	185544	185524	175410	5159	170251	169578
2. 职业高中	350452	349952	329448	19736	309712	299564
#农村	38639	38639	36583	2948	33635	33744
3. 技工学校	11983	11983	11856	2200	9656	10258
4. 成人中专学校	62638	61738	52394	5906	46488	36370
三、中学	940764	931931	567325	486446	80879	52641
1. 普通中学	938181	929348	564742	485548	79194	50956
普通高中	350072	341810	250907	223766	27141	16401
#农村	21433	21433	17466	15064	2402	2070
普通初中	588109	587538	313835	261782	52053	34555
#农村	129317	129317	63133	46716	16417	13941
2. 成人中学	2583	2583	2583	898	1685	1685
四、小学	317836	317834	144039	106985	37054	27653
1. 普通小学	317601	317599	144039	106985	37054	27653
#农村	110355	110355	44141	28396	15745	15368
2. 成人小学	235	235				
五、特殊教育	709	709	333	74	259	259
1. 特殊教育学校	709	709	333	74	259	259
2. 工读学校						
六、幼儿园						
七、教育行政单位						
八、教育事业单位						
九、其他						

预算内教育事业费和基本建设支出明细

单位:千元

公用部分	商品和服务支出	其他资本性支出	专项公用支出	专项项目支出	基本建设支出
704202	**475264**	**228938**	**74024**	**154914**	**141026**
125336	18926	106410	22708	83702	130771
95119	18709	76410	22708	53702	130771
61077	6496	54581	15225	39356	128771
34042	12213	21829	7483	14346	2000
30217	217	30000		30000	
40089	26231	13858	9851	4007	1420
10114	5075	5039	4944	95	20
20504	14815	5689	4777	912	500
2056	1803	253	13	240	
127	27	100	100		
9344	6314	3030	30	3000	900
364606	278689	85917	30518	55399	8833
364606	278689	85917	30518	55399	8833
90903	62079	28824	12863	15961	8262
3967	3623	344	344		
273703	216610	57093	17655	39438	571
66184	62372	3812	3569	243	
173795	151072	22723	10917	11806	2
173560	150837	22723	10917	11806	2
66214	62828	3386	1855	1531	
235	235				
376	346	30	30		
376	346	30	30		

1—32　全国教育部门和其他部门各级学校生均教育经费支出

单位:元

学校类别	教育经费支出	事业性经费支出	个人部分	公用部分	基本建设支出
总　计	**4965.41**	**4759.71**	**2856.66**	**1903.05**	**205.70**
一、高等学校	15493.48	14227.13	6422.96	7804.17	1266.35
1. 普通高等学校	16319.95	14969.58	6739.25	8230.33	1350.37
高等本科学校	18174.07	16650.74	7511.70	9139.03	1523.34
高等专科学校	11396.87	10738.96	4676.61	6062.35	657.91
高等职业学校	10403.10	9567.39	4276.06	5291.33	835.71
2. 成人高等学校	6485.56	6134.94	2975.69	3159.25	350.62
二、中等职业学校	6252.50	6021.00	3413.28	2607.72	231.50
1. 中等专业学校	6760.73	6518.46	3590.96	2927.50	242.27
2. 职业高中	5497.46	5337.16	3123.93	2213.22	160.31
＃农村	4227.29	4139.62	2495.44	1644.18	87.67
3. 技工学校	6758.81	6117.96	3102.22	3015.74	640.86
4. 成人中专学校	8495.03	8439.97	5337.50	3102.47	55.06
三、中学	4078.46	3962.15	2586.63	1375.52	116.32
1. 普通中学	4075.71	3959.36	2585.48	1373.88	116.35
普通高中	5478.99	5262.02	3058.92	2203.10	216.97
＃农村	4031.41	3968.40	2464.49	1503.90	63.02
普通初中	3486.77	3412.65	2386.78	1025.86	74.12
＃农村	2926.58	2882.03	2061.04	820.99	44.54
2. 成人中学	10626.13	10596.24	5315.96	5280.28	29.89
四、小学	2751.27	2717.12	2063.14	653.97	34.16
1. 普通小学	2752.28	2718.10	2063.87	654.23	34.17
＃农村	2463.72	2441.71	1899.46	542.25	22.01
2. 成人小学	763.55	763.55	616.93	146.62	
五、特殊教育	18417.69	18042.79	12547.49	5495.30	374.90
1. 特殊教育学校	18265.38	17900.66	12490.08	5410.58	364.72
2. 工读学校	24299.28	23531.34	14764.35	8766.99	767.94
六、幼儿园	3121.17	3081.44	2127.01	954.42	39.73

1—33 全国教育部门和其他部门各级学校生均预算内教育经费支出

单位:元

学校类别	预算内教育经费支出	事业费支出	个人部分	公用部分	基本建设支出
总　计	**3040.46**	**2951.95**	**2182.97**	**768.98**	**88.52**
一、高等学校	6657.77	6268.01	3806.98	2461.02	389.76
1.普通高等学校	6963.39	6546.04	3949.27	2596.77	417.36
高等本科学校	7945.36	7459.51	4435.39	3024.12	485.85
高等专科学校	4989.76	4847.66	2799.52	2048.15	142.10
高等职业学校	3994.63	3762.43	2507.10	1255.33	232.20
2.成人高等学校	2800.73	2759.25	2011.35	747.91	41.48
二、中等职业学校	3248.75	3124.01	2406.01	718.00	124.74
1.中等专业学校	3357.10	3263.48	2395.69	867.79	93.61
2.职业高中	3003.95	2912.68	2349.73	562.95	91.27
#农村	2338.84	2302.22	1906.60	395.62	36.62
3.技工学校	3145.12	2675.23	1900.40	774.83	469.89
4.成人中专学校	4899.63	4866.20	3944.87	921.33	33.43
三、中学	2744.45	2671.41	2087.49	583.92	73.05
1.普通中学	2743.36	2670.29	2086.72	583.57	73.07
普通高中	2771.28	2648.54	2138.58	509.96	122.74
#农村	2115.18	2088.82	1771.85	316.97	26.36
普通初中	2731.64	2679.42	2064.96	614.47	52.22
#农村	2465.46	2433.28	1859.84	573.44	32.19
2.成人中学	5342.50	5318.80	3904.24	1414.56	23.70
四、小学	2230.33	2206.27	1781.44	424.83	24.05
1.普通小学	2231.11	2207.04	1782.04	425.00	24.07
#农村	2099.65	2084.28	1680.51	403.76	15.37
2.成人小学	688.59	688.59	590.40	98.19	
五、特殊教育	14403.41	14109.07	10941.23	3167.84	294.34
1.特殊教育学校	14328.14	14046.07	10937.11	3108.96	282.07
2.工读学校	17310.05	16542.11	11100.48	5441.63	767.94
六、幼儿园	1771.61	1749.65	1515.61	234.04	21.97

1—34 中央属教育部门和其他部门各级学校生均教育经费支出

单位:元

学校类别	教育经费支出	事业性经费支出			基本建设支出
			个人部分	公用部分	
总　计	**29569.65**	**27079.80**	**11355.05**	**15724.74**	**2489.86**
一、高等学校	28469.17	25979.06	11018.78	14960.27	2490.11
1.普通高等学校	28402.60	25910.25	11010.71	14899.55	2492.35
高等本科学校	28628.87	26134.20	11092.88	15041.32	2494.66
高等专科学校	22650.31	14147.93	7450.13	6697.80	8502.37
高等职业学校	8689.37	7252.93	4058.47	3194.47	1436.43
2.成人高等学校	102451.00	102451.00	19995.21	82455.80	
二、中等职业学校	12299.26	12159.26	6245.50	5913.76	140.01
1.中等专业学校	12058.09	11908.38	5915.41	5992.96	149.71
2.职业高中	18516.62	18516.62	14075.53	4441.09	
#农村					
3.技工学校	8912.88	8912.88	3314.39	5598.48	
4.成人中专学校					
三、中学	16300.29	15536.25	8092.90	7443.35	764.04
1.普通中学	16300.29	15536.25	8092.90	7443.35	764.04
普通高中	17212.45	16178.30	8415.86	7762.43	1034.15
#农村					
普通初中	13728.49	13726.01	7182.32	6543.69	2.48
#农村					
2.成人中学					
四、小学	6125.15	6125.15	3953.59	2171.56	
1.普通小学	6125.15	6125.15	3953.59	2171.56	
#农村					
2.成人小学					
五、特殊教育					
1.特殊教育学校					
2.工读学校					
六、幼儿园	145.00	145.00	70.00	75.00	

1—35 中央属教育部门和其他部门各级学校生均预算内教育经费支出

单位：元

学校类别	预算内教育经费支出	事业费支出	个人部分	公用部分	基本建设支出
总　计	**12998.87**	**11965.46**	**6358.52**	**5606.94**	**1033.40**
一、高等学校	12261.98	11255.42	6168.09	5087.33	1006.56
1. 普通高等学校	12261.30	11253.95	6170.85	5083.10	1007.35
高等本科学校	12391.84	11382.46	6238.28	5144.18	1009.38
高等专科学校	15150.05	8715.19	4586.50	4128.69	6434.87
高等职业学校	1115.78	1014.14	832.64	181.50	101.64
2. 成人高等学校	13127.22	13127.22	2661.72	10465.49	
二、中等职业学校	4354.85	4214.84	1991.60	2223.24	140.01
1. 中等专业学校	4109.44	3959.73	1766.23	2193.50	149.71
2. 职业高中	11043.81	11043.81	7333.84	3709.97	
#农村					
3. 技工学校					
4. 成人中专学校					
三、中学	6192.00	5430.05	3155.79	2274.26	761.95
1. 普通中学	6192.00	5430.05	3155.79	2274.26	761.95
普通高中	6605.14	5572.95	3214.72	2358.23	1032.19
#农村					
普通初中	5027.14	5027.14	2989.64	2037.50	
#农村					
2. 成人中学					
四、小学	2773.82	2773.82	1925.64	848.18	
1. 普通小学	2773.82	2773.82	1925.64	848.18	
#农村					
2. 成人小学					
五、特殊教育					
1. 特殊教育学校					
2. 工读学校					
六、幼儿园					

1—36 地方教育部门和其他部门各级学校生均教育经费支出

单位:元

学校类别	教育经费支出	事业性经费支出	个人部分	公用部分	基本建设支出
总　计	**4529.02**	**4363.83**	**2705.93**	**1657.90**	**165.19**
一、高等学校	12709.02	11705.27	5436.74	6268.53	1003.74
1.普通高等学校	13435.59	12357.84	5719.57	6638.27	1077.76
高等本科学校	14663.55	13466.36	6309.21	7157.16	1197.19
高等专科学校	11296.77	10708.64	4651.94	6056.70	588.13
高等职业学校	10420.45	9590.82	4278.27	5312.55	829.62
2.成人高等学校	6303.85	5952.57	2943.46	3009.11	351.28
二、中等职业学校	6245.19	6013.58	3409.85	2603.72	231.61
1.中等专业学校	6745.10	6502.56	3584.11	2918.46	242.54
2.职业高中	5495.92	5335.59	3122.63	2212.96	160.32
#农村	4227.29	4139.62	2495.44	1644.18	87.67
3.技工学校	6758.30	6117.29	3102.17	3015.12	641.01
4.成人中专学校	8495.03	8439.97	5337.50	3102.47	55.06
三、中学	4073.07	3957.04	2584.20	1372.84	116.03
1.普通中学	4070.31	3954.24	2583.05	1371.20	116.07
普通高中	5466.04	5249.97	3053.01	2196.96	216.07
#农村	4031.41	3968.40	2464.49	1503.90	63.02
普通初中	3485.09	3410.95	2385.99	1024.96	74.13
#农村	2926.58	2882.03	2061.04	820.99	44.54
2.成人中学	10626.13	10596.24	5315.96	5280.28	29.89
四、小学	2750.42	2716.26	2062.67	653.59	34.17
1.普通小学	2751.43	2717.25	2063.40	653.85	34.18
#农村	2463.72	2441.71	1899.46	542.25	22.01
2.成人小学	763.55	763.55	616.93	146.62	
五、特殊教育	18417.69	18042.79	12547.49	5495.30	374.90
1.特殊教育学校	18265.38	17900.66	12490.08	5410.58	364.72
2.工读学校	24299.28	23531.34	14764.35	8766.99	767.94
六、幼儿园	3121.41	3081.67	2127.18	954.50	39.74

1—37 地方教育部门和其他部门各级学校生均预算内教育经费支出

单位:元

学校类别	预算内教育经费支出	事业费支出	个人部分	公用部分	基本建设支出
总　　计	**2878.61**	**2805.45**	**2115.11**	**690.35**	**73.16**
一、高等学校	5462.41	5204.21	3303.37	1900.84	258.20
1. 普通高等学校	5724.06	5444.72	3429.58	2015.15	279.34
高等本科学校	6448.62	6139.00	3828.51	2310.48	309.62
高等专科学校	4900.21	4813.57	2783.77	2029.81	86.63
高等职业学校	4024.36	3790.81	2524.39	1266.42	233.55
2. 成人高等学校	2781.25	2739.69	2010.12	729.57	41.56
二、中等职业学校	3247.41	3122.69	2406.51	716.18	124.73
1. 中等专业学校	3354.88	3261.43	2397.55	863.88	93.45
2. 职业高中	3002.99	2911.71	2349.13	562.58	91.28
#农村	2338.84	2302.22	1906.60	395.62	36.62
3. 技工学校	3145.87	2675.87	1900.85	775.02	470.00
4. 成人中专学校	4899.63	4866.20	3944.87	921.33	33.43
三、中学	2742.93	2670.19	2087.01	583.17	72.74
1. 普通中学	2741.84	2669.07	2086.25	582.82	72.76
普通高中	2767.05	2645.31	2137.40	507.92	121.74
#农村	2115.18	2088.82	1771.85	316.97	26.36
普通初中	2731.27	2679.04	2064.80	614.23	52.23
#农村	2465.46	2433.28	1859.84	573.44	32.19
2. 成人中学	5342.50	5318.80	3904.24	1414.56	23.70
四、小学	2230.19	2206.13	1781.40	424.73	24.06
1. 普通小学	2230.97	2206.90	1782.01	424.89	24.07
#农村	2099.65	2084.28	1680.51	403.76	15.37
2. 成人小学	688.59	688.59	590.40	98.19	
五、特殊教育	14403.41	14109.07	10941.23	3167.84	294.34
1. 特殊教育学校	14328.14	14046.07	10937.11	3108.96	282.07
2. 工读学校	17310.05	16542.11	11100.48	5441.63	767.94
六、幼儿园	1771.76	1749.79	1515.73	234.06	21.97

第二部分

省、自治区、直辖市按来源分类教育经费收入

2—1 分地区

地区	总计			教育部门和其他部门		
	合计	中央	地方	合计	中央	地方
合计	**1195758630**	**117210881**	**1078547749**	**1106298328**	**112508479**	**993789849**
北京	76278577	35505734	40772843	73797861	35417100	38380761
天津	19122772	2551688	16571084	18116778	2551688	15565090
河北	44712842	675842	44037000	41608998	570858	41038140
山西	26575623	76863	26498760	24094467	21401	24073066
内蒙古	20302885	103019	20199866	19595523	96680	19498843
辽宁	44685763	3461211	41224552	42173983	3439158	38734825
吉林	24194396	2863449	21330947	22573490	2837821	19735669
黑龙江	32662615	5296718	27365897	29237117	4312165	24924952
上海	52858795	9675596	43183199	49924703	9640488	40284215
江苏	93427057	8293783	85133274	85633159	8293783	77339376
浙江	74108910	3523159	70585751	66301213	3519661	62781552
安徽	36712074	2198819	34513255	34774747	2147827	32626920
福建	34983140	1760815	33222325	31324824	1760815	29564009
江西	28500484		28500484	25287185		25287185
山东	71245884	3221747	68024137	66463630	3156114	63307516
河南	54980941	40968	54939973	51980134	6673	51973461
湖北	45963553	9073474	36890079	43586831	9003798	34583033
湖南	44622044	2658396	41963648	40624021	2594218	38029803
广东	114219300	6871787	107347513	102221311	6850540	95370771
广西	27626701	37549	27589152	26190933	37549	26153384
海南	7587502	7696	7579806	6669029	7696	6661333
重庆	25659919	2562584	23097335	24293574	2561454	21732120
四川	56286305	6188436	50097869	51839367	6150784	45688583
贵州	20709047	7914	20701133	19777375	7715	19769660
云南	27584853	9800	27575053	26360442	2630	26357812
西藏	4205619		4205619	4198870		4198870
陕西	34877160	6324463	28552697	31062575	6274679	24787896
甘肃	17820849	1095203	16725646	17212782	1047805	16164977
青海	4582376		4582376	4517171		4517171
宁夏	6561001	191258	6369743	6239156	191258	6047898
新疆	22099643	2932910	19166733	18617079	6121	18610958

教育经费总收入

单位：千元

企业办学			民办学校
合　计	中　央	地　方	地　方
14278260	**4702402**	**9575858**	**75182042**
175044	88634	86410	2305672
273930		273930	732064
329527	104984	224543	2774317
722729	55462	667267	1758427
402993	6339	396654	304369
292275	22053	270222	2219505
325577	25628	299949	1295329
2541924	984553	1557371	883574
586567	35108	551459	2347525
279054		279054	7514844
617769	3498	614271	7189928
290521	50992	239529	1646806
15126		15126	3643190
46130		46130	3167169
1182659	65633	1117026	3599595
251377	34295	217082	2749430
164588	69676	94912	2212134
112563	64178	48385	3885460
264108	21247	242861	11733881
61843		61843	1373925
565160		565160	353313
111972	1130	110842	1254373
338034	37652	300382	4108904
549678	199	549479	381994
80599	7170	73429	1143812
548		548	6201
426428	49784	376644	3388157
205135	47398	157737	402932
36860		36860	28345
22348		22348	299497
3005194	2926789	78405	477370

2—2 分地区

地区	总计			教育部门和其他部门		
	合计	中央	地方	合计	中央	地方
合计	**808973421**	**59757108**	**749216313**	**796989659**	**56325329**	**740664330**
北京	50209009	18449260	31759749	50145814	18424646	31721168
天津	12761925	1272525	11489400	12599890	1272525	11327365
河北	31395244	359385	31035859	31202319	314249	30888070
山西	19539800	56194	19483606	18855132	21401	18833731
内蒙古	16392641	97489	16295152	16058321	96680	15961641
辽宁	31933505	1927199	30006306	31751789	1906273	29845516
吉林	17542321	1865671	15676650	17283984	1840220	15443764
黑龙江	23221480	2670448	20551032	21240157	2036588	19203569
上海	36932505	4318414	32614091	36699319	4293608	32405711
江苏	56697812	4105181	52592631	56255959	4105181	52150778
浙江	45183966	1164243	44019723	44604042	1163538	43440504
安徽	26041888	1629709	24412179	25861083	1611606	24249477
福建	23088379	916371	22172008	23032930	916371	22116559
江西	18573671		18573671	18429264		18429264
山东	49375473	1819127	47556346	48423668	1792385	46631283
河南	40772910	17859	40755051	40433289	6673	40426616
湖北	27835483	4863877	22971606	27735600	4837185	22898415
湖南	27731502	1445038	26286464	27516254	1441614	26074640
广东	68111523	1970556	66140967	67693510	1963348	65730162
广西	20620950	37549	20583401	20530191	37549	20492642
海南	5505651	7696	5497955	5039531	7696	5031835
重庆	15819350	1101532	14717818	15727836	1100682	14627154
四川	37663721	2876057	34787664	37219629	2867486	34352143
贵州	16709352	7715	16701637	16507972	7715	16500257
云南	21918617	7835	21910782	21818283	2630	21815653
西藏	4060626		4060626	4060076		4060076
陕西	21747368	3486979	18260389	21447546	3459092	17988454
甘肃	14156739	678899	13477840	13992543	643405	13349138
青海	4055478		4055478	4029320		4029320
宁夏	5479771	148862	5330909	5407705	148862	5258843
新疆	17894761	2455438	15439323	15386703	6121	15380582

国家财政性教育经费

单位：千元

企业办学			民办学校
合计	中央	地方	地方
8956825	**3431779**	**5525046**	**3026937**
50125	24614	25511	13070
160787		160787	1248
133355	45136	88219	59570
595994	34793	561201	88674
323584	809	322775	10736
169248	20926	148322	12468
226887	25451	201436	31450
1973541	633860	1339681	7782
221564	24806	196758	11622
107393		107393	334460
58167	705	57462	521757
146895	18103	128792	33910
5377		5377	50072
18544		18544	125863
681484	26742	654742	270321
104153	11186	92967	235468
58352	26692	31660	41531
20154	3424	16730	195094
62693	7208	55485	355320
37273		37273	53486
450772		450772	15348
33658	850	32808	57856
168108	8571	159537	275984
196801		196801	4579
46757	5205	41552	53577
548		548	2
222119	27887	194232	77703
146076	35494	110582	18120
25698		25698	460
5520		5520	66546
2505198	2449317	55881	2860

2—3 分地区

地区	总计			教育部门和其他部门		
	合计	中央	地方	合计	中央	地方
合计	**746442819**	**57200075**	**689242744**	**740105981**	**54943586**	**685162395**
北京	47188127	17837351	29350776	47158050	17835617	29322433
天津	11743064	1235764	10507300	11667353	1235764	10431589
河北	28696661	284946	28411715	28611882	284946	28326936
山西	17482478	38440	17444038	17341248	21401	17319847
内蒙古	14981530	97481	14884049	14849542	96680	14752862
辽宁	29469406	1907294	27562112	29429857	1886368	27543489
吉林	16746734	1840220	14906514	16696366	1840220	14856146
黑龙江	20606630	1986472	18620158	20084112	1891460	18192652
上海	33049027	4099944	28949083	32997354	4095794	28901560
江苏	50605995	4072817	46533178	50273733	4072817	46200916
浙江	38632318	1145781	37486537	38152185	1145416	37006769
安徽	24492051	1612791	22879260	24452355	1611606	22840749
福建	21447097	906923	20540174	21397505	906923	20490582
江西	17767431		17767431	17641020		17641020
山东	43637648	1750523	41887125	43278671	1750523	41528148
河南	38647362	6673	38640689	38381834	6673	38375161
湖北	25992628	4770585	21222043	25946134	4770434	21175700
湖南	26167917	1421858	24746059	25981306	1419390	24561916
广东	64164452	1945962	62218490	63790069	1940134	61849935
广西	19225752	37549	19188203	19164499	37549	19126950
海南	4861306	7696	4853610	4843464	7696	4835768
重庆	15063875	1093790	13970085	14995922	1093790	13902132
四川	35507685	2851602	32656083	35213600	2849150	32364450
贵州	15652429	7715	15644714	15574015	7715	15566300
云南	20885268	3346	20881922	20824109	2630	20821479
西藏	4036882		4036882	4036880		4036880
陕西	20468850	3339244	17129606	20338636	3337637	17000999
甘肃	13423643	649913	12773730	13374006	640270	12733736
青海	3913988		3913988	3906657		3906657
宁夏	5257189	148862	5108327	5194597	148862	5045735
新疆	16627396	2098533	14528863	14509020	6121	14502899

财政预算内教育经费

单位：千元

企业办学			民办学校
合　计	中　央	地　方	地　方
3482514	**2256489**	**1226025**	**2854324**
17007	1734	15273	13070
74463		74463	1248
25249		25249	59530
54287	17039	37248	86943
121659	801	120858	10329
27081	20926	6155	12468
18918		18918	31450
514736	95012	419724	7782
40051	4150	35901	11622
24702		24702	307560
33503	365	33138	446630
5998	1185	4813	33698
918		918	48674
2846		2846	123565
113397		113397	245580
30060		30060	235468
10472	151	10321	36022
6296	2468	3828	180315
26268	5828	20440	348115
7793		7793	53460
2494		2494	15348
10097		10097	57856
18761	2452	16309	275324
75339		75339	3075
13134	716	12418	48025
			2
52985	1607	51378	77229
31517	9643	21874	18120
6871		6871	460
81		81	62511
2115531	2092412	23119	2845

2—4 分地区

地　区	总　计			教育部门和其他部门		
	合　计	中　央	地　方	合　计	中　央	地　方
合　计	**639843798**	**38180954**	**601662844**	**634476654**	**36209932**	**598266722**
北　京	34649291	10984717	23664574	34644286	10984592	23659694
天　津	10964749	927856	10036893	10896411	927856	9968555
河　北	26155493	247514	25907979	26072995	247514	25825481
山　西	15863417	19102	15844315	15731729	2202	15729527
内蒙古	12286538	96680	12189858	12174793	96680	12078113
辽　宁	23139776	1205799	21933977	23111891	1188298	21923593
吉　林	13628567	1402419	12226148	13585019	1402419	12182600
黑龙江	18950384	1092220	17858164	18569071	1000363	17568708
上　海	28809564	2943448	25866116	28779699	2939298	25840401
江　苏	44314819	2716789	41598030	44048417	2716789	41331628
浙　江	33791716	591206	33200510	33406394	591206	32815188
安　徽	20393862	1124184	19269678	20355904	1122999	19232905
福　建	17866307	685085	17181222	17823168	685085	17138083
江　西	15537408		15537408	15413468		15413468
山　东	41938099	1175065	40763034	41614019	1175065	40438954
河　南	34606110	418	34605692	34362652	418	34362234
湖　北	23088176	3263378	19824798	23046842	3263378	19783464
湖　南	22059240	927149	21132091	21882215	927149	20955066
广　东	53016357	1381285	51635072	52755869	1375457	51380412
广　西	16986319	6300	16980019	16933882	6300	16927582
海　南	3882451	4896	3877555	3864644	4896	3859748
重　庆	11800043	848051	10951992	11735420	848051	10887369
四　川	28505535	1816669	26688866	28249927	1814501	26435426
贵　州	15049673	2015	15047658	14971541	2015	14969526
云　南	17772697	2936	17769761	17726705	2220	17724485
西　藏	3173118		3173118	3173116		3173116
陕　西	18109481	2203044	15906437	17988043	2202729	15785314
甘　肃	12353219	551478	11801741	12303611	541835	11761776
青　海	3217439		3217439	3211433		3211433
宁　夏	4505429	140617	4364812	4458219	140617	4317602
新　疆	13428521	1820634	11607887	11585271		11585271

财政预算内教育事业费拨款

单位：千元

企业办学			民办学校
合　计	中　央	地　方	地　方
2957403	**1971022**	**986381**	**2409741**
176	125	51	4829
68338		68338	
24473		24473	58025
47557	16900	30657	84131
103063		103063	8682
22009	17501	4508	5876
12326		12326	31222
376399	91857	284542	4914
28465	4150	24315	1400
22949		22949	243453
28736		28736	356586
5354	1185	4169	32604
655		655	42484
2806		2806	121134
112005		112005	212075
25191		25191	218267
10288		10288	31046
3619		3619	173406
23056	5828	17228	237432
4861		4861	47576
2494		2494	15313
10097		10097	54526
18437	2168	16269	237171
75339		75339	2793
4734	716	4018	41258
			2
45001	315	44686	76437
31492	9643	21849	18116
5571		5571	435
81		81	47129
1841831	1820634	21197	1419

2—5 分地区

地区	总计			教育部门和其他部门		
	合计	中央	地方	合计	中央	地方
合计	**20177157**	**3897175**	**16279982**	**19911228**	**3753195**	**16158033**
北京	2958205	1406350	1551855	2958205	1406350	1551855
天津	138383	21280	117103	134383	21280	113103
河北	189171	8000	181171	189171	8000	181171
山西	303074	50	303024	302844		302844
内蒙古	573684		573684	570684		570684
辽宁	1651075	298500	1352575	1651075	298500	1352575
吉林	110705	58140	52565	110705	58140	52565
黑龙江	583779	474060	109719	575901	474060	101841
上海	1072848	90189	982659	1072848	90189	982659
江苏	1462744	283860	1178884	1460213	283860	1176353
浙江	1252779	7505	1245274	1203279	7505	1195774
安徽	375944	110000	265944	375944	110000	265944
福建	464750	47526	417224	461750	47526	414224
江西	407664		407664	407624		407624
山东	203806	46078	157728	203806	46078	157728
河南	206193		206193	206193		206193
湖北	333151	165706	167445	333151	165706	167445
湖南	308323	52610	255713	307823	52610	255213
广东	2753073	35300	2717773	2726663	35300	2691363
广西	486605	19000	467605	486105	19000	467105
海南	711253	1000	710253	711243	1000	710243
重庆	223251	13620	209631	223251	13620	209631
四川	855441	361191	494250	855441	361191	494250
贵州	161392		161392	161392		161392
云南	378224	410	377814	368824	410	368414
西藏	685575		685575	685575		685575
陕西	572186	248380	323806	571086	247280	323806
甘肃	133447	5590	127857	133447	5590	127857
青海	64381		64381	64381		64381
宁夏	181595		181595	166595		166595
新疆	374456	142830	231626	231626		231626

财政预算内基本建设拨款

单位：千元

企业办学			民办学校
合　　计	中　　央	地　　方	地　　方
167848	**143980**	**23868**	**98081**
4000		4000	
230	50	180	
3000		3000	
7878		7878	
			2531
			49500
			3000
40		40	
			500
370		370	26040
			500
			10
8400		8400	1000
1100	1100		
			15000
142830	142830		

2—6 分地区

地区	总计			教育部门和其他部门		
	合计	中央	地方	合计	中央	地方
合计	**12400037**	**8497974**	**3902063**	**12400037**	**8497974**	**3902063**
北京	3268964	3130129	138835	3268964	3130129	138835
天津	175546	140352	35194	175546	140352	35194
河北	2596	235	2361	2596	235	2361
山西	68929	18699	50230	68929	18699	50230
内蒙古	17114		17114	17114		17114
辽宁	385196	240845	144351	385196	240845	144351
吉林	283378	184889	98489	283378	184889	98489
黑龙江	253035	182375	70660	253035	182375	70660
上海	1709274	758502	950772	1709274	758502	950772
江苏	1060054	612834	447220	1060054	612834	447220
浙江	300707	87666	213041	300707	87666	213041
安徽	61186	60000	1186	61186	60000	1186
福建	270982	127771	143211	270982	127771	143211
江西	31225		31225	31225		31225
山东	522267	348383	173884	522267	348383	173884
河南	78831	6255	72576	78831	6255	72576
湖北	1044280	782370	261910	1044280	782370	261910
湖南	374059	288698	85361	374059	288698	85361
广东	824360	330461	493899	824360	330461	493899
广西	47610	12249	35361	47610	12249	35361
海南	8199		8199	8199		8199
重庆	213664	140020	73644	213664	140020	73644
四川	553752	442737	111015	553752	442737	111015
贵州	1215		1215	1215		1215
云南	23228		23228	23228		23228
西藏	760		760	760		760
陕西	711328	534709	176619	711328	534709	176619
甘肃	60252	57589	2663	60252	57589	2663
青海	21835		21835	21835		21835
宁夏	16444	4085	12359	16444	4085	12359
新疆	9767	6121	3646	9767	6121	3646

财政预算内科研拨款

单位:千元

企业办学			民办学校
合　　计	中　　央	地　　方	地　　方

2—7 分地区

地区	总计			教育部门和其他部门		
	合计	中央	地方	合计	中央	地方
合计	**74021827**	**6623972**	**67397855**	**73318062**	**6482485**	**66835577**
北京	6311667	2316155	3995512	6286595	2314546	3972049
天津	464386	146276	318110	461013	146276	314737
河北	2349401	29197	2320204	2347120	29197	2317923
山西	1247058	589	1246469	1237746	500	1237246
内蒙古	2104194	801	2103393	2086951		2086951
辽宁	4293359	162150	4131209	4281695	158725	4122970
吉林	2724084	194772	2529312	2717264	194772	2522492
黑龙江	819432	237817	581615	686105	234662	451443
上海	1457341	307805	1149536	1435533	307805	1127728
江苏	3768378	459334	3309044	3705049	459334	3245715
浙江	3287116	459404	2827712	3241805	459039	2782766
安徽	3661059	318607	3342452	3659321	318607	3340714
福建	2845058	46541	2798517	2841605	46541	2795064
江西	1791134		1791134	1788703		1788703
山东	973476	180997	792479	938579	180997	757582
河南	3756228		3756228	3734158		3734158
湖北	1527021	559131	967890	1521861	558980	962881
湖南	3426295	153401	3272894	3417209	150933	3266276
广东	7570662	198916	7371746	7483177	198916	7284261
广西	1705218		1705218	1696902		1696902
海南	259403	1800	257603	259378	1800	257578
重庆	2826917	92099	2734818	2823587	92099	2731488
四川	5592957	231005	5361952	5554480	230721	5323759
贵州	440149	5700	434449	439867	5700	434167
云南	2711119		2711119	2705352		2705352
西藏	177429		177429	177429		177429
陕西	1075855	353111	722744	1068179	352919	715260
甘肃	876725	35256	841469	876696	35256	841440
青海	610333		610333	609008		609008
宁夏	553721	4160	549561	553339	4160	549179
新疆	2814652	128948	2685704	2682356		2682356

财政预算内其他拨款

单位：千元

企业办学			民办学校
合　计	中　央	地　方	地　方
357263	**141487**	**215776**	**346502**
16831	1609	15222	8241
2125		2125	1248
776		776	1505
6500	89	6411	2812
15596	801	14795	1647
5072	3425	1647	6592
6592		6592	228
130459	3155	127304	2868
11586		11586	10222
1753		1753	61576
4767	365	4402	40544
644		644	1094
263		263	3190
			2431
1392		1392	33505
4869		4869	17201
184	151	33	4976
2677	2468	209	6409
2842		2842	84643
2932		2932	5384
			25
			3330
324	284	40	38153
			282
			5767
6884	192	6692	792
25		25	4
1300		1300	25
			382
130870	128948	1922	1426

2—8 分地区

地区	总计			教育部门和其他部门		
	合计	中央	地方	合计	中央	地方
合计	**54326044**	**18732**	**54307312**	**54001846**	**10330**	**53991516**
北京	2251176		2251176	2251176		2251176
天津	881010		881010	880719		880719
河北	2550931		2550931	2550891		2550891
山西	1502516		1502516	1500631		1500631
内蒙古	1192711		1192711	1185649		1185649
辽宁	2268282		2268282	2268282		2268282
吉林	561970		561970	561970		561970
黑龙江	1029780	1456	1028324	1002999		1002999
上海	3418710	15876	3402834	3358025	10220	3347805
江苏	5853291		5853291	5804611		5804611
浙江	6475076		6475076	6389305		6389305
安徽	1391218		1391218	1390906		1390906
福建	1607634		1607634	1606176		1606176
江西	770212		770212	767904		767904
山东	5098773		5098773	5055761		5055761
河南	2006654		2006654	2006654		2006654
湖北	1572033	1240	1570793	1565284		1565284
湖南	1346985	50	1346935	1332156		1332156
广东	3756266	110	3756156	3749061	110	3748951
广西	1314876		1314876	1313467		1313467
海南	187401		187401	187201		187201
重庆	709546		709546	709546		709546
四川	1947742		1947742	1946999		1946999
贵州	929515		929515	927456		927456
云南	925619		925619	918781		918781
西藏	23196		23196	23196		23196
陕西	964233		964233	963759		963759
甘肃	597809		597809	597809		597809
青海	117443		117443	117371		117371
宁夏	216220		216220	212185		212185
新疆	857216		857216	855916		855916

各级政府征收用于教育的税费

单位：千元

	企业办学			民办学校
	合　计	中　央	地　方	地　方
	151585	**8402**	**143183**	**172613**
	291		291	
				40
	154		154	1731
	6655		6655	407
	26781	1456	25325	
	60685	5656	55029	
	21780		21780	26900
	10644		10644	75127
	100		100	212
	60		60	1398
	10		10	2298
	18271		18271	24741
	1240	1240		5509
	50	50		14779
				7205
	1383		1383	26
	200		200	
	83		83	660
	555		555	1504
	1286		1286	5552
				474
	72		72	
				4035
	1285		1285	15

2—9 分地区

地　区	总　计			教育部门和其他部门		
	合　计	中　央	地　方	合　计	中　央	地　方
合　计	**43942867**	**18732**	**43924135**	**43656298**	**10330**	**43645968**
北　京	2246288		2246288	2246288		2246288
天　津	881010		881010	880719		880719
河　北	1856229		1856229	1856189		1856189
山　西	1477248		1477248	1475363		1475363
内蒙古	1075211		1075211	1068149		1068149
辽　宁	1941701		1941701	1941701		1941701
吉　林	561970		561970	561970		561970
黑龙江	1029780	1456	1028324	1002999		1002999
上　海	2888162	15876	2872286	2827477	10220	2817257
江　苏	4210223		4210223	4171615		4171615
浙　江	3686464		3686464	3615591		3615591
安　徽	1074200		1074200	1073988		1073988
福　建	1131993		1131993	1130595		1130595
江　西	608070		608070	607408		607408
山　东	3933828		3933828	3896473		3896473
河　南	2006654		2006654	2006654		2006654
湖　北	1138456	1240	1137216	1131707		1131707
湖　南	1346985	50	1346935	1332156		1332156
广　东	3756266	110	3756156	3749061	110	3748951
广　西	876542		876542	875308		875308
海　南	176478		176478	176278		176278
重　庆	702336		702336	702336		702336
四　川	1426531		1426531	1426238		1426238
贵　州	686724		686724	684865		684865
云　南	867636		867636	860798		860798
西　藏	23196		23196	23196		23196
陕　西	924909		924909	924435		924435
甘　肃	545720		545720	545720		545720
青　海	99431		99431	99431		99431
宁　夏	134693		134693	134658		134658
新　疆	627933		627933	626932		626932

教育费附加

单位:千元

企业办学			民办学校
合　计	中　央	地　方	地　方
145140	**8402**	**136738**	**141429**
291		291	
			40
154		154	1731
6655		6655	407
26781	1456	25325	
60685	5656	55029	
16296		16296	22312
10398		10398	60475
			212
			1398
10		10	652
18271		18271	19084
1240	1240		5509
50	50		14779
			7205
1234		1234	
200		200	
83		83	210
505		505	1354
1286		1286	5552
			474
			35
1001		1001	

2—10 分地区

地区	总计			教育部门和其他部门		
	合计	中央	地方	合计	中央	地方
合计	**10383177**		**10383177**	**10345548**		**10345548**
北京	4888		4888	4888		4888
天津						
河北	694702		694702	694702		694702
山西	25268		25268	25268		25268
内蒙古	117500		117500	117500		117500
辽宁	326581		326581	326581		326581
吉林						
黑龙江						
上海	530548		530548	530548		530548
江苏	1643068		1643068	1632996		1632996
浙江	2788612		2788612	2773714		2773714
安徽	317018		317018	316918		316918
福建	475641		475641	475581		475581
江西	162142		162142	160496		160496
山东	1164945		1164945	1159288		1159288
河南						
湖北	433577		433577	433577		433577
湖南						
广东						
广西	438334		438334	438159		438159
海南	10923		10923	10923		10923
重庆	7210		7210	7210		7210
四川	521211		521211	520761		520761
贵州	242791		242791	242591		242591
云南	57983		57983	57983		57983
西藏						
陕西	39324		39324	39324		39324
甘肃	52089		52089	52089		52089
青海	18012		18012	17940		17940
宁夏	81527		81527	77527		77527
新疆	229283		229283	228984		228984

地方教育附加

单位:千元

企业办学			民办学校
合　计	中　央	地　方	地　方
6445		**6445**	**31184**
5484		5484	4588
246		246	14652
100		100	
60		60	
			1646
			5657
149		149	26
			450
50		50	150
72		72	
			4000
284		284	15

2—11 分地区

地区	总计			教育部门和其他部门		
	合计	中央	地方	合计	中央	地方
合计	**5202838**	**1128339**	**4074499**			
北京	32092	22040	10052			
天津	84789		84789			
河北	107726	45136	62590			
山西	541453	17754	523699			
内蒙古	194910	8	194902			
辽宁	141596		141596			
吉林	207961	25451	182510			
黑龙江	1412511	537392	875119			
上海	108961	15000	93961			
江苏	57918		57918			
浙江	13970	340	13630			
安徽	140796	16917	123879			
福建	4399		4399			
江西	15656		15656			
山东	528322	26742	501580			
河南	69388	7346	62042			
湖北	44747	25301	19446			
湖南	9918	906	9012			
广东	34661	1380	33281			
广西	27775		27775			
海南	447498		447498			
重庆	22874	850	22024			
四川	140378	6069	134309			
贵州	120827		120827			
云南	32337	4489	27848			
西藏	201		201			
陕西	167936	26191	141745			
甘肃	114405	25851	88554			
青海	16771		16771			
宁夏	5439		5439			
新疆	354623	323176	31447			

企业办学中的企业拨款

单位：千元

企业办学			民办学校
合　计	中　央	地　方	地　方
5202838	**1128339**	**4074499**	
32092	22040	10052	
84789		84789	
107726	45136	62590	
541453	17754	523699	
194910	8	194902	
141596		141596	
207961	25451	182510	
1412511	537392	875119	
108961	15000	93961	
57918		57918	
13970	340	13630	
140796	16917	123879	
4399		4399	
15656		15656	
528322	26742	501580	
69388	7346	62042	
44747	25301	19446	
9918	906	9012	
34661	1380	33281	
27775		27775	
447498		447498	
22874	850	22024	
140378	6069	134309	
120827		120827	
32337	4489	27848	
201		201	
167936	26191	141745	
114405	25851	88554	
16771		16771	
5439		5439	
354623	323176	31447	

2—12 分地区

地区	总计			教育部门和其他部门		
	合计	中央	地方	合计	中央	地方
合计	**3001720**	**1409962**	**1591758**	**2881832**	**1371413**	**1510419**
北京	737614	589869	147745	736588	589029	147559
天津	53062	36761	16301	51818	36761	15057
河北	39926	29303	10623	39546	29303	10243
山西	13353		13353	13253		13253
内蒙古	23490		23490	23130		23130
辽宁	54221	19905	34316	53650	19905	33745
吉林	25656		25656	25648		25648
黑龙江	172559	145128	27431	153046	145128	7918
上海	355807	187594	168213	343940	187594	156346
江苏	180608	32364	148244	177615	32364	145251
浙江	62602	18122	44480	62552	18122	44430
安徽	17823	1	17822	17822		17822
福建	29249	9448	19801	29249	9448	19801
江西	20372		20372	20340		20340
山东	110730	41862	68868	89236	41862	47374
河南	49506	3840	45666	44801		44801
湖北	226075	66751	159324	224182	66751	157431
湖南	206682	22224	184458	202792	22224	180568
广东	156144	23104	133040	154380	23104	131276
广西	52547		52547	52225		52225
海南	9446		9446	8866		8866
重庆	23055	6892	16163	22368	6892	15476
四川	67916	18386	49530	59030	18336	40694
贵州	6581		6581	6501		6501
云南	75393		75393	75393		75393
西藏	347		347			
陕西	146349	121544	24805	145151	121455	23696
甘肃	20882	3135	17747	20728	3135	17593
青海	7276		7276	5292		5292
宁夏	923		923	923		923
新疆	55526	33729	21797	21767		21767

校办产和社会服务收入用于教育的经费

单位：千元

企业办学			民办学校
合　计	中　央	地　方	地　方
119888	**38549**	**81339**	
1026	840	186	
1244		1244	
380		380	
100		100	
360		360	
571		571	
8		8	
19513		19513	
11867		11867	
2993		2993	
50		50	
1	1		
32		32	
21494		21494	
4705	3840	865	
1893		1893	
3890		3890	
1764		1764	
322		322	
580		580	
687		687	
8886	50	8836	
80		80	
347		347	
1198	89	1109	
154		154	
1984		1984	
33759	33729	30	

2—13 分地区

地区	总计			教育部门和其他部门		
	合计	中央	地方	合计	中央	地方
合计	**8093374**		**8093374**			
北京	86230		86230			
天津	6350		6350			
河北	314699		314699			
山西	453990		453990			
内蒙古	116702		116702			
辽宁	130041		130041			
吉林	73502		73502			
黑龙江	97132		97132			
上海	33660		33660			
江苏	288810		288810			
浙江	165574		165574			
安徽	268559		268559			
福建	840366		840366			
江西	233366		233366			
山东	165693		165693			
河南	276116		276116			
湖北	409284		409284			
湖南	293047		293047			
广东	1792454		1792454			
广西	225501		225501			
海南	55150		55150			
重庆	76878		76878			
四川	862894		862894			
贵州	87633		87633			
云南	180372		180372			
西藏	669		669			
陕西	488572		488572			
甘肃	22561		22561			
青海	12672		12672			
宁夏	21445		21445			
新疆	13452		13452			

民办学校中举办者投入

单位:千元

企业办学			民办学校
合　计	中　央	地　方	地　方
			8093374
			86230
			6350
			314699
			453990
			116702
			130041
			73502
			97132
			33660
			288810
			165574
			268559
			840366
			233366
			165693
			276116
			409284
			293047
			1792454
			225501
			55150
			76878
			862894
			87633
			180372
			669
			488572
			22561
			12672
			21445
			13452

2—14 分地区

地区	总计			教育部门和其他部门		
	合计	中央	地方	合计	中央	地方
合计	**9305839**	**1443295**	**7862544**	**8574192**	**1437062**	**7137130**
北京	926924	575694	351230	923635	575694	347941
天津	44794	13670	31124	41296	13670	27626
河北	134834	126	134708	133017	126	132891
山西	123911		123911	123024		123024
内蒙古	48247		48247	45152		45152
辽宁	39882	23297	16585	39770	23297	16473
吉林	176222	17552	158670	176188	17552	158636
黑龙江	28374	6997	21377	24306	6807	17499
上海	318321	239499	78822	296351	239499	56852
江苏	1712951	127341	1585610	1614695	127341	1487354
浙江	1560557	59700	1500857	1299559	59700	1239859
安徽	202528	3000	199528	196775	3000	193775
福建	304367	39416	264951	295969	39416	256553
江西	167830		167830	98231		98231
山东	357068	56688	300380	352309	56688	295621
河南	68816	26	68790	64565		64565
湖北	187994	49345	138649	184382	49345	135037
湖南	226635	50184	176451	216881	50184	166697
广东	1060996	65815	995181	1019370	65815	953555
广西	113696		113696	100199		100199
海南	153273		153273	137657		137657
重庆	525468	25260	500208	390222	25260	364962
四川	243166	54353	188813	240518	54353	186165
贵州	69906		69906	66295		66295
云南	241691		241691	238744		238744
西藏	1081		1081	1076		1076
陕西	77217	25580	51637	72626	25576	47050
甘肃	60803	3739	57064	59906	3739	56167
青海	27382		27382	27382		27382
宁夏	24045		24045	24045		24045
新疆	76860	6013	70847	70047		70047

社会捐赠经费

单位:千元

企业办学			民办学校
合　计	中　央	地　方	地　方
48635	**6233**	**42402**	**683012**
			3289
110		110	3388
			1817
15		15	872
2565		2565	530
12		12	100
29		29	5
2960	190	2770	1108
12050		12050	9920
3		3	98253
8331		8331	252667
1		1	5752
			8398
24		24	69575
383		383	4376
62	26	36	4189
6		6	3606
			9754
901		901	40725
1145		1145	12352
13116		13116	2500
545		545	134701
22		22	2626
203		203	3408
			2947
			5
56	4	52	4535
			897
6096	6013	83	717

2—15 分地区

地区	总计			教育部门和其他部门		
	合计	中央	地方	合计	中央	地方
合计	**619456**		**619456**	**619456**		**619456**
北京	8389		8389	8389		8389
天津						
河北	14805		14805	14805		14805
山西	27324		27324	27324		27324
内蒙古	3473		3473	3473		3473
辽宁	1148		1148	1148		1148
吉林	2023		2023	2023		2023
黑龙江	48		48	48		48
上海	455		455	455		455
江苏	35905		35905	35905		35905
浙江	102157		102157	102157		102157
安徽	15956		15956	15956		15956
福建	43688		43688	43688		43688
江西	7594		7594	7594		7594
山东	81248		81248	81248		81248
河南	1533		1533	1533		1533
湖北	4885		4885	4885		4885
湖南	22781		22781	22781		22781
广东	180207		180207	180207		180207
广西	10292		10292	10292		10292
海南	849		849	849		849
重庆	7543		7543	7543		7543
四川	6235		6235	6235		6235
贵州	3545		3545	3545		3545
云南	30693		30693	30693		30693
西藏						
陕西	2707		2707	2707		2707
甘肃	1136		1136	1136		1136
青海	1570		1570	1570		1570
宁夏	674		674	674		674
新疆	593		593	593		593

农村捐赠经费

单位：千元

企业办学			民办学校
合　计	中　央	地　方	地　方

2—16 分地区

地区	总计			教育部门和其他部门		
	合计	中央	地方	合计	中央	地方
合计	**317723573**	**46047689**	**271675884**	**252423953**	**45006274**	**207417679**
北京	20446496	13555267	6891229	18216166	13492312	4723854
天津	5346202	862499	4483703	4523988	862499	3661489
河北	11412611	310785	11101826	8877320	250937	8626383
山西	6136951	20669	6116282	4817364		4817364
内蒙古	3499167	5530	3493637	3252693		3252693
辽宁	10885541	1161954	9723587	8737943	1160827	7577116
吉林	5929362	900464	5028898	4678577	900287	3778290
黑龙江	8183931	1709059	6474872	7078388	1522478	5555910
上海	12393774	4301045	8092729	9919999	4290743	5629256
江苏	27501800	3117412	24384388	20982619	3117412	17865207
浙江	20476125	1357170	19118955	13999228	1354377	12644851
安徽	9210971	508777	8702194	7793722	479346	7314376
福建	9749111	668894	9080217	7105650	668894	6436756
江西	8694472		8694472	5971119		5971119
山东	18832868	1257314	17575554	15357138	1222372	14134766
河南	12433242	21619	12411623	10112944		10112944
湖北	15400046	3759581	11640465	13593810	3718138	9875672
湖南	14541124	1040684	13500440	11232577	980093	10252484
广东	38879565	4067278	34812287	29403861	4053488	25350373
广西	5956074		5956074	4914966		4914966
海南	1687632		1687632	1367565		1367565
重庆	6692178	1283992	5408186	5752777	1283712	4469065
四川	16200639	2878688	13321951	13174128	2853557	10320571
贵州	3304667	14	3304653	2798098		2798098
云南	4615335	1514	4613821	3702234		3702234
西藏	142322		142322	136797		136797
陕西	11367896	2444399	8923497	8419371	2423102	5996269
甘肃	3280794	347176	2933618	2862403	335700	2526703
青海	420983		420983	395533		395533
宁夏	732708	36000	696708	568913	36000	532913
新疆	3368986	429905	2939081	2676062		2676062

事业收入

单位:千元

企业办学			民办学校
合　计	中　央	地　方	地　方
4559617	**1041415**	**3518202**	**60740003**
121828	62955	58873	2108502
107756		107756	714458
189115	59848	129267	2346176
117866	20669	97197	1201721
76276	5530	70746	170198
99049	1127	97922	2048549
81502	177	81325	1169283
333743	186581	147162	771800
313549	10302	303247	2160226
136113		136113	6383068
519847	2793	517054	5957050
131829	29431	102398	1285420
5345		5345	2638116
26232		26232	2697121
468709	34942	433767	3007021
138280	21619	116661	2182018
102454	41443	61011	1703782
88230	60591	27639	3220317
182845	13790	169055	9292859
22394		22394	1018714
54308		54308	265759
65124	280	64844	874277
148133	25131	123002	2878378
262236	14	262222	244333
30377	1514	28863	882724
			5525
199487	21297	178190	2749038
58552	11476	47076	359839
11126		11126	14324
16585		16585	147210
450727	429905	20822	242197

2—17 分地区

地　区	总　计			教育部门和其他部门		
	合　计	中　央	地　方	合　计	中　央	地　方
合　计	**213090822**	**21968282**	**191122540**	**156193312**	**21201106**	**134992206**
北　京	9216162	4719549	4496613	7189877	4658145	2531732
天　津	3257658	608096	2649562	2520243	608096	1912147
河　北	8836108	262106	8574002	6544688	223285	6321403
山　西	4597648	8847	4588801	3407306		3407306
内蒙古	2707294	5530	2701764	2479027		2479027
辽　宁	8464117	585128	7878989	6394748	584001	5810747
吉　林	4255245	497349	3757896	3106150	497260	2608890
黑龙江	5905533	561245	5344288	5004051	417762	4586289
上　海	9171159	3083036	6088123	7000233	3077443	3922790
江　苏	15996885	1066304	14930581	10834845	1066304	9768541
浙　江	13383581	462748	12920833	8198693	460397	7738296
安　徽	6680198	394878	6285320	5576245	370854	5205391
福　建	6630558	228583	6401975	4221601	228583	3993018
江　西	6958967		6958967	4330459		4330459
山　东	14055403	790251	13265152	10949432	755309	10194123
河　南	9464506	19842	9444664	7339843		7339843
湖　北	11027915	2644620	8383295	9528853	2606781	6922072
湖　南	10647811	827893	9819918	7727494	770672	6956822
广　东	23029168	1319117	21710051	14450777	1309798	13140979
广　西	4276437		4276437	3335674		3335674
海　南	1179757		1179757	930235		930235
重　庆	4385373	858122	3527251	3690647	857842	2832805
四　川	9168280	1387731	7780549	6763915	1367025	5396890
贵　州	2436626	14	2436612	1972877		1972877
云　南	3291560	1514	3290046	2446243		2446243
西　藏	121275		121275	115750		115750
陕　西	8508573	1090608	7417965	5747382	1072503	4674879
甘　肃	2450475	241319	2209156	2090261	233046	1857215
青　海	280996		280996	256891		256891
宁　夏	491758	36000	455758	342881	36000	306881
新　疆	2213796	267852	1945944	1695991		1695991

学杂费收入

单位：千元

企业办学			民办学校
合　计	中　央	地　方	地　方
3646090	**767176**	**2878914**	**53251420**
109790	61404	48386	1916495
78209		78209	659206
154936	38821	116115	2136484
97035	8847	88188	1093307
64533	5530	59003	163734
87912	1127	86785	1981457
25457	89	25368	1123638
258551	143483	115068	642931
231373	5593	225780	1939553
118713		118713	5043327
439460	2351	437109	4745428
117993	24024	93969	985960
4495		4495	2404462
18058		18058	2610450
413724	34942	378782	2692247
127244	19842	107402	1997419
91266	37839	53427	1407796
84115	57221	26894	2836202
128227	9319	118908	8450164
19804		19804	920959
33942		33942	215580
55155	280	54875	639571
119381	20706	98675	2284984
247339	14	247325	216410
27682	1514	26168	817635
			5525
142250	18105	124145	2618941
43646	8273	35373	316568
11034		11034	13071
11239		11239	137638
283527	267852	15675	234278

2—18 分地区

地区	总计			教育部门和其他部门		
	合计	中央	地方	合计	中央	地方
合计	**51662423**	**9962789**	**41699634**	**48310524**	**9739814**	**38570710**
北京	4609918	2925513	1684405	4512246	2924448	1587798
天津	963501	402994	560507	951604	402994	548610
河北	1455454	5546	1449908	1396342	5546	1390796
山西	320971		320971	298947		298947
内蒙古	246128		246128	239357		239357
辽宁	1696794	348761	1348033	1644481	348761	1295720
吉林	472989	79762	393227	434741	79762	354979
黑龙江	1131698	910214	221484	894266	746292	147974
上海	3180535	816638	2363897	3009034	816638	2192396
江苏	7225684	943849	6281835	6779886	943849	5836037
浙江	6722688	942046	5780642	6398384	942046	5456338
安徽	988128	57333	930795	923167	53875	869292
福建	1000917	136134	864783	890275	136134	754141
江西	831145		831145	788571		788571
山东	2514782	88618	2426164	2330515	84669	2245846
河南	1429857	1464	1428393	1369336		1369336
湖北	2130746	400671	1730075	2073039	399130	1673909
湖南	1829736	122490	1707246	1658309	122327	1535982
广东	4374762	768138	3606624	4104570	767889	3336681
广西	710480		710480	645577		645577
海南	185796		185796	124276		124276
重庆	2546045	151800	2394245	2422739	151800	2270939
四川	1315885	379338	936547	1205092	375388	829704
贵州	537489	185	537304	405010		405010
云南	628838	451	628387	601181		601181
西藏	921		921	921		921
陕西	1196107	367505	828602	1123032	366909	756123
甘肃	299952	65389	234563	297930	64961	232969
青海	65861		65861	64936		64936
宁夏	303032	6396	296636	238493	6396	232097
新疆	745584	41554	704030	484267		484267

其他收入

单位:千元

企业办学			民办学校
合　计	中　央	地　方	地　方
713183	**222975**	**490208**	**2638716**
3091	1065	2026	94581
5277		5277	6620
7057		7057	52055
8854		8854	13170
568		568	6203
23966		23966	28347
17159		17159	21089
231680	163922	67758	5752
39404		39404	132097
35545		35545	410253
31424		31424	292880
11796	3458	8338	53165
4404		4404	106238
1330		1330	41244
32083	3949	28134	152184
8882	1464	7418	51639
3776	1541	2235	53931
4179	163	4016	167248
17669	249	17420	252523
1031		1031	63872
46964		46964	14556
12645		12645	110661
21771	3950	17821	89022
90438	185	90253	42041
3465	451	3014	24192
4766	596	4170	68309
507	428	79	1515
36		36	889
243		243	64296
43173	41554	1619	218144

第三部分

省、自治区、直辖市各级各类教育机构教育经费收入情况

3—1 分地区各级各类教育机构

地区	总计	国家财政性教育经费	预算内教育经费	教育事业费拨款	基本建设拨款	科研拨款	其他拨款	各级政府征收用于教育的税费	教育费附加
合计	**1195758630**	**808973421**	**746442819**	**639843798**	**20177157**	**12400037**	**74021827**	**54326044**	**43942867**
北京	76278577	50209009	47188127	34649291	2958205	3268964	6311667	2251176	2246288
天津	19122772	12761925	11743064	10964749	138383	175546	464386	881010	881010
河北	44712842	31395244	28696661	26155493	189171	2596	2349401	2550931	1856229
山西	26575623	19539800	17482478	15863417	303074	68929	1247058	1502516	1477248
内蒙古	20302885	16392641	14981530	12286538	573684	17114	2104194	1192711	1075211
辽宁	44685763	31933505	29469406	23139776	1651075	385196	4293359	2268282	1941701
吉林	24194396	17542321	16746734	13628567	110705	283378	2724084	561970	561970
黑龙江	32662615	23221480	20606630	18950384	583779	253035	819432	1029780	1029780
上海	52858795	36932505	33049027	28809564	1072848	1709274	1457341	3418710	2888162
江苏	93427057	56697812	50605995	44314819	1462744	1060054	3768378	5853291	4210223
浙江	74108910	45183966	38632318	33791716	1252779	300707	3287116	6475076	3686464
安徽	36712074	26041888	24492051	20393862	375944	61186	3661059	1391218	1074200
福建	34983140	23088379	21447097	17866307	464750	270982	2845058	1607634	1131993
江西	28500484	18573671	17767431	15537408	407664	31225	1791134	770212	608070
山东	71245884	49375473	43637648	41938099	203806	522267	973476	5098773	3933828
河南	54980941	40772910	38647362	34606110	206193	78831	3756228	2006654	2006654
湖北	45963553	27835483	25992628	23088176	333151	1044280	1527021	1572033	1138456
湖南	44622044	27731502	26167917	22059240	308323	374059	3426295	1346985	1346985
广东	114219300	68111523	64164452	53016357	2753073	824360	7570662	3756266	3756266
广西	27626701	20620950	19225752	16986319	486605	47610	1705218	1314876	876542
海南	7587502	5505651	4861306	3882451	711253	8199	259403	187401	176478
重庆	25659919	15819350	15063875	11800043	223251	213664	2826917	709546	702336
四川	56286305	37663721	35507685	28505535	855441	553752	5592957	1947742	1426531
贵州	20709047	16709352	15652429	15049673	161392	1215	440149	929515	686724
云南	27584853	21918617	20885268	17772697	378224	23228	2711119	925619	867636
西藏	4205619	4060626	4036882	3173118	685575	760	177429	23196	23196
陕西	34877160	21747368	20468850	18109481	572186	711328	1075855	964233	924909
甘肃	17820849	14156739	13423643	12353219	133447	60252	876725	597809	545720
青海	4582376	4055478	3913988	3217439	64381	21835	610333	117443	99431
宁夏	6561001	5479771	5257189	4505429	181595	16444	553721	216220	134693
新疆	22099643	17894761	16627396	13428521	374456	9767	2814652	857216	627933

教育经费收入情况

单位:千元

地方教育附加	企业办学中的企业拨款	校办产业和社会服务收入用于教育的经费	民办学校中举办者投入	社会捐赠经费	#农村	事业收入	#学杂费	其他收入
10383177	**5202838**	**3001720**	**8093374**	**9305839**	**619456**	**317723573**	**213090822**	**51662423**
4888	32092	737614	86230	926924	8389	20446496	9216162	4609918
	84789	53062	6350	44794		5346202	3257658	963501
694702	107726	39926	314699	134834	14805	11412611	8836108	1455454
25268	541453	13353	453990	123911	27324	6136951	4597648	320971
117500	194910	23490	116702	48247	3473	3499167	2707294	246128
326581	141596	54221	130041	39882	1148	10885541	8464117	1696794
	207961	25656	73502	176222	2023	5929362	4255245	472989
	1412511	172559	97132	28374	48	8183931	5905533	1131698
530548	108961	355807	33660	318321	455	12393774	9171159	3180535
1643068	57918	180608	288810	1712951	35905	27501800	15996885	7225684
2788612	13970	62602	165574	1560557	102157	20476125	13383581	6722688
317018	140796	17823	268559	202528	15956	9210971	6680198	988128
475641	4399	29249	840366	304367	43688	9749111	6630558	1000917
162142	15656	20372	233366	167830	7594	8694472	6958967	831145
1164945	528322	110730	165693	357068	81248	18832868	14055403	2514782
	69388	49506	276116	68816	1533	12433242	9464506	1429857
433577	44747	226075	409284	187994	4885	15400046	11027915	2130746
	9918	206682	293047	226635	22781	14541124	10647811	1829736
	34661	156144	1792454	1060996	180207	38879565	23029168	4374762
438334	27775	52547	225501	113696	10292	5956074	4276437	710480
10923	447498	9446	55150	153273	849	1687632	1179757	185796
7210	22874	23055	76878	525468	7543	6692178	4385373	2546045
521211	140378	67916	862894	243166	6235	16200639	9168280	1315885
242791	120827	6581	87633	69906	3545	3304667	2436626	537489
57983	32337	75393	180372	241691	30693	4615335	3291560	628838
	201	347	669	1081		142322	121275	921
39324	167936	146349	488572	77217	2707	11367896	8508573	1196107
52089	114405	20882	22561	60803	1136	3280794	2450475	299952
18012	16771	7276	12672	27382	1570	420983	280996	65861
81527	5439	923	21445	24045	674	732708	491758	303032
229283	354623	55526	13452	76860	593	3368986	2213796	745584

3—2 分地区中央属各级各类教育机构

地 区	总 计	国家财政性教育经费	预算内教育经费	教育事业费拨款	基本建设拨款	科研拨款	其他拨款	各级政府征收用于教育的税费	教育费附加
合 计	**124136157**	**66682384**	**64099661**	**42246877**	**3969322**	**10163041**	**7720421**	**44422**	**44422**
北 京	36090962	19034488	18422579	11047409	1406350	3186009	2782811		
天 津	2638164	1359001	1322240	984246	21280	158216	158498		
河 北	675842	359385	284946	247514	8000	235	29197		
山 西	55462	34793	17039	16900	50		89		
内蒙古	6339	809	801				801		
辽 宁	3554757	2020745	2000840	1252399	298500	244431	205510		
吉 林	2976660	1978882	1953431	1423656	58140	262578	209057		
黑龙江	5333292	2707022	2023046	1088191	474060	214826	245969	1456	1456
上 海	12215804	6858622	6640152	5045270	133689	1153388	307805	15876	15876
江 苏	8946512	4757910	4725546	3044325	297540	903292	480389		
浙 江	4140495	1781579	1737317	962890	7505	38912	728010	25800	25800
安 徽	2198819	1629709	1612791	1124184	110000	60000	318607		
福 建	1972655	1128211	1118763	749422	50226	178565	140550		
江 西									
山 东	3499103	2096483	2027879	1355691	46078	399819	226291		
河 南	34295	11186							
湖 北	9312357	5102760	5009468	3238366	165706	1002035	603361	1240	1240
湖 南	2774458	1561100	1537920	979097	52610	348191	158022	50	50
广 东	7970664	3069433	3044949	2129798	66177	599248	249726		
广 西									
海 南									
重 庆	2880102	1419050	1411308	1086409	13620	207200	104079		
四 川	6247454	2935075	2910620	1820566	361191	490961	237902		
贵 州	199								
云 南	7170	5205	716	716					
西 藏									
陕 西	6436484	3599000	3451265	2175059	250180	661896	364130		
甘 肃	1069946	653642	624656	529318	5590	53239	36509		
青 海									
宁 夏	171373	128977	128977	124817			4160		
新 疆	2926789	2449317	2092412	1820634	142830		128948		

教育经费收入情况

单位:千元

地方教育附加	企业办学中的企业拨款	校办产业和社会服务收入用于教育的经费	民办学校中举办者投入	社会捐赠经费	#农村	事业收入	#学杂费	其他收入
	1128339	**1409962**		**1443295**		**46047689**	**21968282**	**9962789**
	22040	589869		575694		13555267	4719549	2925513
		36761		13670		862499	608096	402994
	45136	29303		126		310785	262106	5546
	17754					20669	8847	
	8					5530	5530	
		19905		23297		1161954	585128	348761
	25451			17552		900464	497349	79762
	537392	145128		6997		1709059	561245	910214
	15000	187594		239499		4301045	3083036	816638
		32364		127341		3117412	1066304	943849
	340	18122		59700		1357170	462748	942046
	16917	1		3000		508777	394878	57333
		9448		39416		668894	228583	136134
	26742	41862		56688		1257314	790251	88618
	7346	3840		26		21619	19842	1464
	25301	66751		49345		3759581	2644620	400671
	906	22224		50184		1040684	827893	122490
	1380	23104		65815		4067278	1319117	768138
	850	6892		25260		1283992	858122	151800
	6069	18386		54353		2878688	1387731	379338
						14	14	185
	4489					1514	1514	451
	26191	121544		25580		2444399	1090608	367505
	25851	3135		3739		347176	241319	65389
						36000	36000	6396
	323176	33729		6013		429905	267852	41554

3—3　分地区地方各级各类教育机构

地　区	总　计	国家财政性教育经费	预算内教育经费	教育事业费拨款	基本建设拨款	科研拨款	其他拨款	各级政府征收用于教育的税费	教育费附加
合　计	**1071622473**	**742291037**	**682343158**	**597596921**	**16207835**	**2236996**	**66301406**	**54281622**	**43898445**
北　京	40187615	31174521	28765548	23601882	1551855	82955	3528856	2251176	2246288
天　津	16484608	11402924	10420824	9980503	117103	17330	305888	881010	881010
河　北	44037000	31035859	28411715	25907979	181171	2361	2320204	2550931	1856229
山　西	26520161	19505007	17465439	15846517	303024	68929	1246969	1502516	1477248
内蒙古	20296546	16391832	14980729	12286538	573684	17114	2103393	1192711	1075211
辽　宁	41131006	29912760	27468566	21887377	1352575	140765	4087849	2268282	1941701
吉　林	21217736	15563439	14793303	12204911	52565	20800	2515027	561970	561970
黑龙江	27329323	20514458	18583584	17862193	109719	38209	573463	1028324	1028324
上　海	40642991	30073883	26408875	23764294	939159	555886	1149536	3402834	2872286
江　苏	84480545	51939902	45880449	41270494	1165204	156762	3287989	5853291	4210223
浙　江	69968415	43402387	36895001	32828826	1245274	261795	2559106	6449276	3660664
安　徽	34513255	24412179	22879260	19269678	265944	1186	3342452	1391218	1074200
福　建	33010485	21960168	20328334	17116885	414524	92417	2704508	1607634	1131993
江　西	28500484	18573671	17767431	15537408	407664	31225	1791134	770212	608070
山　东	67746781	47278990	41609769	40582408	157728	122448	747185	5098773	3933828
河　南	54946646	40761724	38647362	34606110	206193	78831	3756228	2006654	2006654
湖　北	36651196	22732723	20983160	19849810	167445	42245	923660	1570793	1137216
湖　南	41847586	26170402	24629997	21080143	255713	25868	3268273	1346935	1346935
广　东	106248636	65042090	61119503	50886559	2686896	225112	7320936	3756266	3756266
广　西	27626701	20620950	19225752	16986319	486605	47610	1705218	1314876	876542
海　南	7587502	5505651	4861306	3882451	711253	8199	259403	187401	176478
重　庆	22779817	14400300	13652567	10713634	209631	6464	2722838	709546	702336
四　川	50038851	34728646	32597065	26684969	494250	62791	5355055	1947742	1426531
贵　州	20708848	16709352	15652429	15049673	161392	1215	440149	929515	686724
云　南	27577683	21913412	20884552	17771981	378224	23228	2711119	925619	867636
西　藏	4205619	4060626	4036882	3173118	685575	760	177429	23196	23196
陕　西	28440676	18148368	17017585	15934422	322006	49432	711725	964233	924909
甘　肃	16750903	13503097	12798987	11823901	127857	7013	840216	597809	545720
青　海	4582376	4055478	3913988	3217439	64381	21835	610333	117443	99431
宁　夏	6389628	5350794	5128212	4380612	181595	16444	549561	216220	134693
新　疆	19172854	15445444	14534984	11607887	231626	9767	2685704	857216	627933

教育经费收入情况

单位:千元

地方教育附加	企业办学中的企业拨款	校办产业和社会服务收入用于教育的经费	民办学校中举办者投入	社会捐赠经费	#农村	事业收入	#学杂费	其他收入
10383177	**4074499**	**1591758**	**8093374**	**7862544**	**619456**	**271675884**	**191122540**	**41699634**
4888	10052	147745	86230	351230	8389	6891229	4496613	1684405
	84789	16301	6350	31124		4483703	2649562	560507
694702	62590	10623	314699	134708	14805	11101826	8574002	1449908
25268	523699	13353	453990	123911	27324	6116282	4588801	320971
117500	194902	23490	116702	48247	3473	3493637	2701764	246128
326581	141596	34316	130041	16585	1148	9723587	7878989	1348033
	182510	25656	73502	158670	2023	5028898	3757896	393227
	875119	27431	97132	21377	48	6474872	5344288	221484
530548	93961	168213	33660	78822	455	8092729	6088123	2363897
1643068	57918	148244	288810	1585610	35905	24384388	14930581	6281835
2788612	13630	44480	165574	1500857	102157	19118955	12920833	5780642
317018	123879	17822	268559	199528	15956	8702194	6285320	930795
475641	4399	19801	840366	264951	43688	9080217	6401975	864783
162142	15656	20372	233366	167830	7594	8694472	6958967	831145
1164945	501580	68868	165693	300380	81248	17575554	13265152	2426164
	62042	45666	276116	68790	1533	12411623	9444664	1428393
433577	19446	159324	409284	138649	4885	11640465	8383295	1730075
	9012	184458	293047	176451	22781	13500440	9819918	1707246
	33281	133040	1792454	995181	180207	34812287	21710051	3606624
438334	27775	52547	225501	113696	10292	5956074	4276437	710480
10923	447498	9446	55150	153273	849	1687632	1179757	185796
7210	22024	16163	76878	500208	7543	5408186	3527251	2394245
521211	134309	49530	862894	188813	6235	13321951	7780549	936547
242791	120827	6581	87633	69906	3545	3304653	2436612	537304
57983	27848	75393	180372	241691	30693	4613821	3290046	628387
	201	347	669	1081		142322	121275	921
39324	141745	24805	488572	51637	2707	8923497	7417965	828602
52089	88554	17747	22561	57064	1136	2933618	2209156	234563
18012	16771	7276	12672	27382	1570	420983	280996	65861
81527	5439	923	21445	24045	674	696708	455758	296636
229283	31447	21797	13452	70847	593	2939081	1945944	704030

3—4 分地区高等学校

地区	总计	国家财政性教育经费	预算内教育经费					各级政府征收用于教育的税费	
				教育事业费拨款	基本建设拨款	科研拨款	其他拨款		教育费附加
合计	**376230072**	**164811880**	**159991507**	**122441502**	**8572237**	**12400037**	**16577731**	**1911765**	**1414055**
北京	40915734	22274074	21577138	14399831	1597156	3268964	2311187	21771	18471
天津	8298696	4023579	3950233	3419335	57000	175546	298352	31265	31265
河北	10765880	3633366	3463896	2809031	27951	2596	624318	70249	55099
山西	4790270	2361619	2342367	1862439	26880	68929	384119	16492	16492
内蒙古	3846307	2031967	2026934	1644449	103955	17114	261416	4450	3750
辽宁	17136717	8058466	7849181	4895088	1332826	385196	1236071	67438	59989
吉林	8521052	4239295	4197987	3474669	67040	283378	372900	35513	35513
黑龙江	12619655	5625434	5170520	4124482	483893	253035	309110	13550	13550
上海	23929902	13872042	13598835	10608046	507139	1709274	774376	412	412
江苏	31101311	12859412	12379677	9934074	474139	1060054	911410	347502	152924
浙江	22031246	8496872	7791062	5971539	284240	300707	1234576	655820	480146
安徽	8559444	3809128	3745817	2908627	183898	61186	592106	22308	21584
福建	9863596	4150558	4059205	2960227	83480	270982	744516	78686	70319
江西	9422432	3065576	3054335	2445256	33700	31225	544154	4310	3000
山东	19159129	7958940	7581222	6563999	57578	522267	437378	118578	102468
河南	11662319	4537484	4466422	3795987	32350	78831	559254	46024	46024
湖北	18334794	7600432	7345346	5359218	213137	1044280	728711	149258	104821
湖南	13399992	4614088	4518473	3688856	177736	374059	277822	65033	65033
广东	34810028	13318780	13205625	10448650	756934	824360	1175681	15365	15365
广西	5842805	2514924	2483593	2064353	304699	47610	66931	24844	23293
海南	1534376	654759	650902	400929	237956	8199	3818	181	181
重庆	8854933	3011017	2997838	2431830	21380	213664	330964	4994	4994
四川	16752973	6480558	6318274	4264762	621402	553752	878358	71432	64053
贵州	3078323	1472495	1459104	1409205	33061	1215	15623	2681	440
云南	4980332	2114907	2071627	1524765	112285	23228	411349		
西藏	619654	529109	527409	286076	239280	760	1293	1700	1700
陕西	15588709	6132961	5947858	4362323	341830	711328	532377	26366	11626
甘肃	3999389	2061305	2023152	1758401	22910	60252	181589	4390	4390
青海	651462	451381	450576	313638	1300	21835	113803		
宁夏	1331611	850022	841530	713167	80570	16444	31349	4000	
新疆	3827001	2007330	1895369	1598250	54532	9767	232820	7153	7153

教育经费收入情况

单位：千元

地方教育附加	企业办学中的企业拨款	校办产业和社会服务收入用于教育的经费	民办学校中举办者投入	社会捐赠经费	#农村	事业收入	#学杂费	其他收入
497710	**987279**	**1921329**	**3192210**	**2746661**		**176615723**	**127744527**	**28863598**
3300	5400	669765	77624	601248		15049781	7638123	2913007
		42081		38930		3629255	2535079	606932
15150	69465	29756	14800	15249		5989327	5242959	1113138
	2600	160		19625		2340966	1828366	68060
700		583	89435	8033		1641331	1436574	75541
7449	113239	28608	93304	30112		7504869	6119605	1449966
	608	5187	15000	25369		3967636	3100365	273752
	295993	145371	50500	14975		5984453	4493962	944293
	43540	229255	26110	222819		8266813	6537284	1542118
194578		132233	24035	620385		13747949	9345841	3849530
175674		49990	80330	157641		9924872	7428003	3371531
724	37616	3387	13000	12154		4297878	3490691	427284
8367		12667	408398	91886		4773746	3582836	439008
1310	2439	4492	18784	86666		5662212	5120164	589194
16110	186534	72606	60280	76461		9732445	7695362	1331003
	16359	8679	70974	12157		6201039	5535108	840665
44437	14635	91193	207620	63939		9363768	7390492	1099035
	535	30047	49255	90835		7623651	6350076	1022163
		97790	477884	273841		18649545	9290438	2089978
1551		6487	167900	5655		2844191	2392574	310135
		3676		90947		767843	673887	20827
	1324	6861	49071	14127		4044690	2976787	1736028
7379	51498	39354	631887	62026		8995517	5434703	582985
2241	9700	1010		12345		1377880	1198422	215603
	2400	40880	113724	34974		2382317	1983809	334410
						90545	78507	
14740	20238	138499	430900	39256		8020206	5777624	965386
	30509	3254		21174		1760268	1430953	156642
		805		1682		184956	162215	13443
4000	4492		21395	1809		344512	303292	113873
	78155	26653		341		1451262	1170426	368068

3—5 分地区中央属高等学校

地区	总计	国家财政性教育经费	预算内教育经费	教育事业费拨款	基本建设拨款	科研拨款	其他拨款	各级政府征收用于教育的税费	教育费附加
合计	**113858917**	**59929427**	**58073989**	**37265415**	**3741546**	**10163041**	**6903987**	**25800**	**25800**
北京	29529610	15035060	14465550	7849096	1340620	3186009	2089825		
天津	2615369	1340176	1303532	965818	21280	158216	158218		
河北	672607	358654	284946	247514	8000	235	29197		
山西									
内蒙古									
辽宁	3486757	1981885	1961980	1234898	298500	244431	184151		
吉林	2788197	1912361	1912361	1385486	58140	262578	206157		
黑龙江	4911927	2365965	1947494	1013116	474060	214826	245492		
上海	11865211	6709129	6521535	4932347	131689	1153388	304111		
江苏	8946512	4757910	4725546	3044325	297540	903292	480389		
浙江	4134235	1780874	1736952	962890	7505	38912	727645	25800	25800
安徽	2169925	1620057	1612350	1123743	110000	60000	318607		
福建	1842765	1052171	1042723	712448	11160	178565	140550		
江西									
山东	3497538	2094918	2027879	1355691	46078	399819	226291		
河南									
湖北	9246895	5057769	4981540	3210438	165706	1002035	603361		
湖南	2761519	1560679	1537920	979097	52610	348191	158022		
广东	7949417	3062225	3039121	2123970	66177	599248	249726		
广西									
海南									
重庆	2823932	1396576	1389715	1066351	13620	207200	102544		
四川	6175081	2905809	2886388	1799458	361191	490961	234778		
贵州									
云南									
西藏									
陕西	6381493	3571113	3449658	2174744	249080	661896	363938		
甘肃	1052747	637342	615013	519675	5590	53239	36509		
青海									
宁夏	171373	128977	128977	124817			4160		
新疆	835807	599777	502809	439493	23000		40316		

教育经费收入情况

单位:千元

地方教育附加	企业办学中的企业拨款	校办产业和社会服务收入用于教育的经费	民办学校中举办者投入	社会捐赠经费	#农村	事业收入	#学杂费	其他收入
	459079	**1370559**		**1375517**		**43401808**	**21528239**	**9152165**
		569510		575294		11596638	4676641	2322618
		36644		13641		860745	606406	400807
	44405	29303		126		308281	260254	5546
		19905		23297		1142327	567117	339248
				17467		811636	408690	46733
	273343	145128		6994		1679600	533710	859368
		187594		201202		4191592	3058798	763288
		32364		127341		3117412	1066304	943849
		18122		59700		1351658	459287	942003
	7707			3000		489966	381474	56902
		9448		39416		623996	228583	127182
	25177	41862		56688		1257314	790251	88618
	9478	66751		47190		3749862	2637929	392074
	535	22224		50184		1028166	816305	122490
		23104		65815		4053488	1309798	767889
		6861		4397		1274560	850788	148399
	1085	18336		54353		2839388	1353436	375531
		121455		25576		2421072	1070533	363732
	19194	3135		3739		346277	240695	65389
						36000	36000	6396
	78155	18813		97		221830	175240	14103

3—6 分地区地方高等学校

地区	总计	国家财政性教育经费	预算内教育经费	教育事业费拨款	基本建设拨款	科研拨款	其他拨款	各级政府征收用于教育的税费	教育费附加
合计	**262371155**	**104882453**	**101917518**	**85176087**	**4830691**	**2236996**	**9673744**	**1885965**	**1388255**
北京	11386124	7239014	7111588	6550735	256536	82955	221362	21771	18471
天津	5683327	2683403	2646701	2453517	35720	17330	140134	31265	31265
河北	10093273	3274712	3178950	2561517	19951	2361	595121	70249	55099
山西	4790270	2361619	2342367	1862439	26880	68929	384119	16492	16492
内蒙古	3846307	2031967	2026934	1644449	103955	17114	261416	4450	3750
辽宁	13649960	6076581	5887201	3660190	1034326	140765	1051920	67438	59989
吉林	5732855	2326934	2285626	2089183	8900	20800	166743	35513	35513
黑龙江	7707728	3259469	3223026	3111366	9833	38209	63618	13550	13550
上海	12064691	7162913	7077300	5675699	375450	555886	470265	412	412
江苏	22154799	8101502	7654131	6889749	176599	156762	431021	347502	152924
浙江	17897011	6715998	6054110	5008649	276735	261795	506931	630020	454346
安徽	6389519	2189071	2133467	1784884	73898	1186	273499	22308	21584
福建	8020831	3098387	3016482	2247779	72320	92417	603966	78686	70319
江西	9422432	3065576	3054335	2445256	33700	31225	544154	4310	3000
山东	15661591	5864022	5553343	5208308	11500	122448	211087	118578	102468
河南	11662319	4537484	4466422	3795987	32350	78831	559254	46024	46024
湖北	9087899	2542663	2363806	2148780	47431	42245	125350	149258	104821
湖南	10638473	3053409	2980553	2709759	125126	25868	119800	65033	65033
广东	26860611	10256555	10166504	8324680	690757	225112	925955	15365	15365
广西	5842805	2514924	2483593	2064353	304699	47610	66931	24844	23293
海南	1534376	654759	650902	400929	237956	8199	3818	181	181
重庆	6031001	1614441	1608123	1365479	7760	6464	228420	4994	4994
四川	10577892	3574749	3431886	2465304	260211	62791	643580	71432	64053
贵州	3078323	1472495	1459104	1409205	33061	1215	15623	2681	440
云南	4980332	2114907	2071627	1524765	112285	23228	411349		
西藏	619654	529109	527409	286076	239280	760	1293	1700	1700
陕西	9207216	2561848	2498200	2187579	92750	49432	168439	26366	11626
甘肃	2946642	1423963	1408139	1238726	17320	7013	145080	4390	4390
青海	651462	451381	450576	313638	1300	21835	113803		
宁夏	1160238	721045	712553	588350	80570	16444	27189	4000	
新疆	2991194	1407553	1392560	1158757	31532	9767	192504	7153	7153

教育经费收入情况

单位：千元

地方教育附　加	企业办学中的企业拨　款	校办产业和社会服务收入用于教育的经费	民办学校中举办者投　入	社　会捐　赠经　费	＃农村	事　业收　入	＃学杂费	其　他收　入
497710	**528200**	**550770**	**3192210**	**1371144**		**133213915**	**106216288**	**19711433**
3300	5400	100255	77624	25954		3453143	2961482	590389
		5437		25289		2768510	1928673	206125
15150	25060	453	14800	15123		5681046	4982705	1107592
	2600	160		19625		2340966	1828366	68060
700		583	89435	8033		1641331	1436574	75541
7449	113239	8703	93304	6815		6362542	5552488	1110718
	608	5187	15000	7902		3156000	2691675	227019
	22650	243	50500	7981		4304853	3960252	84925
	43540	41661	26110	21617		4075221	3478486	778830
194578		99869	24035	493044		10630537	8279537	2905681
175674		31868	80330	97941		8573214	6968716	2429528
724	29909	3387	13000	9154		3807912	3109217	370382
8367		3219	408398	52470		4149750	3354253	311826
1310	2439	4492	18784	86666		5662212	5120164	589194
16110	161357	30744	60280	19773		8475131	6905111	1242385
	16359	8679	70974	12157		6201039	5535108	840665
44437	5157	24442	207620	16749		5613906	4752563	706961
		7823	49255	40651		6595485	5533771	899673
		74686	477884	208026		14596057	7980640	1322089
1551		6487	167900	5655		2844191	2392574	310135
		3676		90947		767843	673887	20827
	1324		49071	9730		2770130	2125999	1587629
7379	50413	21018	631887	7673		6156129	4081267	207454
2241	9700	1010		12345		1377880	1198422	215603
	2400	40880	113724	34974		2382317	1983809	334410
						90545	78507	
14740	20238	17044	430900	13680		5599134	4707091	601654
	11315	119		17435		1413991	1190258	91253
		805		1682		184956	162215	13443
4000	4492		21395	1809		308512	267292	107477
		7840		244		1229432	995186	353965

3—7 分地区普通高等学校

地区	总计	国家财政性教育经费	预算内教育经费	教育事业费拨款	基本建设拨款	科研拨款	其他拨款	各级政府征收用于教育的税费	教育费附加
合计	**363418512**	**159831871**	**155430423**	**118610610**	**8531582**	**12371149**	**15917082**	**1724730**	**1241980**
北京	39906985	21952239	21282908	14149973	1597156	3265579	2270200	4625	1325
天津	8228623	3995022	3922011	3392345	57000	175546	297120	30930	30930
河北	10411873	3483096	3328570	2692598	24150	2596	609226	55305	41595
山西	4641531	2285772	2269420	1793259	26880	68929	380352	16192	16192
内蒙古	3732610	1975882	1971613	1603192	103955	17104	247362	3850	3750
辽宁	16652615	7818316	7688751	4764042	1332826	385196	1206687	61788	54827
吉林	8208903	4045439	4007368	3320717	67040	283368	336243	33142	33142
黑龙江	12180786	5339420	4931625	3896769	483893	253030	297933	11562	11562
上海	22690040	13218546	12966711	10082697	503489	1709274	671251		
江苏	30115274	12459863	12001449	9600936	472931	1059964	867618	326186	133783
浙江	20998123	8118338	7493812	5708253	276340	300707	1208512	574536	405468
安徽	8305788	3721588	3658636	2837023	181098	61148	579367	22108	21384
福建	9494833	4003895	3914653	2853400	83480	270982	706791	76638	68271
江西	9109706	2982236	2973395	2367310	33700	31133	541252	3760	2500
山东	18413321	7692459	7318969	6305332	57578	522267	433792	115342	101232
河南	10949395	4225739	4165729	3566932	23000	78477	497320	35024	35024
湖北	17868601	7503573	7263090	5279217	213137	1044267	726469	148508	104321
湖南	13096007	4544128	4457837	3631500	177736	374059	274542	55709	55709
广东	33851306	13019639	12913123	10192382	755713	823364	1141664	11486	11486
广西	5556653	2403151	2371929	1959022	302699	47586	62622	24844	23293
海南	1534376	654759	650902	400929	237956	8199	3818	181	181
重庆	8254974	2938371	2928460	2376894	21320	213664	316582	3050	3050
四川	16232362	6217387	6087986	4165338	615237	530203	777208	67806	61537
贵州	2920550	1417870	1406530	1356631	33061	1215	15623	2440	440
云南	4902966	2085291	2042011	1502026	110285	23204	406496		
西藏	619654	529109	527409	286076	239280	760	1293	1700	1700
陕西	15275134	6070619	5889888	4310666	341830	711328	526064	25966	11226
甘肃	3811755	1992291	1978912	1721603	22410	59954	174945	1050	1050
青海	633783	445225	444420	309433	1300	21835	111852		
宁夏	1331611	850022	841530	713167	80570	16444	31349	4000	
新疆	3488374	1842586	1730776	1470948	54532	9767	195529	7002	7002

教育经费收入情况

单位:千元

地方教育附加	企业办学中的企业拨款	校办产业和社会服务收入用于教育的经费	民办学校中举办者投入	社会捐赠经费	＃农村	事业收入	＃学杂费	其他收入
482750	**798146**	**1878572**	**3187880**	**2718090**		**169870272**	**122319137**	**27810399**
3300	5400	659306	77624	601248		14413298	7120744	2862576
		42081		38930		3588455	2503229	606216
13710	69465	29756	14800	15239		5793143	5079051	1105595
		160		19625		2268103	1779747	68031
100		419	89435	8033		1587323	1383184	71937
6961	39169	28608	93304	30111		7267570	5909365	1443314
		4929	15000	24539		3859111	3011001	264814
	251012	145221	50500	14975		5837868	4387455	938023
	43540	208295	26110	222739		7888703	6237708	1333942
192403		132228	24035	593819		13233106	8995452	3804451
169068		49990	80330	157329		9334574	6996412	3307552
724	37616	3228	13000	12154		4141830	3338711	417216
8367		12604	408398	91886		4565275	3406140	425379
1260	589	4492	15534	86209		5439547	4933937	586180
14110	186452	71696	60280	76454		9267233	7307744	1316895
	16359	8627	70974	12157		5840862	5210343	799663
44187	870	91105	207620	63851		9045661	7135409	1047896
	535	30047	49255	90835		7394731	6182050	1017058
		95030	477884	273698		18036193	8788108	2043892
1551		6378	167900	5616		2678301	2241345	301685
		3676		90947		767843	673887	20827
		6861	49071	14127		3869403	2869374	1384002
6269	28550	33045	631887	62026		8748461	5227993	572601
2000	7963	937		12345		1280735	1107752	209600
	2400	40880	113724	34974		2336425	1937917	332552
						90545	78507	
14740	16504	138261	429820	39252		7813238	5604555	922205
	9075	3254		21174		1653058	1342318	145232
		805		1682		173593	158215	13283
4000	4492		21395	1809		344512	303292	113873
	78155	26653		307		1311572	1068192	333909

3—8 分地区中央属普通高等学校

地区	总计	国家财政性教育经费	预算内教育经费	教育事业费拨款	基本建设拨款	科研拨款	其他拨款	各级政府征收用于教育的税费	教育费附加
合计	**113190485**	**59786156**	**58004586**	**37210742**	**3741546**	**10159961**	**6892337**	**25800**	**25800**
北京	29026237	14992320	14422810	7811002	1340620	3182929	2088259		
天津	2615369	1340176	1303532	965818	21280	158216	158218		
河北	672607	358654	284946	247514	8000	235	29197		
山西									
内蒙古									
辽宁	3481948	1981885	1961980	1234898	298500	244431	184151		
吉林	2788197	1912361	1912361	1385486	58140	262578	206157		
黑龙江	4846429	2320984	1947494	1013116	474060	214826	245492		
上海	11865211	6709129	6521535	4932347	131689	1153388	304111		
江苏	8946512	4757910	4725546	3044325	297540	903292	480389		
浙江	4134235	1780874	1736952	962890	7505	38912	727645	25800	25800
安徽	2169925	1620057	1612350	1123743	110000	60000	318607		
福建	1842765	1052171	1042723	712448	11160	178565	140550		
江西									
山东	3497538	2094918	2027879	1355691	46078	399819	226291		
河南									
湖北	9234115	5049010	4981389	3210438	165706	1002035	603210		
湖南	2759633	1560679	1537920	979097	52610	348191	158022		
广东	7949417	3062225	3039121	2123970	66177	599248	249726		
广西									
海南									
重庆	2823932	1396576	1389715	1066351	13620	207200	102544		
四川	6172789	2904724	2886388	1799458	361191	490961	234778		
贵州									
云南									
西藏									
陕西	6361187	3564453	3442998	2174197	249080	661896	357825		
甘肃	1022548	618148	615013	519675	5590	53239	36509		
青海									
宁夏	171373	128977	128977	124817			4160		
新疆	808518	579925	482957	423461	23000		36496		

教育经费收入情况

单位：千元

地方教育附加	企业办学中的企业拨款	校办产业和社会服务收入用于教育的经费	民办学校中举办者投入	社会捐赠经费	#农村	事业收入	#学杂费	其他收入
	385211	**1370559**		**1375517**		**42909039**	**21148793**	**9119773**
		569510		575294		11165979	4348243	2292644
		36644		13641		860745	606406	400807
	44405	29303		126		308281	260254	5546
		19905		23297		1137518	562363	339248
				17467		811636	408690	46733
	228362	145128		6994		1659083	516434	859368
		187594		201202		4191592	3058798	763288
		32364		127341		3117412	1066304	943849
		18122		59700		1351658	459287	942003
	7707			3000		489966	381474	56902
		9448		39416		623996	228583	127182
	25177	41862		56688		1257314	790251	88618
	870	66751		47190		3745841	2636383	392074
	535	22224		50184		1026443	814582	122327
		23104		65815		4053488	1309798	767889
		6861		4397		1274560	850788	148399
		18336		54353		2838471	1352764	375241
		121455		25576		2408783	1060362	362375
		3135		3739		335700	233046	64961
						36000	36000	6396
	78155	18813		97		214573	167983	13923

3—9 分地区地方普通高等学校

地区	总计	国家财政性教育经费	预算内教育经费	教育事业费拨款	基本建设拨款	科研拨款	其他拨款	各级政府征收用于教育的税费	教育费附加
合计	**250228027**	**100045715**	**97425837**	**81399868**	**4790036**	**2211188**	**9024745**	**1698930**	**1216180**
北京	10880748	6959919	6860098	6338971	256536	82650	181941	4625	1325
天津	5613254	2654846	2618479	2426527	35720	17330	138902	30930	30930
河北	9739266	3124442	3043624	2445084	16150	2361	580029	55305	41595
山西	4641531	2285772	2269420	1793259	26880	68929	380352	16192	16192
内蒙古	3732610	1975882	1971613	1603192	103955	17104	247362	3850	3750
辽宁	13170667	5836431	5726771	3529144	1034326	140765	1022536	61788	54827
吉林	5420706	2133078	2095007	1935231	8900	20790	130086	33142	33142
黑龙江	7334357	3018436	2984131	2883653	9833	38204	52441	11562	11562
上海	10824829	6509417	6445176	5150350	371800	555886	367140		
江苏	21168762	7701953	7275903	6556611	175391	156672	387229	326186	133783
浙江	16863888	6337464	5756860	4745363	268835	261795	480867	548736	379668
安徽	6135863	2101531	2046286	1713280	71098	1148	260760	22108	21384
福建	7652068	2951724	2871930	2140952	72320	92417	566241	76638	68271
江西	9109706	2982236	2973395	2367310	33700	31133	541252	3760	2500
山东	14915783	5597541	5291090	4949641	11500	122448	207501	115342	101232
河南	10949395	4225739	4165729	3566932	23000	78477	497320	35024	35024
湖北	8634486	2454563	2281701	2068779	47431	42232	123259	148508	104321
湖南	10336374	2983449	2919917	2652403	125126	25868	116520	55709	55709
广东	25901889	9957414	9874002	8068412	689536	224116	891938	11486	11486
广西	5556653	2403151	2371929	1959022	302699	47586	62622	24844	23293
海南	1534376	654759	650902	400929	237956	8199	3818	181	181
重庆	5431042	1541795	1538745	1310543	7700	6464	214038	3050	3050
四川	10059573	3312663	3201598	2365880	254046	39242	542430	67806	61537
贵州	2920550	1417870	1406530	1356631	33061	1215	15623	2440	440
云南	4902966	2085291	2042011	1502026	110285	23204	406496		
西藏	619654	529109	527409	286076	239280	760	1293	1700	1700
陕西	8913947	2506166	2446890	2136469	92750	49432	168239	25966	11226
甘肃	2789207	1374143	1363899	1201928	16820	6715	138436	1050	1050
青海	633783	445225	444420	309433	1300	21835	111852		
宁夏	1160238	721045	712553	588350	80570	16444	27189	4000	
新疆	2679856	1262661	1247819	1047487	31532	9767	159033	7002	7002

教育经费收入情况

单位：千元

地方教育附加	企业办学中的企业拨款	校办产业和社会服务收入用于教育的经费	民办学校中举办者投入	社会捐赠经费	#农村	事业收入	#学杂费	其他收入
482750	412935	508013	3187880	1342573		126961233	101170344	18690626
3300	5400	89796	77624	25954		3247319	2772501	569932
		5437		25289		2727710	1896823	205409
13710	25060	453	14800	15113		5484862	4818797	1100049
		160		19625		2268103	1779747	68031
100		419	89435	8033		1587323	1383184	71937
6961	39169	8703	93304	6814		6130052	5347002	1104066
		4929	15000	7072		3047475	2602311	218081
	22650	93	50500	7981		4178785	3871021	78655
	43540	20701	26110	21537		3697111	3178910	570654
192403		99864	24035	466478		10115694	7929148	2860602
169068		31868	80330	97629		7982916	6537125	2365549
724	29909	3228	13000	9154		3651864	2957237	360314
8367		3156	408398	52470		3941279	3177557	298197
1260	589	4492	15534	86209		5439547	4933937	586180
14110	161275	29834	60280	19766		8009919	6517493	1228277
	16359	8627	70974	12157		5840862	5210343	799663
44187		24354	207620	16661		5299820	4499026	655822
		7823	49255	40651		6368288	5367468	894731
		71926	477884	207883		13982705	7478310	1276003
1551		6378	167900	5616		2678301	2241345	301685
		3676		90947		767843	673887	20827
			49071	9730		2594843	2018586	1235603
6269	28550	14709	631887	7673		5909990	3875229	197360
2000	7963	937		12345		1280735	1107752	209600
	2400	40880	113724	34974		2336425	1937917	332552
						90545	78507	
14740	16504	16806	429820	13676		5404455	4544193	559830
	9075	119		17435		1317358	1109272	80271
		805		1682		173593	158215	13283
4000	4492		21395	1809		308512	267292	107477
		7840		210		1096999	900209	319986

3—10 分地区普通高等本科学校

地区	总计	国家财政性教育经费	预算内教育经费					各级政府征收用于教育的税费	
				教育事业费拨款	基本建设拨款	科研拨款	其他拨款		教育费附加
合计	**300260837**	**136593166**	**133729145**	**100250136**	**7363729**	**12246915**	**13868365**	**856734**	**519210**
北京	37657738	21159992	20510828	13445086	1559326	3265579	2240837	2	2
天津	6790968	3388779	3350566	2934685	24480	175546	215855		
河北	7734043	2617960	2575061	2012098	24000	1996	536967	13270	2500
山西	3282890	1579967	1579807	1180519	2280	68779	328229		
内蒙古	2436058	1319456	1318937	1069827	47980	16926	184204	100	
辽宁	14431302	6524820	6482157	3843844	1315526	382595	940192	14599	14599
吉林	7396943	3648925	3647217	2993934	67040	283358	302885		
黑龙江	10628395	4615235	4364920	3332189	483893	252990	295848	6541	6541
上海	21141432	12938479	12698535	9826139	503489	1707463	661444		
江苏	24069861	10360915	9996573	7776254	415050	1015997	789272	234501	78071
浙江	16846602	6102601	5656336	4196308	184250	248907	1026871	405222	276589
安徽	7571964	3574299	3527334	2722722	181098	61148	562366	13828	13828
福建	7150415	3297156	3232340	2326177	65652	269373	571138	53249	51130
江西	6370418	2450479	2444144	1883007	8200	30370	522567	3640	2500
山东	13087508	6241108	6154420	5209537	53078	519864	371941		
河南	8600656	3413936	3404309	2859452	21000	78277	445580	1000	1000
湖北	15501729	6800848	6671513	4762052	182113	1044241	683107	40449	9485
湖南	9302425	3404699	3362882	2685526	146848	371595	158913	18000	18000
广东	28441676	10667629	10568771	8288549	514800	813584	951838	10829	10829
广西	4178509	1934075	1927909	1566183	269569	47377	44780	551	
海南	1292701	579606	575930	328758	236956	8198	2018		
重庆	7059623	2659249	2652388	2162966	13620	213664	262138		
四川	12936497	5058959	4995237	3496673	373191	529813	595560	34627	32310
贵州	2192432	1026870	1025433	1000396	20000	952	4085	500	
云南	3691910	1464514	1425245	1006174	93920	22508	302643		
西藏	456982	381418	381418	222878	157780	760			
陕西	12988361	5286029	5146542	3662442	288830	707542	487728	1226	1226
甘肃	3025897	1623847	1610937	1406760	14590	59709	129878	600	600
青海	493096	344512	344512	232293	900	21785	89534		
宁夏	1015728	672753	668753	551214	77070	16402	24067	4000	
新疆	2486078	1454051	1428191	1265494	17200	9617	135880		

教育经费收入情况

单位:千元

地方教育附加	企业办学中的企业拨款	校办产业和社会服务收入用于教育的经费	民办学校中举办者投入	社会捐赠经费	# 农村	事业收入	# 学杂费	其他收入
337524	**217607**	**1789680**	**2340273**	**2458583**		**134529405**	**92116763**	**24339410**
	5400	643762	77624	601191		13071054	5965456	2747877
		38213		23080		2831662	1845165	547447
10770		29629		13354		4085658	3526736	1017071
		160		17909		1632222	1221289	52792
100		419		8033		1050237	877957	58332
		28064	76196	30111		6364343	5130961	1435832
		1708	15000	24539		3466156	2685610	242323
	98553	145221	50500	14683		5131403	3763278	816574
	39670	200274		222595		6738518	5172142	1241840
156430		129841	14035	500774		10116939	6544498	3077198
128633		41043	80330	145171		7392213	5250374	3126287
	29909	3228	10000	12054		3589068	2840364	386543
2119		11567	97700	85024		3308470	2344016	362065
1140		2695		19132		3338238	2967824	562569
	35000	51688		75266		6010837	4413920	760297
		8627		4105		4525864	4022202	656751
30964		88886	207620	63777		7510782	5811411	918702
		23817		75853		4988087	4019905	833786
		88029	399310	258996		15164009	6589067	1951732
551		5615	132900	4390		1875222	1546349	231922
		3676		90565		603089	531745	19441
		6861	49071	13846		3279557	2368856	1057900
2317		29095	601587	60794		6692083	3981069	523074
500		937		11721		964069	855981	189772
		39269	103724	34531		1775393	1423419	313748
						75564	63526	
		138261	424620	36950		6392562	4294283	848200
	9075	3235		7746		1262775	1002785	131529
				724		135109	121895	12751
4000			56	1559		233143	203455	108217
		25860		110		925079	731225	106838

3—11 分地区中央属普通高等本科学校

地区	总计	国家财政性教育经费	预算内教育经费	教育事业费拨款	基本建设拨款	科研拨款	其他拨款	各级政府征收用于教育的税费	教育费附加
合计	**111898299**	**59277159**	**57782248**	**37101861**	**3681941**	**10158095**	**6840351**	**25800**	**25800**
北京	29026237	14992320	14422810	7811002	1340620	3182929	2088259		
天津	2615369	1340176	1303532	965818	21280	158216	158218		
河北	570858	314249	284946	247514	8000	235	29197		
山西									
内蒙古									
辽宁	3481948	1981885	1961980	1234898	298500	244431	184151		
吉林	2788197	1912361	1912361	1385486	58140	262578	206157		
黑龙江	4529204	2174393	1930712	996334	474060	214826	245492		
上海	11865211	6709129	6521535	4932347	131689	1153388	304111		
江苏	8824681	4677860	4645496	3003530	267190	901707	473069		
浙江	4122876	1769515	1725593	953327	5850	38771	727645	25800	25800
安徽	2147827	1611606	1611606	1122999	110000	60000	318607		
福建	1842765	1052171	1042723	712448	11160	178565	140550		
江西									
山东	3433470	2069741	2027879	1355691	46078	399819	226291		
河南									
湖北	9200674	5048140	4981389	3210438	165706	1002035	603210		
湖南	2661250	1554393	1532169	975814	52610	348191	155554		
广东	7733959	3012509	2989406	2095486	48077	599108	246735		
广西									
海南									
重庆	2771470	1390749	1383888	1063666	13620	207200	99402		
四川	6070071	2874837	2856501	1795561	361191	490961	208788		
贵州									
云南									
西藏									
陕西	6361187	3564453	3442998	2174197	249080	661896	357825		
甘肃	1022548	618148	615013	519675	5590	53239	36509		
青海									
宁夏	171373	128977	128977	124817			4160		
新疆	657124	479547	460734	420813	13500		26421		

教育经费收入情况

单位:千元

地方教育附加	企业办学中的企业拨款	校办产业和社会服务收入用于教育的经费	民办学校中举办者投入	社会捐赠经费	#农村	事业收入	#学杂费	其他收入
	98553	**1370558**		**1375207**		**42271963**	**20628296**	**8973970**
		569510		575294		11165979	4348243	2292644
		36644		13641		860745	606406	400807
		29303		126		250937	223285	5546
		19905		23297		1137518	562363	339248
				17467		811636	408690	46733
	98553	145128		6994		1601525	484456	746292
		187594		201202		4191592	3058798	763288
		32364		127341		3083769	1044848	935711
		18122		59700		1351658	459287	942003
				3000		479346	370854	53875
		9448		39416		623996	228583	127182
		41862		56688		1222372	755309	84669
		66751		47190		3714375	2604917	390969
		22224		50184		942821	733400	113852
		23103		65505		3889863	1168307	766082
		6861		4397		1227925	814067	148399
		18336		54353		2768012	1306024	372869
		121455		25576		2408783	1060362	362375
		3135		3739		335700	233046	64961
						36000	36000	6396
		18813		97		167411	121051	10069

3—12 分地区地方普通高等本科学校

地区	总计	国家财政性教育经费	预算内教育经费	教育事业费拨款	基本建设拨款	科研拨款	其他拨款	各级政府征收用于教育的税费	教育费附加
合计	**188362538**	**77316007**	**75946897**	**63148275**	**3681788**	**2088820**	**7028014**	**830934**	**493410**
北京	8631501	6167672	6088018	5634084	218706	82650	152578	2	2
天津	4175599	2048603	2047034	1968867	3200	17330	57637		
河北	7163185	2303711	2290115	1764584	16000	1761	507770	13270	2500
山西	3282890	1579967	1579807	1180519	2280	68779	328229		
内蒙古	2436058	1319456	1318937	1069827	47980	16926	184204	100	
辽宁	10949354	4542935	4520177	2608946	1017026	138164	756041	14599	14599
吉林	4608746	1736564	1734856	1608448	8900	20780	96728		
黑龙江	6099191	2440842	2434208	2335855	9833	38164	50356	6541	6541
上海	9276221	6229350	6177000	4893792	371800	554075	357333		
江苏	15245180	5683055	5351077	4772724	147860	114290	316203	234501	78071
浙江	12723726	4333086	3930743	3242981	178400	210136	299226	379422	250789
安徽	5424137	1962693	1915728	1599723	71098	1148	243759	13828	13828
福建	5307650	2244985	2189617	1613729	54492	90808	430588	53249	51130
江西	6370418	2450479	2444144	1883007	8200	30370	522567	3640	2500
山东	9654038	4171367	4126541	3853846	7000	120045	145650		
河南	8600656	3413936	3404309	2859452	21000	78277	445580	1000	1000
湖北	6301055	1752708	1690124	1551614	16407	42206	79897	40449	9485
湖南	6641175	1850306	1830713	1709712	94238	23404	3359	18000	18000
广东	20707717	7655120	7579365	6193063	466723	214476	705103	10829	10829
广西	4178509	1934075	1927909	1566183	269569	47377	44780	551	
海南	1292701	579606	575930	328758	236956	8198	2018		
重庆	4288153	1268500	1268500	1099300		6464	162736		
四川	6866426	2184122	2138736	1701112	12000	38852	386772	34627	32310
贵州	2192432	1026870	1025433	1000396	20000	952	4085	500	
云南	3691910	1464514	1425245	1006174	93920	22508	302643		
西藏	456982	381418	381418	222878	157780	760			
陕西	6627174	1721576	1703544	1488245	39750	45646	129903	1226	1226
甘肃	2003349	1005699	995924	887085	9000	6470	93369	600	600
青海	493096	344512	344512	232293	900	21785	89534		
宁夏	844355	543776	539776	426397	77070	16402	19907	4000	
新疆	1828954	974504	967457	844681	3700	9617	109459		

教育经费收入情况

单位：千元

地方教育附加	企业办学中的企业拨款	校办产业和社会服务收入用于教育的经费	民办学校中举办者投入	社会捐赠经费	#农村	事业收入	#学杂费	其他收入
337524	**119054**	**419122**	**2340273**	**1083376**		**92257442**	**71488467**	**15365440**
	5400	74252	77624	25897		1905075	1617213	455233
		1569		9439		1970917	1238759	146640
10770		326		13228		3834721	3303451	1011525
		160		17909		1632222	1221289	52792
100		419		8033		1050237	877957	58332
		8159	76196	6814		5226825	4568598	1096584
		1708	15000	7072		2654520	2276920	195590
		93	50500	7689		3529878	3278822	70282
	39670	12680		21393		2546926	2113344	478552
156430		97477	14035	373433		7033170	5499650	2141487
128633		22921	80330	85471		6040555	4791087	2184284
	29909	3228	10000	9054		3109722	2469510	332668
2119		2119	97700	45608		2684474	2115433	234883
1140		2695		19132		3338238	2967824	562569
	35000	9826		18578		4788465	3658611	675628
		8627		4105		4525864	4022202	656751
30964		22135	207620	16587		3796407	3206494	527733
		1593		25669		4045266	3286505	719934
		64926	399310	193491		11274146	5420760	1185650
551		5615	132900	4390		1875222	1546349	231922
		3676		90565		603089	531745	19441
			49071	9449		2051632	1554789	909501
2317		10759	601587	6441		3924071	2675045	150205
500		937		11721		964069	855981	189772
		39269	103724	34531		1775393	1423419	313748
						75564	63526	
		16806	424620	11374		3983779	3233921	485825
	9075	100		4007		927075	769739	66568
				724		135109	121895	12751
4000			56	1559		197143	167455	101821
		7047		13		757668	610174	96769

3—13 分地区普通高等专科学校

地区	总计	国家财政性教育经费	预算内教育经费	教育事业费拨款	基本建设拨款	科研拨款	其他拨款	各级政府征收用于教育的税费	教育费附加
合计	**7937051**	**3686471**	**3596185**	**3120500**	**78765**	**42046**	**354874**	**72207**	**60686**
北京									
天津	129927	58216	58216	42558			15658		
河北	427086	162538	159338	136669	150		22519	3200	460
山西	179849	105454	105454	102067			3387		
内蒙古	64032	25975	25975	22711			3264		
辽宁	765201	628044	595189	500907	1500		92782	32855	25894
吉林	303624	133476	130905	124045			6860	2571	2571
黑龙江	122649	39496	39475	39475				21	21
上海	331171	218281	217726	210054		1057	6615		
江苏	386925	178565	177215	99665	30350	39880	7320	1350	1150
浙江	302260	187594	187234	178847	4310	282	3795	90	90
安徽	30778	9540	9540	9477			63		
福建	98581	50392	49892	42838			7054	500	500
江西	174309	76506	76386	55284	15000		6102	120	
山东	388918	128912	119912	119912				9000	9000
河南	666973	340271	322412	314101		160	8151	1500	1500
湖北	280362	101649	81279	73403		10	7866	19500	19500
湖南	659236	230231	230231	195435	2500	34	32262		
广东	182648	120556	120556	110090		370	10096		
广西	322349	124708	124683	116919			7764		
海南									
重庆	56137	10169	10169	9514			655		
四川	1007199	192213	192213	146791	6000	80	39342		
贵州	234810	115115	113615	111846			1769	1500	
云南	574310	315411	315411	259083	13955	93	42280		
西藏	41395	34307	34307	31514	1500		1293		
陕西	42763	19732	19732	13522			6210		
甘肃	42396	19968	19968	10105			9863		
青海									
宁夏									
新疆	121163	59152	59152	43668	3500	80	11904		

教育经费收入情况

单位:千元

地方教育附加	企业办学中的企业拨款	校办产业和社会服务收入用于教育的经费	民办学校中举办者投入	社会捐赠经费	#农村	事业收入	#学杂费	其他收入
11521	**17229**	**850**	**528**	**17784**		**3935259**	**2759589**	**297009**
				12850		57957	42173	904
2740						255583	223447	8965
						63499	50764	10896
						38057	31590	
6961						136385	105614	772
						152730	101259	17418
				232		82887	80336	34
		555		102		88344	78689	24444
200						178826	90625	29534
		270		401		105811	55913	8454
						21238	17907	
						47401	42171	788
120						92745	82826	5058
						253089	191897	6917
	16359		528			249955	241392	76219
	870					164210	151275	14503
				3694		367869	319691	57442
						58333	45154	3759
		25		81		192167	153368	5393
						45968	43093	
						809135	213881	5851
1500						117886	100972	1809
				424		248526	223527	9949
						7088	7088	
						21380		1651
						20956	18377	1472
						57234	46560	4777

3—14 分地区中央属普通高等专科学校

地区	总计	国家财政性教育经费	预算内教育经费	教育事业费拨款	基本建设拨款	科研拨款	其他拨款	各级政府征收用于教育的税费	教育费附加
合计	**184451**	**100909**	**100039**	**50833**	**32005**	**1726**	**15475**		
北京									
天津									
河北									
山西									
内蒙古									
辽宁									
吉林									
黑龙江									
上海									
江苏	121831	80050	80050	40795	30350	1585	7320		
浙江	11359	11359	11359	9563	1655	141			
安徽									
福建									
江西									
山东									
河南									
湖北	33441	870							
湖南									
广东									
广西									
海南									
重庆									
四川									
贵州									
云南									
西藏									
陕西									
甘肃									
青海									
宁夏									
新疆	17820	8630	8630	475			8155		

教育经费收入情况

单位:千元

地方教育附加	企业办学中的企业拨款	校办产业和社会服务收入用于教育的经费	民办学校中举办者投入	社会捐赠经费	#农村	事业收入	#学杂费	其他收入
	870					**71239**	**59052**	**12303**
						33643	21456	8138
	870					31466	31466	1105
						6130	6130	3060

3—15 分地区地方普通高等专科学校

地区	总计	国家财政性教育经费	预算内教育经费	教育事业费拨款	基本建设拨款	科研拨款	其他拨款	各级政府征收用于教育的税费	教育费附加
合计	**7752600**	**3585562**	**3496146**	**3069667**	**46760**	**40320**	**339399**	**72207**	**60686**
北京									
天津	129927	58216	58216	42558			15658		
河北	427086	162538	159338	136669	150		22519	3200	460
山西	179849	105454	105454	102067			3387		
内蒙古	64032	25975	25975	22711			3264		
辽宁	765201	628044	595189	500907	1500		92782	32855	25894
吉林	303624	133476	130905	124045			6860	2571	2571
黑龙江	122649	39496	39475	39475				21	21
上海	331171	218281	217726	210054		1057	6615		
江苏	265094	98515	97165	58870		38295		1350	1150
浙江	290901	176235	175875	169284	2655	141	3795	90	90
安徽	30778	9540	9540	9477			63		
福建	98581	50392	49892	42838			7054	500	500
江西	174309	76506	76386	55284	15000		6102	120	
山东	388918	128912	119912	119912				9000	9000
河南	666973	340271	322412	314101		160	8151	1500	1500
湖北	246921	100779	81279	73403		10	7866	19500	19500
湖南	659236	230231	230231	195435	2500	34	32262		
广东	182648	120556	120556	110090		370	10096		
广西	322349	124708	124683	116919			7764		
海南									
重庆	56137	10169	10169	9514			655		
四川	1007199	192213	192213	146791	6000	80	39342		
贵州	234810	115115	113615	111846			1769	1500	
云南	574310	315411	315411	259083	13955	93	42280		
西藏	41395	34307	34307	31514	1500		1293		
陕西	42763	19732	19732	13522			6210		
甘肃	42396	19968	19968	10105			9863		
青海									
宁夏									
新疆	103343	50522	50522	43193	3500	80	3749		

教育经费收入情况

单位:千元

地方教育附加	企业办学中的企业拨款	校办产业和社会服务收入用于教育的经费	民办学校中举办者投入	社会捐赠经费	＃农村	事业收入	＃学杂费	其他收入
11521	**16359**	**850**	**528**	**17784**		**3864020**	**2700537**	**284706**
				12850		57957	42173	904
2740						255583	223447	8965
						63499	50764	10896
						38057	31590	
6961						136385	105614	772
						152730	101259	17418
				232		82887	80336	34
		555		102		88344	78689	24444
200						145183	69169	21396
		270		401		105811	55913	8454
						21238	17907	
						47401	42171	788
120						92745	82826	5058
						253089	191897	6917
	16359		528			249955	241392	76219
						132744	119809	13398
				3694		367869	319691	57442
						58333	45154	3759
		25		81		192167	153368	5393
						45968	43093	
						809135	213881	5851
1500						117886	100972	1809
				424		248526	223527	9949
						7088	7088	
						21380		1651
						20956	18377	1472
						51104	40430	1717

3—16 分地区普通高等职业学校

地区	总计	国家财政性教育经费	预算内教育经费	教育事业费拨款	基本建设拨款	科研拨款	其他拨款	各级政府征收用于教育的税费	教育费附加
合计	**55220624**	**19552234**	**18105093**	**15239974**	**1089088**	**82188**	**1693843**	**795789**	**662084**
北京	2249247	792247	772080	704887	37830		29363	4623	1323
天津	1307728	548027	513229	415102	32520		65607	30930	30930
河北	2250744	702598	594171	543831		600	49740	38835	38635
山西	1178792	600351	584159	510673	24600	150	48736	16192	16192
内蒙古	1232520	630451	626701	510654	55975	178	59894	3750	3750
辽宁	1456112	665452	611405	419291	15800	2601	173713	14334	14334
吉林	508336	263038	229246	202738		10	26498	30571	30571
黑龙江	1429742	684689	527230	525105		40	2085	5000	5000
上海	1217437	61786	50450	46504		754	3192		
江苏	5658488	1920383	1827661	1725017	27531	4087	71026	90335	54562
浙江	3849261	1828143	1650242	1333098	87780	51518	177846	169224	128789
安徽	703046	137749	121762	104824			16938	8280	7556
福建	2245837	656347	632421	484385	17828	1609	128599	22889	16641
江西	2564979	455251	452865	429019	10500	763	12583		
山东	4936895	1322439	1044637	975883	4500	2403	61851	106342	92232
河南	1681766	471532	439008	393379	2000	40	43589	32524	32524
湖北	2086510	601076	510298	443762	31024	16	35496	88559	75336
湖南	3134346	909198	864724	750539	28388	2430	83367	37709	37709
广东	5226982	2231454	2223796	1793743	240913	9410	179730	657	657
广西	1055795	344368	319337	275920	33130	209	10078	24293	23293
海南	241675	75153	74972	72171	1000	1	1800	181	181
重庆	1139214	268953	265903	204414	7700		53789	3050	3050
四川	2288666	966215	900536	521874	236046	310	142306	33179	29227
贵州	493308	275885	267482	244389	13061	263	9769	440	440
云南	636746	305366	301355	236769	2410	603	61573		
西藏	121277	113384	111684	31684	80000			1700	1700
陕西	2244010	764858	723614	634702	53000	3786	32126	24740	10000
甘肃	743462	348476	348007	304738	7820	245	35204	450	450
青海	140687	100713	99908	77140	400	50	22318		
宁夏	315883	177269	172777	161953	3500	42	7282		
新疆	881133	329383	243433	161786	33832	70	47745	7002	7002

教育经费收入情况

单位：千元

地方教育附加	企业办学中的企业拨款	校办产业和社会服务收入用于教育的经费	民办学校中举办者投入	社会捐赠经费	#农村	事业收入	#学杂费	其他收入
133705	**563310**	**88042**	**847079**	**241723**		**31405608**	**27442785**	**3173980**
3300		15544		57		1342244	1155288	114699
		3868		3000		698836	615891	57865
200	69465	127	14800	1885		1451902	1328868	79559
				1716		572382	507694	4343
			89435			499029	473637	13605
	39169	544	17108			766842	672790	6710
		3221				240225	224132	5073
	152459			60		623578	543841	121415
	3870	7466	26110	42		1061841	986877	67658
35773		2387	10000	93045		2937341	2360329	697719
40435		8677		11757		1836550	1690125	172811
724	7707		3000	100		531524	480440	30673
6248		1037	310698	6862		1209404	1019953	62526
	589	1797	15534	67077		2008564	1883287	18553
14110	151452	20008	60280	1188		3003307	2701927	549681
			70446	8052		1065043	946749	66693
13223		2219		74		1370669	1172723	114691
	535	6230	49255	11288		2038775	1842454	125830
		7001	78574	14702		2813851	2153887	88401
1000		738	35000	1145		610912	541628	64370
				382		164754	142142	1386
				281		543878	457425	326102
3952	28550	3950	30300	1232		1247243	1033043	43676
	7963			624		198780	150799	18019
	2400	1611	10000	19		312506	290971	8855
						7893	7893	
14740	16504		5200	2302		1399296	1310272	72354
		19		13428		369327	321156	12231
		805		958		38484	36320	532
	4492		21339	250		111369	99837	5656
	78155	793		197		329259	290407	222294

3—17 分地区中央属普通高等职业学校

地区	总计	国家财政性教育经费	预算内教育经费	教育事业费拨款	基本建设拨款	科研拨款	其他拨款	各级政府征收用于教育的税费	教育费附加
合计	**1107735**	**408088**	**122299**	**58048**	**27600**	**140**	**36511**		
北京									
天津									
河北	101749	44405							
山西									
内蒙古									
辽宁									
吉林									
黑龙江	317225	146591	16782	16782					
上海									
江苏									
浙江									
安徽	22098	8451	744	744					
福建									
江西									
山东	64068	25177							
河南									
湖北									
湖南	98383	6286	5751	3283			2468		
广东	215458	49716	49715	28484	18100	140	2991		
广西									
海南									
重庆	52462	5827	5827	2685			3142		
四川	102718	29887	29887	3897			25990		
贵州									
云南									
西藏									
陕西									
甘肃									
青海									
宁夏									
新疆	133574	91748	13593	2173	9500		1920		

教育经费收入情况

单位：千元

地方教育附加	企业办学中的企业拨款	校办产业和社会服务收入用于教育的经费	民办学校中举办者投入	社会捐赠经费	#农村	事业收入	#学杂费	其他收入
	285788	**1**		**310**		**565837**	**461445**	**133500**
	44405					57344	36969	
	129809					57558	31978	113076
	7707					10620	10620	3027
	25177					34942	34942	3949
	535					83622	81182	8475
		1		310		163625	141491	1807
						46635	36721	
						70459	46740	2372
	78155					41032	40802	794

3—18 分地区地方普通高等职业学校

地区	总计	国家财政性教育经费	预算内教育经费					各级政府征收用于教育的税费	
				教育事业费拨款	基本建设拨款	科研拨款	其他拨款		教育费附加
合计	**54112889**	**19144146**	**17982794**	**15181926**	**1061488**	**82048**	**1657332**	**795789**	**662084**
北京	2249247	792247	772080	704887	37830		29363	4623	1323
天津	1307728	548027	513229	415102	32520		65607	30930	30930
河北	2148995	658193	594171	543831		600	49740	38835	38635
山西	1178792	600351	584159	510673	24600	150	48736	16192	16192
内蒙古	1232520	630451	626701	510654	55975	178	59894	3750	3750
辽宁	1456112	665452	611405	419291	15800	2601	173713	14334	14334
吉林	508336	263038	229246	202738		10	26498	30571	30571
黑龙江	1112517	538098	510448	508323		40	2085	5000	5000
上海	1217437	61786	50450	46504		754	3192		
江苏	5658488	1920383	1827661	1725017	27531	4087	71026	90335	54562
浙江	3849261	1828143	1650242	1333098	87780	51518	177846	169224	128789
安徽	680948	129298	121018	104080			16938	8280	7556
福建	2245837	656347	632421	484385	17828	1609	128599	22889	16641
江西	2564979	455251	452865	429019	10500	763	12583		
山东	4872827	1297262	1044637	975883	4500	2403	61851	106342	92232
河南	1681766	471532	439008	393379	2000	40	43589	32524	32524
湖北	2086510	601076	510298	443762	31024	16	35496	88559	75336
湖南	3035963	902912	858973	747256	28388	2430	80899	37709	37709
广东	5011524	2181738	2174081	1765259	222813	9270	176739	657	657
广西	1055795	344368	319337	275920	33130	209	10078	24293	23293
海南	241675	75153	74972	72171	1000	1	1800	181	181
重庆	1086752	263126	260076	201729	7700		50647	3050	3050
四川	2185948	936328	870649	517977	236046	310	116316	33179	29227
贵州	493308	275885	267482	244389	13061	263	9769	440	440
云南	636746	305366	301355	236769	2410	603	61573		
西藏	121277	113384	111684	31684	80000			1700	1700
陕西	2244010	764858	723614	634702	53000	3786	32126	24740	10000
甘肃	743462	348476	348007	304738	7820	245	35204	450	450
青海	140687	100713	99908	77140	400	50	22318		
宁夏	315883	177269	172777	161953	3500	42	7282		
新疆	747559	237635	229840	159613	24332	70	45825	7002	7002

教育经费收入情况

单位：千元

地方教育附加	企业办学中的企业拨款	校办产业和社会服务收入用于教育的经费	民办学校中举办者投入	社会捐赠经费	#农村	事业收入	#学杂费	其他收入
133705	**277522**	**88041**	**847079**	**241413**		**30839771**	**26981340**	**3040480**
3300		15544		57		1342244	1155288	114699
		3868		3000		698836	615891	57865
200	25060	127	14800	1885		1394558	1291899	79559
				1716		572382	507694	4343
			89435			499029	473637	13605
	39169	544	17108			766842	672790	6710
		3221				240225	224132	5073
	22650			60		566020	511863	8339
	3870	7466	26110	42		1061841	986877	67658
35773		2387	10000	93045		2937341	2360329	697719
40435		8677		11757		1836550	1690125	172811
724			3000	100		520904	469820	27646
6248		1037	310698	6862		1209404	1019953	62526
	589	1797	15534	67077		2008564	1883287	18553
14110	126275	20008	60280	1188		2968365	2666985	545732
			70446	8052		1065043	946749	66693
13223		2219		74		1370669	1172723	114691
		6230	49255	11288		1955153	1761272	117355
		7000	78574	14392		2650226	2012396	86594
1000		738	35000	1145		610912	541628	64370
				382		164754	142142	1386
				281		497243	420704	326102
3952	28550	3950	30300	1232		1176784	986303	41304
	7963			624		198780	150799	18019
	2400	1611	10000	19		312506	290971	8855
						7893	7893	
14740	16504		5200	2302		1399296	1310272	72354
		19		13428		369327	321156	12231
		805		958		38484	36320	532
	4492		21339	250		111369	99837	5656
		793		197		288227	249605	221500

3—19 分地区成人高等学校

地区	总计	国家财政性教育经费	预算内教育经费					各级政府征收用于教育的税费	
				教育事业费拨款	基本建设拨款	科研拨款	其他拨款		教育费附加
合计	**12811560**	**4980009**	**4561084**	**3830892**	**40655**	**28888**	**660649**	**187035**	**172075**
北京	1008749	321835	294230	249858		3385	40987	17146	17146
天津	70073	28557	28222	26990			1232	335	335
河北	354007	150270	135326	116433	3801		15092	14944	13504
山西	148739	75847	72947	69180			3767	300	300
内蒙古	113697	56085	55321	41257		10	14054	600	
辽宁	484102	240150	160430	131046			29384	5650	5162
吉林	312149	193856	190619	153952		10	36657	2371	2371
黑龙江	438869	286014	238895	227713		5	11177	1988	1988
上海	1239862	653496	632124	525349	3650		103125	412	412
江苏	986037	399549	378228	333138	1208	90	43792	21316	19141
浙江	1033123	378534	297250	263286	7900		26064	81284	74678
安徽	253656	87540	87181	71604	2800	38	12739	200	200
福建	368763	146663	144552	106827			37725	2048	2048
江西	312726	83340	80940	77946		92	2902	550	500
山东	745808	266481	262253	258667			3586	3236	1236
河南	712924	311745	300693	229055	9350	354	61934	11000	11000
湖北	466193	96859	82256	80001		13	2242	750	500
湖南	303985	69960	60636	57356			3280	9324	9324
广东	958722	299141	292502	256268	1221	996	34017	3879	3879
广西	286152	111773	111664	105331	2000	24	4309		
海南									
重庆	599959	72646	69378	54936	60		14382	1944	1944
四川	520611	263171	230288	99424	6165	23549	101150	3626	2516
贵州	157773	54625	52574	52574				241	
云南	77366	29616	29616	22739	2000	24	4853		
西藏									
陕西	313575	62342	57970	51657			6313	400	400
甘肃	187634	69014	44240	36798	500	298	6644	3340	3340
青海	17679	6156	6156	4205			1951		
宁夏									
新疆	338627	164744	164593	127302			37291	151	151

教育经费收入情况

单位:千元

地方教育附加	企业办学中的企业拨款	校办产业和社会服务收入用于教育的经费	民办学校中举办者投入	社会捐赠经费	#农村	事业收入	#学杂费	其他收入
14960	**189133**	**42757**	**4330**	**28571**		**6745451**	**5425390**	**1053199**
		10459				636483	517379	50431
						40800	31850	716
1440				10		196184	163908	7543
	2600					72863	48619	29
600		164				54008	53390	3604
488	74070			1		237299	210240	6652
	608	258		830		108525	89364	8938
	44981	150				146585	106507	6270
		20960		80		378110	299576	208176
2175		5		26566		514843	350389	45079
6606				312		590298	431591	63979
		159				156048	151980	10068
		63				208471	176696	13629
50	1850		3250	457		222665	186227	3014
2000	82	910		7		465212	387618	14108
		52				360177	324765	41002
250	13765	88		88		318107	255083	51139
						228920	168026	5105
		2760		143		613352	502330	46086
		109		39		165890	151229	8450
	1324					175287	107413	352026
1110	22948	6309				247056	206710	10384
241	1737	73				97145	90670	6003
						45892	45892	1858
	3734	238	1080	4		206968	173069	43181
	21434					107210	88635	11410
						11363	4000	160
				34		139690	102234	34159

3—20 分地区中央属成人高等学校

地区	总计	国家财政性教育经费	预算内教育经费	教育事业费拨款	基本建设拨款	科研拨款	其他拨款	各级政府征收用于教育的税费	教育费附加
合计	**668432**	**143271**	**69403**	**54673**		**3080**	**11650**		
北京	503373	42740	42740	38094		3080	1566		
天津									
河北									
山西									
内蒙古									
辽宁	4809								
吉林									
黑龙江	65498	44981							
上海									
江苏									
浙江									
安徽									
福建									
江西									
山东									
河南									
湖北	12780	8759	151				151		
湖南	1886								
广东									
广西									
海南									
重庆									
四川	2292	1085							
贵州									
云南									
西藏									
陕西	20306	6660	6660	547			6113		
甘肃	30199	19194							
青海									
宁夏									
新疆	27289	19852	19852	16032			3820		

教育经费收入情况

单位:千元

地方教育附加	企业办学中的企业拨款	校办产业和社会服务收入用于教育的经费	民办学校中举办者投入	社会捐赠经费	#农村	事业收入	#学杂费	其他收入
	73868					**492769**	**379446**	**32392**
						430659	328398	29974
						4809	4754	
	44981					20517	17276	
	8608					4021	1546	
						1723	1723	163
	1085					917	672	290
						12289	10171	1357
	19194					10577	7649	428
						7257	7257	180

3—21 分地区地方成人高等学校

地 区	总 计	国家财政性教育经费	预算内教育经费	教育事业费拨款	基本建设拨款	科研拨款	其他拨款	各级政府征收用于教育的税费	教育费附加
合 计	**12143128**	**4836738**	**4491681**	**3776219**	**40655**	**25808**	**648999**	**187035**	**172075**
北 京	505376	279095	251490	211764		305	39421	17146	17146
天 津	70073	28557	28222	26990			1232	335	335
河 北	354007	150270	135326	116433	3801		15092	14944	13504
山 西	148739	75847	72947	69180			3767	300	300
内蒙古	113697	56085	55321	41257		10	14054	600	
辽 宁	479293	240150	160430	131046			29384	5650	5162
吉 林	312149	193856	190619	153952		10	36657	2371	2371
黑龙江	373371	241033	238895	227713		5	11177	1988	1988
上 海	1239862	653496	632124	525349	3650		103125	412	412
江 苏	986037	399549	378228	333138	1208	90	43792	21316	19141
浙 江	1033123	378534	297250	263286	7900		26064	81284	74678
安 徽	253656	87540	87181	71604	2800	38	12739	200	200
福 建	368763	146663	144552	106827			37725	2048	2048
江 西	312726	83340	80940	77946		92	2902	550	500
山 东	745808	266481	262253	258667			3586	3236	1236
河 南	712924	311745	300693	229055	9350	354	61934	11000	11000
湖 北	453413	88100	82105	80001		13	2091	750	500
湖 南	302099	69960	60636	57356			3280	9324	9324
广 东	958722	299141	292502	256268	1221	996	34017	3879	3879
广 西	286152	111773	111664	105331	2000	24	4309		
海 南									
重 庆	599959	72646	69378	54936	60		14382	1944	1944
四 川	518319	262086	230288	99424	6165	23549	101150	3626	2516
贵 州	157773	54625	52574	52574				241	
云 南	77366	29616	29616	22739	2000	24	4853		
西 藏									
陕 西	293269	55682	51310	51110			200	400	400
甘 肃	157435	49820	44240	36798	500	298	6644	3340	3340
青 海	17679	6156	6156	4205			1951		
宁 夏									
新 疆	311338	144892	144741	111270			33471	151	151

教育经费收入情况

单位：千元

地方教育附加	企业办学中的企业拨款	校办产业和社会服务收入用于教育的经费	民办学校中举办者投入	社会捐赠经费	#农村	事业收入	#学杂费	其他收入
14960	**115265**	**42757**	**4330**	**28571**		**6252682**	**5045944**	**1020807**
		10459				205824	188981	20457
						40800	31850	716
1440				10		196184	163908	7543
	2600					72863	48619	29
600		164				54008	53390	3604
488	74070			1		232490	205486	6652
	608	258		830		108525	89364	8938
		150				126068	89231	6270
		20960		80		378110	299576	208176
2175		5		26566		514843	350389	45079
6606				312		590298	431591	63979
		159				156048	151980	10068
		63				208471	176696	13629
50	1850		3250	457		222665	186227	3014
2000	82	910		7		465212	387618	14108
		52				360177	324765	41002
250	5157	88		88		314086	253537	51139
						227197	166303	4942
		2760		143		613352	502330	46086
		109		39		165890	151229	8450
	1324					175287	107413	352026
1110	21863	6309				246139	206038	10094
241	1737	73				97145	90670	6003
						45892	45892	1858
	3734	238	1080	4		194679	162898	41824
	2240					96633	80986	10982
						11363	4000	160
				34		132433	94977	33979

3—22 分地区中等职业学校

地区	总计	国家财政性教育经费	预算内教育经费	教育事业费拨款	基本建设拨款	科研拨款	其他拨款	各级政府征收用于教育的税费	教育费附加
合计	**85179826**	**51219569**	**44087521**	**38028056**	**1680002**		**4379463**	**6341036**	**5350952**
北京	3835713	3053458	2627172	2241455	71660		314057	392076	392076
天津	1185532	806889	689648	664475	4000		21173	71335	71335
河北	4160197	2485333	2172343	1965468	52871		154004	283591	269756
山西	2207760	1388541	1232090	1178833	10938		42319	104209	103046
内蒙古	1458016	1118688	1046237	789584	89824		166829	49199	41386
辽宁	3025117	2058506	1815525	1485070	36446		294009	231403	210904
吉林	1421129	1017318	942145	734393	14450		193302	61570	61570
黑龙江	1589418	1158445	1035127	937634	17915		79578	66257	66257
上海	3801635	2741500	1764136	1656970	31770		75396	926210	904187
江苏	7644404	3442972	2793177	2545032	66017		182128	613378	363158
浙江	6239151	3753740	2966355	2506156	137979		322220	780848	478483
安徽	2454080	1398193	1088240	894808	37582		155850	258703	232060
福建	2764838	1764223	1548554	1244214	69605		234735	208136	191862
江西	1496560	834627	781963	583606	128896		69461	51513	35171
山东	7206453	4201676	3456900	3276319	62060		118521	676774	524997
河南	4545571	2889323	2648159	2427483	24600		196076	169783	169783
湖北	2693720	1363520	1095588	977954	26135		91499	261096	168560
湖南	3008343	1343381	1178497	1006541	33000		138956	144244	144244
广东	7257072	3952891	3573879	3017375	194864		361640	372852	372852
广西	2228063	1281737	1184393	1081890	16861		85642	90978	71334
海南	912442	720236	692635	355951	293830		42854	14090	12926
重庆	2017102	1117895	990164	769385	12120		208659	104688	104688
四川	3810684	2048128	1807372	1499353	23450		284569	165636	138293
贵州	1141134	655140	621258	589863	10957		20438	31018	21030
云南	2231286	1589602	1492842	1246214	56707		189921	85692	79854
西藏	106738	100176	100176	62027	36865		1284		
陕西	1602677	822104	763378	725121	9680		28577	55396	53457
甘肃	1262495	854905	814018	710134	28815		75069	35969	34463
青海	277562	210231	194226	150011	11323		32892	10223	10217
宁夏	312120	230014	222095	190090	8200		23805	7691	7691
新疆	1282814	816177	749229	514647	60582		174000	16478	15312

教育经费收入情况

单位：千元

地方教育附加	企业办学中的企业拨款	校办产业和社会服务收入用于教育的经费	民办学校中举办者投入	社会捐赠经费	#农村	事业收入	#学杂费	其他收入
990084	**649756**	**141256**	**735634**	**289087**	**5157**	**29560309**	**24010105**	**3375227**
	26692	7518		1139		611390	484580	169726
	44720	1186		110		334105	243211	44428
13835	27817	1582	98700	1881		1502138	1304283	72145
1163	51723	519	7796	427		774850	677131	36146
7813	21580	1672	2611	216		316083	268383	20418
20499	11571	7	6195	50		897928	770625	62438
	12935	668	13731	1308		370494	316736	18278
	56121	940	3684	406		408133	326986	18750
22023	35088	16066	885	756		826196	731905	232298
250220	25192	11225	54557	137866	984	3100578	2141077	908431
302365	3970	2567	17722	38043	511	2100887	1544418	328759
26643	48920	2330	18914	3659	1	954409	764119	78905
16274	4399	3134	32008	4356	149	893748	678290	70503
16342		1151	45136	508		591800	527543	24489
151777	56246	11756	38807	6775		2728676	2391414	230519
	43209	28172	86337	2626		1491631	1225171	75654
92536	6	6830	10783	21200		1159945	960691	138272
	5924	14716	81288	2351		1482894	1279052	98429
	633	5527	56145	25360	3194	3028518	2516450	194158
19644	380	5986	13128	2312		866642	735957	64244
1164	13141	370	626	186		169880	144424	21514
	21550	1493	25371	7518		752137	576678	114181
27343	71451	3669	49586	8555		1611703	1234891	92712
9988		2864	1985	495	220	372605	336700	110909
5838	7989	3079	39484	2290	96	555915	448765	43995
						6562	3803	
1939	2989	341	16673	1014	2	729794	676945	33092
1506	4680	238	10596	440		382566	310466	13988
6	468	5314	2326	56		57231	38540	7718
		228				70056	46333	12050
1166	50362	108	560	17184		410815	304538	38078

3—23 分地区中央属中等职业学校

地区	总计	国家财政性教育经费	预算内教育经费	教育事业费拨款	基本建设拨款	科研拨款	其他拨款	各级政府征收用于教育的税费	教育费附加
合计	**676697**	**378851**	**214043**	**129991**	**33300**		**50752**	**15876**	**15876**
北京	86515	56500	33620	31067			2553		
天津									
河北	2304								
山西	13744	2012	802	802					
内蒙古	6339	809	801				801		
辽宁	45947	17934	17934				17934		
吉林									
黑龙江	86164	54947	14271	14038			233		
上海	75903	47980	17104	12630	2000		2474	15876	15876
江苏									
浙江	6260	705	365				365		
安徽	28894	9652	441	441					
福建									
江西									
山东									
河南	16300	300							
湖北	1788	6							
湖南	11200								
广东	14724	5828	5828	5828					
广西									
海南									
重庆	1130	850							
四川	50540	23174	21824	18984			2840		
贵州									
云南	7170	5205	716	716					
西藏									
陕西	2787	100							
甘肃	2050	2050							
青海									
宁夏									
新疆	216938	150799	100337	45485	31300		23552		

教育经费收入情况

单位:千元

地方教育附加	企业办学中的企业拨款	校办产业和社会服务收入用于教育的经费	民办学校中举办者投入	社会捐赠经费	#农村	事业收入	#学杂费	其他收入
	147941	**991**		**54**		**267111**	**204545**	**30681**
	22040	840				28179	17288	1836
						2304	1652	
	1210					11732		
	8					5530	5530	
						18500	16884	9513
	40676			3		24287	23570	6927
	15000					26923	18290	1000
	340					5512	3461	43
	9210	1				18811	13404	431
	300					15900	15900	100
	6					1782	1782	
						11200	11200	
						8896	8896	
	850					280	280	
	1300	50				24581	23734	2785
	4489					1514	1514	451
	100					2300	2300	387
	2050							
	50362	100		51		58880	38860	7208

3—24 分地区地方中等职业学校

地区	总计	国家财政性教育经费	预算内教育经费	教育事业费拨款	基本建设拨款	科研拨款	其他拨款	各级政府征收用于教育的税费	教育费附加
合计	**84503129**	**50840718**	**43873478**	**37898065**	**1646702**		**4328711**	**6325160**	**5335076**
北京	3749198	2996958	2593552	2210388	71660		311504	392076	392076
天津	1185532	806889	689648	664475	4000		21173	71335	71335
河北	4157893	2485333	2172343	1965468	52871		154004	283591	269756
山西	2194016	1386529	1231288	1178031	10938		42319	104209	103046
内蒙古	1451677	1117879	1045436	789584	89824		166028	49199	41386
辽宁	2979170	2040572	1797591	1485070	36446		276075	231403	210904
吉林	1421129	1017318	942145	734393	14450		193302	61570	61570
黑龙江	1503254	1103498	1020856	923596	17915		79345	66257	66257
上海	3725732	2693520	1747032	1644340	29770		72922	910334	888311
江苏	7644404	3442972	2793177	2545032	66017		182128	613378	363158
浙江	6232891	3753035	2965990	2506156	137979		321855	780848	478483
安徽	2425186	1388541	1087799	894367	37582		155850	258703	232060
福建	2764838	1764223	1548554	1244214	69605		234735	208136	191862
江西	1496560	834627	781963	583606	128896		69461	51513	35171
山东	7206453	4201676	3456900	3276319	62060		118521	676774	524997
河南	4529271	2889023	2648159	2427483	24600		196076	169783	169783
湖北	2691932	1363514	1095588	977954	26135		91499	261096	168560
湖南	2997143	1343381	1178497	1006541	33000		138956	144244	144244
广东	7242348	3947063	3568051	3011547	194864		361640	372852	372852
广西	2228063	1281737	1184393	1081890	16861		85642	90978	71334
海南	912442	720236	692635	355951	293830		42854	14090	12926
重庆	2015972	1117045	990164	769385	12120		208659	104688	104688
四川	3760144	2024954	1785548	1480369	23450		281729	165636	138293
贵州	1141134	655140	621258	589863	10957		20438	31018	21030
云南	2224116	1584397	1492126	1245498	56707		189921	85692	79854
西藏	106738	100176	100176	62027	36865		1284		
陕西	1599890	822004	763378	725121	9680		28577	55396	53457
甘肃	1260445	852855	814018	710134	28815		75069	35969	34463
青海	277562	210231	194226	150011	11323		32892	10223	10217
宁夏	312120	230014	222095	190090	8200		23805	7691	7691
新疆	1065876	665378	648892	469162	29282		150448	16478	15312

教育经费收入情况

单位：千元

地方教育附加	企业办学中的企业拨款	校办产业和社会服务收入用于教育的经费	民办学校中举办者投入	社会捐赠经费	#农村	事业收入	#学杂费	其他收入
990084	**501815**	**140265**	**735634**	**289033**	**5157**	**29293198**	**23805560**	**3344546**
	4652	6678		1139		583211	467292	167890
	44720	1186		110		334105	243211	44428
13835	27817	1582	98700	1881		1499834	1302631	72145
1163	50513	519	7796	427		763118	677131	36146
7813	21572	1672	2611	216		310553	262853	20418
20499	11571	7	6195	50		879428	753741	52925
	12935	668	13731	1308		370494	316736	18278
	15445	940	3684	403		383846	303416	11823
22023	20088	16066	885	756		799273	713615	231298
250220	25192	11225	54557	137866	984	3100578	2141077	908431
302365	3630	2567	17722	38043	511	2095375	1540957	328716
26643	39710	2329	18914	3659	1	935598	750715	78474
16274	4399	3134	32008	4356	149	893748	678290	70503
16342		1151	45136	508		591800	527543	24489
151777	56246	11756	38807	6775		2728676	2391414	230519
	42909	28172	86337	2626		1475731	1209271	75554
92536		6830	10783	21200		1158163	958909	138272
	5924	14716	81288	2351		1471694	1267852	98429
	633	5527	56145	25360	3194	3019622	2507554	194158
19644	380	5986	13128	2312		866642	735957	64244
1164	13141	370	626	186		169880	144424	21514
	20700	1493	25371	7518		751857	576398	114181
27343	70151	3619	49586	8555		1587122	1211157	89927
9988		2864	1985	495	220	372605	336700	110909
5838	3500	3079	39484	2290	96	554401	447251	43544
						6562	3803	
1939	2889	341	16673	1014	2	727494	674645	32705
1506	2630	238	10596	440		382566	310466	13988
6	468	5314	2326	56		57231	38540	7718
		228				70056	46333	12050
1166		8	560	17133		351935	265678	30870

3—25 分地区中等专业学校

地区	总计	国家财政性教育经费	预算内教育经费	教育事业费拨款	基本建设拨款	科研拨款	其他拨款	各级政府征收用于教育的税费	教育费附加
合计	**34733531**	**19516377**	**17562319**	**15081488**	**530409**		**1950422**	**1695156**	**1427185**
北京	1533229	1194252	1179933	1065830	4660		109443	10665	10665
天津	517745	348861	273915	264476			9439	40200	40200
河北	1601747	761120	738689	648849	28000		61840	22329	21929
山西	1151830	652843	636662	611286	6700		18676	8900	8900
内蒙古	533859	375862	370993	294588	7556		68849	4718	3108
辽宁	1546423	1029486	928896	729311	31566		168019	90806	84142
吉林	541036	374478	350735	281211	3600		65924	23743	23743
黑龙江	587051	370619	344858	286561			58297	23294	23294
上海	1985272	1310755	967196	906230	14600		46366	314433	314433
江苏	3072382	1201324	959155	868409	40817		49929	237936	135040
浙江	754688	406698	331451	234739			96712	69873	64057
安徽	822891	381045	326387	264291	6400		55696	54541	51665
福建	1355763	817909	734481	597858	12164		124459	77801	67694
江西	672520	326016	318653	203103	92785		22765	7363	5983
山东	2450851	1382780	1231778	1148436	2974		80368	141756	121597
河南	2063216	1188838	1120583	1033535	9900		77148	22911	22911
湖北	1628747	820935	612074	527566	17835		66673	205956	117676
湖南	805493	413618	377948	323359	11950		42639	27180	27180
广东	3000278	1421927	1267706	1081588	54948		131170	150299	150299
广西	1466137	838389	763594	693857	7177		62560	69917	52280
海南	496636	332186	313622	249929	25400		38293	5423	4456
重庆	416903	229339	210331	166422	3300		40609	17878	17878
四川	1394428	636563	608385	474389	7000		126996	25422	22482
贵州	539105	373188	359559	340350	4957		14252	10765	5615
云南	1129320	774508	758727	639248	11107		108372	10679	10679
西藏	101876	95409	95409	57260	36865		1284		
陕西	662926	261214	259825	244102	3400		12323	1389	1389
甘肃	741499	465902	449340	379282	17815		52243	16470	15790
青海	143116	100787	95005	67139	2623		25243		
宁夏	171908	116204	114386	101380	8200		4806	1690	1690
新疆	844656	513322	462043	296904	56110		109029	819	410

教育经费收入情况

单位：千元

地方教育附加	企业办学中的企业拨款	校办产业和社会服务收入用于教育的经费	民办学校中举办者投入	社会捐赠经费	＃农村	事业收入	＃学杂费	其他收入
267971	**192919**	**65983**	**256608**	**86366**	**1376**	**13272534**	**10988367**	**1601646**
	1500	2154				232670	196319	106307
	34746			90		141207	91593	27587
400		102	74334	710		716255	648367	49328
	7281		1420	127		467190	414044	30250
1610		151	1780	67		147154	136077	8996
6664	9782	2	150			487771	452334	29016
				200		159153	146642	7205
	2294	173	2933	43		203223	175334	10233
	19959	9167	885	392		530578	466344	142662
102896		4233	21357	46828	952	1266970	825615	535903
5816	3120	2254		210		272902	204441	74878
2876		117	2903	65		416018	339986	22860
10107	4399	1228	19207	1462	100	483996	379851	33189
1380			6705	71		334085	321785	5643
20159	94	9152	1025	1302		992874	833605	72870
	35786	9558	41574	2405		786175	666874	44224
88280		2905	9271	681		714835	595183	83025
	1962	6528	1432	1204		364418	326287	24821
		3922	10861	8894	104	1477496	1229660	81100
17637	380	4498	12613	1512		568034	501240	45589
967	13141			166		144538	132009	19746
	858	272	3172	103		166745	130963	17544
2940	2300	456	29059	1830		700948	520574	26028
5150		2864	850	400	220	146256	123718	18411
	4489	613		1402		326495	270318	26915
						6467	3708	
			5071			380744	358700	15897
680		92	9296			257052	204155	9249
	468	5314	710	56		39952	25705	1611
		128				47058	28147	8646
409	50360	100		16146		293275	238789	21913

3－26 分地区中央属中等专业学校

地区	总计	国家财政性教育经费	预算内教育经费	教育事业费拨款	基本建设拨款	科研拨款	其他拨款	各级政府征收用于教育的税费	教育费附加
合计	**441094**	**267887**	**179012**	**100215**	**33300**		**45497**	**15876**	**15876**
北京	52057	33874	32374	30942			1432		
天津									
河北									
山西	6952	2012	802	802					
内蒙古									
辽宁	45947	17934	17934				17934		
吉林									
黑龙江	527								
上海	75903	47980	17104	12630	2000		2474	15876	15876
江苏									
浙江	3498	705	365				365		
安徽									
福建									
江西									
山东									
河南									
湖北									
湖南									
广东									
广西									
海南									
重庆									
四川	36586	11629	11629	11629					
贵州									
云南	4569	4489							
西藏									
陕西									
甘肃									
青海									
宁夏									
新疆	215055	149264	98804	44212	31300		23292		

教育经费收入情况

单位:千元

地方教育附加	企业办学中的企业拨款	校办产业和社会服务收入用于教育的经费	民办学校中举办者投入	社会捐赠经费	#农村	事业收入	#学杂费	其他收入
	72899	**100**		**51**		**151953**	**106694**	**21203**
	1500					17412	8072	771
	1210					4940		
						18500	16884	9513
						489		38
	15000					26923	18290	1000
	340					2793	2351	
						22308	22237	2649
	4489							80
	50360	100		51		58588	38860	7152

3—27 分地区地方中等专业学校

地区	总计	国家财政性教育经费	预算内教育经费	教育事业费拨款	基本建设拨款	科研拨款	其他拨款	各级政府征收用于教育的税费	教育费附加
合计	**34292437**	**19248490**	**17383307**	**14981273**	**497109**		**1904925**	**1679280**	**1411309**
北京	1481172	1160378	1147559	1034888	4660		108011	10665	10665
天津	517745	348861	273915	264476			9439	40200	40200
河北	1601747	761120	738689	648849	28000		61840	22329	21929
山西	1144878	650831	635860	610484	6700		18676	8900	8900
内蒙古	533859	375862	370993	294588	7556		68849	4718	3108
辽宁	1500476	1011552	910962	729311	31566		150085	90806	84142
吉林	541036	374478	350735	281211	3600		65924	23743	23743
黑龙江	586524	370619	344858	286561			58297	23294	23294
上海	1909369	1262775	950092	893600	12600		43892	298557	298557
江苏	3072382	1201324	959155	868409	40817		49929	237936	135040
浙江	751190	405993	331086	234739			96347	69873	64057
安徽	822891	381045	326387	264291	6400		55696	54541	51665
福建	1355763	817909	734481	597858	12164		124459	77801	67694
江西	672520	326016	318653	203103	92785		22765	7363	5983
山东	2450851	1382780	1231778	1148436	2974		80368	141756	121597
河南	2063216	1188838	1120583	1033535	9900		77148	22911	22911
湖北	1628747	820935	612074	527566	17835		66673	205956	117676
湖南	805493	413618	377948	323359	11950		42639	27180	27180
广东	3000278	1421927	1267706	1081588	54948		131170	150299	150299
广西	1466137	838389	763594	693857	7177		62560	69917	52280
海南	496636	332186	313622	249929	25400		38293	5423	4456
重庆	416903	229339	210331	166422	3300		40609	17878	17878
四川	1357842	624934	596756	462760	7000		126996	25422	22482
贵州	539105	373188	359559	340350	4957		14252	10765	5615
云南	1124751	770019	758727	639248	11107		108372	10679	10679
西藏	101876	95409	95409	57260	36865		1284		
陕西	662926	261214	259825	244102	3400		12323	1389	1389
甘肃	741499	465902	449340	379282	17815		52243	16470	15790
青海	143116	100787	95005	67139	2623		25243		
宁夏	171908	116204	114386	101380	8200		4806	1690	1690
新疆	629601	364058	363239	252692	24810		85737	819	410

教育经费收入情况

单位:千元

地方教育附加	企业办学中的企业拨款	校办产业和社会服务收入用于教育的经费	民办学校中举办者投入	社会捐赠经费	#农村	事业收入	#学杂费	其他收入
267971	**120020**	**65883**	**256608**	**86315**	**1376**	**13120581**	**10881673**	**1580443**
		2154				215258	188247	105536
	34746			90		141207	91593	27587
400		102	74334	710		716255	648367	49328
	6071		1420	127		462250	414044	30250
1610		151	1780	67		147154	136077	8996
6664	9782	2	150			469271	435450	19503
				200		159153	146642	7205
	2294	173	2933	43		202734	175334	10195
	4959	9167	885	392		503655	448054	141662
102896		4233	21357	46828	952	1266970	825615	535903
5816	2780	2254		210		270109	202090	74878
2876		117	2903	65		416018	339986	22860
10107	4399	1228	19207	1462	100	483996	379851	33189
1380			6705	71		334085	321785	5643
20159	94	9152	1025	1302		992874	833605	72870
	35786	9558	41574	2405		786175	666874	44224
88280		2905	9271	681		714835	595183	83025
	1962	6528	1432	1204		364418	326287	24821
		3922	10861	8894	104	1477496	1229660	81100
17637	380	4498	12613	1512		568034	501240	45589
967	13141			166		144538	132009	19746
	858	272	3172	103		166745	130963	17544
2940	2300	456	29059	1830		678640	498337	23379
5150		2864	850	400	220	146256	123718	18411
		613		1402		326495	270318	26835
						6467	3708	
			5071			380744	358700	15897
680		92	9296			257052	204155	9249
	468	5314	710	56		39952	25705	1611
		128				47058	28147	8646
409				16095		234687	199929	14761

3—28 分地区职业高中

地区	总计	国家财政性教育经费	预算内教育经费	教育事业费拨款	基本建设拨款	科研拨款	其他拨款	各级政府征收用于教育的税费	教育费附加
合计	**34793131**	**22809253**	**18550467**	**16423143**	**576088**		**1551236**	**4164597**	**3570438**
北京	1437700	1206253	830265	578249	67000		185016	375988	375988
天津	388549	281260	248038	235812	4000		8226	30736	30736
河北	1842101	1312893	1060749	981113	24871		54765	251077	239092
山西	736044	521118	415163	399876	1500		13787	87323	86160
内蒙古	664196	544401	507161	363582	82068		61511	32997	27925
辽宁	1220563	881499	743137	637008	4880		101249	137547	123712
吉林	603431	441064	400927	315327	10850		74750	26966	26966
黑龙江	638102	530225	480901	451411	17915		11575	34244	34244
上海	1323518	1087895	541639	501355	17170		23114	544516	544516
江苏	3288085	1759701	1420524	1334864	3200		82460	336261	207046
浙江	4523333	2755407	2102415	1892959	73209		136247	651954	385368
安徽	1354731	871110	670383	551261	31022		88100	198515	175753
福建	811302	548194	431326	368004	13556		49766	116179	113819
江西	648114	414518	375237	307377	35711		32149	38505	25083
山东	2947265	1910454	1468002	1446853	7816		13333	429952	345181
河南	1439768	1051107	918044	836730	5300		76014	132376	132376
湖北	761656	420068	365926	347823	4300		13803	51555	47339
湖南	1805164	737227	618381	545477	18750		54154	112407	112407
广东	2477449	1599803	1432450	1277809	21808		132833	166425	166425
广西	261556	174128	164083	151241	5826		7016	9602	7810
海南	114887	105047	100199	74332	23936		1931	4808	4611
重庆	936174	588690	516183	408252	8820		99111	72500	72500
四川	1785492	1071315	938318	816730	16000		105588	130037	107045
贵州	285026	211962	191709	179523	6000		6186	20253	15415
云南	784248	594750	523677	435442	44600		43635	69815	64281
西藏									
陕西	855386	513212	459741	438838	6280		14623	52144	50225
甘肃	447330	339723	320128	290775	11000		18353	19449	18623
青海	134446	109444	99221	82872	8700		7649	10223	10217
宁夏	116490	95287	89286	74559			14727	6001	6001
新疆	161025	131498	117254	97689			19565	14242	13574

教育经费收入情况

单位:千元

地方教育附加	企业办学中的企业拨款	校办产业和社会服务收入用于教育的经费	民办学校中举办者投入	社会捐赠经费	#农村	事业收入	#学杂费	其他收入
594159	**64503**	**29686**	**346942**	**185991**	**3781**	**10349840**	**8413888**	**1101105**
				1119		181013	134120	49315
	2000	486		20		98729	81887	8540
11985		1067	2692	966		511734	435209	13816
1163	18113	519	6376	299		202637	183159	5614
5072	2837	1406	831	149		110065	93564	8750
13835	815		6045	50		325813	250343	7156
	12523	648	13731			140871	115694	7765
	14813	267	751	359		101014	84849	5753
		1740		27		190057	183148	45539
129215	200	2716	18200	86280	32	1151384	818385	272520
266586	850	188	17722	36176	511	1513982	1131856	200046
22762		2212	15841	3594	1	428213	351216	35973
2360		689	9831	1800	49	240172	195423	11305
13422		776	33520	437		183757	153657	15882
84771	11244	1256	24260	1438		917668	820191	93445
		687	8462	38		369871	301403	10290
4216	6	2581	1459	20446		287415	230416	32268
		6439	79856	852		930324	805038	56905
		928	32883	15761	3090	749163	645774	79839
1792		443	515	439		75966	40403	10508
197		40				9186	4800	654
		7	7299	6760		291384	240973	42041
22992		2960	11109	6487		657586	534552	38995
4838			997	95		61127	49059	10845
5534		1258	39484	815	96	142151	111741	7048
1919	1100	227	11602	1014	2	314021	289651	15537
826		146	1300	440		101892	85523	3975
6			1616			17279	12835	6107
						18265	13633	2938
668	2		560	130		27101	15386	1736

3—29 分地区中央属职业高中

地区	总计	国家财政性教育经费							
			预算内教育经费	教育事业费拨款	基本建设拨款	科研拨款	其他拨款	各级政府征收用于教育的税费	教育费附加
合计	**60539**	**37602**	**22882**	**20003**			**2879**		
北京									
天津									
河北									
山西									
内蒙古									
辽宁									
吉林									
黑龙江	32151	27082	12470	12431			39		
上海									
江苏									
浙江									
安徽									
福建									
江西									
山东									
河南									
湖北	1788	6							
湖南	11200								
广东									
广西									
海南									
重庆									
四川	12258	10151	10151	7311			2840		
贵州									
云南									
西藏									
陕西	2787	100							
甘肃									
青海									
宁夏									
新疆	355	263	261	261					

教育经费收入情况

单位：千元

地方教育附加	企业办学中的企业拨款	校办产业和社会服务收入用于教育的经费	民办学校中举办者投入	社会捐赠经费	＃农村	事业收入	＃学杂费	其他收入
	14720			**3**		**17995**	**16921**	**4939**
	14612			3		650	422	4416
	6					1782	1782	
						11200	11200	
						1971	1217	136
	100					2300	2300	387
	2					92		

3—30 分地区地方职业高中

地区	总计	国家财政性教育经费	预算内教育经费	教育事业费拨款	基本建设拨款	科研拨款	其他拨款	各级政府征收用于教育的税费	教育费附加
合计	**34732592**	**22771651**	**18527585**	**16403140**	**576088**		**1548357**	**4164597**	**3570438**
北京	1437700	1206253	830265	578249	67000		185016	375988	375988
天津	388549	281260	248038	235812	4000		8226	30736	30736
河北	1842101	1312893	1060749	981113	24871		54765	251077	239092
山西	736044	521118	415163	399876	1500		13787	87323	86160
内蒙古	664196	544401	507161	363582	82068		61511	32997	27925
辽宁	1220563	881499	743137	637008	4880		101249	137547	123712
吉林	603431	441064	400927	315327	10850		74750	26966	26966
黑龙江	605951	503143	468431	438980	17915		11536	34244	34244
上海	1323518	1087895	541639	501355	17170		23114	544516	544516
江苏	3288085	1759701	1420524	1334864	3200		82460	336261	207046
浙江	4523333	2755407	2102415	1892959	73209		136247	651954	385368
安徽	1354731	871110	670383	551261	31022		88100	198515	175753
福建	811302	548194	431326	368004	13556		49766	116179	113819
江西	648114	414518	375237	307377	35711		32149	38505	25083
山东	2947265	1910454	1468002	1446853	7816		13333	429952	345181
河南	1439768	1051107	918044	836730	5300		76014	132376	132376
湖北	759868	420062	365926	347823	4300		13803	51555	47339
湖南	1793964	737227	618381	545477	18750		54154	112407	112407
广东	2477449	1599803	1432450	1277809	21808		132833	166425	166425
广西	261556	174128	164083	151241	5826		7016	9602	7810
海南	114887	105047	100199	74332	23936		1931	4808	4611
重庆	936174	588690	516183	408252	8820		99111	72500	72500
四川	1773234	1061164	928167	809419	16000		102748	130037	107045
贵州	285026	211962	191709	179523	6000		6186	20253	15415
云南	784248	594750	523677	435442	44600		43635	69815	64281
西藏									
陕西	852599	513112	459741	438838	6280		14623	52144	50225
甘肃	447330	339723	320128	290775	11000		18353	19449	18623
青海	134446	109444	99221	82872	8700		7649	10223	10217
宁夏	116490	95287	89286	74559			14727	6001	6001
新疆	160670	131235	116993	97428			19565	14242	13574

教育经费收入情况

单位:千元

地方教育附加	企业办学中的企业拨款	校办产业和社会服务收入用于教育的经费	民办学校中举办者投入	社会捐赠经费	#农村	事业收入	#学杂费	其他收入
594159	**49783**	**29686**	**346942**	**185988**	**3781**	**10331845**	**8396967**	**1096166**
				1119		181013	134120	49315
	2000	486		20		98729	81887	8540
11985		1067	2692	966		511734	435209	13816
1163	18113	519	6376	299		202637	183159	5614
5072	2837	1406	831	149		110065	93564	8750
13835	815		6045	50		325813	250343	7156
	12523	648	13731			140871	115694	7765
	201	267	751	356		100364	84427	1337
		1740		27		190057	183148	45539
129215	200	2716	18200	86280	32	1151384	818385	272520
266586	850	188	17722	36176	511	1513982	1131856	200046
22762		2212	15841	3594	1	428213	351216	35973
2360		689	9831	1800	49	240172	195423	11305
13422		776	33520	437		183757	153657	15882
84771	11244	1256	24260	1438		917668	820191	93445
		687	8462	38		369871	301403	10290
4216		2581	1459	20446		285633	228634	32268
		6439	79856	852		919124	793838	56905
		928	32883	15761	3090	749163	645774	79839
1792		443	515	439		75966	40403	10508
197		40				9186	4800	654
		7	7299	6760		291384	240973	42041
22992		2960	11109	6487		655615	533335	38859
4838			997	95		61127	49059	10845
5534		1258	39484	815	96	142151	111741	7048
1919	1000	227	11602	1014	2	311721	287351	15150
826		146	1300	440		101892	85523	3975
6			1616			17279	12835	6107
						18265	13633	2938
668			560	130		27009	15386	1736

3—31 分地区农村职业高中

地区	总计	国家财政性教育经费	预算内教育经费	教育事业费拨款	基本建设拨款	科研拨款	其他拨款	各级政府征收用于教育的税费	教育费附加
合计	**3926637**	**2512223**	**2133153**	**1960569**	**30940**		**141644**	**365437**	**321141**
北京	230098	185523	99444	82132	9000		8312	86079	86079
天津	15678	11558	6965	6736			229	4593	4593
河北	158295	113005	101358	95248	3000		3110	11647	10104
山西	59328	39343	34131	33478	150		503	5195	5195
内蒙古	16090	13295	13083	11282			1801	212	212
辽宁	13053	12548	12206	10940			1266	342	342
吉林	9842	8974	8974	8124			850		
黑龙江	13191	12478	10418	10418				2060	2060
上海									
江苏	401431	236951	210261	202738			7523	26497	25844
浙江	745456	415271	337956	320946	2458		14552	76290	48977
安徽	305902	213503	192494	170615	2800		19079	18869	15401
福建	99089	63393	56493	52683	432		3378	6898	6642
江西	34173	23026	21053	18024	2000		1029	1512	1512
山东	179182	141406	89471	88341			1130	43055	37332
河南	113183	84861	76922	70820			6102	7916	7916
湖北	48133	26710	21723	20206	500		1017	4574	4030
湖南	208323	64072	63203	56014	2800		4389	768	768
广东	486875	298490	273392	253590			19802	25098	25098
广西	20579	16314	15449	14715			734	865	165
海南	7017	6755	6555	6063			492	200	200
重庆	159221	93961	80164	64683	4200		11281	13797	13797
四川	334059	226576	208777	185201			23576	17438	13536
贵州	8921	7963	7928	7928				35	5
云南	39173	30224	29804	25075	2800		1929	420	420
西藏									
陕西	142381	97743	87926	81171	800		5955	9817	9747
甘肃	59156	51453	50448	48370			2078	988	894
青海									
宁夏	2744	2404	2404	2140			264		
新疆	16064	14423	14151	12888			1263	272	272

教育经费收入情况

单位：千元

地方教育附加	企业办学中的企业拨款	校办产业和社会服务收入用于教育的经费	民办学校中举办者投入	社会捐赠经费	#农村	事业收入	#学杂费	其他收入
44296	9730	3903	37457	21247	3779	1232393	997256	123317
						37802	17452	6773
						4120	2407	
1543				860		43799	38687	631
		17		4		19888	18153	93
						2746	2716	49
						505	505	
						868		
						674	612	39
653		193		244	32	153683	116311	10553
27313	850	175	425	14847	511	277718	218321	37195
3468		2140	5888	553	1	76536	60365	9422
256		2	6312	49	49	26667	19537	2668
		461	1520			9355	7442	272
5723	8880		5337			29265	25699	3174
		23	1050			27116	20641	156
544		413		24		19824	18820	1575
		101	13520			128371	114727	2360
				4492	3090	155584	138367	28309
700				3		3936	2921	326
						196		66
			1447	70		55480	49519	8263
3902		361	553	2		100983	74019	5945
30						884	245	74
			1405	99	96	7088	6315	357
70						40020	37671	4618
94		17				7432	5527	271
						340	277	
						1513		128

3—32 分地区技工学校

地区	总计	国家财政性教育经费	预算内教育经费	教育事业费拨款	基本建设拨款	科研拨款	其他拨款	各级政府征收用于教育的税费	教育费附加
合计	**9944542**	**5188938**	**4533506**	**3561777**	**551781**		**419948**	**273938**	**195379**
北京	806706	625722	595166	576743			18423		
天津	181924	104746	96072	94680			1392		
河北	417698	175496	145266	133179			12087	2080	2080
山西	182665	97260	70931	66041	2738		2152		
内蒙古	107462	66580	50687	42087	200		8400	1000	1000
辽宁	242744	136358	132329	109655			22674	3050	3050
吉林	76109	26868	18172	16407			1765	8284	8284
黑龙江	180420	112315	90288	87045			3243	8719	8719
上海	146703	65221	792	792				44822	44822
江苏	883512	282575	236961	175336	22000		39625	16701	6178
浙江	529811	338173	308912	176370	61636		70906	29143	8544
安徽	133360	57480	12622	9465			3157	2647	2142
福建	353299	215379	210697	144800	43885		22012	3673	749
江西	46737	12109	11909	8234			3675	200	200
山东	1429741	666585	532032	462573	51270		18189	89105	45107
河南	581504	365397	339335	320887	4900		13548	1092	1092
湖北	115471	41744	39700	31186	3300		5214	990	990
湖南	188787	67571	61918	44217	2300		15401	545	545
广东	1371763	740604	691077	510097	112682		68298	48627	48627
广西	325717	152438	141003	136175	1198		3630	11000	11000
海南	271345	259664	259644	17711	240200		1733		
重庆	355913	140118	128385	96701			31684		
四川	233394	99826	30338	26025			4313	84	74
贵州	310688	66622	66622	66622					
云南	192848	118681	113372	96999	1000		15373	900	900
西藏									
陕西	35152	9616	9230	8809			421		
甘肃	31794	14882	12422	10720			1702		
青海									
宁夏	13983	9983	9983	9591			392		
新疆	197292	118925	117641	82630	4472		30539	1276	1276

教育经费收入情况

单位:千元

地方教育附加	企业办学中的企业拨款	校办产业和社会服务收入用于教育的经费	民办学校中举办者投入	社会捐赠经费	#农村	事业收入	#学杂费	其他收入
78559	**340958**	**40536**	**69891**	**10266**		**4250501**	**3550147**	**424946**
	25192	5364		20		167069	151175	13895
	7974	700				73606	54023	3572
	27817	333	21400			213423	185077	7379
	26329					85336	75269	69
	14893					39557	31732	1325
	974	5				80256	67698	26130
	412					49181	49128	60
	12808	500				68001	39148	104
	15129	4478				55118	42340	26364
10523	24992	3921	15000	4314		537859	412106	43764
20599		118				178273	129993	13365
505	42210	1				68141	48100	7739
2924		1009	2970	514		116170	88947	18266
			1911			31791	30606	926
43998	44326	1122	2223	3969		703244	649209	53720
	7423	17547				200839	164723	15268
		1054		51		62272	53455	11404
	3962	1146		160		112352	99378	8704
	500	400	10501	83		598333	489379	22242
		435				167806	150744	5473
		20				10891	5269	790
	10520	1213	13900	558		170269	135569	31068
10	69151	253	1848			119349	93688	12371
			138			162275	162125	81653
	3500	909		14		66561	59556	7592
	386					24093	23804	1443
	2460					16912	16902	
						4000	4000	
		8		583		67524	37004	10260

3—33 分地区中央属技工学校

地区	总计	国家财政性教育经费	预算内教育经费	教育事业费拨款	基本建设拨款	科研拨款	其他拨款	各级政府征收用于教育的税费	教育费附加
合计	**120872**	**45012**	**9143**	**7221**			**1922**		
北京	34458	22626	1246	125			1121		
天津									
河北	2304								
山西	6792								
内蒙古	6339	809	801				801		
辽宁									
吉林									
黑龙江	822	787	67	67					
上海									
江苏									
浙江	2762								
安徽	28894	9652	441	441					
福建									
江西									
山东									
河南	16300	300							
湖北									
湖南									
广东	14724	5828	5828	5828					
广西									
海南									
重庆	1130	850							
四川	1696	1394	44	44					
贵州									
云南	2601	716	716	716					
西藏									
陕西									
甘肃	2050	2050							
青海									
宁夏									
新疆									

教育经费收入情况

单位:千元

地方教育附加	企业办学中的企业拨款	校办产业和社会服务收入用于教育的经费	民办学校中举办者投入	社会捐赠经费	#农村	事业收入	#学杂费	其他收入
	34978	**891**				**73815**	**57782**	**2045**
	20540	840				10767	9216	1065
						2304	1652	
						6792		
	8					5530	5530	
	720							35
						2719	1110	43
	9210	1				18811	13404	431
	300					15900	15900	100
						8896	8896	
	850					280	280	
	1300	50				302	280	
						1514	1514	371
	2050							

3—34 分地区地方技工学校

地 区	总 计	国家财政性教育经费	预算内教育经费	教育事业费拨款	基本建设拨款	科研拨款	其他拨款	各级政府征收用于教育的税费	教育费附加
合 计	**9823670**	**5143926**	**4524363**	**3554556**	**551781**		**418026**	**273938**	**195379**
北 京	772248	603096	593920	576618			17302		
天 津	181924	104746	96072	94680			1392		
河 北	415394	175496	145266	133179			12087	2080	2080
山 西	175873	97260	70931	66041	2738		2152		
内蒙古	101123	65771	49886	42087	200		7599	1000	1000
辽 宁	242744	136358	132329	109655			22674	3050	3050
吉 林	76109	26868	18172	16407			1765	8284	8284
黑龙江	179598	111528	90221	86978			3243	8719	8719
上 海	146703	65221	792	792				44822	44822
江 苏	883512	282575	236961	175336	22000		39625	16701	6178
浙 江	527049	338173	308912	176370	61636		70906	29143	8544
安 徽	104466	47828	12181	9024			3157	2647	2142
福 建	353299	215379	210697	144800	43885		22012	3673	749
江 西	46737	12109	11909	8234			3675	200	200
山 东	1429741	666585	532032	462573	51270		18189	89105	45107
河 南	565204	365097	339335	320887	4900		13548	1092	1092
湖 北	115471	41744	39700	31186	3300		5214	990	990
湖 南	188787	67571	61918	44217	2300		15401	545	545
广 东	1357039	734776	685249	504269	112682		68298	48627	48627
广 西	325717	152438	141003	136175	1198		3630	11000	11000
海 南	271345	259664	259644	17711	240200		1733		
重 庆	354783	139268	128385	96701			31684		
四 川	231698	98432	30294	25981			4313	84	74
贵 州	310688	66622	66622	66622					
云 南	190247	117965	112656	96283	1000		15373	900	900
西 藏									
陕 西	35152	9616	9230	8809			421		
甘 肃	29744	12832	12422	10720			1702		
青 海									
宁 夏	13983	9983	9983	9591			392		
新 疆	197292	118925	117641	82630	4472		30539	1276	1276

教育经费收入情况

单位:千元

地方教育附加	企业办学中的企业拨款	校办产业和社会服务收入用于教育的经费	民办学校中举办者投入	社会捐赠经费	#农村	事业收入	#学杂费	其他收入
78559	**305980**	**39645**	**69891**	**10266**		**4176686**	**3492365**	**422901**
	4652	4524		20		156302	141959	12830
	7974	700				73606	54023	3572
	27817	333	21400			211119	183425	7379
	26329					78544	75269	69
	14885					34027	26202	1325
	974	5				80256	67698	26130
	412					49181	49128	60
	12088	500				68001	39148	69
	15129	4478				55118	42340	26364
10523	24992	3921	15000	4314		537859	412106	43764
20599		118				175554	128883	13322
505	33000					49330	34696	7308
2924		1009	2970	514		116170	88947	18266
			1911			31791	30606	926
43998	44326	1122	2223	3969		703244	649209	53720
	7123	17547				184939	148823	15168
		1054		51		62272	53455	11404
	3962	1146		160		112352	99378	8704
	500	400	10501	83		589437	480483	22242
		435				167806	150744	5473
		20				10891	5269	790
	9670	1213	13900	558		169989	135289	31068
10	67851	203	1848			119047	93408	12371
			138			162275	162125	81653
	3500	909		14		65047	58042	7221
	386					24093	23804	1443
	410					16912	16902	
						4000	4000	
		8		583		67524	37004	10260

3—35 分地区成人中等专业学校

地区	总计	国家财政性教育经费	预算内教育经费					各级政府征收用于教育的税费	
			预算内教育经费	教育事业费拨款	基本建设拨款	科研拨款	其他拨款	各级政府征收用于教育的税费	教育费附加
合计	**5708622**	**3705001**	**3441229**	**2961648**	**21724**		**457857**	**207345**	**157950**
北京	58078	27231	21808	20633			1175	5423	5423
天津	97314	72022	71623	69507			2116	399	399
河北	298651	235824	227639	202327			25312	8105	6655
山西	137221	117320	109334	101630			7704	7986	7986
内蒙古	152499	131845	117396	89327			28069	10484	9353
辽宁	15387	11163	11163	9096			2067		
吉林	200553	174908	172311	121448			50863	2577	2577
黑龙江	183845	145286	119080	112617			6463		
上海	346142	277629	254509	248593			5916	22439	416
江苏	400425	199372	176537	166423			10114	22480	14894
浙江	431319	253462	223577	202088	3134		18355	29878	20514
安徽	143098	88558	78848	69791	160		8897	3000	2500
福建	244474	182741	172050	133552			38498	10483	9600
江西	129189	81984	76164	64892	400		10872	5445	3905
山东	378596	241857	225088	218457			6631	15961	13112
河南	461083	283981	270197	236331	4500		29366	13404	13404
湖北	187846	80773	77888	71379	700		5809	2595	2555
湖南	208899	124965	120250	93488			26762	4112	4112
广东	407582	190557	182646	147881	5426		29339	7501	7501
广西	174653	116782	115713	100617	2660		12436	459	244
海南	29574	23339	19170	13979	4294		897	3859	3859
重庆	308112	159748	135265	98010			37255	14310	14310
四川	397370	240424	230331	182209	450		47672	10093	8692
贵州	6315	3368	3368	3368					
云南	124870	101663	97066	74525			22541	4298	3994
西藏	4862	4767	4767	4767					
陕西	49213	38062	34582	33372			1210	1863	1843
甘肃	41872	34398	32128	29357			2771	50	50
青海									
宁夏	9739	8540	8440	4560			3880		
新疆	79841	52432	52291	37424			14867	141	52

教育经费收入情况

单位:千元

地方教育附加	企业办学中的企业拨款	校办产业和社会服务收入用于教育的经费	民办学校中举办者投入	社会捐赠经费	#农村	事业收入	#学杂费	其他收入
49395	**51376**	**5051**	**62193**	**6464**		**1687434**	**1057703**	**247530**
						30638	2966	209
						20563	15708	4729
1450		80	274	205		60726	35630	1622
				1		19687	4659	213
1131	3850	115				19307	7010	1347
						4088	250	136
		20		1108		21289	5272	3248
	26206			4		35895	27655	2660
22023		681		337		50443	40073	17733
7586		355		444		144365	84971	56244
9364		7		1657		135730	78128	40470
500	6710		170			42037	24817	12333
883		208		580		53410	14069	7743
1540		375	3000			42167	21495	2038
2849	582	226	11299	66		114890	88409	10484
		380	36301	183		134746	92171	5872
40		290	53	22		95423	81637	11575
		603		135		75800	48349	7999
	133	277	1900	622		203526	151637	10977
215		610		361		54836	43570	2674
		310	626	20		5265	2346	324
	10172	1	1000	97		123739	69173	23528
1401			7570	238		133820	86077	15318
						2947	1798	
304		299		59		20708	7150	2440
						95	95	
20	1503	114				10936	4790	215
	2220					6710	3886	764
		100				733	553	466
89				325		22915	13359	4169

3—36 分地区中央属成人中等专业学校

地区	总计	国家财政性教育经费	预算内教育经费	教育事业费拨款	基本建设拨款	科研拨款	其他拨款	各级政府征收用于教育的税费	教育费附加
合计	**54192**	**28350**	**3006**	**2552**			**454**		
北京									
天津									
河北									
山西									
内蒙古									
辽宁									
吉林									
黑龙江	52664	27078	1734	1540			194		
上海									
江苏									
浙江									
安徽									
福建									
江西									
山东									
河南									
湖北									
湖南									
广东									
广西									
海南									
重庆									
四川									
贵州									
云南									
西藏									
陕西									
甘肃									
青海									
宁夏									
新疆	1528	1272	1272	1012			260		

教育经费收入情况

单位:千元

地方教育附加	企业办学中的企业拨款	校办产业和社会服务收入用于教育的经费	民办学校中举办者投入	社会捐赠经费	#农村	事业收入	#学杂费	其他收入
	25344					**23348**	**23148**	**2494**
	25344					23148	23148	2438
						200		56

3—37 分地区地方成人中等专业学校

地区	总计	国家财政性教育经费	预算内教育经费	教育事业费拨款	基本建设拨款	科研拨款	其他拨款	各级政府征收用于教育的税费	教育费附加
合计	**5654430**	**3676651**	**3438223**	**2959096**	**21724**		**457403**	**207345**	**157950**
北京	58078	27231	21808	20633			1175	5423	5423
天津	97314	72022	71623	69507			2116	399	399
河北	298651	235824	227639	202327			25312	8105	6655
山西	137221	117320	109334	101630			7704	7986	7986
内蒙古	152499	131845	117396	89327			28069	10484	9353
辽宁	15387	11163	11163	9096			2067		
吉林	200553	174908	172311	121448			50863	2577	2577
黑龙江	131181	118208	117346	111077			6269		
上海	346142	277629	254509	248593			5916	22439	416
江苏	400425	199372	176537	166423			10114	22480	14894
浙江	431319	253462	223577	202088	3134		18355	29878	20514
安徽	143098	88558	78848	69791	160		8897	3000	2500
福建	244474	182741	172050	133552			38498	10483	9600
江西	129189	81984	76164	64892	400		10872	5445	3905
山东	378596	241857	225088	218457			6631	15961	13112
河南	461083	283981	270197	236331	4500		29366	13404	13404
湖北	187846	80773	77888	71379	700		5809	2595	2555
湖南	208899	124965	120250	93488			26762	4112	4112
广东	407582	190557	182646	147881	5426		29339	7501	7501
广西	174653	116782	115713	100617	2660		12436	459	244
海南	29574	23339	19170	13979	4294		897	3859	3859
重庆	308112	159748	135265	98010			37255	14310	14310
四川	397370	240424	230331	182209	450		47672	10093	8692
贵州	6315	3368	3368	3368					
云南	124870	101663	97066	74525			22541	4298	3994
西藏	4862	4767	4767	4767					
陕西	49213	38062	34582	33372			1210	1863	1843
甘肃	41872	34398	32128	29357			2771	50	50
青海									
宁夏	9739	8540	8440	4560			3880		
新疆	78313	51160	51019	36412			14607	141	52

教育经费收入情况

单位：千元

地方教育附加	企业办学中的企业拨款	校办产业和社会服务收入用于教育的经费	民办学校中举办者投入	社会捐赠经费	#农村	事业收入	#学杂费	其他收入
49395	**26032**	**5051**	**62193**	**6464**		**1664086**	**1034555**	**245036**
						30638	2966	209
						20563	15708	4729
1450		80	274	205		60726	35630	1622
				1		19687	4659	213
1131	3850	115				19307	7010	1347
						4088	250	136
		20		1108		21289	5272	3248
	862			4		12747	4507	222
22023		681		337		50443	40073	17733
7586		355		444		144365	84971	56244
9364		7		1657		135730	78128	40470
500	6710		170			42037	24817	12333
883		208		580		53410	14069	7743
1540		375	3000			42167	21495	2038
2849	582	226	11299	66		114890	88409	10484
		380	36301	183		134746	92171	5872
40		290	53	22		95423	81637	11575
		603		135		75800	48349	7999
	133	277	1900	622		203526	151637	10977
215		610		361		54836	43570	2674
		310	626	20		5265	2346	324
	10172	1	1000	97		123739	69173	23528
1401			7570	238		133820	86077	15318
						2947	1798	
304		299		59		20708	7150	2440
						95	95	
20	1503	114				10936	4790	215
	2220					6710	3886	764
		100				733	553	466
89				325		22715	13359	4113

3—38 分地区中学

地区	总计	国家财政性教育经费							
			预算内教育经费	教育事业费拨款	基本建设拨款	科研拨款	其他拨款	各级政府征收用于教育的税费	教育费附加
合计	**345244616**	**253608500**	**229345118**	**204785161**	**5624909**		**18935048**	**21937072**	**17946263**
北京	10834923	8510437	7759084	5967096	660618		1131370	749746	748561
天津	4368701	3302741	3000377	2921422	13420		65535	279384	279384
河北	14734853	11492879	10234758	9585238	87893		561627	1250345	904744
山西	9681326	6797081	5756444	5328174	180350		247920	794093	773257
内蒙古	6752503	5528497	4974561	4216553	207334		550674	454477	406901
辽宁	11007330	9111822	8438247	7185590	143564		1109093	662936	548077
吉林	6434661	5132089	4753597	3907107	26153		820337	267149	267149
黑龙江	8569286	7122746	6018736	5808245	52683		157808	497059	497059
上海	12523751	9739652	8367645	7653831	423879		289935	1299982	1157712
江苏	27034544	17435066	15151217	13783557	533695		833965	2254479	1771903
浙江	23027286	14614675	12179665	11130810	372011		676844	2421850	1313035
安徽	12780266	8909082	8240163	7168799	76979		994385	635986	454069
福建	10745953	7139130	6556066	5810906	108673		636487	577272	371193
江西	7617506	5561772	5216018	4675607	146248		394163	333962	237627
山东	22881414	17594825	15312538	15171147	26419		114972	2091088	1631883
河南	18586847	14778160	13839383	12580135	74077		1185171	929963	929963
湖北	13826558	9415590	8615251	8191532	66781		356938	708161	520284
湖南	14844938	10166814	9357179	8007174	51221		1298784	702426	702426
广东	34440180	23016411	21447300	17865201	1153418		2428681	1525457	1525457
广西	8273169	6390666	5796809	5265930	58267		472612	556369	401391
海南	2385407	1664008	1437345	1249509	116859		70977	55276	51299
重庆	6951844	4872247	4593893	3705816	99179		788898	275760	271360
四川	16428615	11932851	11065832	9484322	80676		1500834	845308	623865
贵州	6180406	4873516	4555853	4384602	45660		125591	239252	183741
云南	7945836	6718885	6319234	5628787	108619		581828	365896	351692
西藏	1233406	1205788	1204982	825562	346370		33050	806	806
陕西	8659922	6515719	5964274	5686894	107682		169698	473819	460964
甘肃	5528530	4669561	4330959	4068321	56573		206065	274174	257793
青海	1299986	1177994	1140085	973277	9602		157206	31246	23140
宁夏	2012761	1746576	1668721	1423530	82464		162727	77855	59414
新疆	7651908	6471220	6048902	5130487	107542		810873	305496	220114

教育经费收入情况

单位:千元

地方教育附加	企业办学中的企业拨款	校办产业和社会服务收入用于教育的经费	民办学校中举办者投入	社会捐赠经费	#农村	事业收入	#学杂费	其他收入
3990809	**1898405**	**427905**	**2815726**	**3132342**	**256045**	**76187421**	**50321492**	**9500627**
1185		1607	4766	161566	4651	1575297	825750	582857
	22107	873	350	2484		902358	446363	160768
345601	3867	3909	182427	71192	744	2882038	1942749	106317
20836	245155	1389	404263	26005	4066	2315909	1779774	138068
47576	95656	3803	18847	14662	1101	1113924	902750	76573
114859	10372	267	16276	6540	582	1805035	1391013	67657
	101493	9850	33797	77342	1210	1136191	727244	55242
	595487	11464	18419	8102	8	1334572	942345	85447
142270	16022	56003	6665	39567	205	2009839	1615559	728028
482576	15105	14265	172308	458302	16943	7639210	4139063	1329658
1108815	10000	3160	29585	755573	51783	6141190	3945013	1486263
181917	25380	7553	206237	94411	10021	3322527	2265884	248009
206079		5792	329129	116595	20067	2876914	2047698	284185
96335	3337	8455	118990	23205	2636	1805460	1141996	108079
459205	181436	9763	31808	104128	24163	4726771	3481537	423882
	3914	4900	70480	32414	277	3415630	2165958	290163
187877	23866	68312	170358	50259	1951	3743742	2428954	446609
	2365	104844	95134	65494	14367	4130362	2762009	387134
	15326	28328	588217	360243	79355	9610098	6688463	865211
154978	12875	24613	33718	53423	4958	1619575	966782	175787
3977	168924	2463	44182	33741	345	549206	276630	94270
4400		2594	971	360226	4010	1288830	712904	429570
221443	6499	15212	96129	72805	2222	4003110	2118018	323720
55511	77596	815	82580	17820	1415	1095478	759997	111012
14204	16957	16798	12969	45345	6370	1053099	739414	115538
			289	5		27212	26524	112
12855	74096	3530	22050	17789	2318	1975705	1681827	128659
16381	60409	4019	11477	10442	19	798879	601960	38171
8106	6663		6086	4458		98491	49216	12957
18441			50	13523	43	197076	126140	55536
85382	103498	13324	7169	34681	215	993693	621958	145145

3—39 分地区中央属中学

地区	总计	国家财政性教育经费	预算内教育经费	教育事业费拨款	基本建设拨款	科研拨款	其他拨款	各级政府征收用于教育的税费	教育费附加
合计	**1741162**	**1288347**	**1036536**	**897754**	**80502**		**58280**	**2066**	**2066**
北京	315341	181981	181981	130574	30000		21407		
天津	12966	9744	9744	9744					
河北	376	295							
山西	21078	14702	8646	8596	50				
内蒙古									
辽宁	22053	20926	20926	17501			3425		
吉林	131150	42265	25990	25090			900		
黑龙江	160087	127171	36211	36016			195	826	826
上海									
江苏									
浙江									
安徽									
福建									
江西									
山东	799	799							
河南	7791	4504							
湖北	48929	34266	17209	17209				1240	1240
湖南									
广东									
广西									
海南									
重庆	43733	16184	16153	14949			1204		
四川	16612	4112	2408	2124			284		
贵州	139								
云南									
西藏									
陕西	33485	15960	1108	221	695		192		
甘肃	7978	7537	5654	5654					
青海									
宁夏									
新疆	918645	807901	710506	630076	49757		30673		

教育经费收入情况

单位：千元

地方教育附加	企业办学中的企业拨款	校办产业和社会服务收入用于教育的经费	民办学校中举办者投入	社会捐赠经费	#农村	事业收入	#学杂费	其他收入
	241415	**8330**		**22922**		**295745**	**198595**	**134148**
				400		49849	14759	83111
						1690	1690	1532
	295					81	81	
	6056					6376	6338	
						1127	1127	
	16275			12		88659	88490	214
	90134					5055	3955	27861
	799							
	3414	1090		4		3283	3243	
	15817			1277		6308	4648	7078
		31		17773		6726	5681	3050
	1704					12019	10148	481
						10	10	129
	14837	15		3		15267	14744	2255
	1883					441	320	
	90201	7194		3453		98854	43361	8437

3—40 分地区地方中学

地 区	总 计	国家财政性教育经费	预算内教育经费	教育事业费拨款	基本建设拨款	科研拨款	其他拨款	各级政府征收用于教育的税费	教育费附加
合 计	**343503454**	**252320153**	**228308582**	**203887407**	**5544407**		**18876768**	**21935006**	**17944197**
北 京	10519582	8328456	7577103	5836522	630618		1109963	749746	748561
天 津	4355735	3292997	2990633	2911678	13420		65535	279384	279384
河 北	14734477	11492584	10234758	9585238	87893		561627	1250345	904744
山 西	9660248	6782379	5747798	5319578	180300		247920	794093	773257
内蒙古	6752503	5528497	4974561	4216553	207334		550674	454477	406901
辽 宁	10985277	9090896	8417321	7168089	143564		1105668	662936	548077
吉 林	6303511	5089824	4727607	3882017	26153		819437	267149	267149
黑龙江	8409199	6995575	5982525	5772229	52683		157613	496233	496233
上 海	12523751	9739652	8367645	7653831	423879		289935	1299982	1157712
江 苏	27034544	17435066	15151217	13783557	533695		833965	2254479	1771903
浙 江	23027286	14614675	12179665	11130810	372011		676844	2421850	1313035
安 徽	12780266	8909082	8240163	7168799	76979		994385	635986	454069
福 建	10745953	7139130	6556066	5810906	108673		636487	577272	371193
江 西	7617506	5561772	5216018	4675607	146248		394163	333962	237627
山 东	22880615	17594026	15312538	15171147	26419		114972	2091088	1631883
河 南	18579056	14773656	13839383	12580135	74077		1185171	929963	929963
湖 北	13777629	9381324	8598042	8174323	66781		356938	706921	519044
湖 南	14844938	10166814	9357179	8007174	51221		1298784	702426	702426
广 东	34440180	23016411	21447300	17865201	1153418		2428681	1525457	1525457
广 西	8273169	6390666	5796809	5265930	58267		472612	556369	401391
海 南	2385407	1664008	1437345	1249509	116859		70977	55276	51299
重 庆	6908111	4856063	4577740	3690867	99179		787694	275760	271360
四 川	16412003	11928739	11063424	9482198	80676		1500550	845308	623865
贵 州	6180267	4873516	4555853	4384602	45660		125591	239252	183741
云 南	7945836	6718885	6319234	5628787	108619		581828	365896	351692
西 藏	1233406	1205788	1204982	825562	346370		33050	806	806
陕 西	8626437	6499759	5963166	5686673	106987		169506	473819	460964
甘 肃	5520552	4662024	4325305	4062667	56573		206065	274174	257793
青 海	1299986	1177994	1140085	973277	9602		157206	31246	23140
宁 夏	2012761	1746576	1668721	1423530	82464		162727	77855	59414
新 疆	6733263	5663319	5338396	4500411	57785		780200	305496	220114

教育经费收入情况

单位：千元

地方教育附加	企业办学中的企业拨款	校办产业和社会服务收入用于教育的经费	民办学校中举办者投入	社会捐赠经费	#农村	事业收入	#学杂费	其他收入
3990809	**1656990**	**419575**	**2815726**	**3109420**	**256045**	**75891676**	**50122897**	**9366479**
1185		1607	4766	161166	4651	1525448	810991	499746
	22107	873	350	2484		900668	444673	159236
345601	3572	3909	182427	71192	744	2881957	1942668	106317
20836	239099	1389	404263	26005	4066	2309533	1773436	138068
47576	95656	3803	18847	14662	1101	1113924	902750	76573
114859	10372	267	16276	6540	582	1803908	1389886	67657
	85218	9850	33797	77330	1210	1047532	638754	55028
	505353	11464	18419	8102	8	1329517	938390	57586
142270	16022	56003	6665	39567	205	2009839	1615559	728028
482576	15105	14265	172308	458302	16943	7639210	4139063	1329658
1108815	10000	3160	29585	755573	51783	6141190	3945013	1486263
181917	25380	7553	206237	94411	10021	3322527	2265884	248009
206079		5792	329129	116595	20067	2876914	2047698	284185
96335	3337	8455	118990	23205	2636	1805460	1141996	108079
459205	180637	9763	31808	104128	24163	4726771	3481537	423882
	500	3810	70480	32410	277	3412347	2162715	290163
187877	8049	68312	170358	48982	1951	3737434	2424306	439531
	2365	104844	95134	65494	14367	4130362	2762009	387134
	15326	28328	588217	360243	79355	9610098	6688463	865211
154978	12875	24613	33718	53423	4958	1619575	966782	175787
3977	168924	2463	44182	33741	345	549206	276630	94270
4400		2563	971	342453	4010	1282104	707223	426520
221443	4795	15212	96129	72805	2222	3991091	2107870	323239
55511	77596	815	82580	17820	1415	1095468	759987	110883
14204	16957	16798	12969	45345	6370	1053099	739414	115538
			289	5		27212	26524	112
12855	59259	3515	22050	17786	2318	1960438	1667083	126404
16381	58526	4019	11477	10442	19	798438	601640	38171
8106	6663		6086	4458		98491	49216	12957
18441			50	13523	43	197076	126140	55536
85382	13297	6130	7169	31228	215	894839	578597	136708

3—41 分地区普通中学

地区	总计	国家财政性教育经费	预算内教育经费	教育事业费拨款	基本建设拨款	科研拨款	其他拨款	各级政府征收用于教育的税费	教育费附加
合计	**344823248**	**253388215**	**229155188**	**204611817**	**5624149**		**18919222**	**21907025**	**17937390**
北京	10834923	8510437	7759084	5967096	660618		1131370	749746	748561
天津	4368701	3302741	3000377	2921422	13420		65535	279384	279384
河北	14731850	11491559	10233438	9584078	87893		561467	1250345	904744
山西	9681326	6797081	5756444	5328174	180350		247920	794093	773257
内蒙古	6752503	5528497	4974561	4216553	207334		550674	454477	406901
辽宁	11007330	9111822	8438247	7185590	143564		1109093	662936	548077
吉林	6432286	5129848	4751406	3906096	26153		819157	267099	267099
黑龙江	8569286	7122746	6018736	5808245	52683		157808	497059	497059
上海	12461815	9701374	8333526	7619717	423879		289930	1295823	1157712
江苏	26935147	17414822	15134245	13768171	533695		832379	2251264	1768698
浙江	22846920	14504388	12091768	11053853	371251		666664	2399669	1307859
安徽	12780266	8909082	8240163	7168799	76979		994385	635986	454069
福建	10741140	7135637	6552573	5807820	108673		636080	577272	371193
江西	7609886	5560165	5214411	4674000	146248		394163	333962	237627
山东	22881414	17594825	15312538	15171147	26419		114972	2091088	1631883
河南	18560667	14757785	13819008	12559880	74077		1185051	929963	929963
湖北	13823171	9415013	8614716	8190997	66781		356938	708161	520284
湖南	14844938	10166814	9357179	8007174	51221		1298784	702426	702426
广东	34428100	23011923	21442957	17861399	1153418		2428140	1525312	1525312
广西	8270599	6388812	5794995	5264116	58267		472612	556329	401351
海南	2385407	1664008	1437345	1249509	116859		70977	55276	51299
重庆	6950940	4871400	4593135	3705182	99179		788774	275671	271271
四川	16426083	11930673	11063822	9482815	80676		1500331	845140	623697
贵州	6177374	4871150	4553487	4382236	45660		125591	239252	183741
云南	7945584	6718633	6318982	5628535	108619		581828	365896	351692
西藏	1233406	1205788	1204982	825562	346370		33050	806	806
陕西	8651310	6507864	5956419	5679039	107682		169698	473819	460964
甘肃	5528530	4669561	4330959	4068321	56573		206065	274174	257793
青海	1299986	1177994	1140085	973277	9602		157206	31246	23140
宁夏	2012761	1746576	1668721	1423530	82464		162727	77855	59414
新疆	7649599	6469197	6046879	5129484	107542		809853	305496	220114

教育经费收入情况

单位：千元

地方教育附加	企业办学中的企业拨款	校办产业和社会服务收入用于教育的经费	民办学校中举办者投入	社会捐赠经费	#农村	事业收入	#学杂费	其他收入
3969635	**1898405**	**427597**	**2812176**	**3132035**	**255921**	**76020491**	**50274088**	**9470331**
1185		1607	4766	161566	4651	1575297	825750	582857
	22107	873	350	2484		902358	446363	160768
345601	3867	3909	181597	71192	744	2881185	1941956	106317
20836	245155	1389	404263	26005	4066	2315909	1779774	138068
47576	95656	3803	18847	14662	1101	1113924	902750	76573
114859	10372	267	16276	6540	582	1805035	1391013	67657
	101493	9850	33797	77342	1210	1136057	727114	55242
	595487	11464	18419	8102	8	1334572	942345	85447
138111	16022	56003	6665	39567	205	1989369	1598960	724840
482566	15105	14208	172308	458235	16943	7562377	4131300	1327405
1091810	10000	2951	29585	755333	51659	6093335	3938763	1464279
181917	25380	7553	206237	94411	10021	3322527	2265884	248009
206079		5792	329129	116595	20067	2875687	2047698	284092
96335	3337	8455	116270	23205	2636	1802168	1138862	108078
459205	181436	9763	31808	104128	24163	4726771	3481537	423882
	3914	4900	70480	32414	277	3409825	2161404	290163
187877	23866	68270	170358	50259	1951	3740932	2426144	446609
	2365	104844	95134	65494	14367	4130362	2762009	387134
	15326	28328	588217	360243	79355	9605244	6684556	862473
154978	12875	24613	33718	53423	4958	1618860	966326	175786
3977	168924	2463	44182	33741	345	549206	276630	94270
4400		2594	971	360226	4010	1288787	712904	429556
221443	6499	15212	96129	72805	2222	4002780	2118018	323696
55511	77596	815	82580	17820	1415	1094812	759742	111012
14204	16957	16798	12969	45345	6370	1053099	739414	115538
			289	5		27212	26524	112
12855	74096	3530	22050	17789	2318	1974948	1681074	128659
16381	60409	4019	11477	10442	19	798879	601960	38171
8106	6663		6086	4458		98491	49216	12957
18441			50	13523	43	197076	126140	55536
85382	103498	13324	7169	34681	215	993407	621958	145145

3—42 分地区中央属普通中学

地区	总计	国家财政性教育经费	预算内教育经费	教育事业费拨款	基本建设拨款	科研拨款	其他拨款	各级政府征收用于教育的税费	教育费附加
合计	**1741162**	**1288347**	**1036536**	**897754**	**80502**		**58280**	**2066**	**2066**
北京	315341	181981	181981	130574	30000		21407		
天津	12966	9744	9744	9744					
河北	376	295							
山西	21078	14702	8646	8596	50				
内蒙古									
辽宁	22053	20926	20926	17501			3425		
吉林	131150	42265	25990	25090			900		
黑龙江	160087	127171	36211	36016			195	826	826
上海									
江苏									
浙江									
安徽									
福建									
江西									
山东	799	799							
河南	7791	4504							
湖北	48929	34266	17209	17209				1240	1240
湖南									
广东									
广西									
海南									
重庆	43733	16184	16153	14949			1204		
四川	16612	4112	2408	2124			284		
贵州	139								
云南									
西藏									
陕西	33485	15960	1108	221	695		192		
甘肃	7978	7537	5654	5654					
青海									
宁夏									
新疆	918645	807901	710506	630076	49757		30673		

教育经费收入情况

单位：千元

地方教育附加	企业办学中的企业拨款	校办产业和社会服务收入用于教育的经费	民办学校中举办者投入	社会捐赠经费	#农村	事业收入	#学杂费	其他收入
	241415	**8330**		**22922**		**295745**	**198595**	**134148**
				400		49849	14759	83111
						1690	1690	1532
	295					81	81	
	6056					6376	6338	
						1127	1127	
	16275			12		88659	88490	214
	90134					5055	3955	27861
	799							
	3414	1090		4		3283	3243	
	15817			1277		6308	4648	7078
		31		17773		6726	5681	3050
	1704					12019	10148	481
						10	10	129
	14837	15		3		15267	14744	2255
	1883					441	320	
	90201	7194		3453		98854	43361	8437

3—43 分地区地方普通中学

地区	总计	国家财政性教育经费	预算内教育经费	教育事业费拨款	基本建设拨款	科研拨款	其他拨款	各级政府征收用于教育的税费	教育费附加
合计	**343082086**	**252099868**	**228118652**	**203714063**	**5543647**		**18860942**	**21904959**	**17935324**
北京	10519582	8328456	7577103	5836522	630618		1109963	749746	748561
天津	4355735	3292997	2990633	2911678	13420		65535	279384	279384
河北	14731474	11491264	10233438	9584078	87893		561467	1250345	904744
山西	9660248	6782379	5747798	5319578	180300		247920	794093	773257
内蒙古	6752503	5528497	4974561	4216553	207334		550674	454477	406901
辽宁	10985277	9090896	8417321	7168089	143564		1105668	662936	548077
吉林	6301136	5087583	4725416	3881006	26153		818257	267099	267099
黑龙江	8409199	6995575	5982525	5772229	52683		157613	496233	496233
上海	12461815	9701374	8333526	7619717	423879		289930	1295823	1157712
江苏	26935147	17414822	15134245	13768171	533695		832379	2251264	1768698
浙江	22846920	14504388	12091768	11053853	371251		666664	2399669	1307859
安徽	12780266	8909082	8240163	7168799	76979		994385	635986	454069
福建	10741140	7135637	6552573	5807820	108673		636080	577272	371193
江西	7609886	5560165	5214411	4674000	146248		394163	333962	237627
山东	22880615	17594026	15312538	15171147	26419		114972	2091088	1631883
河南	18552876	14753281	13819008	12559880	74077		1185051	929963	929963
湖北	13774242	9380747	8597507	8173788	66781		356938	706921	519044
湖南	14844938	10166814	9357179	8007174	51221		1298784	702426	702426
广东	34428100	23011923	21442957	17861399	1153418		2428140	1525312	1525312
广西	8270599	6388812	5794995	5264116	58267		472612	556329	401351
海南	2385407	1664008	1437345	1249509	116859		70977	55276	51299
重庆	6907207	4855216	4576982	3690233	99179		787570	275671	271271
四川	16409471	11926561	11061414	9480691	80676		1500047	845140	623697
贵州	6177235	4871150	4553487	4382236	45660		125591	239252	183741
云南	7945584	6718633	6318982	5628535	108619		581828	365896	351692
西藏	1233406	1205788	1204982	825562	346370		33050	806	806
陕西	8617825	6491904	5955311	5678818	106987		169506	473819	460964
甘肃	5520552	4662024	4325305	4062667	56573		206065	274174	257793
青海	1299986	1177994	1140085	973277	9602		157206	31246	23140
宁夏	2012761	1746576	1668721	1423530	82464		162727	77855	59414
新疆	6730954	5661296	5336373	4499408	57785		779180	305496	220114

教育经费收入情况

单位:千元

地方教育附加	企业办学中的企业拨款	校办产业和社会服务收入用于教育的经费	民办学校中举办者投入	社会捐赠经费	#农村	事业收入	#学杂费	其他收入
3969635	**1656990**	**419267**	**2812176**	**3109113**	**255921**	**75724746**	**50075493**	**9336183**
1185		1607	4766	161166	4651	1525448	810991	499746
	22107	873	350	2484		900668	444673	159236
345601	3572	3909	181597	71192	744	2881104	1941875	106317
20836	239099	1389	404263	26005	4066	2309533	1773436	138068
47576	95656	3803	18847	14662	1101	1113924	902750	76573
114859	10372	267	16276	6540	582	1803908	1389886	67657
	85218	9850	33797	77330	1210	1047398	638624	55028
	505353	11464	18419	8102	8	1329517	938390	57586
138111	16022	56003	6665	39567	205	1989369	1598960	724840
482566	15105	14208	172308	458235	16943	7562377	4131300	1327405
1091810	10000	2951	29585	755333	51659	6093335	3938763	1464279
181917	25380	7553	206237	94411	10021	3322527	2265884	248009
206079		5792	329129	116595	20067	2875687	2047698	284092
96335	3337	8455	116270	23205	2636	1802168	1138862	108078
459205	180637	9763	31808	104128	24163	4726771	3481537	423882
	500	3810	70480	32410	277	3406542	2158161	290163
187877	8049	68270	170358	48982	1951	3734624	2421496	439531
	2365	104844	95134	65494	14367	4130362	2762009	387134
	15326	28328	588217	360243	79355	9605244	6684556	862473
154978	12875	24613	33718	53423	4958	1618860	966326	175786
3977	168924	2463	44182	33741	345	549206	276630	94270
4400		2563	971	342453	4010	1282061	707223	426506
221443	4795	15212	96129	72805	2222	3990761	2107870	323215
55511	77596	815	82580	17820	1415	1094802	759732	110883
14204	16957	16798	12969	45345	6370	1053099	739414	115538
			289	5		27212	26524	112
12855	59259	3515	22050	17786	2318	1959681	1666330	126404
16381	58526	4019	11477	10442	19	798438	601640	38171
8106	6663		6086	4458		98491	49216	12957
18441			50	13523	43	197076	126140	55536
85382	13297	6130	7169	31228	215	894553	578597	136708

3—44 分地区普通高中

地区	总计	国家财政性教育经费	预算内教育经费					各级政府征收用于教育的税费	
				教育事业费拨款	基本建设拨款	科研拨款	其他拨款		教育费附加
合计	**139350441**	**79481949**	**68990981**	**59768541**	**2778830**		**6443610**	**9743580**	**8346588**
北京	4718615	3484315	3205891	2403982	312438		489471	276870	276141
天津	2105387	1375662	1229871	1189454	9977		30440	134031	134031
河北	5846696	3589752	3011807	2817687	12541		181579	575127	502747
山西	4165452	2225305	1751166	1519319	138486		93361	402522	402322
内蒙古	2775638	1747117	1544592	1282887	59542		202163	174012	153682
辽宁	4157028	2716472	2415794	2044450	83109		288235	298285	244240
吉林	2579587	1662609	1456812	1215201	3214		238397	183034	183034
黑龙江	2802864	1884946	1527620	1469039	12906		45675	237789	237789
上海	5169139	3593759	2876291	2509075	291176		76040	674876	654615
江苏	11660619	5751921	4965123	4238261	449859		277003	774261	612556
浙江	10000353	4676251	3752124	3333648	177395		241081	923551	532105
安徽	5536972	2615172	2280413	1921055	14938		344420	317028	219678
福建	4900540	2580061	2356529	2014985	41333		300211	220599	140765
江西	3173507	1700245	1539553	1354834	43529		141190	156066	87644
山东	9375127	5382327	4354938	4311315	17969		25654	937451	822084
河南	6839293	4075764	3554992	3150642	53850		350500	517578	517578
湖北	5751828	2467926	2094011	1977020	9601		107390	334252	201278
湖南	6439379	2907454	2506228	2175658	5774		324796	354400	354400
广东	14015317	8400420	7695743	6094401	674403		926939	681237	681237
广西	2999105	1709882	1426102	1279420	7472		139210	276935	232141
海南	858748	442304	391535	331440	42519		17576	16494	14249
重庆	2712286	1432135	1328084	1030961	16298		280825	103321	101404
四川	6006856	3316594	2940140	2428819	7514		503807	365841	301526
贵州	2212431	1300472	1160227	1108327	8205		43695	127876	105111
云南	2794107	1939269	1720138	1427596	56498		236044	198309	193944
西藏	307402	283799	283799	193844	83000		6955		
陕西	3370386	1851095	1632547	1529341	50083		53123	186257	185954
甘肃	2121161	1447595	1271306	1177745	13063		80498	133741	127659
青海	442980	364459	353864	291937	2361		59566	9210	6583
宁夏	874819	692901	657074	539642	39004		78428	35827	29803
新疆	2636819	1863966	1706667	1406556	40773		259338	116800	90288

教育经费收入情况

单位:千元

地方教育附加	企业办学中的企业拨款	校办产业和社会服务收入用于教育的经费	民办学校中举办者投入	社会捐赠经费	#农村	事业收入	#学杂费	其他收入
1396992	**547853**	**199535**	**1562584**	**1292813**	**91302**	**52494180**	**37097080**	**4518915**
729		1554	2943	60479	2775	824806	431668	346072
	11081	679	350	278		625684	339960	103413
72380	490	2328	109102	37080		2058946	1409655	51816
200	70636	981	341719	9688	134	1551809	1208504	36931
20330	27193	1320	15492	4170		962497	804497	46362
54045	2330	63	5140	4102	101	1406021	1101440	25293
	20406	2357	8738	4956		879162	614355	24122
	118168	1369	2835	5138		879188	641156	30757
20261		42592	2221	21618		1146956	982058	404585
161705	5565	6972	85387	201241	6660	5078988	3143196	543082
391446		576	5616	263311	11512	4454143	3117596	601032
97350	12832	4899	144248	28287	4930	2616936	1950837	132329
79834		2933	220725	53919	4320	1929571	1434532	116264
68422		4626	76054	8659	30	1324706	901501	63843
115367	87689	2249	13455	28186	2447	3744516	2938757	206643
	1580	1614	27561	24336	100	2572180	1641734	139452
132974	19087	20576	121974	20479	713	2913532	1993498	227917
		46826	64694	34758	7987	3252170	2288155	180303
	5314	18126	127701	160713	42872	4916853	3627753	409630
44794	625	6220	12705	20965	268	1162684	737705	92869
2245	33340	935	36747	17232	18	313092	160903	49373
1917		730	440	195052	2418	847535	570829	237124
64315	127	10486	45394	21172	1064	2455323	1491729	168373
22765	11707	662	66961	7962	196	780843	587500	56193
4365	10480	10342	9584	19630	1544	788852	599348	36772
			154	3		23446	23283	
303	31252	1039	7571	6063	1207	1435902	1230119	69755
6082	39906	2642	4901	3743		642066	503433	22856
2627	1385		543	2308		69444	40364	6226
6024				3412	6	149283	95091	29223
26512	36660	3839	1629	23873		687046	485924	60305

3—45 分地区中央属普通高中

地区	总计	国家财政性教育经费	预算内教育经费	教育事业费拨款	基本建设拨款	科研拨款	其他拨款	各级政府征收用于教育的税费	教育费附加
合计	**861833**	**539168**	**450520**	**378063**	**47434**		**25023**	**1401**	**1401**
北京	237834	144650	144650	101971	30000		12679		
天津	12966	9744	9744	9744					
河北									
山西	8596	5219	5219	5219					
内蒙古									
辽宁	10936	9977	9977	8608			1369		
吉林	100871	26920	21667	20916			751		
黑龙江	62437	40290	17083	17040			43	240	240
上海									
江苏									
浙江									
安徽									
福建									
江西									
山东									
河南	4351	2438							
湖北	36392	25704	9734	9734				1161	1161
湖南									
广东									
广西									
海南									
重庆	29668	11107	11107	10279			828		
四川	12762	2535	2408	2124			284		
贵州									
云南									
西藏									
陕西	20792	7833	638	199	355		84		
甘肃	4322	4081	3005	3005					
青海									
宁夏									
新疆	319906	248670	215288	189224	17079		8985		

教育经费收入情况

单位：千元

地方教育附加	企业办学中的企业拨款	校办产业和社会服务收入用于教育的经费	民办学校中举办者投入	社会捐赠经费	#农村	事业收入	#学杂费	其他收入
	83906	**3341**		**14495**		**216953**	**156471**	**91217**
				203		32851	10983	60130
						1690	1690	1532
						3377	3377	
						959	959	
	5253			11		73762	73694	178
	22967					5052	3955	17095
	1580	858		2		1911	1911	
	14809			839		5275	3882	4574
				12049		4415	3720	2097
	127					10167	10004	60
	7192	3				10712	10500	2247
	1076					241	174	
	30902	2480		1391		66541	31622	3304

3—46 分地区地方普通高中

地 区	总 计	国家财政性教育经费	预算内教育经费	教育事业费拨款	基本建设拨款	科研拨款	其他拨款	各级政府征收用于教育的税费	教育费附加
合 计	**138488608**	**78942781**	**68540461**	**59390478**	**2731396**		**6418587**	**9742179**	**8345187**
北 京	4480781	3339665	3061241	2302011	282438		476792	276870	276141
天 津	2092421	1365918	1220127	1179710	9977		30440	134031	134031
河 北	5846696	3589752	3011807	2817687	12541		181579	575127	502747
山 西	4156856	2220086	1745947	1514100	138486		93361	402522	402322
内蒙古	2775638	1747117	1544592	1282887	59542		202163	174012	153682
辽 宁	4146092	2706495	2405817	2035842	83109		286866	298285	244240
吉 林	2478716	1635689	1435145	1194285	3214		237646	183034	183034
黑龙江	2740427	1844656	1510537	1451999	12906		45632	237549	237549
上 海	5169139	3593759	2876291	2509075	291176		76040	674876	654615
江 苏	11660619	5751921	4965123	4238261	449859		277003	774261	612556
浙 江	10000353	4676251	3752124	3333648	177395		241081	923551	532105
安 徽	5536972	2615172	2280413	1921055	14938		344420	317028	219678
福 建	4900540	2580061	2356529	2014985	41333		300211	220599	140765
江 西	3173507	1700245	1539553	1354834	43529		141190	156066	87644
山 东	9375127	5382327	4354938	4311315	17969		25654	937451	822084
河 南	6834942	4073326	3554992	3150642	53850		350500	517578	517578
湖 北	5715436	2442222	2084277	1967286	9601		107390	333091	200117
湖 南	6439379	2907454	2506228	2175658	5774		324796	354400	354400
广 东	14015317	8400420	7695743	6094401	674403		926939	681237	681237
广 西	2999105	1709882	1426102	1279420	7472		139210	276935	232141
海 南	858748	442304	391535	331440	42519		17576	16494	14249
重 庆	2682618	1421028	1316977	1020682	16298		279997	103321	101404
四 川	5994094	3314059	2937732	2426695	7514		503523	365841	301526
贵 州	2212431	1300472	1160227	1108327	8205		43695	127876	105111
云 南	2794107	1939269	1720138	1427596	56498		236044	198309	193944
西 藏	307402	283799	283799	193844	83000		6955		
陕 西	3349594	1843262	1631909	1529142	49728		53039	186257	185954
甘 肃	2116839	1443514	1268301	1174740	13063		80498	133741	127659
青 海	442980	364459	353864	291937	2361		59566	9210	6583
宁 夏	874819	692901	657074	539642	39004		78428	35827	29803
新 疆	2316913	1615296	1491379	1217332	23694		250353	116800	90288

教育经费收入情况

单位：千元

地方教育附加	企业办学中的企业拨款	校办产业和社会服务收入用于教育的经费	民办学校中举办者投入	社会捐赠经费	#农村	事业收入	#学杂费	其他收入
1396992	**463947**	**196194**	**1562584**	**1278318**	**91302**	**52277227**	**36940609**	**4427698**
729		1554	2943	60276	2775	791955	420685	285942
	11081	679	350	278		623994	338270	101881
72380	490	2328	109102	37080		2058946	1409655	51816
200	70636	981	341719	9688	134	1548432	1205127	36931
20330	27193	1320	15492	4170		962497	804497	46362
54045	2330	63	5140	4102	101	1405062	1100481	25293
	15153	2357	8738	4945		805400	540661	23944
	95201	1369	2835	5138		874136	637201	13662
20261		42592	2221	21618		1146956	982058	404585
161705	5565	6972	85387	201241	6660	5078988	3143196	543082
391446		576	5616	263311	11512	4454143	3117596	601032
97350	12832	4899	144248	28287	4930	2616936	1950837	132329
79834		2933	220725	53919	4320	1929571	1434532	116264
68422		4626	76054	8659	30	1324706	901501	63843
115367	87689	2249	13455	28186	2447	3744516	2938757	206643
		756	27561	24334	100	2570269	1639823	139452
132974	4278	20576	121974	19640	713	2908257	1989616	223343
		46826	64694	34758	7987	3252170	2288155	180303
	5314	18126	127701	160713	42872	4916853	3627753	409630
44794	625	6220	12705	20965	268	1162684	737705	92869
2245	33340	935	36747	17232	18	313092	160903	49373
1917		730	440	183003	2418	843120	567109	235027
64315		10486	45394	21172	1064	2445156	1481725	168313
22765	11707	662	66961	7962	196	780843	587500	56193
4365	10480	10342	9584	19630	1544	788852	599348	36772
			154	3		23446	23283	
303	24060	1036	7571	6063	1207	1425190	1219619	67508
6082	38830	2642	4901	3743		641825	503259	22856
2627	1385		543	2308		69444	40364	6226
6024				3412	6	149283	95091	29223
26512	5758	1359	1629	22482		620505	454302	57001

3—47 分地区农村高中

地区	总计	国家财政性教育经费	预算内教育经费					各级政府征收用于教育的税费	
				教育事业费拨款	基本建设拨款	科研拨款	其他拨款		教育费附加
合计	**17836128**	**9983103**	**8966298**	**8182455**	**73235**		**710608**	**932983**	**812618**
北京	298526	250903	238565	199169	10476		28920	12278	12278
天津	151402	87632	76192	73089			3103	11440	11440
河北	599896	433267	385429	366461			18968	47341	41484
山西	236787	144886	105481	102835	10		2636	39405	39405
内蒙古	91511	60488	51757	45508			6249	8731	8663
辽宁	190977	137080	130747	121072			9675	6333	3785
吉林	122536	95334	87828	76602			11226	1717	1717
黑龙江	35978	31985	25555	24337	139		1079	103	103
上海	147714	99253	76097	76097				23156	23112
江苏	2220308	1184438	1020991	931261	27816		61914	161542	148207
浙江	2127647	947523	763392	731408	1339		30645	183848	130917
安徽	1046646	523219	501744	448918	398		52428	16949	13314
福建	1472064	779327	747803	670025	6680		71098	31294	20887
江西	263617	135828	132311	124155	61		8095	3500	3500
山东	928689	552638	481661	478073			3588	63410	56704
河南	429206	243746	219836	208509			11327	23910	23910
湖北	562171	224824	217168	213825	130		3213	4215	3270
湖南	1429154	580963	535107	465475	75		69557	32772	32772
广东	1737267	1029383	936600	847159	13120		76321	92325	92325
广西	219785	138158	131405	120154	454		10797	6307	4465
海南	63613	36820	20238	18132	1232		874	1354	1354
重庆	604295	409515	393480	321489	859		71132	15488	13772
四川	1247029	739055	662941	573502	972		88467	74995	57409
贵州	216520	115658	109935	109142	231		562	2988	1584
云南	274231	204184	167164	145249	646		21269	36163	36060
西藏									
陕西	591380	374653	343053	323995	800		18258	20254	20193
甘肃	326121	248431	238443	226601	924		10918	9863	8867
青海	31350	24866	23873	20062	909		2902	649	649
宁夏	42340	34743	34441	31349			3092	302	302
新疆	127368	114303	107061	88802	5964		12295	351	170

教育经费收入情况

单位：千元

地方教育附加	企业办学中的企业拨款	校办产业和社会服务收入用于教育的经费	民办学校中举办者投入	社会捐赠经费	#农村	事业收入	#学杂费	其他收入
120365	**57294**	**26528**	**164926**	**154180**	**34162**	**7089968**	**5171484**	**443951**
		60	1589	1927	29	42922	20919	1185
						63052	28122	718
5857	490	7	3004	104		159168	127140	4353
			4433	211	134	86857	60300	400
68			2056			24700	23035	4267
2548				114	101	53452	39295	331
	5765	24				26938	16472	264
	6327		1092	4		2869	2816	28
44			595	11		46470	13149	1385
13335		1905		16213	6327	954237	660824	65420
52931		283	2941	55196	7586	1040696	654101	81291
3635	3254	1272	14689	2595	692	484263	385261	21880
10407		230	42018	32476	3793	566291	456030	51952
		17	3901	553		117610	93555	5725
6706	6954	613	9005	1685	106	352093	305132	13268
			6651	4		159405	135944	19400
945		3441	11585	478		308171	220549	17113
		13084	7455	6444	2694	773163	549240	61129
		458	2921	21748	10773	658323	520759	24892
1842		446		238	20	78191	58175	3198
	15155	73	439	14		17552	11968	8788
1716		547	19	6344	1054	175111	143432	13306
17586		1119	50	2034	814	476176	292835	29714
1404	2735		47747	455	26	49522	38701	3138
103		857	190	977	13	67586	52313	1294
61	10814	532	1906	2374		209130	180987	3317
996		125	97	140		76994	67228	459
	344		543	706		3277	2517	1958
						6535	4992	1062
181	5456	1435		1135		9214	5693	2716

3—48 分地区中央属农村高中

地区	总计	国家财政性教育经费							
			预算内教育经费					各级政府征收用于教育的税费	
				教育事业费拨款	基本建设拨款	科研拨款	其他拨款		教育费附加
合计	**79363**	**73671**	**66638**	**55461**	**5964**		**5213**		
北京									
天津									
河北									
山西									
内蒙古									
辽宁									
吉林									
黑龙江									
上海									
江苏									
浙江									
安徽									
福建									
江西									
山东									
河南									
湖北									
湖南									
广东									
广西									
海南									
重庆									
四川									
贵州									
云南									
西藏									
陕西	1982	1621							
甘肃									
青海									
宁夏									
新疆	77381	72050	66638	55461	5964		5213		

教育经费收入情况

单位:千元

地方教育附加	企业办学中的企业拨款	校办产业和社会服务收入用于教育的经费	民办学校中举办者投入	社会捐赠经费	#农村	事业收入	#学杂费	其他收入
	5921	**1112**		**127**		**5411**	**2945**	**154**
	1621					361	361	
	4300	1112		127		5050	2584	154

3—49 分地区地方农村高中

地区	总计	国家财政性教育经费	预算内教育经费	教育事业费拨款	基本建设拨款	科研拨款	其他拨款	各级政府征收用于教育的税费	教育费附加
合计	**17756765**	**9909432**	**8899660**	**8126994**	**67271**		**705395**	**932983**	**812618**
北京	298526	250903	238565	199169	10476		28920	12278	12278
天津	151402	87632	76192	73089			3103	11440	11440
河北	599896	433267	385429	366461			18968	47341	41484
山西	236787	144886	105481	102835	10		2636	39405	39405
内蒙古	91511	60488	51757	45508			6249	8731	8663
辽宁	190977	137080	130747	121072			9675	6333	3785
吉林	122536	95334	87828	76602			11226	1717	1717
黑龙江	35978	31985	25555	24337	139		1079	103	103
上海	147714	99253	76097	76097				23156	23112
江苏	2220308	1184438	1020991	931261	27816		61914	161542	148207
浙江	2127647	947523	763392	731408	1339		30645	183848	130917
安徽	1046646	523219	501744	448918	398		52428	16949	13314
福建	1472064	779327	747803	670025	6680		71098	31294	20887
江西	263617	135828	132311	124155	61		8095	3500	3500
山东	928689	552638	481661	478073			3588	63410	56704
河南	429206	243746	219836	208509			11327	23910	23910
湖北	562171	224824	217168	213825	130		3213	4215	3270
湖南	1429154	580963	535107	465475	75		69557	32772	32772
广东	1737267	1029383	936600	847159	13120		76321	92325	92325
广西	219785	138158	131405	120154	454		10797	6307	4465
海南	63613	36820	20238	18132	1232		874	1354	1354
重庆	604295	409515	393480	321489	859		71132	15488	13772
四川	1247029	739055	662941	573502	972		88467	74995	57409
贵州	216520	115658	109935	109142	231		562	2988	1584
云南	274231	204184	167164	145249	646		21269	36163	36060
西藏									
陕西	589398	373032	343053	323995	800		18258	20254	20193
甘肃	326121	248431	238443	226601	924		10918	9863	8867
青海	31350	24866	23873	20062	909		2902	649	649
宁夏	42340	34743	34441	31349			3092	302	302
新疆	49987	42253	40423	33341			7082	351	170

教育经费收入情况

单位:千元

地方教育附加	企业办学中的企业拨款	校办产业和社会服务收入用于教育的经费	民办学校中举办者投入	社会捐赠经费	#农村	事业收入	#学杂费	其他收入
120365	**51373**	**25416**	**164926**	**154053**	**34162**	**7084557**	**5168539**	**443797**
		60	1589	1927	29	42922	20919	1185
						63052	28122	718
5857	490	7	3004	104		159168	127140	4353
			4433	211	134	86857	60300	400
68			2056			24700	23035	4267
2548				114	101	53452	39295	331
	5765	24				26938	16472	264
	6327		1092	4		2869	2816	28
44			595	11		46470	13149	1385
13335		1905		16213	6327	954237	660824	65420
52931		283	2941	55196	7586	1040696	654101	81291
3635	3254	1272	14689	2595	692	484263	385261	21880
10407		230	42018	32476	3793	566291	456030	51952
		17	3901	553		117610	93555	5725
6706	6954	613	9005	1685	106	352093	305132	13268
			6651	4		159405	135944	19400
945		3441	11585	478		308171	220549	17113
		13084	7455	6444	2694	773163	549240	61129
		458	2921	21748	10773	658323	520759	24892
1842		446		238	20	78191	58175	3198
	15155	73	439	14		17552	11968	8788
1716		547	19	6344	1054	175111	143432	13306
17586		1119	50	2034	814	476176	292835	29714
1404	2735		47747	455	26	49522	38701	3138
103		857	190	977	13	67586	52313	1294
61	9193	532	1906	2374		208769	180626	3317
996		125	97	140		76994	67228	459
	344		543	706		3277	2517	1958
						6535	4992	1062
181	1156	323		1008		4164	3109	2562

3—50 分地区普通初中

地区	总计	国家财政性教育经费	预算内教育经费	教育事业费拨款	基本建设拨款	科研拨款	其他拨款	各级政府征收用于教育的税费	教育费附加
合计	**205472807**	**173906266**	**160164207**	**144843276**	**2845319**		**12475612**	**12163445**	**9590802**
北京	6116308	5026122	4553193	3563114	348180		641899	472876	472420
天津	2263314	1927079	1770506	1731968	3443		35095	145353	145353
河北	8885154	7901807	7221631	6766391	75352		379888	675218	401997
山西	5515874	4571776	4005278	3808855	41864		154559	391571	370935
内蒙古	3976865	3781380	3429969	2933666	147792		348511	280465	253219
辽宁	6850302	6395350	6022453	5141140	60455		820858	364651	303837
吉林	3852699	3467239	3294594	2690895	22939		580760	84065	84065
黑龙江	5766422	5237800	4491116	4339206	39777		112133	259270	259270
上海	7292676	6107615	5457235	5110642	132703		213890	620947	503097
江苏	15274528	11662901	10169122	9529910	83836		555376	1477003	1156142
浙江	12846567	9828137	8339644	7720205	193856		425583	1476118	775754
安徽	7243294	6293910	5959750	5247744	62041		649965	318958	234391
福建	5840600	4555576	4196044	3792835	67340		335869	356673	230428
江西	4436379	3859920	3674858	3319166	102719		252973	177896	149983
山东	13506287	12212498	10957600	10859832	8450		89318	1153637	809799
河南	11721374	10682021	10264016	9409238	20227		834551	412385	412385
湖北	8071343	6947087	6520705	6213977	57180		249548	373909	319006
湖南	8405559	7259360	6850951	5831516	45447		973988	348026	348026
广东	20412783	14611503	13747214	11766998	479015		1501201	844075	844075
广西	5271494	4678930	4368893	3984696	50795		333402	279394	169210
海南	1526659	1221704	1045810	918069	74340		53401	38782	37050
重庆	4238654	3439265	3265051	2674221	82881		507949	172350	169867
四川	10419227	8614079	8123682	7053996	73162		996524	479299	322171
贵州	3964943	3570678	3393260	3273909	37455		81896	111376	78630
云南	5151477	4779364	4598844	4200939	52121		345784	167587	157748
西藏	926004	921989	921183	631718	263370		26095	806	806
陕西	5280924	4656769	4323872	4149698	57599		116575	287562	275010
甘肃	3407369	3221966	3059653	2890576	43510		125567	140433	130134
青海	857006	813535	786221	681340	7241		97640	22036	16557
宁夏	1137942	1053675	1011647	883888	43460		84299	42028	29611
新疆	5012780	4605231	4340212	3722928	66769		550515	188696	129826

教育经费收入情况

单位：千元

地方教育附加	企业办学中的企业拨款	校办产业和社会服务收入用于教育的经费	民办学校中举办者投入	社会捐赠经费	#农村	事业收入	#学杂费	其他收入
2572643	**1350552**	**228062**	**1249592**	**1839222**	**164619**	**23526311**	**13177008**	**4951416**
456		53	1823	101087	1876	750491	394082	236785
	11026	194		2206		276674	106403	57355
273221	3377	1581	72495	34112	744	822239	532301	54501
20636	174519	408	62544	16317	3932	764100	571270	101137
27246	68463	2483	3355	10492	1101	151427	98253	30211
60814	8042	204	11136	2438	481	399014	289573	42364
	81087	7493	25059	72386	1210	256895	112759	31120
	477319	10095	15584	2964	8	455384	301189	54690
117850	16022	13411	4444	17949	205	842413	616902	320255
320861	9540	7236	86921	256994	10283	2483389	988104	784323
700364	10000	2375	23969	492022	40147	1639192	821167	863247
84567	12548	2654	61989	66124	5091	705591	315047	115680
126245		2859	108404	62676	15747	946116	613166	167828
27913	3337	3829	40216	14546	2606	477462	237361	44235
343838	93747	7514	18353	75942	21716	982255	542780	217239
	2334	3286	42919	8078	177	837645	519670	150711
54903	4779	47694	48384	29780	1238	827400	432646	218692
	2365	58018	30440	30736	6380	878192	473854	206831
	10012	10202	460516	199530	36483	4688391	3056803	452843
110184	12250	18393	21013	32458	4690	456176	228621	82917
1732	135584	1528	7435	16509	327	236114	115727	44897
2483		1864	531	165174	1592	441252	142075	192432
157128	6372	4726	50735	51633	1158	1547457	626289	155323
32746	65889	153	15619	9858	1219	313969	172242	54819
9839	6477	6456	3385	25715	4826	264247	140066	78766
			135	2		3766	3241	112
12552	42844	2491	14479	11726	1111	539046	450955	58904
10299	20503	1377	6576	6699	19	156813	98527	15315
5479	5278		5543	2150		29047	8852	6731
12417			50	10111	37	47793	31049	26313
58870	66838	9485	5540	10808	215	306361	136034	84840

3—51 分地区中央属普通初中

地区	总计	国家财政性教育经费	预算内教育经费	教育事业费拨款	基本建设拨款	科研拨款	其他拨款	各级政府征收用于教育的税费	教育费附加
合计	**879329**	**749179**	**586016**	**519691**	**33068**		**33257**	**665**	**665**
北京	77507	37331	37331	28603			8728		
天津									
河北	376	295							
山西	12482	9483	3427	3377	50				
内蒙古									
辽宁	11117	10949	10949	8893			2056		
吉林	30279	15345	4323	4174			149		
黑龙江	97650	86881	19128	18976			152	586	586
上海									
江苏									
浙江									
安徽									
福建									
江西									
山东	799	799							
河南	3440	2066							
湖北	12537	8562	7475	7475				79	79
湖南									
广东									
广西									
海南									
重庆	14065	5077	5046	4670			376		
四川	3850	1577							
贵州	139								
云南									
西藏									
陕西	12693	8127	470	22	340		108		
甘肃	3656	3456	2649	2649					
青海									
宁夏									
新疆	598739	559231	495218	440852	32678		21688		

教育经费收入情况

单位：千元

地方教育附加	企业办学中的企业拨款	校办产业和社会服务收入用于教育的经费	民办学校中举办者投入	社会捐赠经费	#农村	事业收入	#学杂费	其他收入
	157509	**4989**		**8427**		**78792**	**42124**	**42931**
				197		16998	3776	22981
	295					81	81	
	6056					2999	2961	
						168	168	
	11022			1		14897	14796	36
	67167					3		10766
	799							
	1834	232		2		1372	1332	
	1008			438		1033	766	2504
		31		5724		2311	1961	953
	1577					1852	144	421
						10	10	129
	7645	12		3		4555	4244	8
	807					200	146	
	59299	4714		2062		32313	11739	5133

3—52 分地区地方普通初中

地 区	总 计	国家财政性教育经费	预算内教育经费	教育事业费拨款	基本建设拨款	科研拨款	其他拨款	各级政府征收用于教育的税费	教育费附加
合 计	**204593478**	**173157087**	**159578191**	**144323585**	**2812251**		**12442355**	**12162780**	**9590137**
北 京	6038801	4988791	4515862	3534511	348180		633171	472876	472420
天 津	2263314	1927079	1770506	1731968	3443		35095	145353	145353
河 北	8884778	7901512	7221631	6766391	75352		379888	675218	401997
山 西	5503392	4562293	4001851	3805478	41814		154559	391571	370935
内蒙古	3976865	3781380	3429969	2933666	147792		348511	280465	253219
辽 宁	6839185	6384401	6011504	5132247	60455		818802	364651	303837
吉 林	3822420	3451894	3290271	2686721	22939		580611	84065	84065
黑龙江	5668772	5150919	4471988	4320230	39777		111981	258684	258684
上 海	7292676	6107615	5457235	5110642	132703		213890	620947	503097
江 苏	15274528	11662901	10169122	9529910	83836		555376	1477003	1156142
浙 江	12846567	9828137	8339644	7720205	193856		425583	1476118	775754
安 徽	7243294	6293910	5959750	5247744	62041		649965	318958	234391
福 建	5840600	4555576	4196044	3792835	67340		335869	356673	230428
江 西	4436379	3859920	3674858	3319166	102719		252973	177896	149983
山 东	13505488	12211699	10957600	10859832	8450		89318	1153637	809799
河 南	11717934	10679955	10264016	9409238	20227		834551	412385	412385
湖 北	8058806	6938525	6513230	6206502	57180		249548	373830	318927
湖 南	8405559	7259360	6850951	5831516	45447		973988	348026	348026
广 东	20412783	14611503	13747214	11766998	479015		1501201	844075	844075
广 西	5271494	4678930	4368893	3984696	50795		333402	279394	169210
海 南	1526659	1221704	1045810	918069	74340		53401	38782	37050
重 庆	4224589	3434188	3260005	2669551	82881		507573	172350	169867
四 川	10415377	8612502	8123682	7053996	73162		996524	479299	322171
贵 州	3964804	3570678	3393260	3273909	37455		81896	111376	78630
云 南	5151477	4779364	4598844	4200939	52121		345784	167587	157748
西 藏	926004	921989	921183	631718	263370		26095	806	806
陕 西	5268231	4648642	4323402	4149676	57259		116467	287562	275010
甘 肃	3403713	3218510	3057004	2887927	43510		125567	140433	130134
青 海	857006	813535	786221	681340	7241		97640	22036	16557
宁 夏	1137942	1053675	1011647	883888	43460		84299	42028	29611
新 疆	4414041	4046000	3844994	3282076	34091		528827	188696	129826

教育经费收入情况

单位:千元

地方教育附加	企业办学中的企业拨款	校办产业和社会服务收入用于教育的经费	民办学校中举办者投入	社会捐赠经费	#农村	事业收入	#学杂费	其他收入
2572643	**1193043**	**223073**	**1249592**	**1830795**	**164619**	**23447519**	**13134884**	**4908485**
456		53	1823	100890	1876	733493	390306	213804
	11026	194		2206		276674	106403	57355
273221	3082	1581	72495	34112	744	822158	532220	54501
20636	168463	408	62544	16317	3932	761101	568309	101137
27246	68463	2483	3355	10492	1101	151427	98253	30211
60814	8042	204	11136	2438	481	398846	289405	42364
	70065	7493	25059	72385	1210	241998	97963	31084
	410152	10095	15584	2964	8	455381	301189	43924
117850	16022	13411	4444	17949	205	842413	616902	320255
320861	9540	7236	86921	256994	10283	2483389	988104	784323
700364	10000	2375	23969	492022	40147	1639192	821167	863247
84567	12548	2654	61989	66124	5091	705591	315047	115680
126245		2859	108404	62676	15747	946116	613166	167828
27913	3337	3829	40216	14546	2606	477462	237361	44235
343838	92948	7514	18353	75942	21716	982255	542780	217239
	500	3054	42919	8076	177	836273	518338	150711
54903	3771	47694	48384	29342	1238	826367	431880	216188
	2365	58018	30440	30736	6380	878192	473854	206831
	10012	10202	460516	199530	36483	4688391	3056803	452843
110184	12250	18393	21013	32458	4690	456176	228621	82917
1732	135584	1528	7435	16509	327	236114	115727	44897
2483		1833	531	159450	1592	438941	140114	191479
157128	4795	4726	50735	51633	1158	1545605	626145	154902
32746	65889	153	15619	9858	1219	313959	172232	54690
9839	6477	6456	3385	25715	4826	264247	140066	78766
			135	2		3766	3241	112
12552	35199	2479	14479	11723	1111	534491	446711	58896
10299	19696	1377	6576	6699	19	156613	98381	15315
5479	5278		5543	2150		29047	8852	6731
12417			50	10111	37	47793	31049	26313
58870	7539	4771	5540	8746	215	274048	124295	79707

3—53 分地区农村初中

地区	总计	国家财政性教育经费	预算内教育经费	教育事业费拨款	基本建设拨款	科研拨款	其他拨款	各级政府征收用于教育的税费	教育费附加
合计	**110430731**	**103232971**	**97260617**	**89220129**	**1135015**		**6905473**	**5552660**	**3940889**
北京	1934541	1859159	1684066	1368128	149153		166785	175046	175006
天津	807438	764454	727790	714609	563		12618	36646	36646
河北	5241045	5061242	4688958	4405295	65466		218197	370987	173459
山西	2778862	2586277	2438924	2347329	17927		73668	124331	123885
内蒙古	1288285	1257269	1205363	1059284	24572		121507	51493	47812
辽宁	3115444	3066798	2858381	2539625	18830		299926	207811	194643
吉林	1811033	1765741	1729433	1447953	11040		270440	20860	20860
黑龙江	2007486	1989566	1932828	1905490	7908		19430	37568	37568
上海	1684650	1598386	1487529	1352282	39430		95817	110776	61220
江苏	7818371	6972066	6152395	5761846	24864		365685	815038	643362
浙江	7044881	6066943	5155477	4823827	100076		231574	910935	366123
安徽	4763442	4522775	4406118	3926307	47897		431914	113342	83192
福建	3654453	3234694	3050303	2793320	41439		215544	182938	87069
江西	2679165	2488672	2421522	2232193	42559		146770	64617	62997
山东	9449787	8855031	8124999	8056464	3450		65085	720323	439554
河南	7647706	7485575	7287004	6719998	16478		550528	196388	196388
湖北	4998542	4748222	4553690	4324366	49865		179459	160064	145661
湖南	5670830	5330209	5162376	4358702	37064		766610	122664	122664
广东	7854481	6661145	6393564	5596055	108696		688813	263605	263605
广西	3297432	3124338	3000737	2757723	35873		207141	115069	70115
海南	757848	717610	583174	514438	33979		34757	20175	19856
重庆	2559952	2369754	2277369	1937729	38062		301578	90718	88394
四川	6609934	6139007	5859356	5110849	52469		696038	276898	167815
贵州	2565895	2473820	2374058	2305409	28727		39922	51994	37655
云南	3347974	3271966	3192035	2975191	29687		187157	75286	71391
西藏									
陕西	3296768	3215398	3077322	2957112	32365		87845	117158	112613
甘肃	2149384	2112523	2064139	1958912	29836		75391	47349	45366
青海	348510	343136	339062	305170	4698		29194	2694	2448
宁夏	505871	494790	480763	444742			36021	14027	6273
新疆	2740721	2656405	2551882	2219781	42042		290059	55860	37249

教育经费收入情况

单位：千元

地方教育附加	企业办学中的企业拨款	校办产业和社会服务收入用于教育的经费	民办学校中举办者投入	社会捐赠经费	#农村	事业收入	#学杂费	其他收入
1611771	**287943**	**131751**	**149921**	**565064**	**134132**	**4650034**	**1123887**	**1832741**
40		47	1623	10588	482	48808	2256	14363
		18		1965		15204	4432	25815
197528	529	768	5270	15294	521	140987	68954	18252
446	22978	44	17509	15445	3908	87834	58457	71797
3681		413		2008	1096	13796	1728	15212
13168	432	174		2031	481	25350	1250	21265
	10617	4831	372	3906	1210	34447	415	6567
	17630	1540	275	787	8	13896	2355	2962
49556		81	1405	2456	205	57540	14093	24863
171676		4633	8006	48848	9967	557117	94405	232334
544812		531	17550	125029	33915	406524	50136	428835
30150	1579	1736	9557	12613	4245	159356	66941	59141
95869		1453	10717	51691	14657	229661	58369	127690
1620	401	2132	12362	11705	2444	140880	66374	25546
280769	5369	4340	14949	38414	20412	412379	188453	129014
		2183	4790	3591	87	131577	57315	22173
14403		34468	8519	6131	1132	146318	15563	89352
	627	44542	3071	19703	5686	207047	27967	110800
	1335	2641	8771	107912	23333	945100	226356	131553
44954	941	7591	3111	9563	2656	114512	9591	45908
319	113096	1165	1256	1254	272	22546	4745	15182
2324		1667	445	26046	1458	112300	1012	51407
109083	562	2191	4619	11590	1068	381577	45824	73141
14339	47644	124	3892	4214	1023	63735	19841	20234
3895		4645	10	16597	3497	43405	3171	15996
4545	18692	2226	11284	4112	107	53213	28277	12761
1983		1035	3	6212	19	26030	64	4616
246	1380		543	1100		782	18	2949
7754				743	28	5998		4340
18611	44131	4532	12	3516	215	52115	5525	28673

3—54 分地区中央属农村初中

地区	总计	国家财政性教育经费	预算内教育经费	教育事业费拨款	基本建设拨款	科研拨款	其他拨款	各级政府征收用于教育的税费	教育费附加
合计	**439627**	**425399**	**375367**	**331649**	**25608**		**18110**		
北京									
天津									
河北									
山西									
内蒙古									
辽宁									
吉林									
黑龙江									
上海									
江苏									
浙江									
安徽									
福建									
江西									
山东									
河南									
湖北									
湖南									
广东									
广西									
海南									
重庆									
四川									
贵州	139								
云南									
西藏									
陕西	3528	3072							
甘肃									
青海									
宁夏									
新疆	435960	422327	375367	331649	25608		18110		

教育经费收入情况

单位：千元

地方教育附加	企业办学中的企业拨款	校办产业和社会服务收入用于教育的经费	民办学校中举办者投入	社会捐赠经费	#农村	事业收入	#学杂费	其他收入
	46256	**3776**		**941**		**12306**	**5694**	**981**
						10	10	129
	3072			3		453	453	
	43184	3776		938		11843	5231	852

3—55 分地区地方农村初中

地区	总计	国家财政性教育经费	预算内教育经费					各级政府征收用于教育的税费	
				教育事业费拨款	基本建设拨款	科研拨款	其他拨款		教育费附加
合计	**109991104**	**102807572**	**96885250**	**88888480**	**1109407**		**6887363**	**5552660**	**3940889**
北京	1934541	1859159	1684066	1368128	149153		166785	175046	175006
天津	807438	764454	727790	714609	563		12618	36646	36646
河北	5241045	5061242	4688958	4405295	65466		218197	370987	173459
山西	2778862	2586277	2438924	2347329	17927		73668	124331	123885
内蒙古	1288285	1257269	1205363	1059284	24572		121507	51493	47812
辽宁	3115444	3066798	2858381	2539625	18830		299926	207811	194643
吉林	1811033	1765741	1729433	1447953	11040		270440	20860	20860
黑龙江	2007486	1989566	1932828	1905490	7908		19430	37568	37568
上海	1684650	1598386	1487529	1352282	39430		95817	110776	61220
江苏	7818371	6972066	6152395	5761846	24864		365685	815038	643362
浙江	7044881	6066943	5155477	4823827	100076		231574	910935	366123
安徽	4763442	4522775	4406118	3926307	47897		431914	113342	83192
福建	3654453	3234694	3050303	2793320	41439		215544	182938	87069
江西	2679165	2488672	2421522	2232193	42559		146770	64617	62997
山东	9449787	8855031	8124999	8056464	3450		65085	720323	439554
河南	7647706	7485575	7287004	6719998	16478		550528	196388	196388
湖北	4998542	4748222	4553690	4324366	49865		179459	160064	145661
湖南	5670830	5330209	5162376	4358702	37064		766610	122664	122664
广东	7854481	6661145	6393564	5596055	108696		688813	263605	263605
广西	3297432	3124338	3000737	2757723	35873		207141	115069	70115
海南	757848	717610	583174	514438	33979		34757	20175	19856
重庆	2559952	2369754	2277369	1937729	38062		301578	90718	88394
四川	6609934	6139007	5859356	5110849	52469		696038	276898	167815
贵州	2565756	2473820	2374058	2305409	28727		39922	51994	37655
云南	3347974	3271966	3192035	2975191	29687		187157	75286	71391
西藏									
陕西	3293240	3212326	3077322	2957112	32365		87845	117158	112613
甘肃	2149384	2112523	2064139	1958912	29836		75391	47349	45366
青海	348510	343136	339062	305170	4698		29194	2694	2448
宁夏	505871	494790	480763	444742			36021	14027	6273
新疆	2304761	2234078	2176515	1888132	16434		271949	55860	37249

教育经费收入情况

单位：千元

地方教育附加	企业办学中的企业拨款	校办产业和社会服务收入用于教育的经费	民办学校中举办者投入	社会捐赠经费	＃农村	事业收入	＃学杂费	其他收入
1611771	**241687**	**127975**	**149921**	**564123**	**134132**	**4637728**	**1118193**	**1831760**
40		47	1623	10588	482	48808	2256	14363
		18		1965		15204	4432	25815
197528	529	768	5270	15294	521	140987	68954	18252
446	22978	44	17509	15445	3908	87834	58457	71797
3681		413		2008	1096	13796	1728	15212
13168	432	174		2031	481	25350	1250	21265
	10617	4831	372	3906	1210	34447	415	6567
	17630	1540	275	787	8	13896	2355	2962
49556		81	1405	2456	205	57540	14093	24863
171676		4633	8006	48848	9967	557117	94405	232334
544812		531	17550	125029	33915	406524	50136	428835
30150	1579	1736	9557	12613	4245	159356	66941	59141
95869		1453	10717	51691	14657	229661	58369	127690
1620	401	2132	12362	11705	2444	140880	66374	25546
280769	5369	4340	14949	38414	20412	412379	188453	129014
		2183	4790	3591	87	131577	57315	22173
14403		34468	8519	6131	1132	146318	15563	89352
	627	44542	3071	19703	5686	207047	27967	110800
	1335	2641	8771	107912	23333	945100	226356	131553
44954	941	7591	3111	9563	2656	114512	9591	45908
319	113096	1165	1256	1254	272	22546	4745	15182
2324		1667	445	26046	1458	112300	1012	51407
109083	562	2191	4619	11590	1068	381577	45824	73141
14339	47644	124	3892	4214	1023	63725	19831	20105
3895		4645	10	16597	3497	43405	3171	15996
4545	15620	2226	11284	4109	107	52760	27824	12761
1983		1035	3	6212	19	26030	64	4616
246	1380		543	1100		782	18	2949
7754				743	28	5998		4340
18611	947	756	12	2578	215	40272	294	27821

3—56 分地区成人中学

地区	总计	国家财政性教育经费	预算内教育经费	教育事业费拨款	基本建设拨款	科研拨款	其他拨款	各级政府征收用于教育的税费	教育费附加
合计	**421368**	**220285**	**189930**	**173344**	**760**		**15826**	**30047**	**8873**
北京									
天津									
河北	3003	1320	1320	1160			160		
山西									
内蒙古									
辽宁									
吉林	2375	2241	2191	1011			1180	50	50
黑龙江									
上海	61936	38278	34119	34114			5	4159	
江苏	99397	20244	16972	15386			1586	3215	3205
浙江	180366	110287	87897	76957	760		10180	22181	5176
安徽									
福建	4813	3493	3493	3086			407		
江西	7620	1607	1607	1607					
山东									
河南	26180	20375	20375	20255			120		
湖北	3387	577	535	535					
湖南									
广东	12080	4488	4343	3802			541	145	145
广西	2570	1854	1814	1814				40	40
海南									
重庆	904	847	758	634			124	89	89
四川	2532	2178	2010	1507			503	168	168
贵州	3032	2366	2366	2366					
云南	252	252	252	252					
西藏									
陕西	8612	7855	7855	7855					
甘肃									
青海									
宁夏									
新疆	2309	2023	2023	1003			1020		

教育经费收入情况

单位:千元

地方教育附加	企业办学中的企业拨款	校办产业和社会服务收入用于教育的经费	民办学校中举办者投入	社会捐赠经费	#农村	事业收入	#学杂费	其他收入
21174		**308**	**3550**	**307**	**124**	**166930**	**47404**	**30296**
			830			853	793	
						134	130	
4159						20470	16599	3188
10		57		67		76833	7763	2253
17005		209		240	124	47855	6250	21984
						1227		93
			2720			3292	3134	1
						5805	4554	
		42				2810	2810	
						4854	3907	2738
						715	456	1
						43		14
						330		24
						666	255	
						757	753	
						286		

3—57 分地区小学

地区	总计	国家财政性教育经费	预算内教育经费	教育事业费拨款	基本建设拨款	科研拨款	其他拨款	各级政府征收用于教育的税费	教育费附加
合计	**294872368**	**267426211**	**251791476**	**222586447**	**2415291**		**26789738**	**13766360**	**10753935**
北京	7621772	6788337	6367702	5089722	371490		906490	420155	419903
天津	3028060	2824449	2681932	2580348	41455		60129	123152	123152
河北	12346868	11738269	11037018	10181727	12256		843035	690290	396254
山西	7803116	7260502	6728828	6270184	26393		432251	288061	286743
内蒙古	5939147	5757609	5384800	4388023	70584		926193	291695	265586
辽宁	9074342	8709187	8336840	7031600	43192		1262048	365221	272156
吉林	6181126	5860298	5656502	4495742	2062		1158698	102187	102187
黑龙江	8147916	7839151	7046423	6811433	21593		213397	317636	317636
上海	6721407	6126741	5507650	5284834	50130		172686	601561	544799
江苏	20749262	18280194	16394970	14794509	279177		1321284	1857587	1350665
浙江	17365944	14553661	12601039	11707287	215533		678219	1952076	995290
安徽	11320056	10824494	10465321	8670320	62263		1732738	328389	241358
福建	8914295	7995387	7601535	6514895	37955		1048685	392357	252839
江西	7725429	7237116	6998575	6239616	82214		676745	223145	203135
山东	17011363	15845658	14553310	14406600	9626		137084	1185652	853893
河南	16416461	15555405	15099767	13557841	51470		1490456	442748	442748
湖北	8595148	7754091	7393224	7106974	21374		264876	314196	256137
湖南	10993266	10099838	9708228	8143295	27029		1537904	339230	339230
广东	31368193	23247019	21935797	18458186	433905		3043706	1280224	1280224
广西	9249629	8826655	8550048	7547299	57803		944946	251849	165146
海南	2464754	2251322	1905025	1720642	59671		124712	79424	75676
重庆	6451201	5845316	5609469	4255620	59839		1294010	232262	230032
四川	16154930	14819826	14249538	11677545	75029		2496964	556238	377489
贵州	7553661	7250222	7041388	6792933	37585		210870	174507	122743
云南	9905321	9498086	9272359	7917071	36790		1318498	211646	205404
西藏	1595288	1587034	1586486	1452168	53390		80928		
陕西	7517490	7011400	6646524	6303796	25240		317488	291285	284058
甘肃	5540568	5390433	5227717	4887183	9352		331182	142449	132712
青海	1822029	1746019	1696321	1440301	33419		222601	40025	33927
宁夏	1993811	1915977	1862143	1641301	1651		219191	52887	30586
新疆	7300515	6986515	6644997	5217452	105821		1321724	218226	152227

教育经费收入情况

单位：千元

地方教育附加	企业办学中的企业拨款	校办产业和社会服务收入用于教育的经费	民办学校中举办者投入	社会捐赠经费	#农村	事业收入	#学杂费	其他收入
3012425	**1654280**	**214095**	**1349383**	**2639876**	**343502**	**18310402**	**9890971**	**5146496**
252		480	3840	105231	3738	600970	183577	123394
	17962	1403	6000	2894		133188	22009	61529
294036	6577	4384	18659	41461	12500	439092	283868	109387
1318	241975	1638	41931	73718	22937	386107	272064	40858
26109	77674	3440	5809	22213	2372	114713	67752	38803
93065	6414	712	14266	2628	566	284078	166118	64183
	92925	8684	10974	64579	813	177437	66682	67838
	463046	12046	24529	3423	40	219290	136826	61523
56762	14311	3219		5192	149	402864	260618	186610
506922	17621	10016	37910	440899	17041	1326260	320899	663999
956786		546	37937	559394	48908	1192878	442052	1022074
87031	28880	1904	30408	73495	5876	250633	54219	141026
139518		1495	70831	80716	23344	631216	307148	136145
20010	9880	5516	50456	52397	4804	331596	134239	53864
331759	104106	2590	34568	154693	55789	738263	404092	238181
	5906	6984	48325	17540	1177	705908	458819	89283
58059	6240	40431	20523	42943	2811	560616	235140	216975
	1094	51286	67292	58030	8251	571917	212724	196189
	18702	12296	670208	338802	97122	6289233	4459407	822931
86703	14520	10238	10755	33107	4606	297115	169654	81997
3748	265433	1440	10342	25649	504	140274	84113	37167
2230		3585	1465	129654	3437	284064	89505	190702
178749	10930	3120	85292	86282	3485	984026	339952	179504
51764	33531	796	3068	25335	1908	213787	107520	61249
6242	4991	9090	14195	115171	17426	209946	90537	67923
	201	347	380	1016		6151	5081	707
7227	70613	2978	18949	17723	383	424747	328320	44671
9737	18807	1460	488	25113	1117	112299	52570	12235
6098	9640	33	4260	20977	1570	37823	15491	12950
22301	947			6571	618	19406	9586	51857
65999	111354	11938	5723	13030	210	224505	110389	70742

3—58 分地区中央属小学

地区	总计	国家财政性教育经费	预算内教育经费					各级政府征收用于教育的税费	
				教育事业费拨款	基本建设拨款	科研拨款	其他拨款		教育费附加
合计	**1225061**	**1091134**	**814050**	**754135**	**32798**		**27117**	**680**	**680**
北京	56726	38013	37909	37909					
天津	9829	9081	8964	8684			280		
河北	555	436							
山西	20640	18079	7591	7502			89		
内蒙古									
辽宁									
吉林	57313	24256	15080	13080			2000		
黑龙江	172130	156338	24333	24284			49	630	630
上海									
江苏									
浙江									
安徽									
福建									
江西									
山东	766	766							
河南	10204	6382							
湖北	14745	10719	10719	10719					
湖南	1739	421						50	50
广东	6523	1380							
广西									
海南									
重庆	11242	5434	5434	5109			325		
四川	5221	1980							
贵州	60								
云南									
西藏									
陕西	18719	11827	499	94	405				
甘肃	7171	6713	3989	3989					
青海									
宁夏									
新疆	831478	799309	699532	642765	32393		24374		

教育经费收入情况

单位：千元

地方教育附加	企业办学中的企业拨款	校办产业和社会服务收入用于教育的经费	民办学校中举办者投入	社会捐赠经费	#农村	事业收入	#学杂费	其他收入
	266786	**9618**		**6410**		**52546**	**16984**	**74971**
		104				3831	2063	14882
		117		29		64		655
	436					119	119	
	10488					2561	2509	
	9176			73		169	169	32815
	131375					29		15763
	766							
	3632	2750		22		2436	699	1364
				878		1629	261	1519
	371					1318	388	
	1380					4894	423	249
				3075		2382	1373	351
	1980					2700	413	541
						4	4	56
	11254	74		1		5760	3031	1131
	2724					458	304	
	93204	6573		2332		24192	5228	5645

3—59 分地区地方小学

地区	总计	国家财政性教育经费	预算内教育经费	教育事业费拨款	基本建设拨款	科研拨款	其他拨款	各级政府征收用于教育的税费	教育费附加
合计	**293647307**	**266335077**	**250977426**	**221832312**	**2382493**		**26762621**	**13765680**	**10753255**
北京	7565046	6750324	6329793	5051813	371490		906490	420155	419903
天津	3018231	2815368	2672968	2571664	41455		59849	123152	123152
河北	12346313	11737833	11037018	10181727	12256		843035	690290	396254
山西	7782476	7242423	6721237	6262682	26393		432162	288061	286743
内蒙古	5939147	5757609	5384800	4388023	70584		926193	291695	265586
辽宁	9074342	8709187	8336840	7031600	43192		1262048	365221	272156
吉林	6123813	5836042	5641422	4482662	2062		1156698	102187	102187
黑龙江	7975786	7682813	7022090	6787149	21593		213348	317006	317006
上海	6721407	6126741	5507650	5284834	50130		172686	601561	544799
江苏	20749262	18280194	16394970	14794509	279177		1321284	1857587	1350665
浙江	17365944	14553661	12601039	11707287	215533		678219	1952076	995290
安徽	11320056	10824494	10465321	8670320	62263		1732738	328389	241358
福建	8914295	7995387	7601535	6514895	37955		1048685	392357	252839
江西	7725429	7237116	6998575	6239616	82214		676745	223145	203135
山东	17010597	15844892	14553310	14406600	9626		137084	1185652	853893
河南	16406257	15549023	15099767	13557841	51470		1490456	442748	442748
湖北	8580403	7743372	7382505	7096255	21374		264876	314196	256137
湖南	10991527	10099417	9708228	8143295	27029		1537904	339180	339180
广东	31361670	23245639	21935797	18458186	433905		3043706	1280224	1280224
广西	9249629	8826655	8550048	7547299	57803		944946	251849	165146
海南	2464754	2251322	1905025	1720642	59671		124712	79424	75676
重庆	6439959	5839882	5604035	4250511	59839		1293685	232262	230032
四川	16149709	14817846	14249538	11677545	75029		2496964	556238	377489
贵州	7553601	7250222	7041388	6792933	37585		210870	174507	122743
云南	9905321	9498086	9272359	7917071	36790		1318498	211646	205404
西藏	1595288	1587034	1586486	1452168	53390		80928		
陕西	7498771	6999573	6646025	6303702	24835		317488	291285	284058
甘肃	5533397	5383720	5223728	4883194	9352		331182	142449	132712
青海	1822029	1746019	1696321	1440301	33419		222601	40025	33927
宁夏	1993811	1915977	1862143	1641301	1651		219191	52887	30586
新疆	6469037	6187206	5945465	4574687	73428		1297350	218226	152227

教育经费收入情况

单位:千元

地方教育附加	企业办学中的企业拨款	校办产业和社会服务收入用于教育的经费	民办学校中举办者投入	社会捐赠经费	#农村	事业收入	#学杂费	其他收入
3012425	**1387494**	**204477**	**1349383**	**2633466**	**343502**	**18257856**	**9873987**	**5071525**
252		376	3840	105231	3738	597139	181514	108512
	17962	1286	6000	2865		133124	22009	60874
294036	6141	4384	18659	41461	12500	438973	283749	109387
1318	231487	1638	41931	73718	22937	383546	269555	40858
26109	77674	3440	5809	22213	2372	114713	67752	38803
93065	6414	712	14266	2628	566	284078	166118	64183
	83749	8684	10974	64506	813	177268	66513	35023
	331671	12046	24529	3423	40	219261	136826	45760
56762	14311	3219		5192	149	402864	260618	186610
506922	17621	10016	37910	440899	17041	1326260	320899	663999
956786		546	37937	559394	48908	1192878	442052	1022074
87031	28880	1904	30408	73495	5876	250633	54219	141026
139518		1495	70831	80716	23344	631216	307148	136145
20010	9880	5516	50456	52397	4804	331596	134239	53864
331759	103340	2590	34568	154693	55789	738263	404092	238181
	2274	4234	48325	17518	1177	703472	458120	87919
58059	6240	40431	20523	42065	2811	558987	234879	215456
	723	51286	67292	58030	8251	570599	212336	196189
	17322	12296	670208	338802	97122	6284339	4458984	822682
86703	14520	10238	10755	33107	4606	297115	169654	81997
3748	265433	1440	10342	25649	504	140274	84113	37167
2230		3585	1465	126579	3437	281682	88132	190351
178749	8950	3120	85292	86282	3485	981326	339539	178963
51764	33531	796	3068	25335	1908	213783	107516	61193
6242	4991	9090	14195	115171	17426	209946	90537	67923
	201	347	380	1016		6151	5081	707
7227	59359	2904	18949	17722	383	418987	325289	43540
9737	16083	1460	488	25113	1117	111841	52266	12235
6098	9640	33	4260	20977	1570	37823	15491	12950
22301	947			6571	618	19406	9586	51857
65999	18150	5365	5723	10698	210	200313	105161	65097

3—60 分地区普通小学

地区	总计	国家财政性教育经费	预算内教育经费	教育事业费拨款	基本建设拨款	科研拨款	其他拨款	各级政府征收用于教育的税费	教育费附加
合计	**294829746**	**267388633**	**251754626**	**222550797**	**2415291**		**26788538**	**13765716**	**10753293**
北京	7621772	6788337	6367702	5089722	371490		906490	420155	419903
天津	3028060	2824449	2681932	2580348	41455		60129	123152	123152
河北	12345313	11736714	11035463	10180172	12256		843035	690290	396254
山西	7799370	7256857	6725183	6266539	26393		432251	288061	286743
内蒙古	5939147	5757609	5384800	4388023	70584		926193	291695	265586
辽宁	9074342	8709187	8336840	7031600	43192		1262048	365221	272156
吉林	6181126	5860298	5656502	4495742	2062		1158698	102187	102187
黑龙江	8147916	7839151	7046423	6811433	21593		213397	317636	317636
上海	6721407	6126741	5507650	5284834	50130		172686	601561	544799
江苏	20747441	18278373	16393149	14792688	279177		1321284	1857587	1350665
浙江	17365944	14553661	12601039	11707287	215533		678219	1952076	995290
安徽	11320056	10824494	10465321	8670320	62263		1732738	328389	241358
福建	8898555	7981329	7587644	6501681	37955		1048008	392190	252672
江西	7725429	7237116	6998575	6239616	82214		676745	223145	203135
山东	17011363	15845658	14553310	14406600	9626		137084	1185652	853893
河南	16415912	15554856	15099218	13557292	51470		1490456	442748	442748
湖北	8594417	7753421	7392554	7106304	21374		264876	314196	256137
湖南	10993266	10099838	9708228	8143295	27029		1537904	339230	339230
广东	31365614	23247019	21935797	18458186	433905		3043706	1280224	1280224
广西	9249495	8826521	8549914	7547165	57803		944946	251849	165146
海南	2464754	2251322	1905025	1720642	59671		124712	79424	75676
重庆	6444457	5838593	5602933	4249183	59839		1293911	232079	229849
四川	16150166	14815310	14245186	11673439	75029		2496718	556074	377327
贵州	7553074	7249987	7041153	6792698	37585		210870	174507	122743
云南	9901649	9494414	9268897	7913787	36790		1318320	211516	205274
西藏	1595288	1587034	1586486	1452168	53390		80928		
陕西	7517490	7011400	6646524	6303796	25240		317488	291285	284058
甘肃	5540568	5390433	5227717	4887183	9352		331182	142449	132712
青海	1822029	1746019	1696321	1440301	33419		222601	40025	33927
宁夏	1993811	1915977	1862143	1641301	1651		219191	52887	30586
新疆	7300515	6986515	6644997	5217452	105821		1321724	218226	152227

教育经费收入情况

单位：千元

地方教育附加	企业办学中的企业拨款	校办产业和社会服务收入用于教育的经费	民办学校中举办者投入	社会捐赠经费	#农村	事业收入	#学杂费	其他收入
3012423	**1654280**	**214011**	**1349383**	**2639875**	**343502**	**18305647**	**9886890**	**5146208**
252		480	3840	105231	3738	600970	183577	123394
	17962	1403	6000	2894		133188	22009	61529
294036	6577	4384	18659	41461	12500	439092	283868	109387
1318	241975	1638	41931	73718	22937	386006	272064	40858
26109	77674	3440	5809	22213	2372	114713	67752	38803
93065	6414	712	14266	2628	566	284078	166118	64183
	92925	8684	10974	64579	813	177437	66682	67838
	463046	12046	24529	3423	40	219290	136826	61523
56762	14311	3219		5192	149	402864	260618	186610
506922	17621	10016	37910	440899	17041	1326260	320899	663999
956786		546	37937	559394	48908	1192878	442052	1022074
87031	28880	1904	30408	73495	5876	250633	54219	141026
139518		1495	70831	80715	23344	629776	305998	135904
20010	9880	5516	50456	52397	4804	331596	134239	53864
331759	104106	2590	34568	154693	55789	738263	404092	238181
	5906	6984	48325	17540	1177	705908	458819	89283
58059	6240	40431	20523	42943	2811	560590	235140	216940
	1094	51286	67292	58030	8251	571917	212724	196189
	18702	12296	670208	338802	97122	6286654	4456828	822931
86703	14520	10238	10755	33107	4606	297115	169654	81997
3748	265433	1440	10342	25649	504	140274	84113	37167
2230		3581	1465	129654	3437	284055	89505	190690
178747	10930	3120	85292	86282	3485	983778	339952	179504
51764	33531	796	3068	25335	1908	213435	107168	61249
6242	4991	9010	14195	115171	17426	209946	90537	67923
	201	347	380	1016		6151	5081	707
7227	70613	2978	18949	17723	383	424747	328320	44671
9737	18807	1460	488	25113	1117	112299	52570	12235
6098	9640	33	4260	20977	1570	37823	15491	12950
22301	947			6571	618	19406	9586	51857
65999	111354	11938	5723	13030	210	224505	110389	70742

3—61 分地区中央属普通小学

地区	总计	国家财政性教育经费	预算内教育经费	教育事业费拨款	基本建设拨款	科研拨款	其他拨款	各级政府征收用于教育的税费	教育费附加
合计	**1225061**	**1091134**	**814050**	**754135**	**32798**		**27117**	**680**	**680**
北京	56726	38013	37909	37909					
天津	9829	9081	8964	8684			280		
河北	555	436							
山西	20640	18079	7591	7502			89		
内蒙古									
辽宁									
吉林	57313	24256	15080	13080			2000		
黑龙江	172130	156338	24333	24284			49	630	630
上海									
江苏									
浙江									
安徽									
福建									
江西									
山东	766	766							
河南	10204	6382							
湖北	14745	10719	10719	10719					
湖南	1739	421						50	50
广东	6523	1380							
广西									
海南									
重庆	11242	5434	5434	5109			325		
四川	5221	1980							
贵州	60								
云南									
西藏									
陕西	18719	11827	499	94	405				
甘肃	7171	6713	3989	3989					
青海									
宁夏									
新疆	831478	799309	699532	642765	32393		24374		

教育经费收入情况

单位:千元

地方教育附加	企业办学中的企业拨款	校办产业和社会服务收入用于教育的经费	民办学校中举办者投入	社会捐赠经费	#农村	事业收入	#学杂费	其他收入
	266786	**9618**		**6410**		**52546**	**16984**	**74971**
		104				3831	2063	14882
		117		29		64		655
	436					119	119	
	10488					2561	2509	
	9176			73		169	169	32815
	131375					29		15763
	766							
	3632	2750		22		2436	699	1364
				878		1629	261	1519
	371					1318	388	
	1380					4894	423	249
				3075		2382	1373	351
	1980					2700	413	541
						4	4	56
	11254	74		1		5760	3031	1131
	2724					458	304	
	93204	6573		2332		24192	5228	5645

3—62 分地区地方普通小学

地区	总计	国家财政性教育经费	预算内教育经费	教育事业费拨款	基本建设拨款	科研拨款	其他拨款	各级政府征收用于教育的税费	教育费附加
合计	**293604685**	**266297499**	**250940576**	**221796662**	**2382493**		**26761421**	**13765036**	**10752613**
北京	7565046	6750324	6329793	5051813	371490		906490	420155	419903
天津	3018231	2815368	2672968	2571664	41455		59849	123152	123152
河北	12344758	11736278	11035463	10180172	12256		843035	690290	396254
山西	7778730	7238778	6717592	6259037	26393		432162	288061	286743
内蒙古	5939147	5757609	5384800	4388023	70584		926193	291695	265586
辽宁	9074342	8709187	8336840	7031600	43192		1262048	365221	272156
吉林	6123813	5836042	5641422	4482662	2062		1156698	102187	102187
黑龙江	7975786	7682813	7022090	6787149	21593		213348	317006	317006
上海	6721407	6126741	5507650	5284834	50130		172686	601561	544799
江苏	20747441	18278373	16393149	14792688	279177		1321284	1857587	1350665
浙江	17365944	14553661	12601039	11707287	215533		678219	1952076	995290
安徽	11320056	10824494	10465321	8670320	62263		1732738	328389	241358
福建	8898555	7981329	7587644	6501681	37955		1048008	392190	252672
江西	7725429	7237116	6998575	6239616	82214		676745	223145	203135
山东	17010597	15844892	14553310	14406600	9626		137084	1185652	853893
河南	16405708	15548474	15099218	13557292	51470		1490456	442748	442748
湖北	8579672	7742702	7381835	7095585	21374		264876	314196	256137
湖南	10991527	10099417	9708228	8143295	27029		1537904	339180	339180
广东	31359091	23245639	21935797	18458186	433905		3043706	1280224	1280224
广西	9249495	8826521	8549914	7547165	57803		944946	251849	165146
海南	2464754	2251322	1905025	1720642	59671		124712	79424	75676
重庆	6433215	5833159	5597499	4244074	59839		1293586	232079	229849
四川	16144945	14813330	14245186	11673439	75029		2496718	556074	377327
贵州	7553014	7249987	7041153	6792698	37585		210870	174507	122743
云南	9901649	9494414	9268897	7913787	36790		1318320	211516	205274
西藏	1595288	1587034	1586486	1452168	53390		80928		
陕西	7498771	6999573	6646025	6303702	24835		317488	291285	284058
甘肃	5533397	5383720	5223728	4883194	9352		331182	142449	132712
青海	1822029	1746019	1696321	1440301	33419		222601	40025	33927
宁夏	1993811	1915977	1862143	1641301	1651		219191	52887	30586
新疆	6469037	6187206	5945465	4574687	73428		1297350	218226	152227

教育经费收入情况

单位：千元

地方教育附加	企业办学中的企业拨款	校办产业和社会服务收入用于教育的经费	民办学校中举办者投入	社会捐赠经费	#农村	事业收入	#学杂费	其他收入
3012423	**1387494**	**204393**	**1349383**	**2633465**	**343502**	**18253101**	**9869906**	**5071237**
252		376	3840	105231	3738	597139	181514	108512
	17962	1286	6000	2865		133124	22009	60874
294036	6141	4384	18659	41461	12500	438973	283749	109387
1318	231487	1638	41931	73718	22937	383445	269555	40858
26109	77674	3440	5809	22213	2372	114713	67752	38803
93065	6414	712	14266	2628	566	284078	166118	64183
	83749	8684	10974	64506	813	177268	66513	35023
	331671	12046	24529	3423	40	219261	136826	45760
56762	14311	3219		5192	149	402864	260618	186610
506922	17621	10016	37910	440899	17041	1326260	320899	663999
956786		546	37937	559394	48908	1192878	442052	1022074
87031	28880	1904	30408	73495	5876	250633	54219	141026
139518		1495	70831	80715	23344	629776	305998	135904
20010	9880	5516	50456	52397	4804	331596	134239	53864
331759	103340	2590	34568	154693	55789	738263	404092	238181
	2274	4234	48325	17518	1177	703472	458120	87919
58059	6240	40431	20523	42065	2811	558961	234879	215421
	723	51286	67292	58030	8251	570599	212336	196189
	17322	12296	670208	338802	97122	6281760	4456405	822682
86703	14520	10238	10755	33107	4606	297115	169654	81997
3748	265433	1440	10342	25649	504	140274	84113	37167
2230		3581	1465	126579	3437	281673	88132	190339
178747	8950	3120	85292	86282	3485	981078	339539	178963
51764	33531	796	3068	25335	1908	213431	107164	61193
6242	4991	9010	14195	115171	17426	209946	90537	67923
	201	347	380	1016		6151	5081	707
7227	59359	2904	18949	17722	383	418987	325289	43540
9737	16083	1460	488	25113	1117	111841	52266	12235
6098	9640	33	4260	20977	1570	37823	15491	12950
22301	947			6571	618	19406	9586	51857
65999	18150	5365	5723	10698	210	200313	105161	65097

3—63 分地区农村小学

地区	总计	国家财政性教育经费	预算内教育经费	教育事业费拨款	基本建设拨款	科研拨款	其他拨款	各级政府征收用于教育的税费	教育费附加
合计	**188346641**	**180699905**	**173490398**	**154563809**	**1127799**		**17798790**	**6588818**	**4706535**
北京	2813695	2718930	2500137	2140128	117979		242030	218417	218167
天津	1362029	1297742	1249740	1213595	12094		24051	47973	47973
河北	9010249	8798365	8322305	7698127	8326		615852	474560	237089
山西	5353899	5201145	5057967	4771378	9953		276636	126137	125667
内蒙古	3173139	3120731	3053584	2474658	11577		567349	63477	57189
辽宁	5181630	5107755	4902144	4203755	11201		687188	204123	180252
吉林	3793188	3754609	3686364	3018995	1970		665399	31221	31221
黑龙江	4460096	4428604	4299080	4196449	15357		87274	56290	56290
上海	2062332	1990222	1917201	1776683	29220		111298	72014	32278
江苏	12085084	11354953	10342855	9288094	101546		953215	1007145	716541
浙江	10492371	9362645	8186150	7797091	88832		300227	1176422	543259
安徽	8369387	8202919	8045234	6753470	47253		1244511	151437	108265
福建	6122801	5803687	5602125	4821184	27299		753642	201138	117081
江西	5448111	5237367	5131478	4595058	59475		476945	102921	95673
山东	12557042	12081479	11430356	11303252	8276		118828	636000	397498
河南	12123878	11960134	11746738	10625703	19376		1101659	210605	210605
湖北	5346478	5165369	5034173	4865012	13031		156130	102954	93549
湖南	7535351	7226577	7084375	5910744	18802		1154829	106436	106436
广东	14033533	12202413	11867630	10052266	176279		1639085	328118	328118
广西	7236967	7107508	6963012	6177953	35045		750014	138824	91664
海南	1774735	1715460	1425007	1281441	51862		91704	48593	47838
重庆	4434783	4254143	4125832	3196437	42207		887188	126654	124624
四川	12111576	11681261	11309239	9235267	50164		2023808	369061	218558
贵州	5756019	5661690	5553544	5365183	33723		154638	99939	77399
云南	7971440	7794689	7647044	6612056	26290		1008698	140697	135479
西藏	1032408	1031640	1031640	949814	24450		57376		
陕西	5445443	5349469	5140497	4856878	21468		262151	175689	169803
甘肃	4166919	4116300	4057140	3799808	7352		249980	58399	51420
青海	1132133	1104744	1087212	951673	24460		111079	13683	11406
宁夏	1251964	1236142	1209744	1086038	1592		122114	26398	16157
新疆	4707961	4631213	4480851	3545619	31340		903892	73493	59036

教育经费收入情况

单位：千元

地方教育附加	企业办学中的企业拨款	校办产业和社会服务收入用于教育的经费	民办学校中举办者投入	社会捐赠经费	#农村	事业收入	#学杂费	其他收入
1882283	**501520**	**119169**	**180693**	**1100541**	**306007**	**4105761**	**855981**	**2259741**
250		376	1544	16691	3738	59632	2818	16898
		29		1817		31255	89	31215
237471	923	577	2941	31290	12155	107980	32328	69673
470	15675	1366	7347	45595	16576	69053	41498	30759
6288	1677	1993	4545	5298	2260	21634	4645	20931
23871	780	708		1504	566	41375	750	30996
	30605	6419	328	7028	789	19550	435	11673
	70923	2311	334	631	40	22873	2658	7654
39736		1007		2592	149	44219	2350	25299
290604		4953	1026	75110	17001	383250	35022	270745
633163		73	18453	156187	44705	390403	57580	564683
43172	4988	1260	8878	36124	5671	67821	14038	53645
84057		424	9282	55454	21820	161053	43687	93325
7248	1850	1118	8076	43242	2964	129145	47142	30281
238502	13588	1535	27650	92690	52201	240119	97029	115104
		2791	8817	9521	1077	125127	37629	20279
9405	302	27940	12051	16976	2243	91263	10565	60819
	723	35043	4826	37689	7626	165573	12310	100686
	3000	3665	29280	196372	80915	1263618	330958	341850
47160	1756	3916		20184	4086	67925	4719	41350
755	240824	1036	3433	5575	504	26875	12057	23392
2030		1657	1455	18407	2725	94843	3981	65935
150503	1058	1903	8556	51747	3209	275412	13101	94600
22540	7554	653	348	22378	1803	42012	14035	29591
5218		6948	1607	87977	17396	43226	3666	43941
				750				18
5886	30961	2322	15478	13662	334	50752	29200	16082
6979	153	608		19095	1117	26217	10	5307
2277	3849		4060	15906	1570	1267	5	6156
10241				5182	557	4175		6465
14457	70331	6538	378	7867	210	38114	1676	30389

3—64 分地区中央属农村小学

地 区	总 计	国 家 财政性 教育经费	预算内 教育经费	教育事业 费拨款	基本建设 拨 款	科 研 拨 款	其 他 拨 款	各级政府 征 收 用于教育 的税费	教育费 附 加
合 计	**612279**	**603861**	**527010**	**483602**	**24468**		**18940**		
北 京									
天 津									
河 北									
山 西									
内蒙古									
辽 宁									
吉 林									
黑龙江									
上 海									
江 苏									
浙 江									
安 徽									
福 建									
江 西									
山 东									
河 南									
湖 北									
湖 南									
广 东									
广 西									
海 南									
重 庆									
四 川									
贵 州	60								
云 南									
西 藏									
陕 西	4083	3913							
甘 肃									
青 海									
宁 夏									
新 疆	608136	599948	527010	483602	24468		18940		

教育经费收入情况

单位:千元

地方教育附加	企业办学中的企业拨款	校办产业和社会服务收入用于教育的经费	民办学校中举办者投入	社会捐赠经费	#农村	事业收入	#学杂费	其他收入
	71918	**4933**		**582**		**6817**	**754**	**1019**
						4	4	56
	3913			1		159	150	10
	68005	4933		581		6654	600	953

3—65 分地区地方农村小学

地区	总计	国家财政性教育经费	预算内教育经费	教育事业费拨款	基本建设拨款	科研拨款	其他拨款	各级政府征收用于教育的税费	教育费附加
合计	**187734362**	**180096044**	**172963388**	**154080207**	**1103331**		**17779850**	**6588818**	**4706535**
北京	2813695	2718930	2500137	2140128	117979		242030	218417	218167
天津	1362029	1297742	1249740	1213595	12094		24051	47973	47973
河北	9010249	8798365	8322305	7698127	8326		615852	474560	237089
山西	5353899	5201145	5057967	4771378	9953		276636	126137	125667
内蒙古	3173139	3120731	3053584	2474658	11577		567349	63477	57189
辽宁	5181630	5107755	4902144	4203755	11201		687188	204123	180252
吉林	3793188	3754609	3686364	3018995	1970		665399	31221	31221
黑龙江	4460096	4428604	4299080	4196449	15357		87274	56290	56290
上海	2062332	1990222	1917201	1776683	29220		111298	72014	32278
江苏	12085084	11354953	10342855	9288094	101546		953215	1007145	716541
浙江	10492371	9362645	8186150	7797091	88832		300227	1176422	543259
安徽	8369387	8202919	8045234	6753470	47253		1244511	151437	108265
福建	6122801	5803687	5602125	4821184	27299		753642	201138	117081
江西	5448111	5237367	5131478	4595058	59475		476945	102921	95673
山东	12557042	12081479	11430356	11303252	8276		118828	636000	397498
河南	12123878	11960134	11746738	10625703	19376		1101659	210605	210605
湖北	5346478	5165369	5034173	4865012	13031		156130	102954	93549
湖南	7535351	7226577	7084375	5910744	18802		1154829	106436	106436
广东	14033533	12202413	11867630	10052266	176279		1639085	328118	328118
广西	7236967	7107508	6963012	6177953	35045		750014	138824	91664
海南	1774735	1715460	1425007	1281441	51862		91704	48593	47838
重庆	4434783	4254143	4125832	3196437	42207		887188	126654	124624
四川	12111576	11681261	11309239	9235267	50164		2023808	369061	218558
贵州	5755959	5661690	5553544	5365183	33723		154638	99939	77399
云南	7971440	7794689	7647044	6612056	26290		1008698	140697	135479
西藏	1032408	1031640	1031640	949814	24450		57376		
陕西	5441360	5345556	5140497	4856878	21468		262151	175689	169803
甘肃	4166919	4116300	4057140	3799808	7352		249980	58399	51420
青海	1132133	1104744	1087212	951673	24460		111079	13683	11406
宁夏	1251964	1236142	1209744	1086038	1592		122114	26398	16157
新疆	4099825	4031265	3953841	3062017	6872		884952	73493	59036

教育经费收入情况

单位：千元

地方教育附加	企业办学中的企业拨款	校办产业和社会服务收入用于教育的经费	民办学校中举办者投入	社会捐赠经费	#农村	事业收入	#学杂费	其他收入
1882283	**429602**	**114236**	**180693**	**1099959**	**306007**	**4098944**	**855227**	**2258722**
250		376	1544	16691	3738	59632	2818	16898
		29		1817		31255	89	31215
237471	923	577	2941	31290	12155	107980	32328	69673
470	15675	1366	7347	45595	16576	69053	41498	30759
6288	1677	1993	4545	5298	2260	21634	4645	20931
23871	780	708		1504	566	41375	750	30996
	30605	6419	328	7028	789	19550	435	11673
	70923	2311	334	631	40	22873	2658	7654
39736		1007		2592	149	44219	2350	25299
290604		4953	1026	75110	17001	383250	35022	270745
633163		73	18453	156187	44705	390403	57580	564683
43172	4988	1260	8878	36124	5671	67821	14038	53645
84057		424	9282	55454	21820	161053	43687	93325
7248	1850	1118	8076	43242	2964	129145	47142	30281
238502	13588	1535	27650	92690	52201	240119	97029	115104
		2791	8817	9521	1077	125127	37629	20279
9405	302	27940	12051	16976	2243	91263	10565	60819
	723	35043	4826	37689	7626	165573	12310	100686
	3000	3665	29280	196372	80915	1263618	330958	341850
47160	1756	3916		20184	4086	67925	4719	41350
755	240824	1036	3433	5575	504	26875	12057	23392
2030		1657	1455	18407	2725	94843	3981	65935
150503	1058	1903	8556	51747	3209	275412	13101	94600
22540	7554	653	348	22378	1803	42008	14031	29535
5218		6948	1607	87977	17396	43226	3666	43941
				750				18
5886	27048	2322	15478	13661	334	50593	29050	16072
6979	153	608		19095	1117	26217	10	5307
2277	3849		4060	15906	1570	1267	5	6156
10241				5182	557	4175		6465
14457	2326	1605	378	7286	210	31460	1076	29436

3—66 分地区成人小学

地区	总计	国家财政性教育经费	预算内教育经费	教育事业费拨款	基本建设拨款	科研拨款	其他拨款	各级政府征收用于教育的税费	教育费附加
合计	**42622**	**37578**	**36850**	**35650**			**1200**	**644**	**642**
北京									
天津									
河北	1555	1555	1555	1555					
山西	3746	3645	3645	3645					
内蒙古									
辽宁									
吉林									
黑龙江									
上海									
江苏	1821	1821	1821	1821					
浙江									
安徽									
福建	15740	14058	13891	13214			677	167	167
江西									
山东									
河南	549	549	549	549					
湖北	731	670	670	670					
湖南									
广东	2579								
广西	134	134	134	134					
海南									
重庆	6744	6723	6536	6437			99	183	183
四川	4764	4516	4352	4106			246	164	162
贵州	587	235	235	235					
云南	3672	3672	3462	3284			178	130	130
西藏									
陕西									
甘肃									
青海									
宁夏									
新疆									

教育经费收入情况

单位:千元

地方教育附加	企业办学中的企业拨款	校办产业和社会服务收入用于教育的经费	民办学校中举办者投入	社会捐赠经费	#农村	事业收入	#学杂费	其他收入
2		**84**		**1**		**4755**	**4081**	**288**
						101		
				1		1440	1150	241
						26		35
						2579	2579	
		4				9		12
2						248		
						352	352	
		80						

3—67 分地区特殊教育

地区	总计	国家财政性教育经费							
			预算内教育经费					各级政府征收用于教育的税费	
				教育事业费拨款	基本建设拨款	科研拨款	其他拨款		教育费附加
合计	**3116273**	**2881353**	**2613114**	**2362267**	**23480**		**227367**	**267275**	**233243**
北京	237894	226521	213548	180777	6350		26421	12973	12973
天津	64288	61510	61381	60019			1362	120	120
河北	103522	100592	84179	79860			4319	16409	13898
山西	77757	70741	62533	59537	580		2416	8208	8208
内蒙古	53199	50685	49242	39933	4892		4417	1443	913
辽宁	162945	157220	147846	128287			19559	9374	9274
吉林	112060	108174	105192	85247			19945	2869	2869
黑龙江	119521	115925	114119	111066			3053	1806	1806
上海	307156	280357	259343	252862			6481	20884	20884
江苏	269423	236487	212127	201292			10835	24360	17742
浙江	172396	156385	134919	119743	1020		14156	21466	16272
安徽	96117	88948	77300	46966	200		30134	11648	9767
福建	104694	98258	89999	78399	3910		7690	8241	7780
江西	35213	28809	22623	20485	50		2088	6158	5858
山东	300371	282060	240213	238390	100		1723	41847	30277
河南	125330	120530	108525	95765	460		12300	11949	11949
湖北	90844	80873	70275	66736	120		3419	10442	9995
湖南	73749	64426	57479	54585	400		2494	6608	6608
广东	235898	209391	192865	164036	3161		25668	16448	16448
广西	32810	28567	26379	23139	900		2340	2188	742
海南	8243	7981	7981	7913			68		
重庆	49914	46179	37909	30597			7312	8257	8157
四川	83511	77239	66909	59438	240		7231	10310	9027
贵州	33934	32055	27981	27415			566	4074	2695
云南	53525	46441	43190	38624	500		4066	3251	3251
西藏	2768	2706	2706	2692			14		
陕西	26504	24553	23669	23338			331	884	884
甘肃	36162	35553	31792	30307	597		888	3761	3571
青海	9126	8816	8586	6815			1771	230	230
宁夏	15900	15211	14632	13562			1070	579	579
新疆	21499	18160	17672	14442			3230	488	466

教育经费收入情况

单位：千元

地方教育附加	企业办学中的企业拨款	校办产业和社会服务收入用于教育的经费	民办学校中举办者投入	社会捐赠经费	#农村	事业收入	#学杂费	其他收入
34032		**964**	**421**	**37513**	**1845**	**108008**	**27884**	**88978**
				652		8024	2185	2697
		9				1052	366	1726
2511		4	113	344	21	1778	342	695
				221	128	5979	1944	816
530				33		2310	14	171
100				361		4765	347	599
		113		570		2714	1519	602
				1013		2020		563
		130		589		5771	2676	20439
6618				6746	777	11928	2139	14262
5194				1710		4693	742	9608
1881				1281	58	3380	108	2508
461		18		2424	13	2154	525	1858
300		28		3904	19	1545	221	955
11570			230	4731	166	8434	1524	4916
		56		578	79	2862	591	1360
447		156		3345	117	2656	539	3970
		339	78	1786	68	4103	749	3356
		78		3494	336	18083	8266	4930
1446				951	47	1981	199	1311
				113		53		96
100		13		969		756	208	2010
1283		20		736	14	3284	552	2252
1379				107	2	1103	559	669
				161		1942	250	4981
				60				2
				93		1142	757	716
190				68		490	260	51
				193		57	57	60
				108		244	48	337
22				172		2705	197	462

3—68 分地区特殊教育学校

地区	总计	国家财政性教育经费							
			预算内教育经费					各级政府征收用于教育的税费	
				教育事业费拨款	基本建设拨款	科研拨款	其他拨款		教育费附加
合计	**3013833**	**2791818**	**2529879**	**2293166**	**20270**		**216443**	**260975**	**226943**
北京	226206	216520	205201	174752	6350		24099	11319	11319
天津	64288	61510	61381	60019			1362	120	120
河北	103522	100592	84179	79860			4319	16409	13898
山西	77757	70741	62533	59537	580		2416	8208	8208
内蒙古	53199	50685	49242	39933	4892		4417	1443	913
辽宁	139966	134785	125926	111670			14256	8859	8759
吉林	108458	104825	101843	83002			18841	2869	2869
黑龙江	119521	115925	114119	111066			3053	1806	1806
上海	301043	275194	254180	247699			6481	20884	20884
江苏	269423	236487	212127	201292			10835	24360	17742
浙江	165039	149598	129182	114916	1020		13246	20416	15222
安徽	96117	88948	77300	46966	200		30134	11648	9767
福建	94928	88768	80509	72283	700		7526	8241	7780
江西	34948	28545	22359	20270	50		2039	6158	5858
山东	300371	282060	240213	238390	100		1723	41847	30277
河南	123519	119051	107046	94286	460		12300	11949	11949
湖北	85873	75916	65618	62767	120		2731	10142	9695
湖南	73749	64426	57479	54585	400		2494	6608	6608
广东	207277	188647	174359	145538	3161		25660	14210	14210
广西	30543	26554	24439	21222	900		2317	2115	669
海南	8243	7981	7981	7913			68		
重庆	48898	45175	36905	29890			7015	8257	8157
四川	83178	77021	66691	59220	240		7231	10310	9027
贵州	32283	30424	26820	26310			510	3604	2225
云南	53525	46441	43190	38624	500		4066	3251	3251
西藏	2768	2706	2706	2692			14		
陕西	26504	24553	23669	23338			331	884	884
甘肃	36162	35553	31792	30307	597		888	3761	3571
青海	9126	8816	8586	6815			1771	230	230
宁夏	15900	15211	14632	13562			1070	579	579
新疆	21499	18160	17672	14442			3230	488	466

教育经费收入情况

单位：千元

地方教育附加	企业办学中的企业拨款	校办产业和社会服务收入用于教育的经费	民办学校中举办者投入	社会捐赠经费	#农村	事业收入	#学杂费	其他收入
34032		**964**	**421**	**37452**	**1845**	**97660**	**24729**	**86482**
				652		7516	1709	1518
		9				1052	366	1726
2511		4	113	344	21	1778	342	695
				221	128	5979	1944	816
530				33		2310	14	171
100				361		4224	167	596
		113		570		2463	1519	600
				1013		2020		563
		130		589		5703	2676	19557
6618				6746	777	11928	2139	14262
5194				1710		4373	522	9358
1881				1281	58	3380	108	2508
461		18		2389	13	2057	525	1714
300		28		3904	19	1545	221	954
11570			230	4731	166	8434	1524	4916
		56		578	79	2530	575	1360
447		156		3345	117	2656	539	3956
		339	78	1786	68	4103	749	3356
		78		3494	336	10218	6010	4918
1446				925	47	1761	195	1303
				113		53		96
100		13		969		745	208	2009
1283		20		736	14	3169	552	2252
1379				107	2	1083	556	669
				161		1942	250	4981
				60				2
				93		1142	757	716
190				68		490	260	51
				193		57	57	60
				108		244	48	337
22				172		2705	197	462

3—69 分地区工读学校

地区	总计	国家财政性教育经费	预算内教育经费	教育事业费拨款	基本建设拨款	科研拨款	其他拨款	各级政府征收用于教育的税费	教育费附加
合计	**102440**	**89535**	**83235**	**69101**	**3210**		**10924**	**6300**	**6300**
北京	11688	10001	8347	6025			2322	1654	1654
天津									
河北									
山西									
内蒙古									
辽宁	22979	22435	21920	16617			5303	515	515
吉林	3602	3349	3349	2245			1104		
黑龙江									
上海	6113	5163	5163	5163					
江苏									
浙江	7357	6787	5737	4827			910	1050	1050
安徽									
福建	9766	9490	9490	6116	3210		164		
江西	265	264	264	215			49		
山东									
河南	1811	1479	1479	1479					
湖北	4971	4957	4657	3969			688	300	300
湖南									
广东	28621	20744	18506	18498			8	2238	2238
广西	2267	2013	1940	1917			23	73	73
海南									
重庆	1016	1004	1004	707			297		
四川	333	218	218	218					
贵州	1651	1631	1161	1105			56	470	470
云南									
西藏									
陕西									
甘肃									
青海									
宁夏									
新疆									

教育经费收入情况

单位:千元

地方教育附加	企业办学中的企业拨款	校办产业和社会服务收入用于教育的经费	民办学校中举办者投入	社会捐赠经费	#农村	事业收入	#学杂费	其他收入
				61		**10348**	**3155**	**2496**
						508	476	1179
						541	180	3
						251		2
						68		882
						320	220	250
				35		97		144
								1
						332	16	
								14
						7865	2256	12
				26		220	4	8
						11		1
						115		
						20	3	

3—70 分地区幼儿园

地区	总计	国家财政性教育经费	预算内教育经费	教育事业费拨款	基本建设拨款	科研拨款	其他拨款	各级政府征收用于教育的税费	教育费附加
合计	**15713892**	**10282693**	**9549467**	**8531959**	**121308**		**896200**	**715568**	**570853**
北京	726325	474972	444436	354042	25000		65394	30486	30335
天津	453382	274132	263492	255326	354		7812	10566	10566
河北	725307	554149	537537	501371			36166	16582	14013
山西	370491	254968	241904	232987	711		8206	12526	12456
内蒙古	399787	325058	306224	247823	8795		49606	18795	17435
辽宁	277997	208264	198201	158910	11440		27851	9443	2755
吉林	223498	179175	171583	136630			34953	7487	7487
黑龙江	172719	144157	141607	139052			2555	1294	1294
上海	2894614	2208984	1920158	1831315	37230		51613	288721	259228
江苏	1314025	696222	586356	525779	16786		43791	109418	76956
浙江	1251459	611186	514938	481458	2220		31260	96234	40730
安徽	315235	209346	205849	172861			32988	3367	3287
福建	639015	407740	396179	355879	2784		37516	11473	10657
江西	186917	116353	112211	97251			14960	4055	2188
山东	551956	243846	234777	233491			1286	9069	8324
河南	486094	326445	311732	274130	117		37485	14263	14263
湖北	328310	202028	192752	186918	5		5829	6213	4704
湖南	221700	113431	107332	91645	464		15223	4609	4609
广东	1085767	516527	504290	411264	2895		90131	8773	8773
广西	336921	196049	190571	172908			17663	2674	1976
海南	34224	21324	20697	19207	50		1440	70	70
重庆	180147	119479	115831	86123	278		29430	3231	3231
四川	608606	372322	362351	287484	200		74667	9941	6217
贵州	221552	164638	159271	154814	82		4375	5367	2573
云南	526566	378561	372915	313924	2476		56515	4184	3750
西藏	30324	27925	27925	27384			541		
陕西	228899	175146	169442	165266			4176	5611	5396
甘肃	297052	255788	242399	224453	500		17446	13245	11048
青海	56400	49178	47434	36535	200		10699	1744	1721
宁夏	113039	78978	77904	63464			14440	1074	814
新疆	455564	376322	371169	292265	8721		70183	5053	3997

教育经费收入情况

单位:千元

地方教育附加	企业办学中的企业拨款	校办产业和社会服务收入用于教育的经费	民办学校中举办者投入	社会捐赠经费	#农村	事业收入	#学杂费	其他收入
144715	**1337**	**16321**		**152282**	**10081**	**4826441**		**452476**
151		50		48404		197616		5333
		74		25		177588		1637
2569		30		3457	1540	156589		11112
70		538		2404	193	106791		6328
1360		39		237		71489		3003
6688		620		64		67526		2143
		105		10		41941		2372
	1256			14		27672		876
29493		105		3488	101	601936		80206
32462		448		7738	141	556171		53894
55504		14		15785	855	557895		66593
80		130		7501		85843		12545
816		88		3553	115	216625		11097
1867		87		71	1	66112		4381
745				2916	557	285990		19204
		450		46		138148		21455
1509		3063		2134	6	112319		11829
		1490		4678	95	90911		12680
		3464		26591	200	494933		47716
698		2804		498	18	132930		7444
		557				10243		2657
		417		8369	96	46038		6261
3724		30		1701	514	196817		37766
2794				418		52163		4333
434		1462		6222	5626	134010		7773
						2399		
215		93		191	2	51836		1726
2197		144		111		40974		179
23				16		6826		380
260				719	13	28888		4454
1056	81	19		4921	8	69222		5099

3—71 分地区中央属幼儿园

地区	总计	国家财政性教育经费	预算内教育经费	教育事业费拨款	基本建设拨款	科研拨款	其他拨款	各级政府征收用于教育的税费	教育费附加
合计	**6766**	**4613**	**3276**	**2161**			**1115**		
北京									
天津									
河北									
山西									
内蒙古									
辽宁									
吉林									
黑龙江	2063	1817	561	561					
上海									
江苏									
浙江									
安徽									
福建									
江西									
山东									
河南									
湖北									
湖南									
广东									
广西									
海南									
重庆	65	6	6				6		
四川									
贵州									
云南									
西藏									
陕西									
甘肃									
青海									
宁夏									
新疆	4638	2790	2709	1600			1109		

教育经费收入情况

单位：千元

地方教育附加	企业办学中的企业拨款	校办产业和社会服务收入用于教育的经费	民办学校中举办者投入	社会捐赠经费	#农村	事业收入	#学杂费	其他收入
	1337			**15**		**1622**		**516**
	1256					78		168
				15		44		
	81					1500		348

3—72 分地区地方幼儿园

地区	总计	国家财政性教育经费							
			预算内教育经费	教育事业费拨款	基本建设拨款	科研拨款	其他拨款	各级政府征收用于教育的税费	教育费附加
合计	**15707126**	**10278080**	**9546191**	**8529798**	**121308**		**895085**	**715568**	**570853**
北京	726325	474972	444436	354042	25000		65394	30486	30335
天津	453382	274132	263492	255326	354		7812	10566	10566
河北	725307	554149	537537	501371			36166	16582	14013
山西	370491	254968	241904	232987	711		8206	12526	12456
内蒙古	399787	325058	306224	247823	8795		49606	18795	17435
辽宁	277997	208264	198201	158910	11440		27851	9443	2755
吉林	223498	179175	171583	136630			34953	7487	7487
黑龙江	170656	142340	141046	138491			2555	1294	1294
上海	2894614	2208984	1920158	1831315	37230		51613	288721	259228
江苏	1314025	696222	586356	525779	16786		43791	109418	76956
浙江	1251459	611186	514938	481458	2220		31260	96234	40730
安徽	315235	209346	205849	172861			32988	3367	3287
福建	639015	407740	396179	355879	2784		37516	11473	10657
江西	186917	116353	112211	97251			14960	4055	2188
山东	551956	243846	234777	233491			1286	9069	8324
河南	486094	326445	311732	274130	117		37485	14263	14263
湖北	328310	202028	192752	186918	5		5829	6213	4704
湖南	221700	113431	107332	91645	464		15223	4609	4609
广东	1085767	516527	504290	411264	2895		90131	8773	8773
广西	336921	196049	190571	172908			17663	2674	1976
海南	34224	21324	20697	19207	50		1440	70	70
重庆	180082	119473	115825	86123	278		29424	3231	3231
四川	608606	372322	362351	287484	200		74667	9941	6217
贵州	221552	164638	159271	154814	82		4375	5367	2573
云南	526566	378561	372915	313924	2476		56515	4184	3750
西藏	30324	27925	27925	27384			541		
陕西	228899	175146	169442	165266			4176	5611	5396
甘肃	297052	255788	242399	224453	500		17446	13245	11048
青海	56400	49178	47434	36535	200		10699	1744	1721
宁夏	113039	78978	77904	63464			14440	1074	814
新疆	450926	373532	368460	290665	8721		69074	5053	3997

教育经费收入情况

单位:千元

地方教育附加	企业办学中的企业拨款	校办产业和社会服务收入用于教育的经费	民办学校中举办者投入	社会捐赠经费	#农村	事业收入	#学杂费	其他收入
144715		**16321**		**152267**	**10081**	**4824819**		**451960**
151		50		48404		197616		5333
		74		25		177588		1637
2569		30		3457	1540	156589		11112
70		538		2404	193	106791		6328
1360		39		237		71489		3003
6688		620		64		67526		2143
		105		10		41941		2372
				14		27594		708
29493		105		3488	101	601936		80206
32462		448		7738	141	556171		53894
55504		14		15785	855	557895		66593
80		130		7501		85843		12545
816		88		3553	115	216625		11097
1867		87		71	1	66112		4381
745				2916	557	285990		19204
		450		46		138148		21455
1509		3063		2134	6	112319		11829
		1490		4678	95	90911		12680
		3464		26591	200	494933		47716
698		2804		498	18	132930		7444
		557				10243		2657
		417		8354	96	45994		6261
3724		30		1701	514	196817		37766
2794				418		52163		4333
434		1462		6222	5626	134010		7773
						2399		
215		93		191	2	51836		1726
2197		144		111		40974		179
23				16		6826		380
260				719	13	28888		4454
1056		19		4921	8	67722		4751

3—73 分地区教育行政单位

地区	总计	国家财政性教育经费	预算内教育经费	教育事业费拨款	基本建设拨款	科研拨款	其他拨款	各级政府征收用于教育的税费	教育费附加
合计	**19123621**	**15874239**	**12423096**	**10485257**	**401641**		**1536198**	**3433704**	**2797253**
北京	485271	459114	449943	389145			60798	9170	9170
天津	249997	203721	176989	174968			2021	26732	26732
河北	552151	439202	362414	313685	8000		40729	76760	68660
山西	732395	637957	494414	396521	41831		56062	143543	141662
内蒙古	530973	476058	392695	317285	18232		57178	83363	64952
辽宁	580478	537699	433742	345798	2176		85768	103957	83060
吉林	175976	147655	130614	112920			17694	17035	17035
黑龙江	316023	296030	267877	262479			5398	27679	27679
上海	152102	135286	135286	124793			10493		
江苏	1297274	880916	681203	601987	50000		29216	199713	138580
浙江	1253897	1092313	791118	683393	600		107125	300813	190998
安徽	503007	360224	297172	251191			45981	62552	52343
福建	503652	375587	298860	252699			46161	76704	66356
江西	325051	279353	213260	177182	9774		26304	65493	57517
山东	1767447	1492084	864935	723807	24427		116701	627147	485317
河南	789211	713329	517375	482610	3786		30979	195954	195954
湖北	698720	446248	393101	363017	50		30034	47700	36358
湖南	991256	709802	642832	555659			87173	65397	65397
广东	1462209	1241450	1022703	800625	59135		162943	216964	216964
广西	344747	253312	253312	216264	5586		31462		
海南	131478	97643	71223	66956	1914		2353	26420	24680
重庆	436922	330446	295481	212243	3755		79483	34965	34485
四川	1060622	920366	712400	542832	34424		135144	206579	139784
贵州	1108103	1015544	611923	541314	24717		45892	403536	306009
云南	735239	626552	454188	399398	6030		48760	171404	141856
西藏	97286	97230	97230	93813			3417		
陕西	482135	460084	388993	311263	74611		3119	70791	69638
甘肃	353937	293070	196576	173427			23149	96472	80801
青海	106921	101863	76776	69746	745		6285	25087	25082
宁夏	402537	364648	320564	253860	3000		63704	44084	26226
新疆	496604	389453	377897	274377	28848		74672	7690	3958

教育经费收入情况

单位:千元

地方教育附加	企业办学中的企业拨款	校办产业和社会服务收入用于教育的经费	民办学校中举办者投入	社会捐赠经费	#农村	事业收入	#学杂费	其他收入
636451	**4335**	**13104**		**114386**	**1198**	**2089850**		**1045146**
		1				14506		11651
						10079		36197
8100		28		476		94787		17686
1881				943		74978		18517
18411				2573		42643		9699
20897				56		31743		10980
		6		6654		10085		11582
	474					17122		2871
								16816
61133				29200		180329		206829
109815		382		895		79948		80741
10209		500		7786		88593		46404
10348		23		3086		97076		27903
7976		600		615		33814		11269
141830		2		1503		204504		69356
				2957		46149		26776
11342		5447		3103		190155		59214
		1573		2306		210879		68269
		1783		5673		144112		70974
				5973	663	48251		37211
1740				1040		28686		4109
480				3247		75964		27265
66795		1387		2739		88742		48775
97527		85		2595		75342		14622
29548		960		22721	375	74399		11567
								56
1153		300		919		12266		8866
15671		22		3342		52425		5100
5						1308		3750
17858				697		15830		21362
3732	3861	5		3287	160	45135		58729

3—74 分地区中央属教育行政单位

地区	总计	国家财政性教育经费	预算内教育经费	教育事业费拨款	基本建设拨款	科研拨款	其他拨款	各级政府征收用于教育的税费	教育费附加
合计	**110691**	**89345**	**85005**	**83748**			**1257**		
北京	76644	62017	62017	62017					
天津									
河北									
山西									
内蒙古									
辽宁									
吉林									
黑龙江	777	650	176	176					
上海									
江苏									
浙江									
安徽									
福建									
江西									
山东									
河南									
湖北									
湖南									
广东									
广西									
海南									
重庆									
四川									
贵州									
云南									
西藏									
陕西									
甘肃									
青海									
宁夏									
新疆	33270	26678	22812	21555			1257		

教育经费收入情况

单位：千元

地方教育附加	企业办学中的企业拨款	校办产业和社会服务收入用于教育的经费	民办学校中举办者投入	社会捐赠经费	#农村	事业收入	#学杂费	其他收入
	4335	**5**		**13**		**17514**		**3819**
						14350		277
	474							127
	3861	5		13		3164		3415

3—75 分地区地方教育行政单位

地区	总计	国家财政性教育经费							
			预算内教育经费					各级政府征收用于教育的税费	
				教育事业费拨款	基本建设拨款	科研拨款	其他拨款		教育费附加
合计	**19012930**	**15784894**	**12338091**	**10401509**	**401641**		**1534941**	**3433704**	**2797253**
北京	408627	397097	387926	327128			60798	9170	9170
天津	249997	203721	176989	174968			2021	26732	26732
河北	552151	439202	362414	313685	8000		40729	76760	68660
山西	732395	637957	494414	396521	41831		56062	143543	141662
内蒙古	530973	476058	392695	317285	18232		57178	83363	64952
辽宁	580478	537699	433742	345798	2176		85768	103957	83060
吉林	175976	147655	130614	112920			17694	17035	17035
黑龙江	315246	295380	267701	262303			5398	27679	27679
上海	152102	135286	135286	124793			10493		
江苏	1297274	880916	681203	601987	50000		29216	199713	138580
浙江	1253897	1092313	791118	683393	600		107125	300813	190998
安徽	503007	360224	297172	251191			45981	62552	52343
福建	503652	375587	298860	252699			46161	76704	66356
江西	325051	279353	213260	177182	9774		26304	65493	57517
山东	1767447	1492084	864935	723807	24427		116701	627147	485317
河南	789211	713329	517375	482610	3786		30979	195954	195954
湖北	698720	446248	393101	363017	50		30034	47700	36358
湖南	991256	709802	642832	555659			87173	65397	65397
广东	1462209	1241450	1022703	800625	59135		162943	216964	216964
广西	344747	253312	253312	216264	5586		31462		
海南	131478	97643	71223	66956	1914		2353	26420	24680
重庆	436922	330446	295481	212243	3755		79483	34965	34485
四川	1060622	920366	712400	542832	34424		135144	206579	139784
贵州	1108103	1015544	611923	541314	24717		45892	403536	306009
云南	735239	626552	454188	399398	6030		48760	171404	141856
西藏	97286	97230	97230	93813			3417		
陕西	482135	460084	388993	311263	74611		3119	70791	69638
甘肃	353937	293070	196576	173427			23149	96472	80801
青海	106921	101863	76776	69746	745		6285	25087	25082
宁夏	402537	364648	320564	253860	3000		63704	44084	26226
新疆	463334	362775	355085	252822	28848		73415	7690	3958

教育经费收入情况

单位：千元

地方教育附加	企业办学中的企业拨款	校办产业和社会服务收入用于教育的经费	民办学校中举办者投入	社会捐赠经费	#农村	事业收入	#学杂费	其他收入
636451		**13099**		**114373**	**1198**	**2072336**		**1041327**
		1				156		11374
						10079		36197
8100		28		476		94787		17686
1881				943		74978		18517
18411				2573		42643		9699
20897				56		31743		10980
		6		6654		10085		11582
						17122		2744
								16816
61133				29200		180329		206829
109815		382		895		79948		80741
10209		500		7786		88593		46404
10348		23		3086		97076		27903
7976		600		615		33814		11269
141830		2		1503		204504		69356
				2957		46149		26776
11342		5447		3103		190155		59214
		1573		2306		210879		68269
		1783		5673		144112		70974
				5973	663	48251		37211
1740				1040		28686		4109
480				3247		75964		27265
66795		1387		2739		88742		48775
97527		85		2595		75342		14622
29548		960		22721	375	74399		11567
								56
1153		300		919		12266		8866
15671		22		3342		52425		5100
5						1308		3750
17858				697		15830		21362
3732				3274	160	41971		55314

3—76 分地区教育事业单位

地区	总计	国家财政性教育经费	预算内教育经费					各级政府征收用于教育的税费	
				教育事业费拨款	基本建设拨款	科研拨款	其他拨款		教育费附加
合计	**45980976**	**35582797**	**29457702**	**25083034**	**763732**		**3610936**	**5923278**	**4848747**
北京	10716056	7801247	7148368	5540071	214931		1393366	614799	614799
天津	1338310	1161798	816622	788011	20971		7640	338456	338456
河北	982852	725141	578223	525296	200		52727	146685	133805
山西	596475	520868	376376	319320	439		56617	135384	135384
内蒙古	1121048	956033	665364	537434	66635		61295	285489	272888
辽宁	3035629	2761255	1920645	1647438	61270		211937	816603	753579
吉林	868532	667417	598264	518223	300		79741	68160	68160
黑龙江	930646	765661	658424	624547	7545		26332	104499	104499
上海	1916628	1457884	1138916	1063418	21700		53798	280940	940
江苏	3377388	2477955	2041955	1628141	16507		397307	427884	319325
浙江	2022534	1338915	1087003	939104	86516		61383	245969	171510
安徽	351409	247951	178395	142872	3370		32153	68265	59732
福建	992300	828792	568563	461909	57807		48847	254765	160987
江西	1611393	1406663	1325044	1290413	6782		27849	81576	63574
山东	1753766	1324823	962685	908434	23150		31101	348125	296176
河南	2038130	1643445	1447220	1251755			195465	195960	195960
湖北	1163750	816715	731344	712311	9		19024	74817	37447
湖南	652401	302087	280649	253448	610		26591	19213	19213
广东	2934865	2170881	1847377	1548508	62200		236669	320183	320183
广西	1042209	901523	513545	423033	25208		65304	385974	212660
海南	98180	72866	60920	49040	180		11700	11940	11646
重庆	493720	327715	280420	223464			56956	45179	45179
四川	931565	658912	573077	432029	1100		139948	82298	67803
贵州	1225346	1129597	1061506	1037792	8000		15714	67080	45493
云南	877870	739493	653269	536058	48367		68844	83494	81777
西藏	408896	406759	386069	320359	9000		56710	20690	20690
陕西	625212	509436	468747	435515	13143		20089	40081	38886
甘肃	582604	440526	404071	385492			18579	25200	18793
青海	277784	247365	237476	177663	7792		52021	8888	5114
宁夏	281908	210984	182239	151908			30331	28050	9383
新疆	731570	562090	264926	210028			54898	296632	224706

教育经费收入情况

单位：千元

地方教育附加	企业办学中的企业拨款	校办产业和社会服务收入用于教育的经费	民办学校中举办者投入	社会捐赠经费	#农村	事业收入	#学杂费	其他收入
1074531	**499**	**201318**		**150642**	**1628**	**7478466**		**2769071**
		38080		8684		2169698		736427
		6720		351		130015		46146
12880		233		774		238606		18331
		9108		568		63646		11393
12601		5180		280		143296		21439
63024		24007		71		238398		35905
		993		390		163793		36932
		2738		441		147535		17009
280000		38028		7560		165716		285468
108559		8116		11815	19	708228		179390
74459		5943		31478	100	340678		311463
8533		1291		2152		80359		20947
93778		5464		1578		150703		11227
18002		43		464	134	165381		38885
51949		14013		5469	573	246143		177331
		265		498		312340		81847
37370		10554		1071		195182		150782
		2225		1095		323275		25944
		3321		26802		485849		251333
173314		2004		10787		111974		17925
294		6		1597		18945		4772
		2116		1358		131137		33510
14495		3537		7621		230610		34422
21587		1011		10791		68828		16130
1717		2730		14807	800	92581		30989
						2093		44
1195		608		232	2	108445		7099
6407		11255		113		70343		71622
3774		1001				17854		12565
18667		695		618		35678		34628
71926	499	33		1177		121137		47166

3—77 分地区中央属教育事业单位

地区	总计	国家财政性教育经费	预算内教育经费	教育事业费拨款	基本建设拨款	科研拨款	其他拨款	各级政府征收用于教育的税费	教育费附加
合计	**5522499**	**3324297**	**3305426**	**2621509**	**35730**		**648187**		
北京	5506844	3311469	3293097	2609791	35730		647576		
天津									
河北									
山西									
内蒙古									
辽宁									
吉林									
黑龙江									
上海									
江苏									
浙江									
安徽									
福建									
江西									
山东									
河南									
湖北									
湖南									
广东									
广西									
海南									
重庆									
四川									
贵州									
云南									
西藏									
陕西									
甘肃									
青海									
宁夏									
新疆	15655	12828	12329	11718			611		

教育经费收入情况

单位：千元

地方教育附加	企业办学中的企业拨款	校办产业和社会服务收入用于教育的经费	民办学校中举办者投入	社会捐赠经费	#农村	事业收入	#学杂费	其他收入
	499	**18372**				**1744487**		**453715**
		18372				1742032		453343
	499					2455		372

3—78 分地区地方教育事业单位

地区	总计	国家财政性教育经费	预算内教育经费	教育事业费拨款	基本建设拨款	科研拨款	其他拨款	各级政府征收用于教育的税费	教育费附加
合计	**40458477**	**32258500**	**26152276**	**22461525**	**728002**		**2962749**	**5923278**	**4848747**
北京	5209212	4489778	3855271	2930280	179201		745790	614799	614799
天津	1338310	1161798	816622	788011	20971		7640	338456	338456
河北	982852	725141	578223	525296	200		52727	146685	133805
山西	596475	520868	376376	319320	439		56617	135384	135384
内蒙古	1121048	956033	665364	537434	66635		61295	285489	272888
辽宁	3035629	2761255	1920645	1647438	61270		211937	816603	753579
吉林	868532	667417	598264	518223	300		79741	68160	68160
黑龙江	930646	765661	658424	624547	7545		26332	104499	104499
上海	1916628	1457884	1138916	1063418	21700		53798	280940	940
江苏	3377388	2477955	2041955	1628141	16507		397307	427884	319325
浙江	2022534	1338915	1087003	939104	86516		61383	245969	171510
安徽	351409	247951	178395	142872	3370		32153	68265	59732
福建	992300	828792	568563	461909	57807		48847	254765	160987
江西	1611393	1406663	1325044	1290413	6782		27849	81576	63574
山东	1753766	1324823	962685	908434	23150		31101	348125	296176
河南	2038130	1643445	1447220	1251755			195465	195960	195960
湖北	1163750	816715	731344	712311	9		19024	74817	37447
湖南	652401	302087	280649	253448	610		26591	19213	19213
广东	2934865	2170881	1847377	1548508	62200		236669	320183	320183
广西	1042209	901523	513545	423033	25208		65304	385974	212660
海南	98180	72866	60920	49040	180		11700	11940	11646
重庆	493720	327715	280420	223464			56956	45179	45179
四川	931565	658912	573077	432029	1100		139948	82298	67803
贵州	1225346	1129597	1061506	1037792	8000		15714	67080	45493
云南	877870	739493	653269	536058	48367		68844	83494	81777
西藏	408896	406759	386069	320359	9000		56710	20690	20690
陕西	625212	509436	468747	435515	13143		20089	40081	38886
甘肃	582604	440526	404071	385492			18579	25200	18793
青海	277784	247365	237476	177663	7792		52021	8888	5114
宁夏	281908	210984	182239	151908			30331	28050	9383
新疆	715915	549262	252597	198310			54287	296632	224706

教育经费收入情况

单位：千元

地方教育附加	企业办学中的企业拨款	校办产业和社会服务收入用于教育的经费	民办学校中举办者投入	社会捐赠经费	#农村	事业收入	#学杂费	其他收入
1074531		**182946**		**150642**	**1628**	**5733979**		**2315356**
		19708		8684		427666		283084
		6720		351		130015		46146
12880		233		774		238606		18331
		9108		568		63646		11393
12601		5180		280		143296		21439
63024		24007		71		238398		35905
		993		390		163793		36932
		2738		441		147535		17009
280000		38028		7560		165716		285468
108559		8116		11815	19	708228		179390
74459		5943		31478	100	340678		311463
8533		1291		2152		80359		20947
93778		5464		1578		150703		11227
18002		43		464	134	165381		38885
51949		14013		5469	573	246143		177331
		265		498		312340		81847
37370		10554		1071		195182		150782
		2225		1095		323275		25944
		3321		26802		485849		251333
173314		2004		10787		111974		17925
294		6		1597		18945		4772
		2116		1358		131137		33510
14495		3537		7621		230610		34422
21587		1011		10791		68828		16130
1717		2730		14807	800	92581		30989
						2093		44
1195		608		232	2	108445		7099
6407		11255		113		70343		71622
3774		1001				17854		12565
18667		695		618		35678		34628
71926		33		1177		118682		46794

3—79　分地区其他教育机构

地区	总计	国家财政性教育经费	预算内教育经费					各级政府征收用于教育的税费	
				教育事业费拨款	基本建设拨款	科研拨款	其他拨款		教育费附加
合计	**10296986**	**7286179**	**7183818**	**5540115**	**574557**		**1069146**	**29986**	**27566**
北京	904889	620849	600736	487152	11000		102584		
天津	135806	103106	102390	100845	1183		362		
河北	341212	226313	226293	193817			32476	20	
山西	316033	247523	247522	215422	14952		17148		
内蒙古	201905	148046	135473	105454	3433		26586	3800	1400
辽宁	385208	331086	329179	261995	20161		47023	1907	1907
吉林	256362	190900	190850	163636	700		26514		
黑龙江	197431	153931	153797	131446	150		22201		
上海	611600	370059	357058	333495	1000		22563		
江苏	639426	388588	365313	300448	26423		38442	18970	18970
浙江	744997	566219	566219	252226	152660		161333		
安徽	332460	194522	193794	137418	11652		44724		
福建	454797	328704	328136	187179	100536		40421		
江西	79983	43402	43402	7992			35410		
山东	613985	431561	431068	415912	446		14710	493	493
河南	330978	208789	208779	140404	19333		49042	10	10
湖北	231709	155986	155747	123516	5540		26691	150	150
湖南	436399	317635	317248	258037	17863		41348	225	225
广东	625088	438173	434616	302512	86561		45543		
广西	276348	227517	227102	191503	17281		18318		
海南	18398	15512	14578	12304	793		1481		
重庆	224136	149056	142870	84965	26700		31205	210	210
四川	454799	353519	351932	257770	18920		75242		
贵州	166588	116145	114145	111735	1330		1080	2000	2000
云南	328878	206090	205644	167856	6450		31338	52	52
西藏	111259	103899	103899	103037	670		192		
陕西	145612	95965	95965	95965					
甘肃	220112	155598	152959	115501	14700		22758	2149	2149
青海	81106	62631	62508	49453			13055		
宁夏	97314	67361	67361	54547	5710		7104		
新疆	332168	267494	257235	176573	8410		72252		

教育经费收入情况

单位：千元

地方教育附加	企业办学中的企业拨款	校办产业和社会服务收入用于教育的经费	民办学校中举办者投入	社会捐赠经费	#农村	事业收入	#学杂费	其他收入
2420	**6947**	**65428**		**43050**		**2546953**	**1095843**	**420804**
		20113				219214	81947	64826
		716				28562	10630	4138
20						108256	61907	6643
		1				67725	38369	785
2400		8773				53378	31821	481
						51199	16409	2923
		50				59071	42699	6391
	134					43134	5414	366
		13001		38350		114639	23117	88552
		4305				231147	47866	19691
				38		133084	23353	45656
		728		89		127349	105177	10500
		568		173		106929	14061	18991
						36552	34804	29
				392		161642	81474	20390
						119535	78859	2654
		89				71663	12099	4060
		162		60		103132	43201	15572
		3557		190		159194	66144	27531
		415		990		33415	11271	14426
		934				2502	703	384
		5976				68562	29291	6518
		1587		701		86830	40164	13749
						47481	33428	2962
		394				111126	28785	11662
						7360	7360	
						43755	43100	5892
		490				62550	54266	1964
		123				16437	15477	2038
						21018	6359	8935
	6813	3446		2067		50512	6288	12095

3—80 分地区中央属其他教育机构

地区	总计	国家财政性教育经费	预算内教育经费	教育事业费拨款	基本建设拨款	科研拨款	其他拨款	各级政府征收用于教育的税费	教育费附加
合计	**994364**	**576370**	**567336**	**492164**	**45446**		**29726**		
北京	519282	349448	348405	326955			21450		
天津									
河北									
山西									
内蒙古									
辽宁									
吉林									
黑龙江	144	134							
上海	274690	101513	101513	100293			1220		
江苏									
浙江									
安徽									
福建	129890	76040	76040	36974	39066				
江西									
山东									
河南									
湖北									
湖南									
广东									
广西									
海南									
重庆									
四川									
贵州									
云南									
西藏									
陕西									
甘肃									
青海									
宁夏									
新疆	70358	49235	41378	27942	6380		7056		

教育经费收入情况

单位：千元

地方教育附加	企业办学中的企业拨款	校办产业和社会服务收入用于教育的经费	民办学校中举办者投入	社会捐赠经费	#农村	事业收入	#学杂费	其他收入
	6947	**2087**		**38364**		**266856**	**19919**	**112774**
		1043				120388	8798	49446
	134					10	10	
				38297		82530	5948	52350
						44898		8952
	6813	1044		67		19030	5163	2026

3—81 分地区地方其他教育机构

地区	总计	国家财政性教育经费						各级政府征收用于教育的税费	
			预算内教育经费						教育费附加
				教育事业费拨款	基本建设拨款	科研拨款	其他拨款		
合计	9302622	6709809	6616482	5047951	529111		1039420	29986	27566
北京	385607	271401	252331	160197	11000		81134		
天津	135806	103106	102390	100845	1183		362		
河北	341212	226313	226293	193817			32476	20	
山西	316033	247523	247522	215422	14952		17148		
内蒙古	201905	148046	135473	105454	3433		26586	3800	1400
辽宁	385208	331086	329179	261995	20161		47023	1907	1907
吉林	256362	190900	190850	163636	700		26514		
黑龙江	197287	153797	153797	131446	150		22201		
上海	336910	268546	255545	233202	1000		21343		
江苏	639426	388588	365313	300448	26423		38442	18970	18970
浙江	744997	566219	566219	252226	152660		161333		
安徽	332460	194522	193794	137418	11652		44724		
福建	324907	252664	252096	150205	61470		40421		
江西	79983	43402	43402	7992			35410		
山东	613985	431561	431068	415912	446		14710	493	493
河南	330978	208789	208779	140404	19333		49042	10	10
湖北	231709	155986	155747	123516	5540		26691	150	150
湖南	436399	317635	317248	258037	17863		41348	225	225
广东	625088	438173	434616	302512	86561		45543		
广西	276348	227517	227102	191503	17281		18318		
海南	18398	15512	14578	12304	793		1481		
重庆	224136	149056	142870	84965	26700		31205	210	210
四川	454799	353519	351932	257770	18920		75242		
贵州	166588	116145	114145	111735	1330		1080	2000	2000
云南	328878	206090	205644	167856	6450		31338	52	52
西藏	111259	103899	103899	103037	670		192		
陕西	145612	95965	95965	95965					
甘肃	220112	155598	152959	115501	14700		22758	2149	2149
青海	81106	62631	62508	49453			13055		
宁夏	97314	67361	67361	54547	5710		7104		
新疆	261810	218259	215857	148631	2030		65196		

教育经费收入情况

单位：千元

地方教育附加	企业办学中的企业拨款	校办产业和社会服务收入用于教育的经费	民办学校中举办者投入	社会捐赠经费	#农村	事业收入	#学杂费	其他收入
2420		**63341**		**4686**		**2280097**	**1075924**	**308030**
		19070				98826	73149	15380
		716				28562	10630	4138
20						108256	61907	6643
		1				67725	38369	785
2400		8773				53378	31821	481
						51199	16409	2923
		50				59071	42699	6391
						43124	5404	366
		13001		53		32109	17169	36202
		4305				231147	47866	19691
				38		133084	23353	45656
		728		89		127349	105177	10500
		568		173		62031	14061	10039
						36552	34804	29
				392		161642	81474	20390
						119535	78859	2654
		89				71663	12099	4060
		162		60		103132	43201	15572
		3557		190		159194	66144	27531
		415		990		33415	11271	14426
		934				2502	703	384
		5976				68562	29291	6518
		1587		701		86830	40164	13749
						47481	33428	2962
		394				111126	28785	11662
						7360	7360	
						43755	43100	5892
		490				62550	54266	1964
		123				16437	15477	2038
						21018	6359	8935
		2402		2000		31482	1125	10069

第四部分

省、自治区、直辖市
各级各类教育机构
教育经费支出明细

4—1 分地区各级各类教育机构

地区	合计	事业性经费支出	个人部分	工资福利支出	对个人和家庭的补助支出	#助学金
合计	**1166839131**	**1117009964**	**654392000**	**483793390**	**170598610**	**31801832**
北京	69340695	64907097	28313791	16501330	11812461	2472287
天津	18311589	17630354	10398481	6544731	3853750	335661
河北	44386678	43821548	26711847	20779214	5932633	1171579
山西	26299734	25333663	15452529	12485232	2967297	653508
内蒙古	19574114	18845418	11763616	8778478	2985138	669697
辽宁	42510023	41240794	23990081	15929235	8060846	1015739
吉林	23997775	23505245	14812461	10174241	4638220	605754
黑龙江	32749243	31490063	19024905	13377147	5647758	704741
上海	48293544	46354021	25525497	21488148	4037349	1063092
江苏	92396850	87608391	50315158	35469448	14845710	1724827
浙江	72215273	68820125	39492426	31108254	8384172	1383403
安徽	36994956	35635834	23599219	17116801	6482418	926175
福建	34608353	32906309	19776696	14340286	5436410	960180
江西	27784453	26217929	16085732	12064355	4021377	1061437
山东	70965915	68451397	41817789	33327516	8490273	2003506
河南	54228444	52471894	31656838	23908604	7748234	1714555
湖北	44601720	42977304	25974656	18832880	7141776	1160535
湖南	44098134	42257587	26219265	19704785	6514480	1360577
广东	112742658	106224254	54646266	42369675	12276591	1385706
广西	27297588	26439182	17223682	12395275	4828407	752049
海南	7465043	6593264	4088109	3487716	600393	305536
重庆	25040725	24160606	13686712	9289337	4397375	982465
四川	55001756	52925677	30523416	22339948	8183468	2162485
贵州	19714525	19374368	13150914	9914891	3236023	346269
云南	27581022	26847495	18272367	13525298	4747069	1385089
西藏	4063515	3393450	2717109	1970517	746592	429964
陕西	35006629	32481094	17347702	12842267	4505435	1248252
甘肃	17643965	17206493	11256984	8452877	2804107	758961
青海	4554704	4480237	3273984	2344552	929432	294501
宁夏	5686837	5475839	3156997	2444992	712005	150927
新疆	21682671	20933032	14116771	10485360	3631411	612375

教育经费支出明细

单位：千元

公用部分	商品和服务支出	其他资本性支出			基本建设支出
			专项公用支出	专项项目支出	
462617964	**269906707**	**192711257**	**87465812**	**105245445**	**49829167**
36593306	24404826	12188480	7705428	4483052	4433598
7231873	4533459	2698414	1676376	1022038	681235
17109701	10034590	7075111	2863500	4211611	565130
9881134	6154321	3726813	1678422	2048391	966071
7081802	4350993	2730809	1193143	1537666	728696
17250713	10528319	6722394	3577501	3144893	1269229
8692784	5653782	3039002	1439416	1599586	492530
12465158	8971360	3493798	1767669	1726129	1259180
20828524	15448004	5380520	3899076	1481444	1939523
37293233	18455796	18837437	7394040	11443397	4788459
29327699	14974153	14353546	4814322	9539224	3395148
12036615	6487763	5548852	2368140	3180712	1359122
13129613	7108379	6021234	2719512	3301722	1702044
10132197	5577773	4554424	1836712	2717712	1566524
26633608	14740798	11892810	5345049	6547761	2514518
20815056	12962075	7852981	4069694	3783287	1756550
17002648	10843987	6158661	3537597	2621064	1624416
16038322	9956275	6082047	2837687	3244360	1840547
51577988	26070835	25507153	9235379	16271774	6518404
9215500	5094608	4120892	1523427	2597465	858406
2505155	1266889	1238266	565937	672329	871779
10473894	6213228	4260666	1936804	2323862	880119
22402261	12313114	10089147	5004454	5084693	2076079
6223454	3896640	2326814	1136762	1190052	340157
8575128	4814551	3760577	1514920	2245657	733527
676341	417299	259042	107791	151251	670065
15133392	9243436	5889956	2955364	2934592	2525535
5949509	3615061	2334448	1000335	1334113	437472
1206253	767672	438581	227209	211372	74467
2318842	1054278	1264564	375304	889260	210998
6816261	3952443	2863818	1158842	1704976	749639

4—2 分地区中央属各级各类教育机构

地区	合计	事业性经费支出	个人部分	工资福利支出	对个人和家庭的补助支出	#助学金
合计	**116719833**	**107002434**	**45574612**	**26359488**	**19215124**	**5268952**
北京	33476234	30916947	11794151	5886998	5907153	1858534
天津	2362228	2308684	1155809	625281	530528	108435
河北	658543	601209	312499	212457	100042	29995
山西	58166	57442	41126	36146	4980	803
内蒙古	6139	6139	2988	1765	1223	1180
辽宁	3305417	2998911	1358577	808554	550023	140593
吉林	3128205	3013507	1382900	725997	656903	164858
黑龙江	5519516	4453898	1836997	1093899	743098	152203
上海	10573624	9737169	4151206	3028473	1122733	425367
江苏	8595273	7492715	3426349	1925734	1500615	347944
浙江	3969319	3341549	1198907	564156	634751	216219
安徽	2170896	2059119	1231868	884338	347530	115881
福建	1751131	1583526	764424	444517	319907	108264
江西						
山东	3574438	3247138	1534945	810601	724344	141915
河南	26254	26254	21053	19859	1194	49
湖北	8695798	8418772	4003497	2225923	1777574	389037
湖南	2207290	2109135	1018846	610028	408818	102925
广东	7348771	7147432	2079646	1227009	852637	172863
广西						
海南						
重庆	2883000	2765382	1297714	773417	524297	128915
四川	5773310	5167553	2294892	1453212	841680	201259
贵州	186	186	156	156		
云南	6482	6482	3172	2456	716	716
西藏						
陕西	6471271	5579763	2397141	1261021	1136120	283037
甘肃	1071510	1065920	481717	279886	201831	60913
青海						
宁夏	165480	165480	68618	51676	16942	8217
新疆	2921352	2732122	1715414	1405929	309485	108830

教育经费支出明细

单位：千元

公用部分	商品和服务支出	其他资本性支出			基本建设支出
			专项公用支出	专项项目支出	
61427822	**43544250**	**17883572**	**10210254**	**7673318**	**9717399**
19122796	14187970	4934826	2602653	2332173	2559287
1152875	896944	255931	218518	37413	53544
288710	214851	73859	49539	24320	57334
16316	13904	2412	1503	909	724
3151	598	2553	2553		
1640334	1226682	413652	354369	59283	306506
1630607	1165647	464960	250280	214680	114698
2616901	2068993	547908	414116	133792	1065618
5585963	4614622	971341	884850	86491	836455
4066366	2618193	1448173	709914	738259	1102558
2142642	1508232	634410	342174	292236	627770
827251	470855	356396	213655	142741	111777
819102	565151	253951	215756	38195	167605
1712193	1268851	443342	374098	69244	327300
5201	4402	799	471	328	
4415275	3269151	1146124	939392	206732	277026
1090289	804614	285675	213151	72524	98155
5067786	1990000	3077786	497082	2580704	201339
1467668	1234387	233281	229827	3454	117618
2872661	1893192	979469	853984	125485	605757
30	30				
3310	3170	140	90	50	
3182622	2530230	652392	471738	180654	891508
584203	418762	165441	125234	40207	5590
96862	48995	47867	33313	14554	
1016708	525824	490884	211994	278890	189230

4—3 分地区地方各级各类教育机构

地　区	合　计	事业性经费支出	个人部分	工资福利支出	对个人和家庭的补助支出	#助学金
合　计	**1050119298**	**1010007530**	**608817388**	**457433902**	**151383486**	**26532880**
北　京	35864461	33990150	16519640	10614332	5905308	613753
天　津	15949361	15321670	9242672	5919450	3323222	227226
河　北	43728135	43220339	26399348	20566757	5832591	1141584
山　西	26241568	25276221	15411403	12449086	2962317	652705
内蒙古	19567975	18839279	11760628	8776713	2983915	668517
辽　宁	39204606	38241883	22631504	15120681	7510823	875146
吉　林	20869570	20491738	13429561	9448244	3981317	440896
黑龙江	27229727	27036165	17187908	12283248	4904660	552538
上　海	37719920	36616852	21374291	18459675	2914616	637725
江　苏	83801577	80115676	46888809	33543714	13345095	1376883
浙　江	68245954	65478576	38293519	30544098	7749421	1167184
安　徽	34824060	33576715	22367351	16232463	6134888	810294
福　建	32857222	31322783	19012272	13895769	5116503	851916
江　西	27784453	26217929	16085732	12064355	4021377	1061437
山　东	67391477	65204259	40282844	32516915	7765929	1861591
河　南	54202190	52445640	31635785	23888745	7747040	1714506
湖　北	35905922	34558532	21971159	16606957	5364202	771498
湖　南	41890844	40148452	25200419	19094757	6105662	1257652
广　东	105393887	99076822	52566620	41142666	11423954	1212843
广　西	27297588	26439182	17223682	12395275	4828407	752049
海　南	7465043	6593264	4088109	3487716	600393	305536
重　庆	22157725	21395224	12388998	8515920	3873078	853550
四　川	49228446	47758124	28228524	20886736	7341788	1961226
贵　州	19714339	19374182	13150758	9914735	3236023	346269
云　南	27574540	26841013	18269195	13522842	4746353	1384373
西　藏	4063515	3393450	2717109	1970517	746592	429964
陕　西	28535358	26901331	14950561	11581246	3369315	965215
甘　肃	16572455	16140573	10775267	8172991	2602276	698048
青　海	4554704	4480237	3273984	2344552	929432	294501
宁　夏	5521357	5310359	3088379	2393316	695063	142710
新　疆	18761319	18200910	12401357	9079431	3321926	503545

教育经费支出明细

单位：千元

公用部分	商品和服务支出	其他资本性支出	专项公用支出	专项项目支出	基本建设支出
401190142	**226362457**	**174827685**	**77255558**	**97572127**	**40111768**
17470510	10216856	7253654	5102775	2150879	1874311
6078998	3636515	2442483	1457858	984625	627691
16820991	9819739	7001252	2813961	4187291	507796
9864818	6140417	3724401	1676919	2047482	965347
7078651	4350395	2728256	1190590	1537666	728696
15610379	9301637	6308742	3223132	3085610	962723
7062177	4488135	2574042	1189136	1384906	377832
9848257	6902367	2945890	1353553	1592337	193562
15242561	10833382	4409179	3014226	1394953	1103068
33226867	15837603	17389264	6684126	10705138	3685901
27185057	13465921	13719136	4472148	9246988	2767378
11209364	6016908	5192456	2154485	3037971	1247345
12310511	6543228	5767283	2503756	3263527	1534439
10132197	5577773	4554424	1836712	2717712	1566524
24921415	13471947	11449468	4970951	6478517	2187218
20809855	12957673	7852182	4069223	3782959	1756550
12587373	7574836	5012537	2598205	2414332	1347390
14948033	9151661	5796372	2624536	3171836	1742392
46510202	24080835	22429367	8738297	13691070	6317065
9215500	5094608	4120892	1523427	2597465	858406
2505155	1266889	1238266	565937	672329	871779
9006226	4978841	4027385	1706977	2320408	762501
19529600	10419922	9109678	4150470	4959208	1470322
6223424	3896610	2326814	1136762	1190052	340157
8571818	4811381	3760437	1514830	2245607	733527
676341	417299	259042	107791	151251	670065
11950770	6713206	5237564	2483626	2753938	1634027
5365306	3196299	2169007	875101	1293906	431882
1206253	767672	438581	227209	211372	74467
2221980	1005283	1216697	341991	874706	210998
5799553	3426619	2372934	946848	1426086	560409

4—4 分地区高等学校

地区	合计	事业性经费支出	个人部分	工资福利支出	对个人和家庭的补助支出	#助学金
合计	**361826204**	**331577327**	**143644095**	**93314117**	**50329978**	**15401796**
北京	37765674	34913226	13736607	7716569	6020038	1238125
天津	7898600	7411916	3457134	2002539	1454595	295883
河北	10620031	10479229	4439233	2819264	1619969	611457
山西	4673246	4609505	2310662	1496959	813703	366565
内蒙古	3510749	3276494	1689560	1097876	591684	260806
辽宁	15177895	14308421	6498261	4017068	2481193	598599
吉林	8361882	7964238	3851643	2277101	1574542	490921
黑龙江	12721179	11635328	4673285	2851427	1821858	544225
上海	20524697	19138640	8611845	6644547	1967298	754958
江苏	30557358	28288816	12095032	7642000	4453032	1229522
浙江	21285348	19143691	8253443	5855827	2397616	781398
安徽	8978485	8216603	4187323	2768206	1419117	457566
福建	9580748	8571930	3867908	2504356	1363552	508102
江西	9531823	8372112	3433012	2387131	1045881	482614
山东	19367548	17770861	8148847	5150966	2997881	886091
河南	11502290	10810961	4577738	3081419	1496319	612534
湖北	17163855	15949830	7779453	4865483	2913970	772632
湖南	12696035	11271999	5108873	3389688	1719185	549374
广东	34936716	31090525	10567247	7539247	3028000	817896
广西	5723044	5100203	2486848	1592983	893865	352494
海南	1508370	1212606	574097	458163	115934	74886
重庆	8393180	7772117	3269310	2145254	1124056	363359
四川	15866285	14184591	6138617	4096201	2042416	735878
贵州	2785643	2636100	1470650	1005152	465498	147814
云南	5063283	4739109	2375540	1562649	812891	281891
西藏	594286	370516	247361	173652	73709	23133
陕西	15759866	13729825	5468645	3344517	2124128	696398
甘肃	3966798	3686027	1856014	1160170	695844	229376
青海	653359	649245	408683	252660	156023	35383
宁夏	1083756	975141	462430	306656	155774	55439
新疆	3574175	3297522	1598794	1108387	490407	146477

教育经费支出明细

单位:千元

公用部分	商品和服务支出	其他资本性支出	专项公用支出	专项项目支出	基本建设支出
187933232	**107786290**	**80146942**	**41312729**	**38834213**	**30248877**
21176619	14172828	7003791	4011812	2991979	2852448
3954782	2536399	1418383	991243	427140	486684
6039996	3446339	2593657	1188412	1405245	140802
2298843	1321382	977461	539681	437780	63741
1586934	954053	632881	466053	166828	234255
7810160	4652082	3158078	1896569	1261509	869474
4112595	2715285	1397310	831629	565681	397644
6962043	4796184	2165859	1135377	1030482	1085851
10526795	8391967	2134828	1773732	361096	1386057
16193784	7914590	8279194	3329787	4949407	2268542
10890248	6331589	4558659	2054761	2503898	2141657
4029280	1870503	2158777	1168337	990440	761882
4704022	2340055	2363967	1252368	1111599	1008818
4939100	2300793	2638307	1207305	1431002	1159711
9622014	4994314	4627700	2619431	2008269	1596687
6233223	3525050	2708173	1510143	1198030	691329
8170377	5503171	2667206	1894716	772490	1214025
6163126	3944792	2218334	1383161	835173	1424036
20523278	7090349	13432929	3665809	9767120	3846191
2613355	1372414	1240941	653963	586978	622841
638509	311163	327346	208849	118497	295764
4502807	2584239	1918568	1025237	893331	621063
8045974	4705834	3340140	2634790	705350	1681694
1165450	767663	397787	284159	113628	149543
2363569	1395263	968306	563766	404540	324174
123155	75246	47909	29663	18246	223770
8261180	5243877	3017303	1798574	1218729	2030041
1830013	1141650	688363	469536	218827	280771
240562	138610	101952	82182	19770	4114
512711	290011	222700	137508	85192	108615
1698728	958595	740133	504176	235957	276653

4—5 分地区中央属高等学校

地 区	合 计	事业性经费支出	个人部分	工资福利支出	对个人和家庭的补助支出	#助学金
合 计	**107439971**	**98065919**	**41578749**	**24008787**	**17569962**	**4216194**
北 京	27840475	25441714	9941880	5330898	4610982	894635
天 津	2338971	2285427	1137286	614334	522952	108434
河 北	651828	594494	308712	208892	99820	29995
山 西						
内蒙古						
辽 宁	3234895	2928389	1313960	771366	542594	140162
吉 林	2904924	2790226	1294629	657232	637397	163887
黑龙江	5095220	4035002	1590078	895542	694536	148774
上 海	10264493	9430038	4069053	2956281	1112772	424986
江 苏	8595273	7492715	3426349	1925734	1500615	347944
浙 江	3963761	3335991	1195633	561168	634465	215966
安 徽	2138631	2026854	1219390	872489	346901	115440
福 建	1665084	1523845	754943	435993	318950	108264
江 西						
山 东	3572873	3245573	1533605	809401	724204	141915
河 南						
湖 北	8627777	8350751	3956539	2191463	1765076	388997
湖 南	2194351	2096196	1014686	605989	408697	102925
广 东	7327515	7126176	2070936	1219486	851450	172863
广 西						
海 南						
重 庆	2849356	2731809	1275752	759258	516494	127928
四 川	5707983	5102226	2252473	1420114	832359	198054
贵 州						
云 南						
西 藏						
陕 西	6416400	5527662	2357726	1226196	1131530	282537
甘 肃	1054311	1048721	470121	268944	201177	60838
青 海						
宁 夏	165480	165480	68618	51676	16942	8217
新 疆	830370	786630	326380	226331	100049	33433

教育经费支出明细

单位:千元

公用部分	商品和服务支出	其他资本性支出	专项公用支出	专项项目支出	基本建设支出
56487170	**39569589**	**16917581**	**9783640**	**7133941**	**9374052**
15499834	11072006	4427828	2343245	2084583	2398761
1148141	895780	252361	217339	35022	53544
285782	211923	73859	49539	24320	57334
1614429	1206781	407648	348991	58657	306506
1495597	1125605	369992	239981	130011	114698
2444924	1973413	471511	369761	101750	1060218
5360985	4409938	951047	869242	81805	834455
4066366	2618193	1448173	709914	738259	1102558
2140358	1506200	634158	341962	292196	627770
807464	454642	352822	213239	139583	111777
768902	518546	250356	212161	38195	141239
1711968	1268626	443342	374098	69244	327300
4394212	3257223	1136989	933625	203364	277026
1081510	800464	281046	213142	67904	98155
5055240	1979003	3076237	495633	2580604	201339
1456057	1226599	229458	226004	3454	117547
2849753	1874869	974884	849989	124895	605757
3169936	2520108	649828	470084	179744	888738
578600	413396	165204	124997	40207	5590
96862	48995	47867	33313	14554	
460250	187279	272971	147381	125590	43740

4—6 分地区地方高等学校

地区	合计	事业性经费支出	个人部分	工资福利支出	对个人和家庭的补助支出	#助学金
合计	**254386233**	**233511408**	**102065346**	**69305330**	**32760016**	**11185602**
北京	9925199	9471512	3794727	2385671	1409056	343490
天津	5559629	5126489	2319848	1388205	931643	187449
河北	9968203	9884735	4130521	2610372	1520149	581462
山西	4673246	4609505	2310662	1496959	813703	366565
内蒙古	3510749	3276494	1689560	1097876	591684	260806
辽宁	11943000	11380032	5184301	3245702	1938599	458437
吉林	5456958	5174012	2557014	1619869	937145	327034
黑龙江	7625959	7600326	3083207	1955885	1127322	395451
上海	10260204	9708602	4542792	3688266	854526	329972
江苏	21962085	20796101	8668683	5716266	2952417	881578
浙江	17321587	15807700	7057810	5294659	1763151	565432
安徽	6839854	6189749	2967933	1895717	1072216	342126
福建	7915664	7048085	3112965	2068363	1044602	399838
江西	9531823	8372112	3433012	2387131	1045881	482614
山东	15794675	14525288	6615242	4341565	2273677	744176
河南	11502290	10810961	4577738	3081419	1496319	612534
湖北	8536078	7599079	3822914	2674020	1148894	383635
湖南	10501684	9175803	4094187	2783699	1310488	446449
广东	27609201	23964349	8496311	6319761	2176550	645033
广西	5723044	5100203	2486848	1592983	893865	352494
海南	1508370	1212606	574097	458163	115934	74886
重庆	5543824	5040308	1993558	1385996	607562	235431
四川	10158302	9082365	3886144	2676087	1210057	537824
贵州	2785643	2636100	1470650	1005152	465498	147814
云南	5063283	4739109	2375540	1562649	812891	281891
西藏	594286	370516	247361	173652	73709	23133
陕西	9343466	8202163	3110919	2118321	992598	413861
甘肃	2912487	2637306	1385893	891226	494667	168538
青海	653359	649245	408683	252660	156023	35383
宁夏	918276	809661	393812	254980	138832	47222
新疆	2743805	2510892	1272414	882056	390358	113044

教育经费支出明细

单位:千元

公用部分	商品和服务支出	其他资本性支出			基本建设支出
			专项公用支出	专项项目支出	
131446062	**68216701**	**63229361**	**31529089**	**31700272**	**20874825**
5676785	3100822	2575963	1668567	907396	453687
2806641	1640619	1166022	773904	392118	433140
5754214	3234416	2519798	1138873	1380925	83468
2298843	1321382	977461	539681	437780	63741
1586934	954053	632881	466053	166828	234255
6195731	3445301	2750430	1547578	1202852	562968
2616998	1589680	1027318	591648	435670	282946
4517119	2822771	1694348	765616	928732	25633
5165810	3982029	1183781	904490	279291	551602
12127418	5296397	6831021	2619873	4211148	1165984
8749890	4825389	3924501	1712799	2211702	1513887
3221816	1415861	1805955	955098	850857	650105
3935120	1821509	2113611	1040207	1073404	867579
4939100	2300793	2638307	1207305	1431002	1159711
7910046	3725688	4184358	2245333	1939025	1269387
6233223	3525050	2708173	1510143	1198030	691329
3776165	2245948	1530217	961091	569126	936999
5081616	3144328	1937288	1170019	767269	1325881
15468038	5111346	10356692	3170176	7186516	3644852
2613355	1372414	1240941	653963	586978	622841
638509	311163	327346	208849	118497	295764
3046750	1357640	1689110	799233	889877	503516
5196221	2830965	2365256	1784801	580455	1075937
1165450	767663	397787	284159	113628	149543
2363569	1395263	968306	563766	404540	324174
123155	75246	47909	29663	18246	223770
5091244	2723769	2367475	1328490	1038985	1141303
1251413	728254	523159	344539	178620	275181
240562	138610	101952	82182	19770	4114
415849	241016	174833	104195	70638	108615
1238478	771316	467162	356795	110367	232913

4—7 分地区普通高等学校

地区	合计	事业性经费支出	个人部分	工资福利支出	对个人和家庭的补助支出	#助学金
合计	**349692104**	**320148793**	**138104649**	**89300404**	**48804245**	**15133249**
北京	37007205	34154757	13433888	7519274	5914614	1238125
天津	7834580	7347896	3415245	1975727	1439518	295752
河北	10274400	10137400	4268405	2700183	1568222	593968
山西	4533286	4483174	2232529	1431152	801377	364661
内蒙古	3406411	3172156	1632744	1056634	576110	259442
辽宁	14690435	13833719	6263917	3846535	2417382	594780
吉林	8028028	7630384	3640564	2139315	1501249	488193
黑龙江	12281356	11195505	4432655	2697182	1735473	536127
上海	19411723	18029316	7966751	6080903	1885848	752148
江苏	29592545	27367231	11648095	7354733	4293362	1174597
浙江	20386485	18255727	7851515	5545681	2305834	763976
安徽	8758665	8006270	4071785	2690460	1381325	450733
福建	9244917	8236099	3701871	2389749	1312122	498848
江西	9228113	8085532	3317970	2298606	1019364	473566
山东	18600145	17154477	7838787	4929550	2909237	874737
河南	10779629	10232026	4289627	2893132	1396495	581853
湖北	16754637	15564034	7566516	4707496	2859020	761641
湖南	12412942	10988906	4991587	3302773	1688814	541445
广东	34033733	30198466	10197425	7267186	2930239	812753
广西	5453182	4840537	2332022	1484812	847210	343151
海南	1508370	1212606	574097	458163	115934	74886
重庆	7820902	7213198	3168115	2072802	1095313	352075
四川	15367042	13725713	5884567	3914519	1970048	714955
贵州	2649903	2500360	1398341	955925	442416	145879
云南	4970160	4674115	2341962	1542292	799670	276085
西藏	594286	370516	247361	173652	73709	23133
陕西	15315671	13409999	5341389	3245208	2096181	686319
甘肃	3783984	3503713	1773846	1096954	676892	225516
青海	640959	636845	401710	247586	154124	35351
宁夏	1083756	975141	462430	306656	155774	55439
新疆	3244654	3012975	1416933	975564	441369	143115

教育经费支出明细

单位：千元

公用部分	商品和服务支出	其他资本性支出			基本建设支出
			专项公用支出	专项项目支出	
182044144	**103825817**	**78218327**	**40520613**	**37697714**	**29543311**
20720869	13796948	6923921	3959976	2963945	2852448
3932651	2516129	1416522	989382	427140	486684
5868995	3327627	2541368	1170580	1370788	137000
2250645	1278394	972251	534848	437403	50112
1539412	911425	627987	461914	166073	234255
7569802	4450990	3118812	1871141	1247671	856716
3989820	2625766	1364054	812183	551871	397644
6762850	4643496	2119354	1120790	998564	1085851
10062565	8028671	2033894	1704183	329711	1382407
15719136	7663333	8055803	3277643	4778160	2225314
10404212	6032303	4371909	1995264	2376645	2130758
3934485	1794794	2139691	1157758	981933	752395
4534228	2220397	2313831	1228845	1084986	1008818
4767562	2199936	2567626	1185889	1381737	1142581
9315690	4753623	4562067	2574462	1987605	1445668
5942399	3343166	2599233	1437143	1162090	547603
7997518	5383782	2613736	1858756	754980	1190603
5997319	3820345	2176974	1364655	812319	1424036
20001041	6700108	13300933	3583554	9717379	3835267
2508515	1290620	1217895	639755	578140	612645
638509	311163	327346	208849	118497	295764
4045083	2505842	1539241	1011447	527794	607704
7841146	4550884	3290262	2590058	700204	1641329
1102019	717494	384525	273894	110631	149543
2332153	1364655	967498	562958	404540	296045
123155	75246	47909	29663	18246	223770
8068610	5143644	2924966	1746046	1178920	1905672
1729867	1077741	652126	457563	194563	280271
235135	133183	101952	82182	19770	4114
512711	290011	222700	137508	85192	108615
1596042	874101	721941	491724	230217	231679

4—8 分地区中央属普通高等学校

地区	合计	事业性经费支出				
			个人部分			
				工资福利支出	对个人和家庭的补助支出	
						#助学金
合计	**106957114**	**97583062**	**41441657**	**23903236**	**17538421**	**4214054**
北京	27555965	25157204	9885557	5293637	4591920	894635
天津	2338971	2285427	1137286	614334	522952	108434
河北	651828	594494	308712	208892	99820	29995
山西						
内蒙古						
辽宁	3227507	2921001	1311645	769201	542444	140162
吉林	2904924	2790226	1294629	657232	637397	163887
黑龙江	5029504	3969286	1571897	879326	692571	148515
上海	10264493	9430038	4069053	2956281	1112772	424986
江苏	8595273	7492715	3426349	1925734	1500615	347944
浙江	3963761	3335991	1195633	561168	634465	215966
安徽	2138631	2026854	1219390	872489	346901	115440
福建	1665084	1523845	754943	435993	318950	108264
江西						
山东	3572873	3245573	1533605	809401	724204	141915
河南						
湖北	8614997	8337971	3949144	2184219	1764925	388846
湖南	2192320	2094165	1013188	604718	408470	102925
广东	7327515	7126176	2070936	1219486	851450	172863
广西						
海南						
重庆	2849356	2731809	1275752	759258	516494	127928
四川	5705735	5099978	2251202	1418877	832325	198054
贵州						
云南						
西藏						
陕西	6366419	5477681	2349640	1221648	1127992	281607
甘肃	1023397	1017807	446334	246048	200286	60838
青海						
宁夏	165480	165480	68618	51676	16942	8217
新疆	803081	759341	308144	213618	94526	32633

教育经费支出明细

单位:千元

公用部分	商品和服务支出	其他资本性支出			基本建设支出
			专项公用支出	专项项目支出	
56141405	**39300460**	**16840945**	**9762356**	**7078589**	**9374052**
15271647	10861399	4410248	2329203	2081045	2398761
1148141	895780	252361	217339	35022	53544
285782	211923	73859	49539	24320	57334
1609356	1202979	406377	348100	58277	306506
1495597	1125605	369992	239981	130011	114698
2397389	1943026	454363	369707	84656	1060218
5360985	4409938	951047	869242	81805	834455
4066366	2618193	1448173	709914	738259	1102558
2140358	1506200	634158	341962	292196	627770
807464	454642	352822	213239	139583	111777
768902	518546	250356	212161	38195	141239
1711968	1268626	443342	374098	69244	327300
4388827	3252956	1135871	933245	202626	277026
1080977	800018	280959	213055	67904	98155
5055240	1979003	3076237	495633	2580604	201339
1456057	1226599	229458	226004	3454	117547
2848776	1874747	974029	849134	124895	605757
3128041	2514991	613050	466908	146142	888738
571473	406269	165204	124997	40207	5590
96862	48995	47867	33313	14554	
451197	180025	271172	145582	125590	43740

4—9 分地区地方普通高等学校

地 区	合 计	事业性经费支出				
			个人部分			
				工资福利支出	对个人和家庭的补助支出	
						#助学金
合 计	**242734990**	**222565731**	**96662992**	**65397168**	**31265824**	**10919195**
北 京	9451240	8997553	3548331	2225637	1322694	343490
天 津	5495609	5062469	2277959	1361393	916566	187318
河 北	9622572	9542906	3959693	2491291	1468402	563973
山 西	4533286	4483174	2232529	1431152	801377	364661
内蒙古	3406411	3172156	1632744	1056634	576110	259442
辽 宁	11462928	10912718	4952272	3077334	1874938	454618
吉 林	5123104	4840158	2345935	1482083	863852	324306
黑龙江	7251852	7226219	2860758	1817856	1042902	387612
上 海	9147230	8599278	3897698	3124622	773076	327162
江 苏	20997272	19874516	8221746	5428999	2792747	826653
浙 江	16422724	14919736	6655882	4984513	1671369	548010
安 徽	6620034	5979416	2852395	1817971	1034424	335293
福 建	7579833	6712254	2946928	1953756	993172	390584
江 西	9228113	8085532	3317970	2298606	1019364	473566
山 东	15027272	13908904	6305182	4120149	2185033	732822
河 南	10779629	10232026	4289627	2893132	1396495	581853
湖 北	8139640	7226063	3617372	2523277	1094095	372795
湖 南	10220622	8894741	3978399	2698055	1280344	438520
广 东	26706218	23072290	8126489	6047700	2078789	639890
广 西	5453182	4840537	2332022	1484812	847210	343151
海 南	1508370	1212606	574097	458163	115934	74886
重 庆	4971546	4481389	1892363	1313544	578819	224147
四 川	9661307	8625735	3633365	2495642	1137723	516901
贵 州	2649903	2500360	1398341	955925	442416	145879
云 南	4970160	4674115	2341962	1542292	799670	276085
西 藏	594286	370516	247361	173652	73709	23133
陕 西	8949252	7932318	2991749	2023560	968189	404712
甘 肃	2760587	2485906	1327512	850906	476606	164678
青 海	640959	636845	401710	247586	154124	35351
宁 夏	918276	809661	393812	254980	138832	47222
新 疆	2441573	2253634	1108789	761946	346843	110482

教育经费支出明细

单位：千元

公用部分	商品和服务支出	其他资本性支出	专项公用支出	专项项目支出	基本建设支出
125902739	**64525357**	**61377382**	**30758257**	**30619125**	**20169259**
5449222	2935549	2513673	1630773	882900	453687
2784510	1620349	1164161	772043	392118	433140
5583213	3115704	2467509	1121041	1346468	79666
2250645	1278394	972251	534848	437403	50112
1539412	911425	627987	461914	166073	234255
5960446	3248011	2712435	1523041	1189394	550210
2494223	1500161	994062	572202	421860	282946
4365461	2700470	1664991	751083	913908	25633
4701580	3618733	1082847	834941	247906	547952
11652770	5045140	6607630	2567729	4039901	1122756
8263854	4526103	3737751	1653302	2084449	1502988
3127021	1340152	1786869	944519	842350	640618
3765326	1701851	2063475	1016684	1046791	867579
4767562	2199936	2567626	1185889	1381737	1142581
7603722	3484997	4118725	2200364	1918361	1118368
5942399	3343166	2599233	1437143	1162090	547603
3608691	2130826	1477865	925511	552354	913577
4916342	3020327	1896015	1151600	744415	1325881
14945801	4721105	10224696	3087921	7136775	3633928
2508515	1290620	1217895	639755	578140	612645
638509	311163	327346	208849	118497	295764
2589026	1279243	1309783	785443	524340	490157
4992370	2676137	2316233	1740924	575309	1035572
1102019	717494	384525	273894	110631	149543
2332153	1364655	967498	562958	404540	296045
123155	75246	47909	29663	18246	223770
4940569	2628653	2311916	1279138	1032778	1016934
1158394	671472	486922	332566	154356	274681
235135	133183	101952	82182	19770	4114
415849	241016	174833	104195	70638	108615
1144845	694076	450769	346142	104627	187939

4—10 分地区普通高等本科学校

地 区	合 计	事业性经费支出	个人部分	工资福利支出	对个人和家庭的补助支出	#助学金
合 计	**287650515**	**262918967**	**114694040**	**72320130**	**42373910**	**12678898**
北 京	35137729	32481672	12861613	7068393	5793220	1204662
天 津	6206993	5944617	2792782	1562662	1230120	233054
河 北	7598558	7513084	3145272	1893572	1251700	456237
山 西	3232749	3216780	1639473	1021507	617966	284002
内蒙古	2296634	2185327	1156365	731638	424727	184482
辽 宁	12612695	11797142	5442768	3281352	2161416	536023
吉 林	7229954	6835379	3239136	1869941	1369195	455124
黑龙江	10764505	9747804	3773212	2233218	1539994	470291
上 海	17963935	16583938	7405112	5593735	1811377	723886
江 苏	23461443	21653604	9582712	5899329	3683383	948599
浙 江	16294947	14326211	6210707	4271289	1939418	633073
安 徽	8020646	7278256	3780201	2471566	1308635	421410
福 建	6724729	6081976	2889501	1832973	1056528	374262
江 西	6344320	5542762	2463676	1671294	792382	344120
山 东	13310053	12223113	6129510	3695497	2434013	653685
河 南	8423773	8016143	3474363	2283666	1190697	481963
湖 北	14467250	13514434	6537587	3973224	2564363	673602
湖 南	8494208	7279212	3517765	2227220	1290545	419022
广 东	28718871	25360609	8141745	5607027	2534718	688500
广 西	4146477	3711520	1807830	1135950	671880	268556
海 南	1309005	1015368	489204	390510	98694	62817
重 庆	6522811	6218821	2797801	1817553	980248	304794
四 川	12327194	10974162	4795709	3149509	1646200	581936
贵 州	1969620	1841243	1002893	691675	311218	113117
云 南	3713280	3453040	1741554	1150810	590744	197865
西 藏	455984	299834	198336	135105	63231	19108
陕 西	13096036	11413637	4496776	2650381	1846395	563743
甘 肃	3048917	2849411	1461285	893102	568183	189736
青 海	511026	510126	318775	194308	124467	27779
宁 夏	794727	717657	352842	227510	125332	44740
新 疆	2451446	2332085	1047535	694614	352921	118710

教育经费支出明细

单位：千元

公用部分	商品和服务支出	其他资本性支出	专项公用支出	专项项目支出	基本建设支出
148224927	**88360399**	**59864528**	**31918525**	**27946003**	**24731548**
19620059	13091883	6528176	3724814	2803362	2656057
3151835	2116041	1035794	751878	283916	262376
4367812	2605138	1762674	866827	895847	85474
1577307	877581	699726	350090	349636	15969
1028962	654189	374773	309579	65194	111307
6354374	3946994	2407380	1640140	767240	815553
3596243	2370220	1226023	702438	523585	394575
5974592	4177841	1796751	940961	855790	1016701
9178826	7412380	1766446	1521730	244716	1379997
12070892	6412441	5658451	2392594	3265857	1807839
8115504	4935188	3180316	1474699	1705617	1968736
3498055	1619028	1879027	1061124	817903	742390
3192475	1719189	1473286	925155	548131	642753
3079086	1580392	1498694	797765	700929	801558
6093603	3609294	2484309	1803955	680354	1086940
4541780	2726462	1815318	1036750	778568	407630
6976847	4875550	2101297	1637309	463988	952816
3761447	2731277	1030170	871987	158183	1214996
17218864	5457633	11761231	2770673	8990558	3358262
1903690	957740	945950	498753	447197	434957
526164	266573	259591	181637	77954	293637
3421020	2288512	1132508	806293	326215	303990
6178453	3791639	2386814	1842864	543950	1353032
838350	536835	301515	218460	83055	128377
1711486	1073726	637760	411919	225841	260240
101498	62503	38995	22749	16246	156150
6916861	4566416	2350445	1445421	905024	1682399
1388126	923402	464724	325232	139492	199506
191351	104522	86829	69772	17057	900
364815	189378	175437	92361	83076	77070
1284550	680432	604118	422596	181522	119361

4—11 分地区中央属普通高等本科学校

地区	合计	事业性经费支出				
			个人部分	工资福利支出	对个人和家庭的补助支出	
						#助学金
合计	**105724114**	**96560360**	**40939288**	**23508393**	**17430895**	**4173036**
北京	27555965	25157204	9885557	5293637	4591920	894635
天津	2338971	2285427	1137286	614334	522952	108434
河北	561679	510011	256219	160427	95792	26567
山西						
内蒙古						
辽宁	3227507	2921001	1311645	769201	542444	140162
吉林	2904924	2790226	1294629	657232	637397	163887
黑龙江	4712279	3720111	1480925	796429	684496	145849
上海	10264493	9430038	4069053	2956281	1112772	424986
江苏	8475259	7419117	3388282	1903919	1484363	344016
浙江	3955008	3329158	1191346	557212	634134	215966
安徽	2118150	2006373	1206573	861726	344847	114696
福建	1665084	1523845	754943	435993	318950	108264
江西						
山东	3489319	3162019	1508081	787934	720147	137888
河南						
湖北	8577517	8300491	3931779	2167064	1764715	388846
湖南	2124731	2026576	979550	577682	401868	98955
广东	7131639	6945650	1971708	1153236	818472	159306
广西						
海南						
重庆	2808676	2691129	1255238	747503	507735	125243
四川	5600493	5037392	2214053	1395849	818204	193902
贵州						
云南						
西藏						
陕西	6366419	5477681	2349640	1221648	1127992	281607
甘肃	1023397	1017807	446334	246048	200286	60838
青海						
宁夏	165480	165480	68618	51676	16942	8217
新疆	657124	643624	237829	153362	84467	30772

教育经费支出明细

单位：千元

公用部分	商品和服务支出	其他资本性支出	专项公用支出	专项项目支出	基本建设支出
55621072	**38946407**	**16674665**	**9665385**	**7009280**	**9163754**
15271647	10861399	4410248	2329203	2081045	2398761
1148141	895780	252361	217339	35022	53544
253792	185560	68232	45493	22739	51668
1609356	1202979	406377	348100	58277	306506
1495597	1125605	369992	239981	130011	114698
2239186	1813093	426093	345574	80519	992168
5360985	4409938	951047	869242	81805	834455
4030835	2592670	1438165	699906	738259	1056142
2137812	1504954	632858	341303	291555	625850
799800	448186	351614	212031	139583	111777
768902	518546	250356	212161	38195	141239
1653938	1243207	410731	361293	49438	327300
4368712	3242080	1126632	931796	194836	277026
1047026	778790	268236	208365	59871	98155
4973942	1937896	3036046	476194	2559852	185989
1435891	1213817	222074	218620	3454	117547
2823339	1855264	968075	843180	124895	563101
3128041	2514991	613050	466908	146142	888738
571473	406269	165204	124997	40207	5590
96862	48995	47867	33313	14554	
405795	146388	259407	140386	119021	13500

4—12 分地区地方普通高等本科学校

地区	合计	事业性经费支出	个人部分	工资福利支出	对个人和家庭的补助支出	#助学金
合计	**181926401**	**166358607**	**73754752**	**48811737**	**24943015**	**8505862**
北京	7581764	7324468	2976056	1774756	1201300	310027
天津	3868022	3659190	1655496	948328	707168	124620
河北	7036879	7003073	2889053	1733145	1155908	429670
山西	3232749	3216780	1639473	1021507	617966	284002
内蒙古	2296634	2185327	1156365	731638	424727	184482
辽宁	9385188	8876141	4131123	2512151	1618972	395861
吉林	4325030	4045153	1944507	1212709	731798	291237
黑龙江	6052226	6027693	2292287	1436789	855498	324442
上海	7699442	7153900	3336059	2637454	698605	298900
江苏	14986184	14234487	6194430	3995410	2199020	604583
浙江	12339939	10997053	5019361	3714077	1305284	417107
安徽	5902496	5271883	2573628	1609840	963788	306714
福建	5059645	4558131	2134558	1396980	737578	265998
江西	6344320	5542762	2463676	1671294	792382	344120
山东	9820734	9061094	4621429	2907563	1713866	515797
河南	8423773	8016143	3474363	2283666	1190697	481963
湖北	5889733	5213943	2605808	1806160	799648	284756
湖南	6369477	5252636	2538215	1649538	888677	320067
广东	21587232	18414959	6170037	4453791	1716246	529194
广西	4146477	3711520	1807830	1135950	671880	268556
海南	1309005	1015368	489204	390510	98694	62817
重庆	3714135	3527692	1542563	1070050	472513	179551
四川	6726701	5936770	2581656	1753660	827996	388034
贵州	1969620	1841243	1002893	691675	311218	113117
云南	3713280	3453040	1741554	1150810	590744	197865
西藏	455984	299834	198336	135105	63231	19108
陕西	6729617	5935956	2147136	1428733	718403	282136
甘肃	2025520	1831604	1014951	647054	367897	128898
青海	511026	510126	318775	194308	124467	27779
宁夏	629247	552177	284224	175834	108390	36523
新疆	1794322	1688461	809706	541252	268454	87938

教育经费支出明细

单位:千元

公用部分	商品和服务支出	其他资本性支出			基本建设支出
			专项公用支出	专项项目支出	
92603855	**49413992**	**43189863**	**22253140**	**20936723**	**15567794**
4348412	2230484	2117928	1395611	722317	257296
2003694	1220261	783433	534539	248894	208832
4114020	2419578	1694442	821334	873108	33806
1577307	877581	699726	350090	349636	15969
1028962	654189	374773	309579	65194	111307
4745018	2744015	2001003	1292040	708963	509047
2100646	1244615	856031	462457	393574	279877
3735406	2364748	1370658	595387	775271	24533
3817841	3002442	815399	652488	162911	545542
8040057	3819771	4220286	1692688	2527598	751697
5977692	3430234	2547458	1133396	1414062	1342886
2698255	1170842	1527413	849093	678320	630613
2423573	1200643	1222930	712994	509936	501514
3079086	1580392	1498694	797765	700929	801558
4439665	2366087	2073578	1442662	630916	759640
4541780	2726462	1815318	1036750	778568	407630
2608135	1633470	974665	705513	269152	675790
2714421	1952487	761934	663622	98312	1116841
12244922	3519737	8725185	2294479	6430706	3172273
1903690	957740	945950	498753	447197	434957
526164	266573	259591	181637	77954	293637
1985129	1074695	910434	587673	322761	186443
3355114	1936375	1418739	999684	419055	789931
838350	536835	301515	218460	83055	128377
1711486	1073726	637760	411919	225841	260240
101498	62503	38995	22749	16246	156150
3788820	2051425	1737395	978513	758882	793661
816653	517133	299520	200235	99285	193916
191351	104522	86829	69772	17057	900
267953	140383	127570	59048	68522	77070
878755	534044	344711	282210	62501	105861

4—13 分地区普通高等专科学校

地区	合计	事业性经费支出	个人部分	工资福利支出	对个人和家庭的补助支出	#助学金
合计	**7668010**	**7213715**	**3146613**	**2199867**	**946746**	**352070**
北京						
天津	99287	99287	55181	35458	19723	1708
河北	419452	419302	204703	131519	73184	29402
山西	174261	164371	63869	40389	23480	12482
内蒙古	67067	67067	35880	25482	10398	7120
辽宁	725073	716806	192415	122096	70319	14400
吉林	293598	293598	146828	98909	47919	16676
黑龙江	126122	126122	56608	40254	16354	7017
上海	329327	326917	150446	109804	40642	11189
江苏	366727	320311	150867	105054	45813	10635
浙江	258615	208662	126166	97870	28296	10773
安徽	18868	18868	10995	9158	1837	1183
福建	96725	82659	46083	30627	15456	7706
江西	163672	137672	62740	45534	17206	9067
山东	388057	293522	135148	98491	36657	10249
河南	688783	649243	244955	188423	56532	27333
湖北	282164	282164	145801	112774	33027	11531
湖南	622345	588385	255978	185657	70321	20489
广东	186997	177571	81858	56303	25555	6633
广西	313647	284720	141595	91337	50258	25091
海南						
重庆	57508	57508	29628	17572	12056	6372
四川	952002	912774	219378	151066	68312	30326
贵州	227957	224875	139853	96897	42956	14833
云南	580673	559800	326590	217348	109242	49315
西藏	41395	39895	26712	22419	4293	2045
陕西	42763	42763	25930	17606	8324	2114
甘肃	42213	25891	13430	9265	4165	1841
青海						
宁夏						
新疆	102712	92962	56976	42555	14421	4540

教育经费支出明细

单位：千元

公用部分	商品和服务支出	其他资本性支出			基本建设支出
			专项公用支出	专项项目支出	
4067102	**1867387**	**2199715**	**1274218**	**925497**	**454295**
44106	25027	19079	11079	8000	
214599	107641	106958	28399	78559	150
100502	56221	44281	38963	5318	9890
31187	18303	12884	1884	11000	
524391	117215	407176	24718	382458	8267
146770	91957	54813	51811	3002	
69514	59187	10327	6612	3715	
176471	144756	31715	31671	44	2410
169444	77538	91906	71165	20741	46416
82496	61762	20734	17661	3073	49953
7873	6288	1585	1585		
36576	26362	10214	10141	73	14066
74932	29928	45004	17333	27671	26000
158374	77487	80887	29894	50993	94535
404288	146570	257718	147370	110348	39540
136363	61142	75221	19770	55451	
332407	183690	148717	106858	41859	33960
95713	25467	70246	14269	55977	9426
143125	84218	58907	31179	27728	28927
27880	11804	16076	16076		
693396	190535	502861	489205	13656	39228
85022	68187	16835	16403	432	3082
233210	142983	90227	68586	21641	20873
13183	6660	6523	4523	2000	1500
16833	13471	3362	3362		
12461	7514	4947	4947		16322
35986	25474	10512	8754	1758	9750

4—14 分地区中央属普通高等专科学校

地 区	合 计	事业性经费支出	个人部分	工资福利支出	对个人和家庭的补助支出	＃助学金
合 计	**184067**	**135731**	**70060**	**50749**	**19311**	**4408**
北 京						
天 津						
河 北						
山 西						
内蒙古						
辽 宁						
吉 林						
黑龙江						
上 海						
江 苏	120014	73598	38067	21815	16252	3928
浙 江	8753	6833	4287	3956	331	
安 徽						
福 建						
江 西						
山 东						
河 南						
湖 北	37480	37480	17365	17155	210	
湖 南						
广 东						
广 西						
海 南						
重 庆						
四 川						
贵 州						
云 南						
西 藏						
陕 西						
甘 肃						
青 海						
宁 夏						
新 疆	17820	17820	10341	7823	2518	480

教育经费支出明细

单位:千元

公用部分	商品和服务支出	其他资本性支出			基本建设支出
			专项公用支出	专项项目支出	
65671	**43982**	**21689**	**13258**	**8431**	**48336**
35531	25523	10008	10008		46416
2546	1246	1300	659	641	1920
20115	10876	9239	1449	7790	
7479	6337	1142	1142		

4—15 分地区地方普通高等专科学校

地 区	合 计	事业性经费支出	个人部分	工资福利支出	对个人和家庭的补助支出	#助学金
合 计	**7483943**	**7077984**	**3076553**	**2149118**	**927435**	**347662**
北 京						
天 津	99287	99287	55181	35458	19723	1708
河 北	419452	419302	204703	131519	73184	29402
山 西	174261	164371	63869	40389	23480	12482
内蒙古	67067	67067	35880	25482	10398	7120
辽 宁	725073	716806	192415	122096	70319	14400
吉 林	293598	293598	146828	98909	47919	16676
黑龙江	126122	126122	56608	40254	16354	7017
上 海	329327	326917	150446	109804	40642	11189
江 苏	246713	246713	112800	83239	29561	6707
浙 江	249862	201829	121879	93914	27965	10773
安 徽	18868	18868	10995	9158	1837	1183
福 建	96725	82659	46083	30627	15456	7706
江 西	163672	137672	62740	45534	17206	9067
山 东	388057	293522	135148	98491	36657	10249
河 南	688783	649243	244955	188423	56532	27333
湖 北	244684	244684	128436	95619	32817	11531
湖 南	622345	588385	255978	185657	70321	20489
广 东	186997	177571	81858	56303	25555	6633
广 西	313647	284720	141595	91337	50258	25091
海 南						
重 庆	57508	57508	29628	17572	12056	6372
四 川	952002	912774	219378	151066	68312	30326
贵 州	227957	224875	139853	96897	42956	14833
云 南	580673	559800	326590	217348	109242	49315
西 藏	41395	39895	26712	22419	4293	2045
陕 西	42763	42763	25930	17606	8324	2114
甘 肃	42213	25891	13430	9265	4165	1841
青 海						
宁 夏						
新 疆	84892	75142	46635	34732	11903	4060

教育经费支出明细

单位:千元

公用部分	商品和服务支出	其他资本性支出			基本建设支出
			专项公用支出	专项项目支出	
4001431	**1823405**	**2178026**	**1260960**	**917066**	**405959**
44106	25027	19079	11079	8000	
214599	107641	106958	28399	78559	150
100502	56221	44281	38963	5318	9890
31187	18303	12884	1884	11000	
524391	117215	407176	24718	382458	8267
146770	91957	54813	51811	3002	
69514	59187	10327	6612	3715	
176471	144756	31715	31671	44	2410
133913	52015	81898	61157	20741	
79950	60516	19434	17002	2432	48033
7873	6288	1585	1585		
36576	26362	10214	10141	73	14066
74932	29928	45004	17333	27671	26000
158374	77487	80887	29894	50993	94535
404288	146570	257718	147370	110348	39540
116248	50266	65982	18321	47661	
332407	183690	148717	106858	41859	33960
95713	25467	70246	14269	55977	9426
143125	84218	58907	31179	27728	28927
27880	11804	16076	16076		
693396	190535	502861	489205	13656	39228
85022	68187	16835	16403	432	3082
233210	142983	90227	68586	21641	20873
13183	6660	6523	4523	2000	1500
16833	13471	3362	3362		
12461	7514	4947	4947		16322
28507	19137	9370	7612	1758	9750

4－16 分地区普通高等职业学校

地区	合计	事业性经费支出	个人部分	工资福利支出	对个人和家庭的补助支出	＃助学金
合计	**54373579**	**50016111**	**20263996**	**14780407**	**5483589**	**2102281**
北京	1869476	1673085	572275	450881	121394	33463
天津	1528300	1303992	567282	377607	189675	60990
河北	2256390	2205014	918430	675092	243338	108329
山西	1126276	1102023	529187	369256	159931	68177
内蒙古	1042710	919762	440499	299514	140985	67840
辽宁	1352667	1319771	628734	443087	185647	44357
吉林	504476	501407	254600	170465	84135	16393
黑龙江	1390729	1321579	602835	423710	179125	58819
上海	1118461	1118461	411193	377364	33829	17073
江苏	5764375	5393316	1914516	1350350	564166	215363
浙江	3832923	3720854	1514642	1176522	338120	120130
安徽	719151	709146	280589	209736	70853	28140
福建	2423463	2071464	766287	526149	240138	116880
江西	2720121	2405098	791554	581778	209776	120379
山东	4902035	4637842	1574129	1135562	438567	210803
河南	1667073	1566640	570309	421043	149266	72557
湖北	2005223	1767436	883128	621498	261630	76508
湖南	3296389	3121309	1217844	889896	327948	101934
广东	5127865	4660286	1973822	1603856	369966	117620
广西	993058	844297	382597	257525	125072	49504
海南	199365	197238	84893	67653	17240	12069
重庆	1240583	936869	340686	237677	103009	40909
四川	2087846	1838777	869480	613944	255536	102693
贵州	452326	434242	255595	167353	88242	17929
云南	676207	661275	273818	174134	99684	28905
西藏	96907	30787	22313	16128	6185	1980
陕西	2176872	1953599	818683	577221	241462	120462
甘肃	692854	628411	299131	194587	104544	33939
青海	129933	126719	82935	53278	29657	7572
宁夏	289029	257484	109588	79146	30442	10699
新疆	690496	587928	312422	238395	74027	19865

教育经费支出明细

单位:千元

公用部分	商品和服务支出	其他资本性支出	专项公用支出	专项项目支出	基本建设支出
29752115	**13598031**	**16154084**	**7327870**	**8826214**	**4357468**
1100810	705065	395745	235162	160583	196391
736710	375061	361649	226425	135224	224308
1286584	614848	671736	275354	396382	51376
572836	344592	228244	145795	82449	24253
479263	238933	240330	150451	89879	122948
691037	386781	304256	206283	97973	32896
246807	163589	83218	57934	25284	3069
718744	406468	312276	173217	139059	69150
707268	471535	235733	150782	84951	
3478800	1173354	2305446	813884	1491562	371059
2206212	1035353	1170859	502904	667955	112069
428557	169478	259079	95049	164030	10005
1305177	474846	830331	293549	536782	351999
1613544	589616	1023928	370791	653137	315023
3063713	1066842	1996871	740613	1256258	264193
996331	470134	526197	253023	273174	100433
884308	447090	437218	201677	235541	237787
1903465	905378	998087	385810	612277	175080
2686464	1217008	1469456	798612	670844	467579
461700	248662	213038	109823	103215	148761
112345	44590	67755	27212	40543	2127
596183	205526	390657	189078	201579	303714
969297	568710	400587	257989	142598	249069
178647	112472	66175	39031	27144	18084
387457	147946	239511	82453	157058	14932
8474	6083	2391	2391		66120
1134916	563757	571159	297263	273896	223273
329280	146825	182455	127384	55071	64443
43784	28661	15123	12410	2713	3214
147896	100633	47263	45147	2116	31545
275506	168195	107311	60374	46937	102568

4—17 分地区中央属普通高等职业学校

地区	合计	事业性经费支出	个人部分	工资福利支出	对个人和家庭的补助支出	#助学金
合计	**1048933**	**886971**	**432309**	**344094**	**88215**	**36610**
北京						
天津						
河北	90149	84483	52493	48465	4028	3428
山西						
内蒙古						
辽宁						
吉林						
黑龙江	317225	249175	90972	82897	8075	2666
上海						
江苏						
浙江						
安徽	20481	20481	12817	10763	2054	744
福建						
江西						
山东	83554	83554	25524	21467	4057	4027
河南						
湖北						
湖南	67589	67589	33638	27036	6602	3970
广东	195876	180526	99228	66250	32978	13557
广西						
海南						
重庆	40680	40680	20514	11755	8759	2685
四川	105242	62586	37149	23028	14121	4152
贵州						
云南						
西藏						
陕西						
甘肃						
青海						
宁夏						
新疆	128137	97897	59974	52433	7541	1381

教育经费支出明细

单位：千元

公用部分	商品和服务支出	其他资本性支出	专项公用支出	专项项目支出	基本建设支出
454662	**310071**	**144591**	**83713**	**60878**	**161962**
31990	26363	5627	4046	1581	5666
158203	129933	28270	24133	4137	68050
7664	6456	1208	1208		
58030	25419	32611	12805	19806	
33951	21228	12723	4690	8033	
81298	41107	40191	19439	20752	15350
20166	12782	7384	7384		
25437	19483	5954	5954		42656
37923	27300	10623	4054	6569	30240

4—18 分地区地方普通高等职业学校

地区	合计	事业性经费支出	个人部分	工资福利支出	对个人和家庭的补助支出	#助学金
合计	**53324646**	**49129140**	**19831687**	**14436313**	**5395374**	**2065671**
北京	1869476	1673085	572275	450881	121394	33463
天津	1528300	1303992	567282	377607	189675	60990
河北	2166241	2120531	865937	626627	239310	104901
山西	1126276	1102023	529187	369256	159931	68177
内蒙古	1042710	919762	440499	299514	140985	67840
辽宁	1352667	1319771	628734	443087	185647	44357
吉林	504476	501407	254600	170465	84135	16393
黑龙江	1073504	1072404	511863	340813	171050	56153
上海	1118461	1118461	411193	377364	33829	17073
江苏	5764375	5393316	1914516	1350350	564166	215363
浙江	3832923	3720854	1514642	1176522	338120	120130
安徽	698670	688665	267772	198973	68799	27396
福建	2423463	2071464	766287	526149	240138	116880
江西	2720121	2405098	791554	581778	209776	120379
山东	4818481	4554288	1548605	1114095	434510	206776
河南	1667073	1566640	570309	421043	149266	72557
湖北	2005223	1767436	883128	621498	261630	76508
湖南	3228800	3053720	1184206	862860	321346	97964
广东	4931989	4479760	1874594	1537606	336988	104063
广西	993058	844297	382597	257525	125072	49504
海南	199365	197238	84893	67653	17240	12069
重庆	1199903	896189	320172	225922	94250	38224
四川	1982604	1776191	832331	590916	241415	98541
贵州	452326	434242	255595	167353	88242	17929
云南	676207	661275	273818	174134	99684	28905
西藏	96907	30787	22313	16128	6185	1980
陕西	2176872	1953599	818683	577221	241462	120462
甘肃	692854	628411	299131	194587	104544	33939
青海	129933	126719	82935	53278	29657	7572
宁夏	289029	257484	109588	79146	30442	10699
新疆	562359	490031	252448	185962	66486	18484

教育经费支出明细

单位:千元

公用部分	商品和服务支出	其他资本性支出			基本建设支出
			专项公用支出	专项项目支出	
29297453	**13287960**	**16009493**	**7244157**	**8765336**	**4195506**
1100810	705065	395745	235162	160583	196391
736710	375061	361649	226425	135224	224308
1254594	588485	666109	271308	394801	45710
572836	344592	228244	145795	82449	24253
479263	238933	240330	150451	89879	122948
691037	386781	304256	206283	97973	32896
246807	163589	83218	57934	25284	3069
560541	276535	284006	149084	134922	1100
707268	471535	235733	150782	84951	
3478800	1173354	2305446	813884	1491562	371059
2206212	1035353	1170859	502904	667955	112069
420893	163022	257871	93841	164030	10005
1305177	474846	830331	293549	536782	351999
1613544	589616	1023928	370791	653137	315023
3005683	1041423	1964260	727808	1236452	264193
996331	470134	526197	253023	273174	100433
884308	447090	437218	201677	235541	237787
1869514	884150	985364	381120	604244	175080
2605166	1175901	1429265	779173	650092	452229
461700	248662	213038	109823	103215	148761
112345	44590	67755	27212	40543	2127
576017	192744	383273	181694	201579	303714
943860	549227	394633	252035	142598	206413
178647	112472	66175	39031	27144	18084
387457	147946	239511	82453	157058	14932
8474	6083	2391	2391		66120
1134916	563757	571159	297263	273896	223273
329280	146825	182455	127384	55071	64443
43784	28661	15123	12410	2713	3214
147896	100633	47263	45147	2116	31545
237583	140895	96688	56320	40368	72328

4—19 分地区成人高等学校

地区	合计	事业性经费支出	个人部分	工资福利支出	对个人和家庭的补助支出	#助学金
合计	**12134100**	**11428534**	**5539446**	**4013713**	**1525733**	**268547**
北京	758469	758469	302719	197295	105424	
天津	64020	64020	41889	26812	15077	131
河北	345631	341829	170828	119081	51747	17489
山西	139960	126331	78133	65807	12326	1904
内蒙古	104338	104338	56816	41242	15574	1364
辽宁	487460	474702	234344	170533	63811	3819
吉林	333854	333854	211079	137786	73293	2728
黑龙江	439823	439823	240630	154245	86385	8098
上海	1112974	1109324	645094	563644	81450	2810
江苏	964813	921585	446937	287267	159670	54925
浙江	898863	887964	401928	310146	91782	17422
安徽	219820	210333	115538	77746	37792	6833
福建	335831	335831	166037	114607	51430	9254
江西	303710	286580	115042	88525	26517	9048
山东	767403	616384	310060	221416	88644	11354
河南	722661	578935	288111	188287	99824	30681
湖北	409218	385796	212937	157987	54950	10991
湖南	283093	283093	117286	86915	30371	7929
广东	902983	892059	369822	272061	97761	5143
广西	269862	259666	154826	108171	46655	9343
海南						
重庆	572278	558919	101195	72452	28743	11284
四川	499243	458878	254050	181682	72368	20923
贵州	135740	135740	72309	49227	23082	1935
云南	93123	64994	33578	20357	13221	5806
西藏						
陕西	444195	319826	127256	99309	27947	10079
甘肃	182814	182314	82168	63216	18952	3860
青海	12400	12400	6973	5074	1899	32
宁夏						
新疆	329521	284547	181861	132823	49038	3362

教育经费支出明细

单位：千元

公用部分	商品和服务支出	其他资本性支出			基本建设支出
			专项公用支出	专项项目支出	
5889088	**3960473**	**1928615**	**792116**	**1136499**	**705566**
455750	375880	79870	51836	28034	
22131	20270	1861	1861		
171001	118712	52289	17832	34457	3802
48198	42988	5210	4833	377	13629
47522	42628	4894	4139	755	
240358	201092	39266	25428	13838	12758
122775	89519	33256	19446	13810	
199193	152688	46505	14587	31918	
464230	363296	100934	69549	31385	3650
474648	251257	223391	52144	171247	43228
486036	299286	186750	59497	127253	10899
94795	75709	19086	10579	8507	9487
169794	119658	50136	23523	26613	
171538	100857	70681	21416	49265	17130
306324	240691	65633	44969	20664	151019
290824	181884	108940	73000	35940	143726
172859	119389	53470	35960	17510	23422
165807	124447	41360	18506	22854	
522237	390241	131996	82255	49741	10924
104840	81794	23046	14208	8838	10196
457724	78397	379327	13790	365537	13359
204828	154950	49878	44732	5146	40365
63431	50169	13262	10265	2997	
31416	30608	808	808		28129
192570	100233	92337	52528	39809	124369
100146	63909	36237	11973	24264	500
5427	5427				
102686	84494	18192	12452	5740	44974

4—20 分地区中央属成人高等学校

地区	合计	事业性经费支出	个人部分	工资福利支出	对个人和家庭的补助支出	#助学金
合计	**482857**	**482857**	**137092**	**105551**	**31541**	**2140**
北京	284510	284510	56323	37261	19062	
天津						
河北						
山西						
内蒙古						
辽宁	7388	7388	2315	2165	150	
吉林						
黑龙江	65716	65716	18181	16216	1965	259
上海						
江苏						
浙江						
安徽						
福建						
江西						
山东						
河南						
湖北	12780	12780	7395	7244	151	151
湖南	2031	2031	1498	1271	227	
广东						
广西						
海南						
重庆						
四川	2248	2248	1271	1237	34	
贵州						
云南						
西藏						
陕西	49981	49981	8086	4548	3538	930
甘肃	30914	30914	23787	22896	891	
青海						
宁夏						
新疆	27289	27289	18236	12713	5523	800

教育经费支出明细

单位:千元

公用部分	商品和服务支出	其他资本性支出			基本建设支出
			专项公用支出	专项项目支出	
345765	**269129**	**76636**	**21284**	**55352**	
228187	210607	17580	14042	3538	
5073	3802	1271	891	380	
47535	30387	17148	54	17094	
5385	4267	1118	380	738	
533	446	87	87		
977	122	855	855		
41895	5117	36778	3176	33602	
7127	7127				
9053	7254	1799	1799		

4—21 分地区地方成人高等学校

地区	合计	事业性经费支出	个人部分	工资福利支出	对个人和家庭的补助支出	#助学金
合计	**11651243**	**10945677**	**5402354**	**3908162**	**1494192**	**266407**
北京	473959	473959	246396	160034	86362	
天津	64020	64020	41889	26812	15077	131
河北	345631	341829	170828	119081	51747	17489
山西	139960	126331	78133	65807	12326	1904
内蒙古	104338	104338	56816	41242	15574	1364
辽宁	480072	467314	232029	168368	63661	3819
吉林	333854	333854	211079	137786	73293	2728
黑龙江	374107	374107	222449	138029	84420	7839
上海	1112974	1109324	645094	563644	81450	2810
江苏	964813	921585	446937	287267	159670	54925
浙江	898863	887964	401928	310146	91782	17422
安徽	219820	210333	115538	77746	37792	6833
福建	335831	335831	166037	114607	51430	9254
江西	303710	286580	115042	88525	26517	9048
山东	767403	616384	310060	221416	88644	11354
河南	722661	578935	288111	188287	99824	30681
湖北	396438	373016	205542	150743	54799	10840
湖南	281062	281062	115788	85644	30144	7929
广东	902983	892059	369822	272061	97761	5143
广西	269862	259666	154826	108171	46655	9343
海南						
重庆	572278	558919	101195	72452	28743	11284
四川	496995	456630	252779	180445	72334	20923
贵州	135740	135740	72309	49227	23082	1935
云南	93123	64994	33578	20357	13221	5806
西藏						
陕西	394214	269845	119170	94761	24409	9149
甘肃	151900	151400	58381	40320	18061	3860
青海	12400	12400	6973	5074	1899	32
宁夏						
新疆	302232	257258	163625	120110	43515	2562

教育经费支出明细

单位:千元

公用部分	商品和服务支出	其他资本性支出	专项公用支出	专项项目支出	基本建设支出
5543323	**3691344**	**1851979**	**770832**	**1081147**	**705566**
227563	165273	62290	37794	24496	
22131	20270	1861	1861		
171001	118712	52289	17832	34457	3802
48198	42988	5210	4833	377	13629
47522	42628	4894	4139	755	
235285	197290	37995	24537	13458	12758
122775	89519	33256	19446	13810	
151658	122301	29357	14533	14824	
464230	363296	100934	69549	31385	3650
474648	251257	223391	52144	171247	43228
486036	299286	186750	59497	127253	10899
94795	75709	19086	10579	8507	9487
169794	119658	50136	23523	26613	
171538	100857	70681	21416	49265	17130
306324	240691	65633	44969	20664	151019
290824	181884	108940	73000	35940	143726
167474	115122	52352	35580	16772	23422
165274	124001	41273	18419	22854	
522237	390241	131996	82255	49741	10924
104840	81794	23046	14208	8838	10196
457724	78397	379327	13790	365537	13359
203851	154828	49023	43877	5146	40365
63431	50169	13262	10265	2997	
31416	30608	808	808		28129
150675	95116	55559	49352	6207	124369
93019	56782	36237	11973	24264	500
5427	5427				
93633	77240	16393	10653	5740	44974

4—22　分地区中等职业学校

地　区	合　计	事业性经费支出	个人部分	工资福利支出	对个人和家庭的补助支出	#助学金
合　计	**83557468**	**80503069**	**44571979**	**31147204**	**13424775**	**5504976**
北　京	3651454	3577220	1683487	1071543	611944	128148
天　津	1163109	1144338	736840	492319	244521	5670
河　北	4237956	4115457	2191264	1575861	615403	315533
山　西	2131094	2071902	1196333	897394	298939	127296
内蒙古	1397775	1308028	870840	607568	263272	96567
辽　宁	2939020	2907682	1640953	1027296	613657	197466
吉　林	1431546	1405470	879634	552698	326936	68675
黑龙江	1541938	1520148	968854	637432	331422	67625
上　海	3482398	3445523	1883712	1514567	369145	191080
江　苏	7427067	7038127	3611105	2612990	998115	249753
浙　江	6064013	5894273	3130074	2463505	666569	263458
安　徽	2447127	2322943	1287279	871190	416089	161058
福　建	2705779	2525199	1500836	965610	535226	236514
江　西	1431217	1383798	777501	531682	245819	128826
山　东	7307407	7131011	3914127	2853344	1060783	556743
河　南	4429075	4222156	2392525	1596622	795903	421101
湖　北	2656759	2549968	1431184	950425	480759	229441
湖　南	3013172	2940868	1619768	1159450	460318	249238
广　东	7218713	6912713	3521144	2745901	775243	120621
广　西	2165955	2135554	1312573	824433	488140	240587
海　南	859352	565120	244808	184599	60209	39414
重　庆	2005704	1974254	1091545	583009	508536	295588
四　川	3757438	3722101	2161697	1413622	748075	455942
贵　州	1106582	1091065	660548	453908	206640	74835
云　南	2207625	2109201	1225268	766591	458677	220042
西　藏	106887	70022	57560	41690	15870	8518
陕　西	1629210	1517490	844642	575286	269356	161987
甘　肃	1234565	1210208	714173	478792	235381	101299
青　海	274429	262726	144883	89492	55391	21651
宁　夏	277636	262939	165349	110944	54405	22308
新　疆	1255466	1165565	711473	497441	214032	47992

教育经费支出明细

单位:千元

公用部分	商品和服务支出	其他资本性支出	专项公用支出	专项项目支出	基本建设支出
35931090	**20047940**	**15883150**	**7433353**	**8449797**	**3054399**
1893733	956148	937585	793361	144224	74234
407498	232417	175081	90043	85038	18771
1924193	1062181	862012	361269	500743	122499
875569	582947	292622	141366	151256	59192
437188	301667	135521	86762	48759	89747
1266729	796112	470617	248997	221620	31338
525836	308514	217322	111424	105898	26076
551294	376662	174632	74386	100246	21790
1561811	1068358	493453	310597	182856	36875
3427022	1604017	1823005	591583	1231422	388940
2764199	1138882	1625317	475091	1150226	169740
1035664	523405	512259	155699	356560	124184
1024363	591072	433291	214957	218334	180580
606297	342627	263670	103202	160468	47419
3216884	1756781	1460103	624224	835879	176396
1829631	1115966	713665	370509	343156	206919
1118784	576997	541787	233440	308347	106791
1321100	755946	565154	242516	322638	72304
3391569	1937023	1454546	821769	632777	306000
822981	520661	302320	150928	151392	30401
320312	123247	197065	81210	115855	294232
882709	499804	382905	169852	213053	31450
1560404	945435	614969	298144	316825	35337
430517	275346	155171	111222	43949	15517
883933	452987	430946	234632	196314	98424
12462	7610	4852	2275	2577	36865
672848	464319	208529	122811	85718	111720
496035	295744	200291	90767	109524	24357
117843	71629	46214	28298	17916	11703
97590	64022	33568	21297	12271	14697
454092	299414	154678	70722	83956	89901

4—23 分地区中央属中等职业学校

地区	合计	事业性经费支出	个人部分	工资福利支出	对个人和家庭的补助支出	#助学金
合计	**702791**	**661977**	**328233**	**251263**	**76970**	**25020**
北京	92307	90217	36509	30373	6136	1915
天津						
河北	5784	5784	2882	2714	168	
山西	13472	12748	6982	5839	1143	802
内蒙古	6139	6139	2988	1765	1223	1180
辽宁	48469	48469	26089	20301	5788	431
吉林						
黑龙江	86281	86281	40684	30108	10576	1676
上海	101957	99957	36735	32115	4620	381
江苏						
浙江	5558	5558	3274	2988	286	253
安徽	32265	32265	12478	11849	629	441
福建						
江西						
山东						
河南	2469	2469	1661	1661		
湖北	2167	2167	1164	1164		
湖南	11200	11200	2990	2990		
广东	14724	14724	4371	3405	966	
广西						
海南						
重庆	626	626	513	507	6	
四川	51116	51116	30254	21378	8876	3205
贵州						
云南	6482	6482	3172	2456	716	716
西藏						
陕西	2787	2787	1482	805	677	357
甘肃	2050	2050	1003	1003		
青海						
宁夏						
新疆	216938	180938	113002	77842	35160	13663

教育经费支出明细

单位:千元

公用部分	商品和服务支出	其他资本性支出	专项公用支出	专项项目支出	基本建设支出
333744	**251500**	**82244**	**50590**	**31654**	**40814**
53708	35399	18309	12688	5621	2090
2902	2902				
5766	5516	250	250		724
3151	598	2553	2553		
22380	16406	5974	5348	626	
45597	34932	10665	5712	4953	
63222	59882	3340	3340		2000
2284	2032	252	212	40	
19787	16213	3574	416	3158	
808	508	300	100	200	
1003	719	284	284		
8210	3590	4620		4620	
10353	9163	1190	1190		
113	97	16	16		
20862	17324	3538	3218	320	
3310	3170	140	90	50	
1305	1305				
1047	917	130	130		
67936	40827	27109	15043	12066	36000

4—24 分地区地方中等职业学校

地区	合计	事业性经费支出	个人部分	工资福利支出	对个人和家庭的补助支出	#助学金
合计	**82854677**	**79841092**	**44243746**	**30895941**	**13347805**	**5479956**
北京	3559147	3487003	1646978	1041170	605808	126233
天津	1163109	1144338	736840	492319	244521	5670
河北	4232172	4109673	2188382	1573147	615235	315533
山西	2117622	2059154	1189351	891555	297796	126494
内蒙古	1391636	1301889	867852	605803	262049	95387
辽宁	2890551	2859213	1614864	1006995	607869	197035
吉林	1431546	1405470	879634	552698	326936	68675
黑龙江	1455657	1433867	928170	607324	320846	65949
上海	3380441	3345566	1846977	1482452	364525	190699
江苏	7427067	7038127	3611105	2612990	998115	249753
浙江	6058455	5888715	3126800	2460517	666283	263205
安徽	2414862	2290678	1274801	859341	415460	160617
福建	2705779	2525199	1500836	965610	535226	236514
江西	1431217	1383798	777501	531682	245819	128826
山东	7307407	7131011	3914127	2853344	1060783	556743
河南	4426606	4219687	2390864	1594961	795903	421101
湖北	2654592	2547801	1430020	949261	480759	229441
湖南	3001972	2929668	1616778	1156460	460318	249238
广东	7203989	6897989	3516773	2742496	774277	120621
广西	2165955	2135554	1312573	824433	488140	240587
海南	859352	565120	244808	184599	60209	39414
重庆	2005078	1973628	1091032	582502	508530	295588
四川	3706322	3670985	2131443	1392244	739199	452737
贵州	1106582	1091065	660548	453908	206640	74835
云南	2201143	2102719	1222096	764135	457961	219326
西藏	106887	70022	57560	41690	15870	8518
陕西	1626423	1514703	843160	574481	268679	161630
甘肃	1232515	1208158	713170	477789	235381	101299
青海	274429	262726	144883	89492	55391	21651
宁夏	277636	262939	165349	110944	54405	22308
新疆	1038528	984627	598471	419599	178872	34329

教育经费支出明细

单位：千元

公用部分					基本建设支出
	商品和服务支出	其他资本性支出	专项公用支出	专项项目支出	
35597346	**19796440**	**15800906**	**7382763**	**8418143**	**3013585**
1840025	920749	919276	780673	138603	72144
407498	232417	175081	90043	85038	18771
1921291	1059279	862012	361269	500743	122499
869803	577431	292372	141116	151256	58468
434037	301069	132968	84209	48759	89747
1244349	779706	464643	243649	220994	31338
525836	308514	217322	111424	105898	26076
505697	341730	163967	68674	95293	21790
1498589	1008476	490113	307257	182856	34875
3427022	1604017	1823005	591583	1231422	388940
2761915	1136850	1625065	474879	1150186	169740
1015877	507192	508685	155283	353402	124184
1024363	591072	433291	214957	218334	180580
606297	342627	263670	103202	160468	47419
3216884	1756781	1460103	624224	835879	176396
1828823	1115458	713365	370409	342956	206919
1117781	576278	541503	233156	308347	106791
1312890	752356	560534	242516	318018	72304
3381216	1927860	1453356	820579	632777	306000
822981	520661	302320	150928	151392	30401
320312	123247	197065	81210	115855	294232
882596	499707	382889	169836	213053	31450
1539542	928111	611431	294926	316505	35337
430517	275346	155171	111222	43949	15517
880623	449817	430806	234542	196264	98424
12462	7610	4852	2275	2577	36865
671543	463014	208529	122811	85718	111720
494988	294827	200161	90637	109524	24357
117843	71629	46214	28298	17916	11703
97590	64022	33568	21297	12271	14697
386156	258587	127569	55679	71890	53901

4—25 分地区中等专业学校

地 区	合 计	事业性经费支出	个人部分	工资福利支出	对个人和家庭的补助支出	#助学金
合 计	**33781177**	**32500069**	**17603829**	**12058915**	**5544914**	**2277838**
北 京	1416911	1414467	655056	406857	248199	74226
天 津	511066	493202	272512	192978	79534	3634
河 北	1725947	1644867	769438	525414	244024	138294
山 西	1101865	1064161	587934	419263	168671	68245
内蒙古	499784	484427	330937	221459	109478	38018
辽 宁	1466793	1440335	764868	488008	276860	101891
吉 林	549088	533862	318479	200708	117771	16112
黑龙江	600137	597362	349794	227138	122656	33659
上 海	1856753	1837048	993073	823330	169743	76841
江 苏	2818240	2552648	1210110	848219	361891	86219
浙 江	756845	751145	368454	281098	87356	35797
安 徽	805361	757677	406148	263327	142821	46790
福 建	1296938	1226213	736436	470132	266304	139057
江 西	635711	632068	325667	231703	93964	48199
山 东	2458734	2443192	1379537	951887	427650	215886
河 南	2005349	1896043	1027424	690456	336968	165932
湖 北	1586383	1499559	781556	529375	252181	130551
湖 南	802595	777272	418960	300478	118482	49423
广 东	2981474	2874669	1508026	1150181	357845	63569
广 西	1421484	1409391	868035	536404	331631	177046
海 南	441056	409385	180685	136275	44410	26523
重 庆	431108	422918	247317	138041	109276	72320
四 川	1358197	1348503	763968	518844	245124	134186
贵 州	511564	503494	323200	206856	116344	30585
云 南	1110270	1094879	604778	361281	243497	116521
西 藏	102025	65160	53446	38162	15284	8382
陕 西	698529	603243	313882	201708	112174	63606
甘 肃	718552	705695	410425	265692	144733	61491
青 海	139039	136286	79388	48985	30403	8369
宁 夏	151871	141382	86640	55644	30996	11947
新 疆	821508	739516	467656	329012	138644	34519

教育经费支出明细

单位:千元

公用部分	商品和服务支出	其他资本性支出	专项公用支出	专项项目支出	基本建设支出
14896240	**8715465**	**6180775**	**3262385**	**2918390**	**1281108**
759411	344973	414438	336733	77705	2444
220690	114745	105945	68098	37847	17864
875429	476527	398902	146686	252216	81080
476227	315757	160470	72659	87811	37704
153490	115105	38385	26600	11785	15357
675467	457462	218005	133749	84256	26458
215383	118751	96632	44645	51987	15226
247568	170493	77075	32695	44380	2775
843975	571925	272050	222581	49469	19705
1342538	739624	602914	184035	418879	265592
382691	145387	237304	35889	201415	5700
351529	190327	161202	69143	92059	47684
489777	289233	200544	104256	96288	70725
306401	158213	148188	55548	92640	3643
1063655	647366	416289	238184	178105	15542
868619	509752	358867	188727	170140	109306
718003	357646	360357	167569	192788	86824
358312	208845	149467	47471	101996	25323
1366643	826262	540381	333438	206943	106805
541356	343550	197806	105069	92737	12093
228700	91802	136898	66822	70076	31671
175601	109052	66549	45115	21434	8190
584535	344259	240276	138641	101635	9694
180294	127450	52844	32381	20463	8070
490101	259336	230765	179446	51319	15391
11714	7101	4613	2036	2577	36865
289361	226950	62411	48475	13936	95286
295270	185217	110053	55659	54394	12857
56898	36989	19909	17643	2266	2753
54742	38460	16282	12438	3844	10489
271860	186906	84954	49954	35000	81992

4—26 分地区中央属中等专业学校

地 区	合 计	事业性经费支出	个人部分	工资福利支出	对个人和家庭的补助支出	＃助学金
合 计	**473865**	**435141**	**225037**	**167914**	**57123**	**19226**
北 京	56197	56197	22177	16954	5223	1006
天 津						
河 北						
山 西	6772	6048	3682	2539	1143	802
内蒙古						
辽 宁	48469	48469	26089	20301	5788	431
吉 林						
黑龙江	527	527	500	462	38	38
上 海	101957	99957	36735	32115	4620	381
江 苏						
浙 江	3205	3205	2399	2192	207	207
安 徽						
福 建						
江 西						
山 东						
河 南						
湖 北						
湖 南						
广 东						
广 西						
海 南						
重 庆						
四 川	37194	37194	19776	14391	5385	2698
贵 州						
云 南	4489	4489	1889	1889		
西 藏						
陕 西						
甘 肃						
青 海						
宁 夏						
新 疆	215055	179055	111790	77071	34719	13663

教育经费支出明细

单位:千元

公用部分	商品和服务支出	其他资本性支出	专项公用支出	专项项目支出	基本建设支出
210104	**154032**	**56072**	**38241**	**17831**	**38724**
34020	17874	16146	11307	4839	
2366	2366				724
22380	16406	5974	5348	626	
27	27				
63222	59882	3340	3340		2000
806	554	252	212	40	
17418	14050	3368	3048	320	
2600	2600				
67265	40273	26992	14986	12006	36000

4—27 分地区地方中等专业学校

地 区	合 计	事业性经费支出	个人部分	工资福利支出	对个人和家庭的补助支出	♯助学金
合 计	**33307312**	**32064928**	**17378792**	**11891001**	**5487791**	**2258612**
北 京	1360714	1358270	632879	389903	242976	73220
天 津	511066	493202	272512	192978	79534	3634
河 北	1725947	1644867	769438	525414	244024	138294
山 西	1095093	1058113	584252	416724	167528	67443
内蒙古	499784	484427	330937	221459	109478	38018
辽 宁	1418324	1391866	738779	467707	271072	101460
吉 林	549088	533862	318479	200708	117771	16112
黑龙江	599610	596835	349294	226676	122618	33621
上 海	1754796	1737091	956338	791215	165123	76460
江 苏	2818240	2552648	1210110	848219	361891	86219
浙 江	753640	747940	366055	278906	87149	35590
安 徽	805361	757677	406148	263327	142821	46790
福 建	1296938	1226213	736436	470132	266304	139057
江 西	635711	632068	325667	231703	93964	48199
山 东	2458734	2443192	1379537	951887	427650	215886
河 南	2005349	1896043	1027424	690456	336968	165932
湖 北	1586383	1499559	781556	529375	252181	130551
湖 南	802595	777272	418960	300478	118482	49423
广 东	2981474	2874669	1508026	1150181	357845	63569
广 西	1421484	1409391	868035	536404	331631	177046
海 南	441056	409385	180685	136275	44410	26523
重 庆	431108	422918	247317	138041	109276	72320
四 川	1321003	1311309	744192	504453	239739	131488
贵 州	511564	503494	323200	206856	116344	30585
云 南	1105781	1090390	602889	359392	243497	116521
西 藏	102025	65160	53446	38162	15284	8382
陕 西	698529	603243	313882	201708	112174	63606
甘 肃	718552	705695	410425	265692	144733	61491
青 海	139039	136286	79388	48985	30403	8369
宁 夏	151871	141382	86640	55644	30996	11947
新 疆	606453	560461	355866	251941	103925	20856

教育经费支出明细

单位：千元

公用部分	商品和服务支出	其他资本性支出			基本建设支出
			专项公用支出	专项项目支出	
14686136	**8561433**	**6124703**	**3224144**	**2900559**	**1242384**
725391	327099	398292	325426	72866	2444
220690	114745	105945	68098	37847	17864
875429	476527	398902	146686	252216	81080
473861	313391	160470	72659	87811	36980
153490	115105	38385	26600	11785	15357
653087	441056	212031	128401	83630	26458
215383	118751	96632	44645	51987	15226
247541	170466	77075	32695	44380	2775
780753	512043	268710	219241	49469	17705
1342538	739624	602914	184035	418879	265592
381885	144833	237052	35677	201375	5700
351529	190327	161202	69143	92059	47684
489777	289233	200544	104256	96288	70725
306401	158213	148188	55548	92640	3643
1063655	647366	416289	238184	178105	15542
868619	509752	358867	188727	170140	109306
718003	357646	360357	167569	192788	86824
358312	208845	149467	47471	101996	25323
1366643	826262	540381	333438	206943	106805
541356	343550	197806	105069	92737	12093
228700	91802	136898	66822	70076	31671
175601	109052	66549	45115	21434	8190
567117	330209	236908	135593	101315	9694
180294	127450	52844	32381	20463	8070
487501	256736	230765	179446	51319	15391
11714	7101	4613	2036	2577	36865
289361	226950	62411	48475	13936	95286
295270	185217	110053	55659	54394	12857
56898	36989	19909	17643	2266	2753
54742	38460	16282	12438	3844	10489
204595	146633	57962	34968	22994	45992

4—28 分地区职业高中

地区	合计	事业性经费支出	个人部分	工资福利支出	对个人和家庭的补助支出	#助学金
合计	**34256238**	**33333412**	**19054790**	**13413676**	**5641114**	**2557392**
北京	1371806	1304806	725429	431834	293595	35449
天津	380462	380462	265443	159528	105915	573
河北	1821236	1797570	1002796	737538	265258	137845
山西	726534	708534	428626	341054	87572	50049
内蒙古	638062	563872	377296	268500	108796	48740
辽宁	1225974	1221094	722651	435094	287557	84130
吉林	603088	592238	361964	224875	137089	43669
黑龙江	647665	628650	430475	281349	149126	29123
上海	1176123	1158953	641031	471509	169522	109408
江苏	3332940	3247715	1803955	1310374	493581	150877
浙江	4386378	4281431	2309334	1845536	463798	207662
安徽	1353968	1289127	734968	498850	236118	106715
福建	773628	761447	435000	292625	142375	60444
江西	620480	577331	349729	230183	119546	74160
山东	2904117	2858477	1681701	1278247	403454	212473
河南	1433476	1416321	828085	524421	303664	194214
湖北	765371	749669	456542	290400	166142	72420
湖南	1814907	1771074	966459	692473	273986	177929
广东	2460651	2403255	1252933	1019728	233205	19114
广西	270327	260475	154543	106096	48447	23650
海南	110398	92331	33505	23784	9721	8263
重庆	926133	904813	512815	267471	245344	144666
四川	1770299	1752824	1025288	627599	397689	282600
贵州	277910	270463	172479	113696	58783	30748
云南	774362	691629	416752	273451	143301	86686
西藏						
陕西	847427	830993	481829	333715	148114	97999
甘肃	444732	433232	261345	182973	78372	38576
青海	135390	126440	65495	40507	24988	13282
宁夏	101110	96902	64527	45022	19505	9382
新疆	161284	161284	91795	65244	26551	6546

教育经费支出明细

单位:千元

公用部分	商品和服务支出	其他资本性支出			基本建设支出
			专项公用支出	专项项目支出	
14278622	**7311885**	**6966737**	**2726852**	**4239885**	**922826**
579377	354924	224453	188308	36145	67000
115019	54465	60554	16050	44504	
794774	409693	385081	155201	229880	23666
279908	176524	103384	47036	56348	18000
186576	127893	58683	31906	26777	74190
498443	262989	235454	101443	134011	4880
230274	125956	104318	50407	53911	10850
198175	122290	75885	24539	51346	19015
517922	325847	192075	65560	126515	17170
1443760	558117	885643	294050	591593	85225
1972097	738933	1233164	362627	870537	104947
554159	255545	298614	79287	219327	64841
326447	167891	158556	63124	95432	12181
227602	135886	91716	38200	53516	43149
1176776	668074	508702	232768	275934	45640
588236	353412	234824	123892	110932	17155
293127	141336	151791	50749	101042	15702
804615	436678	367937	160385	207552	43833
1150322	654044	496278	264609	231669	57396
105932	53438	52494	13774	38720	9852
58826	15654	43172	1941	41231	18067
391998	187327	204671	68397	136274	21320
727536	415932	311604	118197	193407	17475
97984	55707	42277	18889	23388	7447
274877	117666	157211	31239	125972	82733
349164	214372	134792	70540	64252	16434
171887	90606	81281	29707	51574	11500
60945	34640	26305	10655	15650	8950
32375	18272	14103	5676	8427	4208
69489	37774	31715	7696	24019	

4—29 分地区中央属职业高中

地 区	合 计	事业性经费支出	个人部分	工资福利支出	对个人和家庭的补助支出	#助学金
合 计	**61322**	**61322**	**37723**	**26521**	**11202**	**2387**
北 京						
天 津						
河 北						
山 西						
内蒙古						
辽 宁						
吉 林						
黑龙江	32555	32555	22580	15493	7087	1567
上 海						
江 苏						
浙 江						
安 徽						
福 建						
江 西						
山 东						
河 南						
湖 北	2167	2167	1164	1164		
湖 南	11200	11200	2990	2990		
广 东						
广 西						
海 南						
重 庆						
四 川	12258	12258	9318	5971	3347	463
贵 州						
云 南						
西 藏						
陕 西	2787	2787	1482	805	677	357
甘 肃						
青 海						
宁 夏						
新 疆	355	355	189	98	91	

教育经费支出明细

单位：千元

公用部分	商品和服务支出	其他资本性支出			基本建设支出
			专项公用支出	专项项目支出	
23599	**15418**	**8181**	**1309**	**6872**	
9975	6732	3243	991	2252	
1003	719	284	284		
8210	3590	4620		4620	
2940	2922	18	18		
1305	1305				
166	150	16	16		

4—30 分地区地方职业高中

地区	合计	事业性经费支出	个人部分	工资福利支出	对个人和家庭的补助支出	#助学金
合计	**34194916**	**33272090**	**19017067**	**13387155**	**5629912**	**2555005**
北京	1371806	1304806	725429	431834	293595	35449
天津	380462	380462	265443	159528	105915	573
河北	1821236	1797570	1002796	737538	265258	137845
山西	726534	708534	428626	341054	87572	50049
内蒙古	638062	563872	377296	268500	108796	48740
辽宁	1225974	1221094	722651	435094	287557	84130
吉林	603088	592238	361964	224875	137089	43669
黑龙江	615110	596095	407895	265856	142039	27556
上海	1176123	1158953	641031	471509	169522	109408
江苏	3332940	3247715	1803955	1310374	493581	150877
浙江	4386378	4281431	2309334	1845536	463798	207662
安徽	1353968	1289127	734968	498850	236118	106715
福建	773628	761447	435000	292625	142375	60444
江西	620480	577331	349729	230183	119546	74160
山东	2904117	2858477	1681701	1278247	403454	212473
河南	1433476	1416321	828085	524421	303664	194214
湖北	763204	747502	455378	289236	166142	72420
湖南	1803707	1759874	963469	689483	273986	177929
广东	2460651	2403255	1252933	1019728	233205	19114
广西	270327	260475	154543	106096	48447	23650
海南	110398	92331	33505	23784	9721	8263
重庆	926133	904813	512815	267471	245344	144666
四川	1758041	1740566	1015970	621628	394342	282137
贵州	277910	270463	172479	113696	58783	30748
云南	774362	691629	416752	273451	143301	86686
西藏						
陕西	844640	828206	480347	332910	147437	97642
甘肃	444732	433232	261345	182973	78372	38576
青海	135390	126440	65495	40507	24988	13282
宁夏	101110	96902	64527	45022	19505	9382
新疆	160929	160929	91606	65146	26460	6546

教育经费支出明细

单位:千元

公用部分	商品和服务支出	其他资本性支出	专项公用支出	专项项目支出	基本建设支出
14255023	**7296467**	**6958556**	**2725543**	**4233013**	**922826**
579377	354924	224453	188308	36145	67000
115019	54465	60554	16050	44504	
794774	409693	385081	155201	229880	23666
279908	176524	103384	47036	56348	18000
186576	127893	58683	31906	26777	74190
498443	262989	235454	101443	134011	4880
230274	125956	104318	50407	53911	10850
188200	115558	72642	23548	49094	19015
517922	325847	192075	65560	126515	17170
1443760	558117	885643	294050	591593	85225
1972097	738933	1233164	362627	870537	104947
554159	255545	298614	79287	219327	64841
326447	167891	158556	63124	95432	12181
227602	135886	91716	38200	53516	43149
1176776	668074	508702	232768	275934	45640
588236	353412	234824	123892	110932	17155
292124	140617	151507	50465	101042	15702
796405	433088	363317	160385	202932	43833
1150322	654044	496278	264609	231669	57396
105932	53438	52494	13774	38720	9852
58826	15654	43172	1941	41231	18067
391998	187327	204671	68397	136274	21320
724596	413010	311586	118179	193407	17475
97984	55707	42277	18889	23388	7447
274877	117666	157211	31239	125972	82733
347859	213067	134792	70540	64252	16434
171887	90606	81281	29707	51574	11500
60945	34640	26305	10655	15650	8950
32375	18272	14103	5676	8427	4208
69323	37624	31699	7680	24019	

4—31 分地区农村职业高中

地区	合计	事业性经费支出	个人部分	工资福利支出	对个人和家庭的补助支出	#助学金
合计	**3923618**	**3849119**	**2276611**	**1709871**	**566740**	**302374**
北京	234814	225814	91427	57696	33731	13786
天津	15678	15678	8657	6825	1832	
河北	157546	151952	91273	69023	22250	13446
山西	59791	59641	33738	28325	5413	2318
内蒙古	16395	16395	10703	8117	2586	807
辽宁	12510	12510	8662	5607	3055	1491
吉林	9842	9842	7353	4431	2922	2064
黑龙江	14427	14427	10356	6649	3707	227
上海						
江苏	417908	409137	266133	205443	60690	21372
浙江	718245	715787	430765	366925	63840	30202
安徽	299080	293180	187696	130503	57193	32856
福建	92636	92604	51149	36376	14773	6952
江西	35497	33497	22458	14678	7780	4782
山东	168531	168531	107631	80296	27335	15374
河南	109951	109951	71320	47274	24046	12564
湖北	50103	49498	29653	18629	11024	6497
湖南	209934	207134	109301	79249	30052	24608
广东	516138	487691	249472	220685	28787	5607
广西	18811	18811	12450	9204	3246	819
海南	7301	7301	2564	2056	508	239
重庆	159765	155565	85369	57811	27558	14100
四川	331832	331056	216952	136369	80583	57721
贵州	8921	8921	7136	4938	2198	1465
云南	36596	33796	21403	13645	7758	5537
西藏						
陕西	142892	141926	87725	56754	30971	21512
甘肃	59281	59281	43135	32582	10553	5081
青海						
宁夏	2744	2744	2475	2367	108	
新疆	16449	16449	9655	7414	2241	947

教育经费支出明细

单位:千元

公用部分	商品和服务支出	其他资本性支出			基本建设支出
			专项公用支出	专项项目支出	
1572508	**907483**	**665025**	**329539**	**335486**	**74499**
134387	77260	57127	42994	14133	9000
7021	1816	5205	391	4814	
60679	38010	22669	19663	3006	5594
25903	20675	5228	2423	2805	150
5692	5121	571	571		
3848	1762	2086	2086		
2489	2473	16	16		
4071	1782	2289	529	1760	
143004	88689	54315	24960	29355	8771
285022	153298	131724	57268	74456	2458
105484	61735	43749	17187	26562	5900
41455	24826	16629	7397	9232	32
11039	4816	6223	2187	4036	2000
60900	22637	38263	6954	31309	
38631	28097	10534	4641	5893	
19845	13986	5859	2009	3850	605
97833	51792	46041	26088	19953	2800
238219	147606	90613	62358	28255	28447
6361	2170	4191	258	3933	
4737	4393	344	22	322	
70196	29057	41139	12153	28986	4200
114104	67525	46579	20322	26257	776
1785	1339	446	62	384	
12393	5882	6511	3314	3197	2800
54201	33567	20634	11272	9362	966
16146	12651	3495	2395	1100	
269	259	10	10		
6794	4259	2535	9	2526	

4—32 分地区技工学校

地 区	合 计	事业性经费支出	个人部分	工资福利支出	对个人和家庭的补助支出	#助学金
合 计	**9862683**	**9091373**	**4456554**	**3237708**	**1218846**	**512860**
北 京	805226	800436	274417	211912	62505	18221
天 津	176073	175166	124385	93510	30875	1380
河 北	392238	374683	205754	147580	58174	34670
山 西	165217	161729	76609	58851	17758	8510
内蒙古	107427	107227	61942	48573	13369	7445
辽 宁	230893	230893	144069	96777	47292	11442
吉 林	76282	76282	42653	29063	13590	8088
黑龙江	110334	110334	62134	44243	17891	3079
上 海	128107	128107	63993	56084	7909	4295
江 苏	870910	832787	393097	317173	75924	10935
浙 江	495885	439926	233345	167579	65766	14002
安 徽	141432	130432	47572	38570	9002	3169
福 建	387392	290328	163839	97161	66678	35763
江 西	49068	48441	21723	16856	4867	2074
山 东	1568750	1453636	604107	427753	176354	115135
河 南	526393	490461	299222	214321	84901	40736
湖 北	116063	112498	68547	50137	18410	8659
湖 南	187389	185089	101438	71030	30408	16535
广 东	1380332	1252686	562166	429526	132640	35168
广 西	301106	293315	167477	103725	63752	32975
海 南	277958	37758	15177	10519	4658	4165
重 庆	349007	348867	182904	97182	85722	50995
四 川	234269	233269	127253	111997	15256	8941
贵 州	310825	310825	161998	131602	30396	13502
云 南	199893	199893	111935	66534	45401	16117
西 藏						
陕 西	35023	35023	15811	14341	1470	191
甘 肃	30358	30358	12441	8948	3493	987
青 海						
宁 夏	15282	15282	8000	5696	2304	839
新 疆	193551	185642	102546	70465	32081	4842

教育经费支出明细

单位:千元

公用部分	商品和服务支出	其他资本性支出	专项公用支出	专项项目支出	基本建设支出
4634819	**2487329**	**2147490**	**1136055**	**1011435**	**771310**
526019	234643	291376	263547	27829	4790
50781	44532	6249	3662	2587	907
168929	107547	61382	47455	13927	17555
85120	61131	23989	18962	5027	3488
45285	29512	15773	10084	5689	200
86824	69913	16911	13558	3353	
33629	22003	11626	11626		
48200	40302	7898	6278	1620	
64114	46069	18045	14851	3194	
439690	211113	228577	68273	160304	38123
206581	101906	104675	57404	47271	55959
82860	47088	35772	2614	33158	11000
126489	70143	56346	38385	17961	97064
26718	16526	10192	1790	8402	627
849529	350622	498907	136675	362232	115114
191239	119182	72057	39323	32734	35932
43951	25091	18860	9712	9148	3565
83651	62060	21591	14689	6902	2300
690520	328017	362503	193455	169048	127646
125838	87804	38034	25613	12421	7791
22581	7736	14845	10297	4548	240200
165963	104280	61683	26100	35583	140
106016	80342	25674	23327	2347	1000
148827	89309	59518	59420	98	
87958	50626	37332	20527	16805	
19212	11305	7907	2185	5722	
17917	9845	8072	4516	3556	
7282	4269	3013	3013		
83096	54413	28683	8714	19969	7909

4—33 分地区中央属技工学校

地区	合计	事业性经费支出	个人部分	工资福利支出	对个人和家庭的补助支出	#助学金
合计	**113680**	**111590**	**47566**	**42551**	**5015**	**3336**
北京	36110	34020	14332	13419	913	909
天津						
河北	5784	5784	2882	2714	168	
山西	6700	6700	3300	3300		
内蒙古	6139	6139	2988	1765	1223	1180
辽宁						
吉林						
黑龙江	803	803	720	549	171	
上海						
江苏						
浙江	2353	2353	875	796	79	46
安徽	32265	32265	12478	11849	629	441
福建						
江西						
山东						
河南	2469	2469	1661	1661		
湖北						
湖南						
广东	14724	14724	4371	3405	966	
广西						
海南						
重庆	626	626	513	507	6	
四川	1664	1664	1160	1016	144	44
贵州						
云南	1993	1993	1283	567	716	716
西藏						
陕西						
甘肃	2050	2050	1003	1003		
青海						
宁夏						
新疆						

教育经费支出明细

单位：千元

公用部分	商品和服务支出	其他资本性支出	专项公用支出	专项项目支出	基本建设支出
64024	**53556**	**10468**	**6278**	**4190**	**2090**
19688	17525	2163	1381	782	2090
2902	2902				
3400	3150	250	250		
3151	598	2553	2553		
83	83				
1478	1478				
19787	16213	3574	416	3158	
808	508	300	100	200	
10353	9163	1190	1190		
113	97	16	16		
504	352	152	152		
710	570	140	90	50	
1047	917	130	130		

4—34 分地区地方技工学校

地区	合计	事业性经费支出	个人部分	工资福利支出	对个人和家庭的补助支出	#助学金
合计	**9749003**	**8979783**	**4408988**	**3195157**	**1213831**	**509524**
北京	769116	766416	260085	198493	61592	17312
天津	176073	175166	124385	93510	30875	1380
河北	386454	368899	202872	144866	58006	34670
山西	158517	155029	73309	55551	17758	8510
内蒙古	101288	101088	58954	46808	12146	6265
辽宁	230893	230893	144069	96777	47292	11442
吉林	76282	76282	42653	29063	13590	8088
黑龙江	109531	109531	61414	43694	17720	3079
上海	128107	128107	63993	56084	7909	4295
江苏	870910	832787	393097	317173	75924	10935
浙江	493532	437573	232470	166783	65687	13956
安徽	109167	98167	35094	26721	8373	2728
福建	387392	290328	163839	97161	66678	35763
江西	49068	48441	21723	16856	4867	2074
山东	1568750	1453636	604107	427753	176354	115135
河南	523924	487992	297561	212660	84901	40736
湖北	116063	112498	68547	50137	18410	8659
湖南	187389	185089	101438	71030	30408	16535
广东	1365608	1237962	557795	426121	131674	35168
广西	301106	293315	167477	103725	63752	32975
海南	277958	37758	15177	10519	4658	4165
重庆	348381	348241	182391	96675	85716	50995
四川	232605	231605	126093	110981	15112	8897
贵州	310825	310825	161998	131602	30396	13502
云南	197900	197900	110652	65967	44685	15401
西藏						
陕西	35023	35023	15811	14341	1470	191
甘肃	28308	28308	11438	7945	3493	987
青海						
宁夏	15282	15282	8000	5696	2304	839
新疆	193551	185642	102546	70465	32081	4842

教育经费支出明细

单位：千元

公用部分	商品和服务支出	其他资本性支出			基本建设支出
			专项公用支出	专项项目支出	
4570795	**2433773**	**2137022**	**1129777**	**1007245**	**769220**
506331	217118	289213	262166	27047	2700
50781	44532	6249	3662	2587	907
166027	104645	61382	47455	13927	17555
81720	57981	23739	18712	5027	3488
42134	28914	13220	7531	5689	200
86824	69913	16911	13558	3353	
33629	22003	11626	11626		
48117	40219	7898	6278	1620	
64114	46069	18045	14851	3194	
439690	211113	228577	68273	160304	38123
205103	100428	104675	57404	47271	55959
63073	30875	32198	2198	30000	11000
126489	70143	56346	38385	17961	97064
26718	16526	10192	1790	8402	627
849529	350622	498907	136675	362232	115114
190431	118674	71757	39223	32534	35932
43951	25091	18860	9712	9148	3565
83651	62060	21591	14689	6902	2300
680167	318854	361313	192265	169048	127646
125838	87804	38034	25613	12421	7791
22581	7736	14845	10297	4548	240200
165850	104183	61667	26084	35583	140
105512	79990	25522	23175	2347	1000
148827	89309	59518	59420	98	
87248	50056	37192	20437	16755	
19212	11305	7907	2185	5722	
16870	8928	7942	4386	3556	
7282	4269	3013	3013		
83096	54413	28683	8714	19969	7909

4—35 分地区成人中等专业学校

地区	合计	事业性经费支出				
			个人部分			
				工资福利支出	对个人和家庭的补助支出	
						#助学金
合计	**5657370**	**5578215**	**3456806**	**2436905**	**1019901**	**156886**
北京	57511	57511	28585	20940	7645	252
天津	95508	95508	74500	46303	28197	83
河北	298535	298337	213276	165329	47947	4724
山西	137478	137478	103164	78226	24938	492
内蒙古	152502	152502	100665	69036	31629	2364
辽宁	15360	15360	9365	7417	1948	3
吉林	203088	203088	156538	98052	58486	806
黑龙江	183802	183802	126451	84702	41749	1764
上海	321415	321415	185615	163644	21971	536
江苏	404977	404977	203943	137224	66719	1722
浙江	424905	421771	218941	169292	49649	5997
安徽	146366	145707	98591	70443	28148	4384
福建	247821	247211	165561	105692	59869	1250
江西	125958	125958	80382	52940	27442	4393
山东	375806	375706	248782	195457	53325	13249
河南	463857	419331	237794	167424	70370	20219
湖北	188942	188242	124539	80513	44026	17811
湖南	208281	207433	132911	95469	37442	5351
广东	396256	382103	198019	146466	51553	2770
广西	173038	172373	122518	78208	44310	6916
海南	29940	25646	15441	14021	1420	463
重庆	299456	297656	148509	80315	68194	27607
四川	394673	387505	245188	155182	90006	30215
贵州	6283	6283	2871	1754	1117	
云南	123100	122800	91803	65325	26478	718
西藏	4862	4862	4114	3528	586	136
陕西	48231	48231	33120	25522	7598	191
甘肃	40923	40923	29962	21179	8783	245
青海						
宁夏	9373	9373	6182	4582	1600	140
新疆	79123	79123	49476	32720	16756	2085

教育经费支出明细

单位:千元

公用部分	商品和服务支出	其他资本性支出	专项公用支出	专项项目支出	基本建设支出
2121409	**1533261**	**588148**	**308061**	**280087**	**79155**
28926	21608	7318	4773	2545	
21008	18675	2333	2233	100	
85061	68414	16647	11927	4720	198
34314	29535	4779	2709	2070	
51837	29157	22680	18172	4508	
5995	5748	247	247		
46550	41804	4746	4746		
57351	43577	13774	10874	2900	
135800	124517	11283	7605	3678	
201034	95163	105871	45225	60646	
202830	152656	50174	19171	31003	3134
47116	30445	16671	4655	12016	659
81650	63805	17845	9192	8653	610
45576	32002	13574	7664	5910	
126924	90719	36205	16597	19608	100
181537	133620	47917	18567	29350	44526
63703	52924	10779	5410	5369	700
74522	48363	26159	19971	6188	848
184084	128700	55384	30267	25117	14153
49855	35869	13986	6472	7514	665
10205	8055	2150	2150		4294
149147	99145	50002	30240	19762	1800
142317	104902	37415	17979	19436	7168
3412	2880	532	532		
30997	25359	5638	3420	2218	300
748	509	239	239		
15111	11692	3419	1611	1808	
10961	10076	885	885		
3191	3021	170	170		
29647	20321	9326	4358	4968	

4—36 分地区中央属成人中等专业学校

地区	合计	事业性经费支出	个人部分	工资福利支出	对个人和家庭的补助支出	#助学金
合计	**53924**	**53924**	**17907**	**14277**	**3630**	**71**
北京						
天津						
河北						
山西						
内蒙古						
辽宁						
吉林						
黑龙江	52396	52396	16884	13604	3280	71
上海						
江苏						
浙江						
安徽						
福建						
江西						
山东						
河南						
湖北						
湖南						
广东						
广西						
海南						
重庆						
四川						
贵州						
云南						
西藏						
陕西						
甘肃						
青海						
宁夏						
新疆	1528	1528	1023	673	350	

教育经费支出明细

单位:千元

公用部分	商品和服务支出	其他资本性支出	专项公用支出	专项项目支出	基本建设支出
36017	**28494**	**7523**	**4762**	**2761**	
35512	28090	7422	4721	2701	
505	404	101	41	60	

4—37 分地区地方成人中等专业学校

地区	合计	事业性经费支出	个人部分	工资福利支出	对个人和家庭的补助支出	#助学金
合计	**5603446**	**5524291**	**3438899**	**2422628**	**1016271**	**156815**
北京	57511	57511	28585	20940	7645	252
天津	95508	95508	74500	46303	28197	83
河北	298535	298337	213276	165329	47947	4724
山西	137478	137478	103164	78226	24938	492
内蒙古	152502	152502	100665	69036	31629	2364
辽宁	15360	15360	9365	7417	1948	3
吉林	203088	203088	156538	98052	58486	806
黑龙江	131406	131406	109567	71098	38469	1693
上海	321415	321415	185615	163644	21971	536
江苏	404977	404977	203943	137224	66719	1722
浙江	424905	421771	218941	169292	49649	5997
安徽	146366	145707	98591	70443	28148	4384
福建	247821	247211	165561	105692	59869	1250
江西	125958	125958	80382	52940	27442	4393
山东	375806	375706	248782	195457	53325	13249
河南	463857	419331	237794	167424	70370	20219
湖北	188942	188242	124539	80513	44026	17811
湖南	208281	207433	132911	95469	37442	5351
广东	396256	382103	198019	146466	51553	2770
广西	173038	172373	122518	78208	44310	6916
海南	29940	25646	15441	14021	1420	463
重庆	299456	297656	148509	80315	68194	27607
四川	394673	387505	245188	155182	90006	30215
贵州	6283	6283	2871	1754	1117	
云南	123100	122800	91803	65325	26478	718
西藏	4862	4862	4114	3528	586	136
陕西	48231	48231	33120	25522	7598	191
甘肃	40923	40923	29962	21179	8783	245
青海						
宁夏	9373	9373	6182	4582	1600	140
新疆	77595	77595	48453	32047	16406	2085

教育经费支出明细

单位:千元

公用部分	商品和服务支出	其他资本性支出			基本建设支出
			专项公用支出	专项项目支出	
2085392	**1504767**	**580625**	**303299**	**277326**	**79155**
28926	21608	7318	4773	2545	
21008	18675	2333	2233	100	
85061	68414	16647	11927	4720	198
34314	29535	4779	2709	2070	
51837	29157	22680	18172	4508	
5995	5748	247	247		
46550	41804	4746	4746		
21839	15487	6352	6153	199	
135800	124517	11283	7605	3678	
201034	95163	105871	45225	60646	
202830	152656	50174	19171	31003	3134
47116	30445	16671	4655	12016	659
81650	63805	17845	9192	8653	610
45576	32002	13574	7664	5910	
126924	90719	36205	16597	19608	100
181537	133620	47917	18567	29350	44526
63703	52924	10779	5410	5369	700
74522	48363	26159	19971	6188	848
184084	128700	55384	30267	25117	14153
49855	35869	13986	6472	7514	665
10205	8055	2150	2150		4294
149147	99145	50002	30240	19762	1800
142317	104902	37415	17979	19436	7168
3412	2880	532	532		
30997	25359	5638	3420	2218	300
748	509	239	239		
15111	11692	3419	1611	1808	
10961	10076	885	885		
3191	3021	170	170		
29142	19917	9225	4317	4908	

4—38 分地区中学

地区	合计	事业性经费支出	个人部分	工资福利支出	对个人和家庭的补助支出	#助学金
合计	**342271434**	**332346420**	**212666969**	**170857802**	**41809167**	**5396696**
北京	10505749	9819223	5355885	3536747	1819138	83161
天津	4345027	4265712	2982438	1993770	988668	20795
河北	14523015	14335696	9067791	7695715	1372076	128072
山西	9576984	8907814	5243121	4652218	590903	90010
内蒙古	6579583	6332097	3988235	3203456	784779	184870
辽宁	10959144	10741302	7318661	5274276	2044385	65729
吉林	6440076	6409723	4250014	3187105	1062909	29809
黑龙江	8573828	8487088	5984128	4662798	1321330	62194
上海	12132893	11725756	7494870	6678580	816290	68197
江苏	27058850	25888343	16932551	13230241	3702310	167487
浙江	22660172	22191573	13861365	11767298	2094067	186691
安徽	12740759	12398229	8208538	6507233	1701305	173931
福建	10999927	10717634	6576801	5267572	1309229	134796
江西	7618628	7402745	5218976	4226341	992635	234052
山东	22751538	22290554	14816809	12646175	2170634	346785
河南	18377576	17849492	11137801	8919809	2217992	372933
湖北	13676412	13431823	9012739	7114787	1897952	110614
湖南	15061342	14808979	9932070	7893134	2038936	349128
广东	33985675	32389524	18268047	14991051	3276996	175965
广西	8230427	8104654	5380028	4276139	1103889	96287
海南	2366577	2166822	1360525	1169905	190620	95116
重庆	6842198	6723424	4122217	3073791	1048426	194791
四川	16180672	15995673	9785538	7930860	1854678	429074
贵州	6126493	6076166	4224748	3394018	830730	82686
云南	7896362	7750599	5586176	4389970	1196206	474860
西藏	1230334	883964	767948	553651	214297	165153
陕西	8613652	8361991	4984028	4162124	821904	222253
甘肃	5527301	5432941	3660561	2903568	756993	246588
青海	1310296	1296505	992066	765292	226774	57675
宁夏	1752545	1678645	1004905	831230	173675	36308
新疆	7627399	7481729	5147389	3958948	1188441	310686

教育经费支出明细

单位：千元

公用部分	商品和服务支出	其他资本性支出	专项公用支出	专项项目支出	基本建设支出
119679451	**68587055**	**51092396**	**19211182**	**31881214**	**9925014**
4463338	2821813	1641525	1018566	622959	686526
1283274	730165	553109	241369	311740	79315
5267905	2920947	2346958	800587	1546371	187319
3664693	2165820	1498873	561616	937257	669170
2343862	1431336	912526	334900	577626	247486
3422641	2272168	1150473	474763	675710	217842
2159709	1321115	838594	265724	572870	30353
2502960	1897693	605267	253750	351517	86740
4230886	2677547	1553339	995378	557961	407137
8955792	4421875	4533917	1608877	2925040	1170507
8330208	3757412	4572796	1136383	3436413	468599
4189691	2294277	1895414	669281	1226133	342530
4140833	2168250	1972583	719300	1253283	282293
2183769	1351291	832478	255047	577431	215883
7473745	4180536	3293209	1116185	2177024	460984
6711691	4439257	2272434	1029249	1243185	528084
4419084	2724610	1694474	669191	1025283	244589
4876909	2901891	1975018	717684	1257334	252363
14121477	8374455	5747022	2521979	3225043	1596151
2724626	1494403	1230223	364791	865432	125773
806297	417426	388871	153964	234907	199755
2601207	1495821	1105386	446758	658628	118774
6210135	3231194	2978941	1017109	1961832	184999
1851418	1091058	760360	313196	447164	50327
2164423	1172308	992115	278130	713985	145763
116016	93124	22892	9833	13059	346370
3377963	1990812	1387151	557894	829257	251661
1772380	978757	793623	219362	574261	94360
304439	207888	96551	59756	36795	13791
673740	297279	376461	79054	297407	73900
2334340	1264527	1069813	321506	748307	145670

4—39 分地区中央属中学

地 区	合 计	事业性经费支出	个人部分	工资福利支出	对个人和家庭的补助支出	#助学金
合 计	**1772570**	**1682087**	**1093546**	**893443**	**200103**	**32224**
北 京	341573	315730	186153	123270	62883	550
天 津	13101	13101	9954	5902	4052	1
河 北	380	380	367	345	22	
山 西	21117	21117	16920	14864	2056	
内蒙古						
辽 宁	22053	22053	18528	16887	1641	
吉 林	160338	160338	53479	41665	11814	968
黑龙江	160062	160062	91195	73151	18044	1643
上 海						
江 苏						
浙 江						
安 徽						
福 建						
江 西						
山 东	799	799	684	608	76	
河 南	11244	11244	10369	9259	1110	
湖 北	51127	51127	34166	25554	8612	40
湖 南						
广 东						
广 西						
海 南						
重 庆	20924	20853	14235	8521	5714	987
四 川	8328	8328	7427	7252	175	
贵 州	133	133	111	111		
云 南						
西 藏						
陕 西	33381	31042	23532	21242	2290	121
甘 肃	7993	7993	5599	5228	371	44
青 海						
宁 夏						
新 疆	920017	857787	620827	539584	81243	27870

教育经费支出明细

单位:千元

公用部分	商品和服务支出	其他资本性支出			基本建设支出
			专项公用支出	专项项目支出	
588541	**300764**	**287777**	**85829**	**201948**	**90483**
129577	71718	57859	19467	38392	25843
3147	714	2433	42	2391	
13	13				
4197	3225	972	721	251	
3525	3495	30	30		
106859	24876	81983	7983	74000	
68867	32032	36835	24326	12509	
115	115				
875	803	72	72		
16961	8458	8503	5135	3368	
6618	5325	1293	1293		71
901	461	440	316	124	
22	22				
7510	5776	1734	1263	471	2339
2394	2340	54	54		
236960	141391	95569	25127	70442	62230

4—40 分地区地方中学

地区	合计	事业性经费支出	个人部分	工资福利支出	对个人和家庭的补助支出	#助学金
合计	**340498864**	**330664333**	**211573423**	**169964359**	**41609064**	**5364472**
北京	10164176	9503493	5169732	3413477	1756255	82611
天津	4331926	4252611	2972484	1987868	984616	20794
河北	14522635	14335316	9067424	7695370	1372054	128072
山西	9555867	8886697	5226201	4637354	588847	90010
内蒙古	6579583	6332097	3988235	3203456	784779	184870
辽宁	10937091	10719249	7300133	5257389	2042744	65729
吉林	6279738	6249385	4196535	3145440	1051095	28841
黑龙江	8413766	8327026	5892933	4589647	1303286	60551
上海	12132893	11725756	7494870	6678580	816290	68197
江苏	27058850	25888343	16932551	13230241	3702310	167487
浙江	22660172	22191573	13861365	11767298	2094067	186691
安徽	12740759	12398229	8208538	6507233	1701305	173931
福建	10999927	10717634	6576801	5267572	1309229	134796
江西	7618628	7402745	5218976	4226341	992635	234052
山东	22750739	22289755	14816125	12645567	2170558	346785
河南	18366332	17838248	11127432	8910550	2216882	372933
湖北	13625285	13380696	8978573	7089233	1889340	110574
湖南	15061342	14808979	9932070	7893134	2038936	349128
广东	33985675	32389524	18268047	14991051	3276996	175965
广西	8230427	8104654	5380028	4276139	1103889	96287
海南	2366577	2166822	1360525	1169905	190620	95116
重庆	6821274	6702571	4107982	3065270	1042712	193804
四川	16172344	15987345	9778111	7923608	1854503	429074
贵州	6126360	6076033	4224637	3393907	830730	82686
云南	7896362	7750599	5586176	4389970	1196206	474860
西藏	1230334	883964	767948	553651	214297	165153
陕西	8580271	8330949	4960496	4140882	819614	222132
甘肃	5519308	5424948	3654962	2898340	756622	246544
青海	1310296	1296505	992066	765292	226774	57675
宁夏	1752545	1678645	1004905	831230	173675	36308
新疆	6707382	6623942	4526562	3419364	1107198	282816

教育经费支出明细

单位：千元

公用部分	商品和服务支出	其他资本性支出			基本建设支出
			专项公用支出	专项项目支出	
119090910	**68286291**	**50804619**	**19125353**	**31679266**	**9834531**
4333761	2750095	1583666	999099	584567	660683
1280127	729451	550676	241327	309349	79315
5267892	2920934	2346958	800587	1546371	187319
3660496	2162595	1497901	560895	937006	669170
2343862	1431336	912526	334900	577626	247486
3419116	2268673	1150443	474733	675710	217842
2052850	1296239	756611	257741	498870	30353
2434093	1865661	568432	229424	339008	86740
4230886	2677547	1553339	995378	557961	407137
8955792	4421875	4533917	1608877	2925040	1170507
8330208	3757412	4572796	1136383	3436413	468599
4189691	2294277	1895414	669281	1226133	342530
4140833	2168250	1972583	719300	1253283	282293
2183769	1351291	832478	255047	577431	215883
7473630	4180421	3293209	1116185	2177024	460984
6710816	4438454	2272362	1029177	1243185	528084
4402123	2716152	1685971	664056	1021915	244589
4876909	2901891	1975018	717684	1257334	252363
14121477	8374455	5747022	2521979	3225043	1596151
2724626	1494403	1230223	364791	865432	125773
806297	417426	388871	153964	234907	199755
2594589	1490496	1104093	445465	658628	118703
6209234	3230733	2978501	1016793	1961708	184999
1851396	1091036	760360	313196	447164	50327
2164423	1172308	992115	278130	713985	145763
116016	93124	22892	9833	13059	346370
3370453	1985036	1385417	556631	828786	249322
1769986	976417	793569	219308	574261	94360
304439	207888	96551	59756	36795	13791
673740	297279	376461	79054	297407	73900
2097380	1123136	974244	296379	677865	83440

4—41 分地区普通中学

地 区	合 计	事业性经费支出				
			个人部分	工资福利支出	对个人和家庭的补助支出	
						#助学金
合 计	**341870261**	**331946213**	**212461651**	**170684533**	**41777118**	**5392963**
北 京	10505749	9819223	5355885	3536747	1819138	83161
天 津	4345027	4265712	2982438	1993770	988668	20795
河 北	14520678	14333359	9066130	7694263	1371867	128072
山 西	9576984	8907814	5243121	4652218	590903	90010
内蒙古	6579583	6332097	3988235	3203456	784779	184870
辽 宁	10959144	10741302	7318661	5274276	2044385	65729
吉 林	6437701	6407348	4247953	3186181	1061772	29809
黑龙江	8573828	8487088	5984128	4662798	1321330	62194
上 海	12067751	11660614	7460623	6649476	811147	68141
江 苏	26970755	25800248	16885417	13188076	3697341	167476
浙 江	22488446	22020807	13777715	11695630	2082085	185327
安 徽	12740759	12398229	8208538	6507233	1701305	173931
福 建	10995109	10712816	6573420	5265563	1307857	134796
江 西	7611877	7395994	5216154	4224314	991840	233277
山 东	22751538	22290554	14816809	12646175	2170634	346785
河 南	18351438	17823354	11123854	8907997	2215857	371783
湖 北	13673025	13428436	9012021	7114203	1897818	110614
湖 南	15061342	14808979	9932070	7893134	2038936	349128
广 东	33973894	32377749	18262742	14986851	3275891	175964
广 西	8227950	8102177	5378172	4274904	1103268	95921
海 南	2366577	2166822	1360525	1169905	190620	95116
重 庆	6841294	6722520	4121576	3073236	1048340	194791
四 川	16178140	15993141	9783591	7929418	1854173	429074
贵 州	6124760	6074433	4223488	3393236	830252	82686
云 南	7896110	7750347	5585977	4389771	1196206	474860
西 藏	1230334	883964	767948	553651	214297	165153
陕 西	8605040	8353379	4981372	4159913	821459	222243
甘 肃	5527301	5432941	3660561	2903568	756993	246588
青 海	1310296	1296505	992066	765292	226774	57675
宁 夏	1752545	1678645	1004905	831230	173675	36308
新 疆	7625286	7479616	5145556	3958048	1187508	310686

教育经费支出明细

单位：千元

公用部分	商品和服务支出	其他资本性支出	专项公用支出	专项项目支出	基本建设支出
119484562	**68430761**	**51053801**	**19190214**	**31863587**	**9924048**
4463338	2821813	1641525	1018566	622959	686526
1283274	730165	553109	241369	311740	79315
5267229	2920271	2346958	800587	1546371	187319
3664693	2165820	1498873	561616	937257	669170
2343862	1431336	912526	334900	577626	247486
3422641	2272168	1150473	474763	675710	217842
2159395	1320878	838517	265647	572870	30353
2502960	1897693	605267	253750	351517	86740
4199991	2648449	1551542	993592	557950	407137
8914831	4385800	4529031	1606551	2922480	1170507
8243092	3685148	4557944	1127641	3430303	467639
4189691	2294277	1895414	669281	1226133	342530
4139396	2167255	1972141	718858	1253283	282293
2179840	1349161	830679	254512	576167	215883
7473745	4180536	3293209	1116185	2177024	460984
6699500	4432435	2267065	1027243	1239822	528084
4416415	2724289	1692126	666843	1025283	244589
4876909	2901891	1975018	717684	1257334	252363
14115007	8370599	5744408	2519505	3224903	1596145
2724005	1493844	1230161	364729	865432	125773
806297	417426	388871	153964	234907	199755
2600944	1495647	1105297	446758	658539	118774
6209550	3230613	2978937	1017105	1961832	184999
1850945	1090601	760344	313180	447164	50327
2164370	1172255	992115	278130	713985	145763
116016	93124	22892	9833	13059	346370
3372007	1989096	1382911	557744	825167	251661
1772380	978757	793623	219362	574261	94360
304439	207888	96551	59756	36795	13791
673740	297279	376461	79054	297407	73900
2334060	1264247	1069813	321506	748307	145670

4—42 分地区中央属普通中学

地区	合计	事业性经费支出	个人部分	工资福利支出	对个人和家庭的补助支出	#助学金
合计	**1772570**	**1682087**	**1093546**	**893443**	**200103**	**32224**
北京	341573	315730	186153	123270	62883	550
天津	13101	13101	9954	5902	4052	1
河北	380	380	367	345	22	
山西	21117	21117	16920	14864	2056	
内蒙古						
辽宁	22053	22053	18528	16887	1641	
吉林	160338	160338	53479	41665	11814	968
黑龙江	160062	160062	91195	73151	18044	1643
上海						
江苏						
浙江						
安徽						
福建						
江西						
山东	799	799	684	608	76	
河南	11244	11244	10369	9259	1110	
湖北	51127	51127	34166	25554	8612	40
湖南						
广东						
广西						
海南						
重庆	20924	20853	14235	8521	5714	987
四川	8328	8328	7427	7252	175	
贵州	133	133	111	111		
云南						
西藏						
陕西	33381	31042	23532	21242	2290	121
甘肃	7993	7993	5599	5228	371	44
青海						
宁夏						
新疆	920017	857787	620827	539584	81243	27870

教育经费支出明细

单位:千元

公用部分	商品和服务支出	其他资本性支出	专项公用支出	专项项目支出	基本建设支出
588541	**300764**	**287777**	**85829**	**201948**	**90483**
129577	71718	57859	19467	38392	25843
3147	714	2433	42	2391	
13	13				
4197	3225	972	721	251	
3525	3495	30	30		
106859	24876	81983	7983	74000	
68867	32032	36835	24326	12509	
115	115				
875	803	72	72		
16961	8458	8503	5135	3368	
6618	5325	1293	1293		71
901	461	440	316	124	
22	22				
7510	5776	1734	1263	471	2339
2394	2340	54	54		
236960	141391	95569	25127	70442	62230

4—43 分地区地方普通中学

地 区	合 计	事业性经费支出	个人部分	工资福利支出	对个人和家庭的补助支出	#助学金
合 计	**340097691**	**330264126**	**211368105**	**169791090**	**41577015**	**5360739**
北 京	10164176	9503493	5169732	3413477	1756255	82611
天 津	4331926	4252611	2972484	1987868	984616	20794
河 北	14520298	14332979	9065763	7693918	1371845	128072
山 西	9555867	8886697	5226201	4637354	588847	90010
内蒙古	6579583	6332097	3988235	3203456	784779	184870
辽 宁	10937091	10719249	7300133	5257389	2042744	65729
吉 林	6277363	6247010	4194474	3144516	1049958	28841
黑龙江	8413766	8327026	5892933	4589647	1303286	60551
上 海	12067751	11660614	7460623	6649476	811147	68141
江 苏	26970755	25800248	16885417	13188076	3697341	167476
浙 江	22488446	22020807	13777715	11695630	2082085	185327
安 徽	12740759	12398229	8208538	6507233	1701305	173931
福 建	10995109	10712816	6573420	5265563	1307857	134796
江 西	7611877	7395994	5216154	4224314	991840	233277
山 东	22750739	22289755	14816125	12645567	2170558	346785
河 南	18340194	17812110	11113485	8898738	2214747	371783
湖 北	13621898	13377309	8977855	7088649	1889206	110574
湖 南	15061342	14808979	9932070	7893134	2038936	349128
广 东	33973894	32377749	18262742	14986851	3275891	175964
广 西	8227950	8102177	5378172	4274904	1103268	95921
海 南	2366577	2166822	1360525	1169905	190620	95116
重 庆	6820370	6701667	4107341	3064715	1042626	193804
四 川	16169812	15984813	9776164	7922166	1853998	429074
贵 州	6124627	6074300	4223377	3393125	830252	82686
云 南	7896110	7750347	5585977	4389771	1196206	474860
西 藏	1230334	883964	767948	553651	214297	165153
陕 西	8571659	8322337	4957840	4138671	819169	222122
甘 肃	5519308	5424948	3654962	2898340	756622	246544
青 海	1310296	1296505	992066	765292	226774	57675
宁 夏	1752545	1678645	1004905	831230	173675	36308
新 疆	6705269	6621829	4524729	3418464	1106265	282816

教育经费支出明细

单位:千元

公用部分	商品和服务支出	其他资本性支出	专项公用支出	专项项目支出	基本建设支出
118896021	**68129997**	**50766024**	**19104385**	**31661639**	**9833565**
4333761	2750095	1583666	999099	584567	660683
1280127	729451	550676	241327	309349	79315
5267216	2920258	2346958	800587	1546371	187319
3660496	2162595	1497901	560895	937006	669170
2343862	1431336	912526	334900	577626	247486
3419116	2268673	1150443	474733	675710	217842
2052536	1296002	756534	257664	498870	30353
2434093	1865661	568432	229424	339008	86740
4199991	2648449	1551542	993592	557950	407137
8914831	4385800	4529031	1606551	2922480	1170507
8243092	3685148	4557944	1127641	3430303	467639
4189691	2294277	1895414	669281	1226133	342530
4139396	2167255	1972141	718858	1253283	282293
2179840	1349161	830679	254512	576167	215883
7473630	4180421	3293209	1116185	2177024	460984
6698625	4431632	2266993	1027171	1239822	528084
4399454	2715831	1683623	661708	1021915	244589
4876909	2901891	1975018	717684	1257334	252363
14115007	8370599	5744408	2519505	3224903	1596145
2724005	1493844	1230161	364729	865432	125773
806297	417426	388871	153964	234907	199755
2594326	1490322	1104004	445465	658539	118703
6208649	3230152	2978497	1016789	1961708	184999
1850923	1090579	760344	313180	447164	50327
2164370	1172255	992115	278130	713985	145763
116016	93124	22892	9833	13059	346370
3364497	1983320	1381177	556481	824696	249322
1769986	976417	793569	219308	574261	94360
304439	207888	96551	59756	36795	13791
673740	297279	376461	79054	297407	73900
2097100	1122856	974244	296379	677865	83440

4—44 分地区普通高中

地区	合计	事业性经费支出	个人部分	工资福利支出	对个人和家庭的补助支出	＃助学金
合计	**136738983**	**131244030**	**75145833**	**60741120**	**14404713**	**1162925**
北京	4606142	4290169	2436084	1596273	839811	24562
天津	2086146	2036307	1295859	848931	446928	8089
河北	5705454	5612750	2933864	2489900	443964	29395
山西	4106949	3561700	1837686	1616498	221188	21250
内蒙古	2683207	2594428	1376446	1132399	244047	39054
辽宁	4103754	3950041	2296016	1707390	588626	21041
吉林	2577787	2569573	1358090	1032660	325430	6067
黑龙江	2785746	2750255	1656053	1308288	347765	31127
上海	5067729	4790953	2789780	2495136	294644	25186
江苏	11547729	10775947	6758735	5326910	1431825	67998
浙江	9799588	9655825	5496667	4701593	795074	72795
安徽	5355607	5150755	3016541	2382903	633638	32848
福建	4885374	4736207	2623676	2058713	564963	35512
江西	3135944	3047912	1959210	1556231	402979	97954
山东	9340975	9074968	5082302	4334585	747717	108229
河南	6717023	6300157	3180168	2663997	516171	39494
湖北	5628633	5506616	3295607	2680194	615413	36235
湖南	6481483	6323134	3665478	3045390	620088	51493
广东	13610248	12663214	6748276	5417988	1330288	62068
广西	2936111	2849274	1753621	1344231	409390	29361
海南	830056	738005	417310	371007	46303	8062
重庆	2552535	2532889	1454364	1112375	341989	39300
四川	5847751	5782132	3391876	2828727	563149	73010
贵州	2178292	2165929	1280359	973092	307267	19224
云南	2743319	2667439	1697642	1357264	340378	50611
西藏	305843	222843	180794	140746	40048	24091
陕西	3299645	3192652	1698100	1438560	259540	38737
甘肃	2052554	2026828	1206327	995862	210465	10718
青海	439780	435005	327653	251834	75819	8722
宁夏	766007	732947	386988	319738	67250	8190
新疆	2561572	2507176	1544261	1211705	332556	42502

教育经费支出明细

单位：千元

公用部分	商品和服务支出	其他资本性支出			基本建设支出
			专项公用支出	专项项目支出	
56098197	**31471834**	**24626363**	**9286062**	**15340301**	**5494953**
1854085	1239808	614277	363023	251254	315973
740448	409261	331187	150925	180262	49839
2678886	1385028	1293858	401709	892149	92704
1724014	937338	786676	304039	482637	545249
1217982	720529	497453	180201	317252	88779
1654025	1095012	559013	205476	353537	153713
1211483	682939	528544	157252	371292	8214
1094202	796568	297634	111356	186278	35491
2001173	1147421	853752	593000	260752	276776
4017212	2109674	1907538	751159	1156379	771782
4159158	1844780	2314378	522570	1791808	143763
2134214	1079551	1054663	365897	688766	204852
2112531	1071979	1040552	392293	648259	149167
1088702	636802	451900	136852	315048	88032
3992666	2242222	1750444	598238	1152206	266007
3119989	2050897	1069092	420699	648393	416866
2211009	1244288	966721	406306	560415	122017
2657656	1562171	1095485	439198	656287	158349
5914938	3555468	2359470	1115107	1244363	947034
1095653	573110	522543	152040	370503	86837
320695	152888	167807	64786	103021	92051
1078525	588999	489526	208481	281045	19646
2390256	1218635	1171621	427159	744462	65619
885570	470630	414940	150904	264036	12363
969797	481437	488360	149719	338641	75880
42049	39003	3046	3046		83000
1494552	962926	531626	211765	319861	106993
820501	445419	375082	102891	272191	25726
107352	73480	33872	22676	11196	4775
345959	132488	213471	53677	159794	33060
962915	521083	441832	123618	318214	54396

4—45 分地区中央属普通高中

地 区	合 计	事业性经费支出	个人部分	工资福利支出	对个人和家庭的补助支出	#助学金
合 计	**889639**	**838483**	**505490**	**393424**	**112066**	**9747**
北 京	262457	236614	142552	93048	49504	317
天 津	13101	13101	9954	5902	4052	1
河 北						
山 西	8620	8620	6937	5774	1163	
内蒙古						
辽 宁	10936	10936	8485	7760	725	
吉 林	125215	125215	36943	29611	7332	792
黑龙江	61582	61582	29727	24988	4739	859
上 海						
江 苏						
浙 江						
安 徽						
福 建						
江 西						
山 东						
河 南	5712	5712	5211	4776	435	
湖 北	37849	37849	24430	18966	5464	33
湖 南						
广 东						
广 西						
海 南						
重 庆	13961	13912	9493	5562	3931	679
四 川	4686	4686	4642	4472	170	
贵 州						
云 南						
西 藏						
陕 西	20686	19331	14395	13299	1096	112
甘 肃	4343	4343	3040	2837	203	25
青 海						
宁 夏						
新 疆	320491	296582	209681	176429	33252	6929

教育经费支出明细

单位:千元

公用部分	商品和服务支出	其他资本性支出	专项公用支出	专项项目支出	基本建设支出
332993	**161738**	**171255**	**50549**	**120706**	**51156**
94062	52048	42014	15310	26704	25843
3147	714	2433	42	2391	
1683	1158	525	391	134	
2451	2421	30	30		
88272	20154	68118	6429	61689	
31855	14347	17508	11826	5682	
501	472	29	29		
13419	6767	6652	3498	3154	
4419	3565	854	854		49
44	38	6	6		
4936	3911	1025	816	209	1355
1303	1272	31	31		
86901	54871	32030	11287	20743	23909

4—46　分地区地方普通高中

地　区	合　计	事业性经费支出	个人部分	工资福利支出	对个人和家庭的补助支出	#助学金
合　计	**135849344**	**130405547**	**74640343**	**60347696**	**14292647**	**1153178**
北　京	4343685	4053555	2293532	1503225	790307	24245
天　津	2073045	2023206	1285905	843029	442876	8088
河　北	5705454	5612750	2933864	2489900	443964	29395
山　西	4098329	3553080	1830749	1610724	220025	21250
内蒙古	2683207	2594428	1376446	1132399	244047	39054
辽　宁	4092818	3939105	2287531	1699630	587901	21041
吉　林	2452572	2444358	1321147	1003049	318098	5275
黑龙江	2724164	2688673	1626326	1283300	343026	30268
上　海	5067729	4790953	2789780	2495136	294644	25186
江　苏	11547729	10775947	6758735	5326910	1431825	67998
浙　江	9799588	9655825	5496667	4701593	795074	72795
安　徽	5355607	5150755	3016541	2382903	633638	32848
福　建	4885374	4736207	2623676	2058713	564963	35512
江　西	3135944	3047912	1959210	1556231	402979	97954
山　东	9340975	9074968	5082302	4334585	747717	108229
河　南	6711311	6294445	3174957	2659221	515736	39494
湖　北	5590784	5468767	3271177	2661228	609949	36202
湖　南	6481483	6323134	3665478	3045390	620088	51493
广　东	13610248	12663214	6748276	5417988	1330288	62068
广　西	2936111	2849274	1753621	1344231	409390	29361
海　南	830056	738005	417310	371007	46303	8062
重　庆	2538574	2518977	1444871	1106813	338058	38621
四　川	5843065	5777446	3387234	2824255	562979	73010
贵　州	2178292	2165929	1280359	973092	307267	19224
云　南	2743319	2667439	1697642	1357264	340378	50611
西　藏	305843	222843	180794	140746	40048	24091
陕　西	3278959	3173321	1683705	1425261	258444	38625
甘　肃	2048211	2022485	1203287	993025	210262	10693
青　海	439780	435005	327653	251834	75819	8722
宁　夏	766007	732947	386988	319738	67250	8190
新　疆	2241081	2210594	1334580	1035276	299304	35573

教育经费支出明细

单位：千元

公用部分	商品和服务支出	其他资本性支出			基本建设支出
			专项公用支出	专项项目支出	
55765204	**31310096**	**24455108**	**9235513**	**15219595**	**5443797**
1760023	1187760	572263	347713	224550	290130
737301	408547	328754	150883	177871	49839
2678886	1385028	1293858	401709	892149	92704
1722331	936180	786151	303648	482503	545249
1217982	720529	497453	180201	317252	88779
1651574	1092591	558983	205446	353537	153713
1123211	662785	460426	150823	309603	8214
1062347	782221	280126	99530	180596	35491
2001173	1147421	853752	593000	260752	276776
4017212	2109674	1907538	751159	1156379	771782
4159158	1844780	2314378	522570	1791808	143763
2134214	1079551	1054663	365897	688766	204852
2112531	1071979	1040552	392293	648259	149167
1088702	636802	451900	136852	315048	88032
3992666	2242222	1750444	598238	1152206	266007
3119488	2050425	1069063	420670	648393	416866
2197590	1237521	960069	402808	557261	122017
2657656	1562171	1095485	439198	656287	158349
5914938	3555468	2359470	1115107	1244363	947034
1095653	573110	522543	152040	370503	86837
320695	152888	167807	64786	103021	92051
1074106	585434	488672	207627	281045	19597
2390212	1218597	1171615	427153	744462	65619
885570	470630	414940	150904	264036	12363
969797	481437	488360	149719	338641	75880
42049	39003	3046	3046		83000
1489616	959015	530601	210949	319652	105638
819198	444147	375051	102860	272191	25726
107352	73480	33872	22676	11196	4775
345959	132488	213471	53677	159794	33060
876014	466212	409802	112331	297471	30487

4—47 分地区农村高中

地　区	合　计	事业性经费支出				
			个人部分			
				工资福利支出	对个人和家庭的补助支出	
						#助学金
合　计	**17171814**	**16910976**	**10336992**	**8771640**	**1565352**	**160246**
北　京	290054	279578	160385	118117	42268	1835
天　津	146127	134863	97151	74138	23013	968
河　北	574024	574024	356115	318787	37328	4812
山　西	229437	229061	111926	99923	12003	1702
内蒙古	68385	68385	42769	34065	8704	1055
辽　宁	184652	184652	101312	83443	17869	277
吉　林	123795	123795	84710	69753	14957	793
黑龙江	34819	34680	23986	18616	5370	163
上　海	131138	131138	67886	61460	6426	299
江　苏	2157173	2067483	1348405	1108660	239745	12299
浙　江	2053283	2040923	1305249	1152192	153057	19093
安　徽	980457	966769	593414	498374	95040	7387
福　建	1421719	1383149	822279	678145	144134	11160
江　西	249720	248831	163552	135685	27867	8155
山　东	917222	914551	577489	500321	77168	13087
河　南	406709	387716	202708	170322	32386	1867
湖　北	548484	543784	328467	284213	44254	3136
湖　南	1424096	1411284	853574	742635	110939	12183
广　东	1609232	1588126	855827	747170	108657	7519
广　西	204993	204173	142005	114729	27276	1509
海　南	66380	63635	39344	30272	9072	2061
重　庆	561914	561055	343313	267192	76121	12678
四　川	1233208	1225920	766114	656055	110059	15135
贵　州	205225	205139	111942	95879	16063	1156
云　南	260611	259874	164125	135885	28240	5472
西　藏						
陕　西	582582	581782	331336	284072	47264	6997
甘　肃	309667	308743	200598	172638	27960	2353
青　海	30933	28703	23247	18715	4532	1102
宁　夏	39728	39728	28796	24250	4546	714
新　疆	126047	119432	88968	75934	13034	3279

教育经费支出明细

单位：千元

公用部分	商品和服务支出	其他资本性支出	专项公用支出	专项项目支出	基本建设支出
6573984	**3891569**	**2682415**	**984555**	**1697860**	**260838**
119193	90007	29186	23482	5704	10476
37712	26247	11465	6184	5281	11264
217909	129876	88033	20955	67078	
117135	51751	65384	10191	55193	376
25616	16894	8722	3577	5145	
83340	46501	36839	28058	8781	
39085	31218	7867	3331	4536	
10694	8280	2414	863	1551	139
63252	48839	14413	9514	4899	
719078	408088	310990	150250	160740	89690
735674	350181	385493	157823	227670	12360
373355	220193	153162	51033	102129	13688
560870	340045	220825	81659	139166	38570
85279	59859	25420	9418	16002	889
337062	217224	119838	47425	72413	2671
185008	128043	56965	13580	43385	18993
215317	126295	89022	32554	56468	4700
557710	371111	186599	90798	95801	12812
732299	456632	275667	87202	188465	21106
62168	42288	19880	6979	12901	820
24291	14396	9895	4761	5134	2745
217742	126850	90892	27802	63090	859
459806	258609	201197	52348	148849	7288
93197	29717	63480	4697	58783	86
95749	36967	58782	8651	50131	737
250446	161645	88801	37166	51635	800
108145	63065	45080	9493	35587	924
5456	4138	1318	844	474	2230
10932	7855	3077	697	2380	
30464	18755	11709	3220	8489	6615

4—48 分地区中央属农村高中

地区	合计	事业性经费支出	个人部分	工资福利支出	对个人和家庭的补助支出	#助学金
合计	**79705**	**73090**	**52832**	**48612**	**4220**	**2423**
北京						
天津						
河北						
山西						
内蒙古						
辽宁						
吉林						
黑龙江						
上海						
江苏						
浙江						
安徽						
福建						
江西						
山东						
河南						
湖北						
湖南						
广东						
广西						
海南						
重庆						
四川						
贵州						
云南						
西藏						
陕西	1992	1992	853	825	28	
甘肃						
青海						
宁夏						
新疆	77713	71098	51979	47787	4192	2423

教育经费支出明细

单位：千元

公用部分	商品和服务支出	其他资本性支出	专项公用支出	专项项目支出	基本建设支出
20258	**11920**	**8338**	**1420**	**6918**	**6615**
1139	1139				
19119	10781	8338	1420	6918	6615

4—49 分地区地方农村高中

地 区	合 计	事业性经费支出	个人部分	工资福利支出	对个人和家庭的补助支出	#助学金
合 计	**17092109**	**16837886**	**10284160**	**8723028**	**1561132**	**157823**
北 京	290054	279578	160385	118117	42268	1835
天 津	146127	134863	97151	74138	23013	968
河 北	574024	574024	356115	318787	37328	4812
山 西	229437	229061	111926	99923	12003	1702
内蒙古	68385	68385	42769	34065	8704	1055
辽 宁	184652	184652	101312	83443	17869	277
吉 林	123795	123795	84710	69753	14957	793
黑龙江	34819	34680	23986	18616	5370	163
上 海	131138	131138	67886	61460	6426	299
江 苏	2157173	2067483	1348405	1108660	239745	12299
浙 江	2053283	2040923	1305249	1152192	153057	19093
安 徽	980457	966769	593414	498374	95040	7387
福 建	1421719	1383149	822279	678145	144134	11160
江 西	249720	248831	163552	135685	27867	8155
山 东	917222	914551	577489	500321	77168	13087
河 南	406709	387716	202708	170322	32386	1867
湖 北	548484	543784	328467	284213	44254	3136
湖 南	1424096	1411284	853574	742635	110939	12183
广 东	1609232	1588126	855827	747170	108657	7519
广 西	204993	204173	142005	114729	27276	1509
海 南	66380	63635	39344	30272	9072	2061
重 庆	561914	561055	343313	267192	76121	12678
四 川	1233208	1225920	766114	656055	110059	15135
贵 州	205225	205139	111942	95879	16063	1156
云 南	260611	259874	164125	135885	28240	5472
西 藏						
陕 西	580590	579790	330483	283247	47236	6997
甘 肃	309667	308743	200598	172638	27960	2353
青 海	30933	28703	23247	18715	4532	1102
宁 夏	39728	39728	28796	24250	4546	714
新 疆	48334	48334	36989	28147	8842	856

教育经费支出明细

单位:千元

公用部分	商品和服务支出	其他资本性支出			基本建设支出
			专项公用支出	专项项目支出	
6553726	**3879649**	**2674077**	**983135**	**1690942**	**254223**
119193	90007	29186	23482	5704	10476
37712	26247	11465	6184	5281	11264
217909	129876	88033	20955	67078	
117135	51751	65384	10191	55193	376
25616	16894	8722	3577	5145	
83340	46501	36839	28058	8781	
39085	31218	7867	3331	4536	
10694	8280	2414	863	1551	139
63252	48839	14413	9514	4899	
719078	408088	310990	150250	160740	89690
735674	350181	385493	157823	227670	12360
373355	220193	153162	51033	102129	13688
560870	340045	220825	81659	139166	38570
85279	59859	25420	9418	16002	889
337062	217224	119838	47425	72413	2671
185008	128043	56965	13580	43385	18993
215317	126295	89022	32554	56468	4700
557710	371111	186599	90798	95801	12812
732299	456632	275667	87202	188465	21106
62168	42288	19880	6979	12901	820
24291	14396	9895	4761	5134	2745
217742	126850	90892	27802	63090	859
459806	258609	201197	52348	148849	7288
93197	29717	63480	4697	58783	86
95749	36967	58782	8651	50131	737
249307	160506	88801	37166	51635	800
108145	63065	45080	9493	35587	924
5456	4138	1318	844	474	2230
10932	7855	3077	697	2380	
11345	7974	3371	1800	1571	

4—50 分地区普通初中

地 区	合 计	事业性经费支出	个人部分	工资福利支出	对个人和家庭的补助支出	＃助学金
合 计	**205131278**	**200702183**	**137315818**	**109943413**	**27372405**	**4230038**
北 京	5899607	5529054	2919801	1940474	979327	58599
天 津	2258881	2229405	1686579	1144839	541740	12706
河 北	8815224	8720609	6132266	5204363	927903	98677
山 西	5470035	5346114	3405435	3035720	369715	68760
内蒙古	3896376	3737669	2611789	2071057	540732	145816
辽 宁	6855390	6791261	5022645	3566886	1455759	44688
吉 林	3859914	3837775	2889863	2153521	736342	23742
黑龙江	5788082	5736833	4328075	3354510	973565	31067
上 海	7000022	6869661	4670843	4154340	516503	42955
江 苏	15423026	15024301	10126682	7861166	2265516	99478
浙 江	12688858	12364982	8281048	6994037	1287011	112532
安 徽	7385152	7247474	5191997	4124330	1067667	141083
福 建	6109735	5976609	3949744	3206850	742894	99284
江 西	4475933	4348082	3256944	2668083	588861	135323
山 东	13410563	13215586	9734507	8311590	1422917	238556
河 南	11634415	11523197	7943686	6244000	1699686	332289
湖 北	8044392	7921820	5716414	4434009	1282405	74379
湖 南	8579859	8485845	6266592	4847744	1418848	297635
广 东	20363646	19714535	11514466	9568863	1945603	113896
广 西	5291839	5252903	3624551	2930673	693878	66560
海 南	1536521	1428817	943215	798898	144317	87054
重 庆	4288759	4189631	2667212	1960861	706351	155491
四 川	10330389	10211009	6391715	5100691	1291024	356064
贵 州	3946468	3908504	2943129	2420144	522985	63462
云 南	5152791	5082908	3888335	3032507	855828	424249
西 藏	924491	661121	587154	412905	174249	141062
陕 西	5305395	5160727	3283272	2721353	561919	183506
甘 肃	3474747	3406113	2454234	1907706	546528	235870
青 海	870516	861500	664413	513458	150955	48953
宁 夏	986538	945698	617917	511492	106425	28118
新 疆	5063714	4972440	3601295	2746343	854952	268184

教育经费支出明细

单位：千元

公用部分	商品和服务支出	其他资本性支出			基本建设支出
			专项公用支出	专项项目支出	
63386365	**36958927**	**26427438**	**9904152**	**16523286**	**4429095**
2609253	1582005	1027248	655543	371705	370553
542826	320904	221922	90444	131478	29476
2588343	1535243	1053100	398878	654222	94615
1940679	1228482	712197	257577	454620	123921
1125880	710807	415073	154699	260374	158707
1768616	1177156	591460	269287	322173	64129
947912	637939	309973	108395	201578	22139
1408758	1101125	307633	142394	165239	51249
2198818	1501028	697790	400592	297198	130361
4897619	2276126	2621493	855392	1766101	398725
4083934	1840368	2243566	605071	1638495	323876
2055477	1214726	840751	303384	537367	137678
2026865	1095276	931589	326565	605024	133126
1091138	712359	378779	117660	261119	127851
3481079	1938314	1542765	517947	1024818	194977
3579511	2381538	1197973	606544	591429	111218
2205406	1480001	725405	260537	464868	122572
2219253	1339720	879533	278486	601047	94014
8200069	4815131	3384938	1404398	1980540	649111
1628352	920734	707618	212689	494929	38936
485602	264538	221064	89178	131886	107704
1522419	906648	615771	238277	377494	99128
3819294	2011978	1807316	589946	1217370	119380
965375	619971	345404	162276	183128	37964
1194573	690818	503755	128411	375344	69883
73967	54121	19846	6787	13059	263370
1877455	1026170	851285	345979	505306	144668
951879	533338	418541	116471	302070	68634
197087	134408	62679	37080	25599	9016
327781	164791	162990	25377	137613	40840
1371145	743164	627981	197888	430093	91274

4—51 分地区中央属普通初中

地区	合计	事业性经费支出				
			个人部分			
				工资福利支出	对个人和家庭的补助支出	
						#助学金
合计	**882931**	**843604**	**588056**	**500019**	**88037**	**22477**
北京	79116	79116	43601	30222	13379	233
天津						
河北	380	380	367	345	22	
山西	12497	12497	9983	9090	893	
内蒙古						
辽宁	11117	11117	10043	9127	916	
吉林	35123	35123	16536	12054	4482	176
黑龙江	98480	98480	61468	48163	13305	784
上海						
江苏						
浙江						
安徽						
福建						
江西						
山东	799	799	684	608	76	
河南	5532	5532	5158	4483	675	
湖北	13278	13278	9736	6588	3148	7
湖南						
广东						
广西						
海南						
重庆	6963	6941	4742	2959	1783	308
四川	3642	3642	2785	2780	5	
贵州	133	133	111	111		
云南						
西藏						
陕西	12695	11711	9137	7943	1194	9
甘肃	3650	3650	2559	2391	168	19
青海						
宁夏						
新疆	599526	561205	411146	363155	47991	20941

教育经费支出明细

单位：千元

公用部分	商品和服务支出	其他资本性支出	专项公用支出	专项项目支出	基本建设支出
255548	**139026**	**116522**	**35280**	**81242**	**39327**
35515	19670	15845	4157	11688	
13	13				
2514	2067	447	330	117	
1074	1074				
18587	4722	13865	1554	12311	
37012	17685	19327	12500	6827	
115	115				
374	331	43	43		
3542	1691	1851	1637	214	
2199	1760	439	439		22
857	423	434	310	124	
22	22				
2574	1865	709	447	262	984
1091	1068	23	23		
150059	86520	63539	13840	49699	38321

4—52 分地区地方普通初中

地 区	合 计	事业性经费支出	个人部分	工资福利支出	对个人和家庭的补助支出	#助学金
合 计	**204248347**	**199858579**	**136727762**	**109443394**	**27284368**	**4207561**
北 京	5820491	5449938	2876200	1910252	965948	58366
天 津	2258881	2229405	1686579	1144839	541740	12706
河 北	8814844	8720229	6131899	5204018	927881	98677
山 西	5457538	5333617	3395452	3026630	368822	68760
内蒙古	3896376	3737669	2611789	2071057	540732	145816
辽 宁	6844273	6780144	5012602	3557759	1454843	44688
吉 林	3824791	3802652	2873327	2141467	731860	23566
黑龙江	5689602	5638353	4266607	3306347	960260	30283
上 海	7000022	6869661	4670843	4154340	516503	42955
江 苏	15423026	15024301	10126682	7861166	2265516	99478
浙 江	12688858	12364982	8281048	6994037	1287011	112532
安 徽	7385152	7247474	5191997	4124330	1067667	141083
福 建	6109735	5976609	3949744	3206850	742894	99284
江 西	4475933	4348082	3256944	2668083	588861	135323
山 东	13409764	13214787	9733823	8310982	1422841	238556
河 南	11628883	11517665	7938528	6239517	1699011	332289
湖 北	8031114	7908542	5706678	4427421	1279257	74372
湖 南	8579859	8485845	6266592	4847744	1418848	297635
广 东	20363646	19714535	11514466	9568863	1945603	113896
广 西	5291839	5252903	3624551	2930673	693878	66560
海 南	1536521	1428817	943215	798898	144317	87054
重 庆	4281796	4182690	2662470	1957902	704568	155183
四 川	10326747	10207367	6388930	5097911	1291019	356064
贵 州	3946335	3908371	2943018	2420033	522985	63462
云 南	5152791	5082908	3888335	3032507	855828	424249
西 藏	924491	661121	587154	412905	174249	141062
陕 西	5292700	5149016	3274135	2713410	560725	183497
甘 肃	3471097	3402463	2451675	1905315	546360	235851
青 海	870516	861500	664413	513458	150955	48953
宁 夏	986538	945698	617917	511492	106425	28118
新 疆	4464188	4411235	3190149	2383188	806961	247243

教育经费支出明细

单位：千元

公用部分	商品和服务支出	其他资本性支出	专项公用支出	专项项目支出	基本建设支出
63130817	**36819901**	**26310916**	**9868872**	**16442044**	**4389768**
2573738	1562335	1011403	651386	360017	370553
542826	320904	221922	90444	131478	29476
2588330	1535230	1053100	398878	654222	94615
1938165	1226415	711750	257247	454503	123921
1125880	710807	415073	154699	260374	158707
1767542	1176082	591460	269287	322173	64129
929325	633217	296108	106841	189267	22139
1371746	1083440	288306	129894	158412	51249
2198818	1501028	697790	400592	297198	130361
4897619	2276126	2621493	855392	1766101	398725
4083934	1840368	2243566	605071	1638495	323876
2055477	1214726	840751	303384	537367	137678
2026865	1095276	931589	326565	605024	133126
1091138	712359	378779	117660	261119	127851
3480964	1938199	1542765	517947	1024818	194977
3579137	2381207	1197930	606501	591429	111218
2201864	1478310	723554	258900	464654	122572
2219253	1339720	879533	278486	601047	94014
8200069	4815131	3384938	1404398	1980540	649111
1628352	920734	707618	212689	494929	38936
485602	264538	221064	89178	131886	107704
1520220	904888	615332	237838	377494	99106
3818437	2011555	1806882	589636	1217246	119380
965353	619949	345404	162276	183128	37964
1194573	690818	503755	128411	375344	69883
73967	54121	19846	6787	13059	263370
1874881	1024305	850576	345532	505044	143684
950788	532270	418518	116448	302070	68634
197087	134408	62679	37080	25599	9016
327781	164791	162990	25377	137613	40840
1221086	656644	564442	184048	380394	52953

4—53 分地区农村初中

地 区	合 计	事业性经费支出	个人部分	工资福利支出	对个人和家庭的补助支出	#助学金
合 计	**110575357**	**108868501**	**77467907**	**62593756**	**14874151**	**3157438**
北 京	1869777	1720624	826946	562668	264278	35523
天 津	807341	789851	646150	524954	121196	4939
河 北	5216792	5144409	3719872	3201812	518060	68996
山 西	2786821	2762889	1803725	1628266	175459	45396
内蒙古	1265783	1237566	928292	728009	200283	54138
辽 宁	3104766	3088345	2189912	1652207	537705	25747
吉 林	1809932	1798892	1393303	1070723	322580	16850
黑龙江	2011797	2003273	1569929	1242276	327653	15811
上 海	1656463	1617033	1094753	988177	106576	8142
江 苏	7919743	7673345	5426207	4244358	1181849	53021
浙 江	6999570	6828604	4654420	3900586	753834	71535
安 徽	4837396	4772703	3569344	2842314	727030	119710
福 建	3733809	3671127	2615087	2148666	466421	81384
江 西	2695221	2649991	2048896	1676630	372266	97066
山 东	9373921	9260736	7075771	6155645	920126	210418
河 南	7608068	7573992	5277345	4061307	1216038	295468
湖 北	5008143	4947842	3640134	2853796	786338	54800
湖 南	5717136	5676673	4462358	3393134	1069224	267252
广 东	7997328	7858515	4700620	3966217	734403	64725
广 西	3301754	3277747	2333397	1907603	425794	48296
海 南	774652	737100	523384	412077	111307	79675
重 庆	2596211	2554906	1697185	1248941	448244	131265
四 川	6580689	6526016	4141476	3328377	813099	248139
贵 州	2540693	2514286	1944873	1660152	284721	52307
云 南	3306246	3274056	2629865	2038287	591578	354202
西 藏						
陕 西	3315410	3271061	2199418	1797711	401707	152330
甘 肃	2177279	2137703	1616236	1248770	367466	211064
青 海	347431	341419	285096	231967	53129	25365
宁 夏	485731	485297	324780	267542	57238	22791
新 疆	2729454	2672500	2129133	1610584	518549	241083

教育经费支出明细

单位：千元

公用部分	商品和服务支出	其他资本性支出			基本建设支出
			专项公用支出	专项项目支出	
31400594	**18637272**	**12763322**	**4524149**	**8239173**	**1706856**
893678	506641	387037	274306	112731	149153
143701	90169	53532	32428	21104	17490
1424537	841036	583501	243657	339844	72383
959164	616935	342229	95202	247027	23932
309274	223821	85453	36472	48981	28217
898433	526083	372350	140940	231410	16421
405589	278652	126937	44160	82777	11040
433344	346606	86738	31503	55235	8524
522280	348172	174108	62965	111143	39430
2247138	1043717	1203421	391093	812328	246398
2174184	905890	1268294	277060	991234	170966
1203359	790437	412922	156836	256086	64693
1056040	651346	404694	153484	251210	62682
601095	403244	197851	63200	134651	45230
2184965	1272067	912898	298578	614320	113185
2296647	1489867	806780	424881	381899	34076
1307708	898568	409140	134214	274926	60301
1214315	787721	426594	137473	289121	40463
3157895	1990614	1167281	349877	817404	138813
944350	560209	384141	126668	257473	24007
213716	124545	89171	42384	46787	37552
857721	559577	298144	114157	183987	41305
2384540	1179437	1205103	386505	818598	54673
569413	388981	180432	82711	97721	26407
644191	420727	223464	69331	154133	32190
1071643	609497	462146	214728	247418	44349
521467	323427	198040	43295	154745	39576
56323	37840	18483	6306	12177	6012
160517	90167	70350	10967	59383	434
543367	331279	212088	78768	133320	56954

4—54 分地区中央属农村初中

地区	合计	事业性经费支出	个人部分	工资福利支出	对个人和家庭的补助支出	#助学金
合计	**440284**	**410873**	**303090**	**273189**	**29901**	**17444**
北京						
天津						
河北						
山西						
内蒙古						
辽宁						
吉林						
黑龙江						
上海						
江苏						
浙江						
安徽						
福建						
江西						
山东						
河南						
湖北						
湖南						
广东						
广西						
海南						
重庆						
四川						
贵州	133	133	111	111		
云南						
西藏						
陕西	3543	3543	2505	2169	336	
甘肃						
青海						
宁夏						
新疆	436608	407197	300474	270909	29565	17444

教育经费支出明细

单位：千元

公用部分	商品和服务支出	其他资本性支出			基本建设支出
			专项公用支出	专项项目支出	
107783	**61634**	**46149**	**9143**	**37006**	**29411**
22	22				
1038	794	244	244		
106723	60818	45905	8899	37006	29411

4—55 分地区地方农村初中

地区	合计	事业性经费支出	个人部分	工资福利支出	对个人和家庭的补助支出	#助学金
合计	**110135073**	**108457628**	**77164817**	**62320567**	**14844250**	**3139994**
北京	1869777	1720624	826946	562668	264278	35523
天津	807341	789851	646150	524954	121196	4939
河北	5216792	5144409	3719872	3201812	518060	68996
山西	2786821	2762889	1803725	1628266	175459	45396
内蒙古	1265783	1237566	928292	728009	200283	54138
辽宁	3104766	3088345	2189912	1652207	537705	25747
吉林	1809932	1798892	1393303	1070723	322580	16850
黑龙江	2011797	2003273	1569929	1242276	327653	15811
上海	1656463	1617033	1094753	988177	106576	8142
江苏	7919743	7673345	5426207	4244358	1181849	53021
浙江	6999570	6828604	4654420	3900586	753834	71535
安徽	4837396	4772703	3569344	2842314	727030	119710
福建	3733809	3671127	2615087	2148666	466421	81384
江西	2695221	2649991	2048896	1676630	372266	97066
山东	9373921	9260736	7075771	6155645	920126	210418
河南	7608068	7573992	5277345	4061307	1216038	295468
湖北	5008143	4947842	3640134	2853796	786338	54800
湖南	5717136	5676673	4462358	3393134	1069224	267252
广东	7997328	7858515	4700620	3966217	734403	64725
广西	3301754	3277747	2333397	1907603	425794	48296
海南	774652	737100	523384	412077	111307	79675
重庆	2596211	2554906	1697185	1248941	448244	131265
四川	6580689	6526016	4141476	3328377	813099	248139
贵州	2540560	2514153	1944762	1660041	284721	52307
云南	3306246	3274056	2629865	2038287	591578	354202
西藏						
陕西	3311867	3267518	2196913	1795542	401371	152330
甘肃	2177279	2137703	1616236	1248770	367466	211064
青海	347431	341419	285096	231967	53129	25365
宁夏	485731	485297	324780	267542	57238	22791
新疆	2292846	2265303	1828659	1339675	488984	223639

教育经费支出明细

单位:千元

公用部分	商品和服务支出	其他资本性支出	专项公用支出	专项项目支出	基本建设支出
31292811	**18575638**	**12717173**	**4515006**	**8202167**	**1677445**
893678	506641	387037	274306	112731	149153
143701	90169	53532	32428	21104	17490
1424537	841036	583501	243657	339844	72383
959164	616935	342229	95202	247027	23932
309274	223821	85453	36472	48981	28217
898433	526083	372350	140940	231410	16421
405589	278652	126937	44160	82777	11040
433344	346606	86738	31503	55235	8524
522280	348172	174108	62965	111143	39430
2247138	1043717	1203421	391093	812328	246398
2174184	905890	1268294	277060	991234	170966
1203359	790437	412922	156836	256086	64693
1056040	651346	404694	153484	251210	62682
601095	403244	197851	63200	134651	45230
2184965	1272067	912898	298578	614320	113185
2296647	1489867	806780	424881	381899	34076
1307708	898568	409140	134214	274926	60301
1214315	787721	426594	137473	289121	40463
3157895	1990614	1167281	349877	817404	138813
944350	560209	384141	126668	257473	24007
213716	124545	89171	42384	46787	37552
857721	559577	298144	114157	183987	41305
2384540	1179437	1205103	386505	818598	54673
569391	388959	180432	82711	97721	26407
644191	420727	223464	69331	154133	32190
1070605	608703	461902	214484	247418	44349
521467	323427	198040	43295	154745	39576
56323	37840	18483	6306	12177	6012
160517	90167	70350	10967	59383	434
436644	270461	166183	69869	96314	27543

4—56 分地区成人中学

地区	合计	事业性经费支出	个人部分	工资福利支出	对个人和家庭的补助支出	#助学金
合计	**401173**	**400207**	**205318**	**173269**	**32049**	**3733**
北京						
天津						
河北	2337	2337	1661	1452	209	
山西						
内蒙古						
辽宁						
吉林	2375	2375	2061	924	1137	
黑龙江						
上海	65142	65142	34247	29104	5143	56
江苏	88095	88095	47134	42165	4969	11
浙江	171726	170766	83650	71668	11982	1364
安徽						
福建	4818	4818	3381	2009	1372	
江西	6751	6751	2822	2027	795	775
山东						
河南	26138	26138	13947	11812	2135	1150
湖北	3387	3387	718	584	134	
湖南						
广东	11781	11775	5305	4200	1105	1
广西	2477	2477	1856	1235	621	366
海南						
重庆	904	904	641	555	86	
四川	2532	2532	1947	1442	505	
贵州	1733	1733	1260	782	478	
云南	252	252	199	199		
西藏						
陕西	8612	8612	2656	2211	445	10
甘肃						
青海						
宁夏						
新疆	2113	2113	1833	900	933	

教育经费支出明细

单位：千元

公用部分	商品和服务支出	其他资本性支出	其他资本性支出：专项公用支出	其他资本性支出：专项项目支出	基本建设支出
194889	**156294**	**38595**	**20968**	**17627**	**966**
676	676				
314	237	77	77		
30895	29098	1797	1786	11	
40961	36075	4886	2326	2560	
87116	72264	14852	8742	6110	960
1437	995	442	442		
3929	2130	1799	535	1264	
12191	6822	5369	2006	3363	
2669	321	2348	2348		
6470	3856	2614	2474	140	6
621	559	62	62		
263	174	89		89	
585	581	4	4		
473	457	16	16		
53	53				
5956	1716	4240	150	4090	
280	280				

4—57 分地区小学

地 区	合 计	事业性经费支出	个人部分	工资福利支出	对个人和家庭的补助支出	#助学金
合 计	**293013469**	**289363377**	**216812827**	**163260005**	**53552822**	**3797771**
北 京	7221816	6836295	4185077	2675876	1509201	53919
天 津	3012722	2947136	2411892	1533318	878574	12634
河 北	12314736	12285937	9553592	7593185	1960407	74910
山 西	7859753	7820393	5741341	4723360	1017981	67364
内蒙古	5879763	5792757	4414069	3284721	1129348	124570
辽 宁	9078890	9035129	6956200	4684348	2271852	81387
吉 林	6184326	6182264	5015446	3625248	1390198	15712
黑龙江	8204005	8157930	6607482	4704450	1903032	14438
上 海	6655320	6605410	4466508	3856298	610210	29484
江 苏	20774938	20147379	15263554	10277017	4986537	59271
浙 江	17184865	16861803	12040858	9380170	2660688	108155
安 徽	11317005	11222293	9072406	6396190	2676216	126991
福 建	8960614	8876859	6821658	4879248	1942410	63416
江 西	7754887	7639806	5990571	4533638	1456933	102259
山 东	16897340	16741104	12839727	11048906	1790821	202500
河 南	16289490	16147571	12051144	9359647	2691497	247009
湖 北	8621814	8578085	6617962	5118742	1499220	43196
湖 南	11061405	11029592	8512293	6473471	2038822	209627
广 东	30486465	29948310	19681811	15465111	4216700	146111
广 西	9245979	9200267	7316873	5209453	2107420	44791
海 南	2458549	2385198	1793245	1584437	208808	93985
重 庆	6428564	6352662	4607690	3106792	1500898	119069
四 川	16168690	16046025	10952786	7861537	3091249	537509
贵 州	7480178	7437077	6168450	4653916	1514534	24836
云 南	9951871	9876460	8156455	6155691	2000764	386882
西 藏	1594012	1540622	1345168	983543	361625	232735
陕 西	7498397	7451910	5344155	4195755	1148400	165428
甘 肃	5558205	5535830	4442715	3491176	951539	145646
青 海	1816815	1779479	1437552	1078152	359400	124672
宁 夏	1717941	1713592	1269129	1022365	246764	36431
新 疆	7334114	7188202	5735018	4304244	1430774	102834

教育经费支出明细

单位：千元

公用部分	商品和服务支出	其他资本性支出	专项公用支出	专项项目支出	基本建设支出
72550550	**43797643**	**28752907**	**10524465**	**18228442**	**3650092**
2651218	1643139	1008079	700258	307821	385521
535244	334074	201170	107785	93385	65586
2732345	1809773	922572	326136	596436	28799
2079052	1471755	607297	226926	380371	39360
1378688	835035	543653	166081	377572	87006
2078929	1482683	596246	237111	359135	43761
1166818	812335	354483	124382	230101	2062
1550448	1220178	330270	143296	186974	46075
2138902	1333287	805615	567344	238271	49910
4883825	2320444	2563381	868837	1694544	627559
4820945	2226254	2594691	697928	1896763	323062
2149887	1358163	791724	249372	542352	94712
2055201	1194478	860723	303274	557449	83755
1649235	1064350	584885	177308	407577	115081
3901377	2336066	1565311	580118	985193	156236
4096427	2794364	1302063	655756	646307	141919
1960123	1298989	661134	226262	434872	43729
2517299	1479567	1037732	304897	732835	31813
10266499	6455537	3810962	1568081	2242881	538155
1883394	1127020	756374	176204	580170	45712
591953	339052	252901	88388	164513	73351
1744972	1181714	563258	184842	378416	75902
5093239	2506561	2586678	777479	1809199	122665
1268627	857537	411090	198476	212614	43101
1720005	1022913	697092	190867	506225	75411
195454	122341	73113	18305	54808	53390
2107755	1158211	949544	319525	630019	46487
1093115	709429	383686	80504	303182	22375
341927	230526	111401	39017	72384	37336
444463	216300	228163	45996	182167	4349
1453184	855568	597616	173710	423906	145912

4—58 分地区中央属小学

地 区	合 计	事业性经费支出	个人部分	工资福利支出	对个人和家庭的补助支出	#助学金
合 计	**1247121**	**1200639**	**862233**	**739783**	**122450**	**32859**
北 京	64683	64683	44538	34078	10460	
天 津	10156	10156	8569	5045	3524	
河 北	551	551	538	506	32	
山 西	23577	23577	17224	15443	1781	1
内蒙古						
辽 宁						
吉 林	62943	62943	34792	27100	7692	3
黑龙江	174969	169569	113187	93245	19942	110
上 海						
江 苏						
浙 江						
安 徽						
福 建						
江 西						
山 东	766	766	656	592	64	
河 南	12541	12541	9023	8939	84	49
湖 北	14727	14727	11628	7742	3886	
湖 南	1739	1739	1170	1049	121	
广 东	6532	6532	4339	4118	221	
广 西						
海 南						
重 庆	12036	12036	7186	5103	2083	
四 川	5883	5883	4738	4468	270	
贵 州	53	53	45	45		
云 南						
西 藏						
陕 西	18703	18272	14401	12778	1623	22
甘 肃	7156	7156	4994	4711	283	31
青 海						
宁 夏						
新 疆	830106	789455	585205	514821	70384	32643

教育经费支出明细

单位:千元

公用部分	商品和服务支出	其他资本性支出	专项公用支出	专项项目支出	基本建设支出
338406	**194209**	**144197**	**48881**	**95316**	**46482**
20145	12345	7800	7800		
1587	450	1137	1137		
13	13				
6353	5163	1190	532	658	
28151	15166	12985	2316	10669	
56382	27780	28602	14022	14580	5400
110	110				
3518	3091	427	299	128	
3099	2751	348	348		
569	560	9	9		
2193	1834	359	259	100	
4850	2345	2505	2505		
1145	538	607	461	146	
8	8				
3871	3041	830	391	439	431
2162	2109	53	53		
204250	116905	87345	18749	68596	40651

4—59 分地区地方小学

地 区	合 计	事业性经费支出	个人部分	工资福利支出	对个人和家庭的补助支出	#助学金
合 计	**291766348**	**288162738**	**215950594**	**162520222**	**53430372**	**3764912**
北 京	7157133	6771612	4140539	2641798	1498741	53919
天 津	3002566	2936980	2403323	1528273	875050	12634
河 北	12314185	12285386	9553054	7592679	1960375	74910
山 西	7836176	7796816	5724117	4707917	1016200	67363
内蒙古	5879763	5792757	4414069	3284721	1129348	124570
辽 宁	9078890	9035129	6956200	4684348	2271852	81387
吉 林	6121383	6119321	4980654	3598148	1382506	15709
黑龙江	8029036	7988361	6494295	4611205	1883090	14328
上 海	6655320	6605410	4466508	3856298	610210	29484
江 苏	20774938	20147379	15263554	10277017	4986537	59271
浙 江	17184865	16861803	12040858	9380170	2660688	108155
安 徽	11317005	11222293	9072406	6396190	2676216	126991
福 建	8960614	8876859	6821658	4879248	1942410	63416
江 西	7754887	7639806	5990571	4533638	1456933	102259
山 东	16896574	16740338	12839071	11048314	1790757	202500
河 南	16276949	16135030	12042121	9350708	2691413	246960
湖 北	8607087	8563358	6606334	5111000	1495334	43196
湖 南	11059666	11027853	8511123	6472422	2038701	209627
广 东	30479933	29941778	19677472	15460993	4216479	146111
广 西	9245979	9200267	7316873	5209453	2107420	44791
海 南	2458549	2385198	1793245	1584437	208808	93985
重 庆	6416528	6340626	4600504	3101689	1498815	119069
四 川	16162807	16040142	10948048	7857069	3090979	537509
贵 州	7480125	7437024	6168405	4653871	1514534	24836
云 南	9951871	9876460	8156455	6155691	2000764	386882
西 藏	1594012	1540622	1345168	983543	361625	232735
陕 西	7479694	7433638	5329754	4182977	1146777	165406
甘 肃	5551049	5528674	4437721	3486465	951256	145615
青 海	1816815	1779479	1437552	1078152	359400	124672
宁 夏	1717941	1713592	1269129	1022365	246764	36431
新 疆	6504008	6398747	5149813	3789423	1360390	70191

教育经费支出明细

单位:千元

公用部分	商品和服务支出	其他资本性支出			基本建设支出
			专项公用支出	专项项目支出	
72212144	**43603434**	**28608710**	**10475584**	**18133126**	**3603610**
2631073	1630794	1000279	692458	307821	385521
533657	333624	200033	106648	93385	65586
2732332	1809760	922572	326136	596436	28799
2072699	1466592	606107	226394	379713	39360
1378688	835035	543653	166081	377572	87006
2078929	1482683	596246	237111	359135	43761
1138667	797169	341498	122066	219432	2062
1494066	1192398	301668	129274	172394	40675
2138902	1333287	805615	567344	238271	49910
4883825	2320444	2563381	868837	1694544	627559
4820945	2226254	2594691	697928	1896763	323062
2149887	1358163	791724	249372	542352	94712
2055201	1194478	860723	303274	557449	83755
1649235	1064350	584885	177308	407577	115081
3901267	2335956	1565311	580118	985193	156236
4092909	2791273	1301636	655457	646179	141919
1957024	1296238	660786	225914	434872	43729
2516730	1479007	1037723	304888	732835	31813
10264306	6453703	3810603	1567822	2242781	538155
1883394	1127020	756374	176204	580170	45712
591953	339052	252901	88388	164513	73351
1740122	1179369	560753	182337	378416	75902
5092094	2506023	2586071	777018	1809053	122665
1268619	857529	411090	198476	212614	43101
1720005	1022913	697092	190867	506225	75411
195454	122341	73113	18305	54808	53390
2103884	1155170	948714	319134	629580	46056
1090953	707320	383633	80451	303182	22375
341927	230526	111401	39017	72384	37336
444463	216300	228163	45996	182167	4349
1248934	738663	510271	154961	355310	105261

4—60 分地区普通小学

地区	合计	事业性经费支出	个人部分	工资福利支出	对个人和家庭的补助支出	#助学金
合计	**292971105**	**289321013**	**216778734**	**163229581**	**53549153**	**3797727**
北京	7221816	6836295	4185077	2675876	1509201	53919
天津	3012722	2947136	2411892	1533318	878574	12634
河北	12313181	12284382	9552098	7591691	1960407	74910
山西	7856007	7816647	5738469	4721552	1016917	67364
内蒙古	5879763	5792757	4414069	3284721	1129348	124570
辽宁	9078890	9035129	6956200	4684348	2271852	81387
吉林	6184326	6182264	5015446	3625248	1390198	15712
黑龙江	8204005	8157930	6607482	4704450	1903032	14438
上海	6655320	6605410	4466508	3856298	610210	29484
江苏	20773117	20145558	15261733	10275262	4986471	59271
浙江	17184865	16861803	12040858	9380170	2660688	108155
安徽	11317005	11222293	9072406	6396190	2676216	126991
福建	8944864	8861109	6808717	4867959	1940758	63412
江西	7754887	7639806	5990571	4533638	1456933	102259
山东	16897340	16741104	12839727	11048906	1790821	202500
河南	16288941	16147022	12050595	9359098	2691497	247009
湖北	8621083	8577354	6617298	5118078	1499220	43196
湖南	11061405	11029592	8512293	6473471	2038822	209627
广东	30483965	29945810	19679743	15463046	4216697	146111
广西	9245845	9200133	7316873	5209453	2107420	44791
海南	2458549	2385198	1793245	1584437	208808	93985
重庆	6421820	6345918	4602769	3101969	1500800	119069
四川	16164167	16041502	10948786	7858110	3090676	537509
贵州	7479591	7436490	6168160	4653676	1514484	24796
云南	9948147	9872736	8153982	6153381	2000601	386882
西藏	1594012	1540622	1345168	983543	361625	232735
陕西	7498397	7451910	5344155	4195755	1148400	165428
甘肃	5558205	5535830	4442715	3491176	951539	145646
青海	1816815	1779479	1437552	1078152	359400	124672
宁夏	1717941	1713592	1269129	1022365	246764	36431
新疆	7334114	7188202	5735018	4304244	1430774	102834

教育经费支出明细

单位：千元

公用部分	商品和服务支出	其他资本性支出			基本建设支出
			专项公用支出	专项项目支出	
72542279	**43789878**	**28752401**	**10524001**	**18228400**	**3650092**
2651218	1643139	1008079	700258	307821	385521
535244	334074	201170	107785	93385	65586
2732284	1809712	922572	326136	596436	28799
2078178	1470984	607194	226823	380371	39360
1378688	835035	543653	166081	377572	87006
2078929	1482683	596246	237111	359135	43761
1166818	812335	354483	124382	230101	2062
1550448	1220178	330270	143296	186974	46075
2138902	1333287	805615	567344	238271	49910
4883825	2320444	2563381	868837	1694544	627559
4820945	2226254	2594691	697928	1896763	323062
2149887	1358163	791724	249372	542352	94712
2052392	1191862	860530	303081	557449	83755
1649235	1064350	584885	177308	407577	115081
3901377	2336066	1565311	580118	985193	156236
4096427	2794364	1302063	655756	646307	141919
1960056	1298929	661127	226255	434872	43729
2517299	1479567	1037732	304897	732835	31813
10266067	6455132	3810935	1568054	2242881	538155
1883260	1126886	756374	176204	580170	45712
591953	339052	252901	88388	164513	73351
1743149	1179953	563196	184799	378397	75902
5092716	2506132	2586584	777408	1809176	122665
1268330	857240	411090	198476	212614	43101
1718754	1021682	697072	190847	506225	75411
195454	122341	73113	18305	54808	53390
2107755	1158211	949544	319525	630019	46487
1093115	709429	383686	80504	303182	22375
341927	230526	111401	39017	72384	37336
444463	216300	228163	45996	182167	4349
1453184	855568	597616	173710	423906	145912

4—61 分地区中央属普通小学

地区	合计	事业性经费支出	个人部分	工资福利支出	对个人和家庭的补助支出	#助学金
合计	**1247121**	**1200639**	**862233**	**739783**	**122450**	**32859**
北京	64683	64683	44538	34078	10460	
天津	10156	10156	8569	5045	3524	
河北	551	551	538	506	32	
山西	23577	23577	17224	15443	1781	1
内蒙古						
辽宁						
吉林	62943	62943	34792	27100	7692	3
黑龙江	174969	169569	113187	93245	19942	110
上海						
江苏						
浙江						
安徽						
福建						
江西						
山东	766	766	656	592	64	
河南	12541	12541	9023	8939	84	49
湖北	14727	14727	11628	7742	3886	
湖南	1739	1739	1170	1049	121	
广东	6532	6532	4339	4118	221	
广西						
海南						
重庆	12036	12036	7186	5103	2083	
四川	5883	5883	4738	4468	270	
贵州	53	53	45	45		
云南						
西藏						
陕西	18703	18272	14401	12778	1623	22
甘肃	7156	7156	4994	4711	283	31
青海						
宁夏						
新疆	830106	789455	585205	514821	70384	32643

教育经费支出明细

单位:千元

公用部分	商品和服务支出	其他资本性支出			基本建设支出
			专项公用支出	专项项目支出	
338406	**194209**	**144197**	**48881**	**95316**	**46482**
20145	12345	7800	7800		
1587	450	1137	1137		
13	13				
6353	5163	1190	532	658	
28151	15166	12985	2316	10669	
56382	27780	28602	14022	14580	5400
110	110				
3518	3091	427	299	128	
3099	2751	348	348		
569	560	9	9		
2193	1834	359	259	100	
4850	2345	2505	2505		
1145	538	607	461	146	
8	8				
3871	3041	830	391	439	431
2162	2109	53	53		
204250	116905	87345	18749	68596	40651

4—62 分地区地方普通小学

地区	合计	事业性经费支出				
			个人部分	工资福利支出	对个人和家庭的补助支出	
						#助学金
合计	**291723984**	**288120374**	**215916501**	**162489798**	**53426703**	**3764868**
北京	7157133	6771612	4140539	2641798	1498741	53919
天津	3002566	2936980	2403323	1528273	875050	12634
河北	12312630	12283831	9551560	7591185	1960375	74910
山西	7832430	7793070	5721245	4706109	1015136	67363
内蒙古	5879763	5792757	4414069	3284721	1129348	124570
辽宁	9078890	9035129	6956200	4684348	2271852	81387
吉林	6121383	6119321	4980654	3598148	1382506	15709
黑龙江	8029036	7988361	6494295	4611205	1883090	14328
上海	6655320	6605410	4466508	3856298	610210	29484
江苏	20773117	20145558	15261733	10275262	4986471	59271
浙江	17184865	16861803	12040858	9380170	2660688	108155
安徽	11317005	11222293	9072406	6396190	2676216	126991
福建	8944864	8861109	6808717	4867959	1940758	63412
江西	7754887	7639806	5990571	4533638	1456933	102259
山东	16896574	16740338	12839071	11048314	1790757	202500
河南	16276400	16134481	12041572	9350159	2691413	246960
湖北	8606356	8562627	6605670	5110336	1495334	43196
湖南	11059666	11027853	8511123	6472422	2038701	209627
广东	30477433	29939278	19675404	15458928	4216476	146111
广西	9245845	9200133	7316873	5209453	2107420	44791
海南	2458549	2385198	1793245	1584437	208808	93985
重庆	6409784	6333882	4595583	3096866	1498717	119069
四川	16158284	16035619	10944048	7853642	3090406	537509
贵州	7479538	7436437	6168115	4653631	1514484	24796
云南	9948147	9872736	8153982	6153381	2000601	386882
西藏	1594012	1540622	1345168	983543	361625	232735
陕西	7479694	7433638	5329754	4182977	1146777	165406
甘肃	5551049	5528674	4437721	3486465	951256	145615
青海	1816815	1779479	1437552	1078152	359400	124672
宁夏	1717941	1713592	1269129	1022365	246764	36431
新疆	6504008	6398747	5149813	3789423	1360390	70191

教育经费支出明细

单位:千元

公用部分	商品和服务支出	其他资本性支出	专项公用支出	专项项目支出	基本建设支出
72203873	**43595669**	**28608204**	**10475120**	**18133084**	**3603610**
2631073	1630794	1000279	692458	307821	385521
533657	333624	200033	106648	93385	65586
2732271	1809699	922572	326136	596436	28799
2071825	1465821	606004	226291	379713	39360
1378688	835035	543653	166081	377572	87006
2078929	1482683	596246	237111	359135	43761
1138667	797169	341498	122066	219432	2062
1494066	1192398	301668	129274	172394	40675
2138902	1333287	805615	567344	238271	49910
4883825	2320444	2563381	868837	1694544	627559
4820945	2226254	2594691	697928	1896763	323062
2149887	1358163	791724	249372	542352	94712
2052392	1191862	860530	303081	557449	83755
1649235	1064350	584885	177308	407577	115081
3901267	2335956	1565311	580118	985193	156236
4092909	2791273	1301636	655457	646179	141919
1956957	1296178	660779	225907	434872	43729
2516730	1479007	1037723	304888	732835	31813
10263874	6453298	3810576	1567795	2242781	538155
1883260	1126886	756374	176204	580170	45712
591953	339052	252901	88388	164513	73351
1738299	1177608	560691	182294	378397	75902
5091571	2505594	2585977	776947	1809030	122665
1268322	857232	411090	198476	212614	43101
1718754	1021682	697072	190847	506225	75411
195454	122341	73113	18305	54808	53390
2103884	1155170	948714	319134	629580	46056
1090953	707320	383633	80451	303182	22375
341927	230526	111401	39017	72384	37336
444463	216300	228163	45996	182167	4349
1248934	738663	510271	154961	355310	105261

4—63 分地区农村小学

地 区	合 计	事业性经费支出	个人部分	工资福利支出	对个人和家庭的补助支出	#助学金
合 计	**187924011**	**186200670**	**144392073**	**109380749**	**35011324**	**3168382**
北 京	2690775	2572796	1489237	991704	497533	33821
天 津	1336131	1316331	1097247	783686	313561	4957
河 北	8985755	8963503	7066172	5648023	1418149	59674
山 西	5332775	5317354	3995826	3255471	740355	40041
内蒙古	3162254	3139231	2524744	1851955	672789	57893
辽 宁	5175788	5168743	3982194	2740890	1241304	40381
吉 林	3792379	3790409	3170898	2377986	792912	12585
黑龙江	4474524	4451448	3801066	2732619	1068447	8271
上 海	2045425	2016425	1517751	1322787	194964	6183
江 苏	12154752	11861767	9296759	6206128	3090631	44535
浙 江	10525459	10355077	7580391	5814564	1765827	86258
安 徽	8374554	8312792	6833357	4845106	1988251	113585
福 建	6140895	6094388	4882534	3529462	1353072	57223
江 西	5474734	5414394	4335327	3273282	1062045	77056
山 东	12460459	12405413	9873410	8660405	1213005	185370
河 南	12089329	12032863	9163940	7067003	2096937	223488
湖 北	5353757	5335098	4225250	3408274	816976	30851
湖 南	7553657	7531646	6160531	4746302	1414229	185039
广 东	13837479	13606046	9246094	7040178	2205916	107351
广 西	7232824	7213292	5824220	4145230	1678990	39350
海 南	1774914	1711366	1324703	1143999	180704	91369
重 庆	4434763	4392337	3306303	2262029	1044274	106520
四 川	12128751	12062023	8352710	6007583	2345127	475678
贵 州	5705560	5668185	4760331	3734070	1026261	20126
云 南	8016064	7966911	6657569	5036905	1620664	360456
西 藏	1032008	1007558	877195	628481	248714	183780
陕 西	5445579	5404964	4005786	3104798	900988	149867
甘 肃	4180586	4163313	3365019	2698067	666952	137318
青 海	1126225	1094781	909072	683321	225751	102412
宁 夏	1160398	1156541	887381	721332	166049	35037
新 疆	4725458	4673675	3879056	2919109	959947	91907

教育经费支出明细

单位：千元

公用部分	商品和服务支出	其他资本性支出			基本建设支出
			专项公用支出	专项项目支出	
41808597	**25450386**	**16358211**	**5303431**	**11054780**	**1723341**
1083559	656195	427364	305027	122337	117979
219084	130742	88342	53003	35339	19800
1897331	1265318	632013	211528	420485	22252
1321528	986434	335094	102057	233037	15421
614487	395416	219071	68463	150608	23023
1186549	803388	383161	115936	267225	7045
619511	434198	185313	52845	132468	1970
650382	535860	114522	50540	63982	23076
498674	381639	117035	53636	63399	29000
2565008	1173747	1391261	461504	929757	292985
2774686	1276685	1498001	372754	1125247	170382
1479435	989975	489460	152070	337390	61762
1211854	778351	433503	148805	284698	46507
1079067	715027	364040	110255	253785	60340
2532003	1543698	988305	326134	662171	55046
2868923	1896476	972447	503003	469444	56466
1109848	789914	319934	87997	231937	18659
1371115	935078	436037	125811	310226	22011
4359952	2731692	1628260	499083	1129177	231433
1389072	852314	536758	120395	416363	19532
386663	228177	158486	56431	102055	63548
1086034	745952	340082	90362	249720	42426
3709313	1685882	2023431	566573	1456858	66728
907854	621384	286470	124859	161611	37375
1309342	775308	534034	142341	391693	49153
130363	78578	51785	12671	39114	24450
1399178	778566	620612	200885	419727	40615
798294	520865	277429	55085	222344	17273
185709	117948	67761	16700	51061	31444
269160	140892	128268	27600	100668	3857
794619	484687	309932	89078	220854	51783

4—64 分地区中央属农村小学

地区	合计	事业性经费支出	个人部分	工资福利支出	对个人和家庭的补助支出	#助学金
合计	**611267**	**579907**	**435249**	**390489**	**44760**	**26926**
北京						
天津						
河北						
山西						
内蒙古						
辽宁						
吉林						
黑龙江						
上海						
江苏						
浙江						
安徽						
福建						
江西						
山东						
河南						
湖北						
湖南						
广东						
广西						
海南						
重庆						
四川						
贵州	53	53	45	45		
云南						
西藏						
陕西	4058	4058	3100	2699	401	
甘肃						
青海						
宁夏						
新疆	607156	575796	432104	387745	44359	26926

教育经费支出明细

单位：千元

公用部分	商品和服务支出	其他资本性支出	专项公用支出	专项项目支出	基本建设支出
144658	**86542**	**58116**	**12225**	**45891**	**31360**
8	8				
958	802	156	156		
143692	85732	57960	12069	45891	31360

4—65 分地区地方农村小学

地区	合计	事业性经费支出	个人部分	工资福利支出	对个人和家庭的补助支出	#助学金
合计	**187312744**	**185620763**	**143956824**	**108990260**	**34966564**	**3141456**
北京	2690775	2572796	1489237	991704	497533	33821
天津	1336131	1316331	1097247	783686	313561	4957
河北	8985755	8963503	7066172	5648023	1418149	59674
山西	5332775	5317354	3995826	3255471	740355	40041
内蒙古	3162254	3139231	2524744	1851955	672789	57893
辽宁	5175788	5168743	3982194	2740890	1241304	40381
吉林	3792379	3790409	3170898	2377986	792912	12585
黑龙江	4474524	4451448	3801066	2732619	1068447	8271
上海	2045425	2016425	1517751	1322787	194964	6183
江苏	12154752	11861767	9296759	6206128	3090631	44535
浙江	10525459	10355077	7580391	5814564	1765827	86258
安徽	8374554	8312792	6833357	4845106	1988251	113585
福建	6140895	6094388	4882534	3529462	1353072	57223
江西	5474734	5414394	4335327	3273282	1062045	77056
山东	12460459	12405413	9873410	8660405	1213005	185370
河南	12089329	12032863	9163940	7067003	2096937	223488
湖北	5353757	5335098	4225250	3408274	816976	30851
湖南	7553657	7531646	6160531	4746302	1414229	185039
广东	13837479	13606046	9246094	7040178	2205916	107351
广西	7232824	7213292	5824220	4145230	1678990	39350
海南	1774914	1711366	1324703	1143999	180704	91369
重庆	4434763	4392337	3306303	2262029	1044274	106520
四川	12128751	12062023	8352710	6007583	2345127	475678
贵州	5705507	5668132	4760286	3734025	1026261	20126
云南	8016064	7966911	6657569	5036905	1620664	360456
西藏	1032008	1007558	877195	628481	248714	183780
陕西	5441521	5400906	4002686	3102099	900587	149867
甘肃	4180586	4163313	3365019	2698067	666952	137318
青海	1126225	1094781	909072	683321	225751	102412
宁夏	1160398	1156541	887381	721332	166049	35037
新疆	4118302	4097879	3446952	2531364	915588	64981

教育经费支出明细

单位：千元

公用部分	商品和服务支出	其他资本性支出			基本建设支出
			专项公用支出	专项项目支出	
41663939	**25363844**	**16300095**	**5291206**	**11008889**	**1691981**
1083559	656195	427364	305027	122337	117979
219084	130742	88342	53003	35339	19800
1897331	1265318	632013	211528	420485	22252
1321528	986434	335094	102057	233037	15421
614487	395416	219071	68463	150608	23023
1186549	803388	383161	115936	267225	7045
619511	434198	185313	52845	132468	1970
650382	535860	114522	50540	63982	23076
498674	381639	117035	53636	63399	29000
2565008	1173747	1391261	461504	929757	292985
2774686	1276685	1498001	372754	1125247	170382
1479435	989975	489460	152070	337390	61762
1211854	778351	433503	148805	284698	46507
1079067	715027	364040	110255	253785	60340
2532003	1543698	988305	326134	662171	55046
2868923	1896476	972447	503003	469444	56466
1109848	789914	319934	87997	231937	18659
1371115	935078	436037	125811	310226	22011
4359952	2731692	1628260	499083	1129177	231433
1389072	852314	536758	120395	416363	19532
386663	228177	158486	56431	102055	63548
1086034	745952	340082	90362	249720	42426
3709313	1685882	2023431	566573	1456858	66728
907846	621376	286470	124859	161611	37375
1309342	775308	534034	142341	391693	49153
130363	78578	51785	12671	39114	24450
1398220	777764	620456	200729	419727	40615
798294	520865	277429	55085	222344	17273
185709	117948	67761	16700	51061	31444
269160	140892	128268	27600	100668	3857
650927	398955	251972	77009	174963	20423

4—66 分地区成人小学

地区	合计	事业性经费支出	个人部分	工资福利支出	对个人和家庭的补助支出	#助学金
合计	**42364**	**42364**	**34093**	**30424**	**3669**	**44**
北京						
天津						
河北	1555	1555	1494	1494		
山西	3746	3746	2872	1808	1064	
内蒙古						
辽宁						
吉林						
黑龙江						
上海						
江苏	1821	1821	1821	1755	66	
浙江						
安徽						
福建	15750	15750	12941	11289	1652	4
江西						
山东						
河南	549	549	549	549		
湖北	731	731	664	664		
湖南						
广东	2500	2500	2068	2065	3	
广西	134	134				
海南						
重庆	6744	6744	4921	4823	98	
四川	4523	4523	4000	3427	573	
贵州	587	587	290	240	50	40
云南	3724	3724	2473	2310	163	
西藏						
陕西						
甘肃						
青海						
宁夏						
新疆						

教育经费支出明细

单位：千元

公用部分	商品和服务支出	其他资本性支出	专项公用支出	专项项目支出	基本建设支出
8271	**7765**	**506**	**464**	**42**	
61	61				
874	771	103	103		
2809	2616	193	193		
67	60	7	7		
432	405	27	27		
134	134				
1823	1761	62	43	19	
523	429	94	71	23	
297	297				
1251	1231	20	20		

4—67 分地区特殊教育

地 区	合 计	事业性经费支出	个人部分	工资福利支出	对个人和家庭的补助支出	#助学金
合 计	**3056009**	**2993927**	**2081292**	**1585023**	**496269**	**45406**
北 京	194925	188575	110909	69014	41895	3229
天 津	66345	64235	50011	31315	18696	13
河 北	103580	103580	71774	60480	11294	750
山 西	76669	76089	49125	41032	8093	1187
内蒙古	47686	42509	31085	25092	5993	993
辽 宁	163244	163203	125210	84243	40967	606
吉 林	111983	111983	81460	53149	28311	524
黑龙江	120666	120575	100789	64708	36081	846
上 海	303262	303262	215909	192272	23637	2192
江 苏	273453	273453	196556	140345	56211	3344
浙 江	170754	166730	116055	89966	26089	3199
安 徽	95920	73358	50654	36237	14417	870
福 建	103196	99092	67360	50671	16689	2515
江 西	33240	33160	20299	16646	3653	996
山 东	299387	293967	201924	165404	36520	4373
河 南	120199	119739	95193	77234	17959	1867
湖 北	94005	93905	59994	45423	14571	1287
湖 南	73270	72870	49651	41413	8238	1060
广 东	233586	229160	143052	116097	26955	819
广 西	31788	31788	23358	18315	5043	442
海 南	8776	8776	5855	5262	593	554
重 庆	50075	50075	30133	21981	8152	1257
四 川	82226	81986	53308	41545	11763	4082
贵 州	34954	34954	25914	18959	6955	369
云 南	55761	50466	31622	23406	8216	2986
西 藏	2768	2768	2210	1804	406	343
陕 西	26974	26974	19377	16347	3030	404
甘 肃	35832	35210	21423	14091	7332	3303
青 海	9178	9178	7274	5265	2009	373
宁 夏	11043	11043	8261	6493	1768	184
新 疆	21264	21264	15547	10814	4733	439

教育经费支出明细

单位：千元

公用部分	商品和服务支出	其他资本性支出			基本建设支出
			专项公用支出	专项项目支出	
912635	**533302**	**379333**	**190466**	**188867**	**62082**
77666	33383	44283	23028	21255	6350
14224	10049	4175	3972	203	2110
31806	16029	15777	7726	8051	
26964	15606	11358	3246	8112	580
11424	8754	2670	1670	1000	5177
37993	27017	10976	5550	5426	41
30523	15809	14714	2730	11984	
19786	15832	3954	2328	1626	91
87353	65339	22014	15935	6079	
76897	45030	31867	13883	17984	
50675	30565	20110	10052	10058	4024
22704	13481	9223	3973	5250	22562
31732	16847	14885	6760	8125	4104
12861	5124	7737	1842	5895	80
92043	53409	38634	18284	20350	5420
24546	17913	6633	2520	4113	460
33911	25608	8303	5046	3257	100
23219	16375	6844	2134	4710	400
86108	36280	49828	34122	15706	4426
8430	4706	3724	2022	1702	
2921	2138	783	370	413	
19942	10166	9776	1708	8068	
28678	17022	11656	5610	6046	240
9040	4089	4951	2726	2225	
18844	9468	9376	3640	5736	5295
558	233	325	325		
7597	5781	1816	1678	138	
13787	3416	10371	5603	4768	622
1904	1668	236	236		
2782	1882	900	610	290	
5717	4283	1434	1137	297	

4—68 分地区特殊教育学校

地 区	合 计	事业性经费支出	个人部分	工资福利支出	对个人和家庭的补助支出	#助学金
合 计	**2954438**	**2895566**	**2019577**	**1540578**	**478999**	**45117**
北 京	183359	177009	103126	63737	39389	3096
天 津	66345	64235	50011	31315	18696	13
河 北	103580	103580	71774	60480	11294	750
山 西	76669	76089	49125	41032	8093	1187
内蒙古	47686	42509	31085	25092	5993	993
辽 宁	140244	140203	107059	74348	32711	583
吉 林	108504	108504	78423	51276	27147	524
黑龙江	120666	120575	100789	64708	36081	846
上 海	297016	297016	210914	187763	23151	2192
江 苏	273453	273453	196556	140345	56211	3344
浙 江	163397	159373	111699	86969	24730	3191
安 徽	95920	73358	50654	36237	14417	870
福 建	93619	92725	64403	48121	16282	2487
江 西	33029	32949	20105	16499	3606	996
山 东	299387	293967	201924	165404	36520	4373
河 南	118407	117947	93808	76480	17328	1867
湖 北	89030	88930	56605	43064	13541	1287
湖 南	73270	72870	49651	41413	8238	1060
广 东	205563	201137	131570	104715	26855	727
广 西	29533	29533	21527	16922	4605	442
海 南	8776	8776	5855	5262	593	554
重 庆	49059	49059	29419	21551	7868	1252
四 川	81803	81563	53028	41265	11763	4082
贵 州	33303	33303	24753	18360	6393	369
云 南	55761	50466	31622	23406	8216	2986
西 藏	2768	2768	2210	1804	406	343
陕 西	26974	26974	19377	16347	3030	404
甘 肃	35832	35210	21423	14091	7332	3303
青 海	9178	9178	7274	5265	2009	373
宁 夏	11043	11043	8261	6493	1768	184
新 疆	21264	21264	15547	10814	4733	439

教育经费支出明细

单位:千元

公用部分	商品和服务支出	其他资本性支出	专项公用支出	专项项目支出	基本建设支出
875989	**515184**	**360805**	**173148**	**187657**	**58872**
73883	30875	43008	21753	21255	6350
14224	10049	4175	3972	203	2110
31806	16029	15777	7726	8051	
26964	15606	11358	3246	8112	580
11424	8754	2670	1670	1000	5177
33144	22317	10827	5401	5426	41
30081	15367	14714	2730	11984	
19786	15832	3954	2328	1626	91
86102	64091	22011	15932	6079	
76897	45030	31867	13883	17984	
47674	29059	18615	9427	9188	4024
22704	13481	9223	3973	5250	22562
28322	15756	12566	4441	8125	894
12844	5107	7737	1842	5895	80
92043	53409	38634	18284	20350	5420
24139	17506	6633	2520	4113	460
32325	24446	7879	4622	3257	100
23219	16375	6844	2134	4710	400
69567	32031	37536	21830	15706	4426
8006	4363	3643	1941	1702	
2921	2138	783	370	413	
19640	9884	9756	1688	8068	
28535	16879	11656	5610	6046	240
8550	4069	4481	2596	1885	
18844	9468	9376	3640	5736	5295
558	233	325	325		
7597	5781	1816	1678	138	
13787	3416	10371	5603	4768	622
1904	1668	236	236		
2782	1882	900	610	290	
5717	4283	1434	1137	297	

4—69 分地区工读学校

地区	合计	事业性经费支出	个人部分	工资福利支出	对个人和家庭的补助支出	#助学金
合计	**101571**	**98361**	**61715**	**44445**	**17270**	**289**
北京	11566	11566	7783	5277	2506	133
天津						
河北						
山西						
内蒙古						
辽宁	23000	23000	18151	9895	8256	23
吉林	3479	3479	3037	1873	1164	
黑龙江						
上海	6246	6246	4995	4509	486	
江苏						
浙江	7357	7357	4356	2997	1359	8
安徽						
福建	9577	6367	2957	2550	407	28
江西	211	211	194	147	47	
山东						
河南	1792	1792	1385	754	631	
湖北	4975	4975	3389	2359	1030	
湖南						
广东	28023	28023	11482	11382	100	92
广西	2255	2255	1831	1393	438	
海南						
重庆	1016	1016	714	430	284	5
四川	423	423	280	280		
贵州	1651	1651	1161	599	562	
云南						
西藏						
陕西						
甘肃						
青海						
宁夏						
新疆						

教育经费支出明细

单位：千元

公用部分	商品和服务支出	其他资本性支出	专项公用支出	专项项目支出	基本建设支出
36646	**18118**	**18528**	**17318**	**1210**	**3210**
3783	2508	1275	1275		
4849	4700	149	149		
442	442				
1251	1248	3	3		
3001	1506	1495	625	870	
3410	1091	2319	2319		3210
17	17				
407	407				
1586	1162	424	424		
16541	4249	12292	12292		
424	343	81	81		
302	282	20	20		
143	143				
490	20	470	130	340	

4—70 分地区幼儿园

地区	合计	事业性经费支出	个人部分	工资福利支出	对个人和家庭的补助支出	#助学金
合计	**15497834**	**15300625**	**10561671**	**8777148**	**1784523**	
北京	708337	683337	455772	345598	110174	
天津	444582	443360	314268	212766	101502	
河北	722587	722587	519284	461006	58278	
山西	367527	366750	253195	230941	22254	
内蒙古	395416	389872	269301	215014	54287	
辽宁	276403	264963	190934	149786	41148	
吉林	224532	224532	154516	111685	42831	
黑龙江	171249	170349	130470	94589	35881	
上海	2823558	2786328	1863892	1724093	139799	
江苏	1283196	1208564	796316	653989	142327	
浙江	1233788	1223717	805010	689360	115650	
安徽	311217	311067	233415	184932	48483	
福建	625888	622727	430588	365110	65478	
江西	189321	189142	132253	105936	26317	
山东	548749	548185	345076	306486	38590	
河南	476548	473831	303608	253215	50393	
湖北	327277	326881	239236	190329	48907	
湖南	221141	218022	142850	117080	25770	
广东	1077185	1074325	744901	618403	126498	
广西	334234	334226	228245	173721	54524	
海南	33768	33718	25567	24705	862	
重庆	184245	181970	122559	90394	32165	
四川	603401	602201	432275	337075	95200	
贵州	222605	222540	172942	134261	38681	
云南	522393	519613	370757	302651	68106	
西藏	30179	30179	24888	21352	3536	
陕西	228256	228241	168169	144107	24062	
甘肃	295892	295092	228340	189105	39235	
青海	55025	54825	44157	33045	11112	
宁夏	110099	110099	80200	64230	15970	
新疆	449236	439382	338687	232184	106503	

教育经费支出明细

单位:千元

公用部分	商品和服务支出	其他资本性支出			基本建设支出
			专项公用支出	专项项目支出	
4738954	**3399753**	**1339201**	**668617**	**670584**	**197209**
227565	163525	64040	43441	20599	25000
129092	88712	40380	19258	21122	1222
203303	145552	57751	31082	26669	
113555	91030	22525	12306	10219	777
120571	79845	40726	15103	25623	5544
74029	56575	17454	7772	9682	11440
70016	49792	20224	6149	14075	
39879	33585	6294	1701	4593	900
922436	670996	251440	146746	104694	37230
412248	231160	181088	75771	105317	74632
418707	248099	170608	59905	110703	10071
77652	62141	15511	10142	5369	150
192139	145307	46832	27574	19258	3161
56889	39755	17134	8603	8531	179
203109	164640	38469	23552	14917	564
170223	124154	46069	19726	26343	2717
87645	63969	23676	17858	5818	396
75172	59453	15719	8702	7017	3119
329424	235357	94067	51574	42493	2860
105981	89782	16199	8230	7969	8
8151	6328	1823	1227	596	50
59411	38562	20849	6915	13934	2275
169926	144253	25673	14385	11288	1200
49598	40349	9249	5490	3759	65
148856	114503	34353	15672	18681	2780
5291	4137	1154	1154		
60072	51644	8428	5532	2896	15
66752	52409	14343	5391	8952	800
10668	8895	1773	1458	315	200
29899	24407	5492	3516	1976	
100695	70837	29858	12682	17176	9854

4—71 分地区中央属幼儿园

地区	合计	事业性经费支出	个人部分	工资福利支出	对个人和家庭的补助支出	#助学金
合计	**6759**	**6759**	**4821**	**3694**	**1127**	
北京						
天津						
河北						
山西						
内蒙古						
辽宁						
吉林						
黑龙江	2063	2063	1256	1256		
上海						
江苏						
浙江						
安徽						
福建						
江西						
山东						
河南						
湖北						
湖南						
广东						
广西						
海南						
重庆	58	58	28	28		
四川						
贵州						
云南						
西藏						
陕西						
甘肃						
青海						
宁夏						
新疆	4638	4638	3537	2410	1127	

教育经费支出明细

单位：千元

公用部分	商品和服务支出	其他资本性支出	专项公用支出	专项项目支出	基本建设支出
1938	**1761**	**177**	**177**		
807	639	168	168		
30	21	9	9		
1101	1101				

4—72 分地区地方幼儿园

地区	合计	事业性经费支出	个人部分	工资福利支出	对个人和家庭的补助支出	#助学金
合计	**15491075**	**15293866**	**10556850**	**8773454**	**1783396**	
北京	708337	683337	455772	345598	110174	
天津	444582	443360	314268	212766	101502	
河北	722587	722587	519284	461006	58278	
山西	367527	366750	253195	230941	22254	
内蒙古	395416	389872	269301	215014	54287	
辽宁	276403	264963	190934	149786	41148	
吉林	224532	224532	154516	111685	42831	
黑龙江	169186	168286	129214	93333	35881	
上海	2823558	2786328	1863892	1724093	139799	
江苏	1283196	1208564	796316	653989	142327	
浙江	1233788	1223717	805010	689360	115650	
安徽	311217	311067	233415	184932	48483	
福建	625888	622727	430588	365110	65478	
江西	189321	189142	132253	105936	26317	
山东	548749	548185	345076	306486	38590	
河南	476548	473831	303608	253215	50393	
湖北	327277	326881	239236	190329	48907	
湖南	221141	218022	142850	117080	25770	
广东	1077185	1074325	744901	618403	126498	
广西	334234	334226	228245	173721	54524	
海南	33768	33718	25567	24705	862	
重庆	184187	181912	122531	90366	32165	
四川	603401	602201	432275	337075	95200	
贵州	222605	222540	172942	134261	38681	
云南	522393	519613	370757	302651	68106	
西藏	30179	30179	24888	21352	3536	
陕西	228256	228241	168169	144107	24062	
甘肃	295892	295092	228340	189105	39235	
青海	55025	54825	44157	33045	11112	
宁夏	110099	110099	80200	64230	15970	
新疆	444598	434744	335150	229774	105376	

教育经费支出明细

单位：千元

公用部分	商品和服务支出	其他资本性支出	专项公用支出	专项项目支出	基本建设支出
4737016	**3397992**	**1339024**	**668440**	**670584**	**197209**
227565	163525	64040	43441	20599	25000
129092	88712	40380	19258	21122	1222
203303	145552	57751	31082	26669	
113555	91030	22525	12306	10219	777
120571	79845	40726	15103	25623	5544
74029	56575	17454	7772	9682	11440
70016	49792	20224	6149	14075	
39072	32946	6126	1533	4593	900
922436	670996	251440	146746	104694	37230
412248	231160	181088	75771	105317	74632
418707	248099	170608	59905	110703	10071
77652	62141	15511	10142	5369	150
192139	145307	46832	27574	19258	3161
56889	39755	17134	8603	8531	179
203109	164640	38469	23552	14917	564
170223	124154	46069	19726	26343	2717
87645	63969	23676	17858	5818	396
75172	59453	15719	8702	7017	3119
329424	235357	94067	51574	42493	2860
105981	89782	16199	8230	7969	8
8151	6328	1823	1227	596	50
59381	38541	20840	6906	13934	2275
169926	144253	25673	14385	11288	1200
49598	40349	9249	5490	3759	65
148856	114503	34353	15672	18681	2780
5291	4137	1154	1154		
60072	51644	8428	5532	2896	15
66752	52409	14343	5391	8952	800
10668	8895	1773	1458	315	200
29899	24407	5492	3516	1976	
99594	69736	29858	12682	17176	9854

4—73 分地区教育行政单位

地区	合计	事业性经费支出				
			个人部分			
				工资福利支出	对个人和家庭的补助支出	
						#助学金
合计	**18006801**	**17352793**	**6903900**	**4505511**	**2398389**	**140638**
北京	350224	350224	242277	147293	94984	
天津	214298	214298	122349	74757	47592	
河北	531523	514023	270370	193577	76793	2328
山西	731746	656526	291785	202500	89285	1030
内蒙古	466705	437621	136857	87991	48866	1368
辽宁	615214	607822	277407	144646	132761	
吉林	162155	162155	75679	50864	24815	
黑龙江	316265	316227	90688	58626	32062	1250
上海	152032	152032	120986	104910	16076	
江苏	1209560	1077241	411921	276480	135441	7736
浙江	1065342	1044742	402319	238125	164194	22421
安徽	476855	476855	221501	141612	79889	2021
福建	473026	473026	189488	113377	76111	7121
江西	331322	314963	148462	94912	53550	2592
山东	1623264	1591136	568044	439829	128215	5091
河南	710931	630032	224172	130336	93836	40226
湖北	702601	700729	334939	192800	142139	3250
湖南	990959	990959	453060	335809	117251	1816
广东	1292465	1273752	520965	324333	196632	4786
广西	472192	465750	113968	72957	41011	
海南	119093	111439	33060	22629	10431	679
重庆	418535	414580	213857	137433	76424	7479
四川	968228	938304	395417	237944	157473	
贵州	997223	962514	209299	117985	91314	12043
云南	750301	726195	205082	125403	79679	13724
西藏	96923	96923	70217	56042	14175	
陕西	480604	405993	112810	85186	27624	1749
甘肃	338400	335367	106842	75724	31118	50
青海	105238	105138	30123	22949	7174	160
宁夏	371322	367595	75558	39870	35688	199
新疆	472255	438632	234398	158612	75786	1519

教育经费支出明细

单位：千元

公用部分					基本建设支出
	商品和服务支出	其他资本性支出			
			专项公用支出	专项项目支出	
10448893	**6387999**	**4060894**	**1811319**	**2249575**	**654008**
107947	94907	13040	12860	180	
91949	45981	45968	42955	3013	
243653	172793	70860	31993	38867	17500
364741	217028	147713	86297	61416	75220
300764	178872	121892	41212	80680	29084
330415	215831	114584	101963	12621	7392
86476	61217	25259	11722	13537	
225539	213814	11725	10177	1548	38
31046	26417	4629	4510	119	
665320	452542	212778	89326	123452	132319
642423	441110	201313	83815	117498	20600
255354	180795	74559	53732	20827	
283538	181855	101683	65946	35737	
166501	88607	77894	15854	62040	16359
1023092	611947	411145	137008	274137	32128
405860	241611	164249	109616	54633	80899
365790	298654	67136	45886	21250	1872
537899	419128	118771	86129	32642	
752787	461035	291752	196314	95438	18713
351782	194245	157537	34733	122804	6442
78379	34079	44300	15743	28557	7654
200723	171382	29341	24908	4433	3955
542887	316811	226076	64627	161449	29924
753215	305980	447235	184179	263056	34709
521113	265508	255605	68252	187353	24106
26706	15620	11086	2346	8740	
293183	102196	190987	55535	135452	74611
228525	131129	97396	31475	65921	3033
75015	21518	53497	5346	48151	100
292037	77370	214667	62496	152171	3727
204234	148017	56217	34364	21853	33623

4—74 分地区中央属教育行政单位

地区	合计	事业性经费支出	个人部分	工资福利支出	对个人和家庭的补助支出	#助学金
合计	**95891**	**95891**	**48114**	**42127**	**5987**	**100**
北京	61844	61844	30326	28015	2311	
天津						
河北						
山西						
内蒙古						
辽宁						
吉林						
黑龙江	777	777	474	474		
上海						
江苏						
浙江						
安徽						
福建						
江西						
山东						
河南						
湖北						
湖南						
广东						
广西						
海南						
重庆						
四川						
贵州						
云南						
西藏						
陕西						
甘肃						
青海						
宁夏						
新疆	33270	33270	17314	13638	3676	100

教育经费支出明细

单位:千元

公用部分	商品和服务支出	其他资本性支出	专项公用支出	专项项目支出	基本建设支出
47777	**47409**	**368**	**368**		
31518	31518				
303	176	127	127		
15956	15715	241	241		

4—75 分地区地方教育行政单位

地区	合计	事业性经费支出	个人部分	工资福利支出	对个人和家庭的补助支出	#助学金
合计	**17910910**	**17256902**	**6855786**	**4463384**	**2392402**	**140538**
北京	288380	288380	211951	119278	92673	
天津	214298	214298	122349	74757	47592	
河北	531523	514023	270370	193577	76793	2328
山西	731746	656526	291785	202500	89285	1030
内蒙古	466705	437621	136857	87991	48866	1368
辽宁	615214	607822	277407	144646	132761	
吉林	162155	162155	75679	50864	24815	
黑龙江	315488	315450	90214	58152	32062	1250
上海	152032	152032	120986	104910	16076	
江苏	1209560	1077241	411921	276480	135441	7736
浙江	1065342	1044742	402319	238125	164194	22421
安徽	476855	476855	221501	141612	79889	2021
福建	473026	473026	189488	113377	76111	7121
江西	331322	314963	148462	94912	53550	2592
山东	1623264	1591136	568044	439829	128215	5091
河南	710931	630032	224172	130336	93836	40226
湖北	702601	700729	334939	192800	142139	3250
湖南	990959	990959	453060	335809	117251	1816
广东	1292465	1273752	520965	324333	196632	4786
广西	472192	465750	113968	72957	41011	
海南	119093	111439	33060	22629	10431	679
重庆	418535	414580	213857	137433	76424	7479
四川	968228	938304	395417	237944	157473	
贵州	997223	962514	209299	117985	91314	12043
云南	750301	726195	205082	125403	79679	13724
西藏	96923	96923	70217	56042	14175	
陕西	480604	405993	112810	85186	27624	1749
甘肃	338400	335367	106842	75724	31118	50
青海	105238	105138	30123	22949	7174	160
宁夏	371322	367595	75558	39870	35688	199
新疆	438985	405362	217084	144974	72110	1419

教育经费支出明细

单位：千元

公用部分	商品和服务支出	其他资本性支出	专项公用支出	专项项目支出	基本建设支出
10401116	**6340590**	**4060526**	**1810951**	**2249575**	**654008**
76429	63389	13040	12860	180	
91949	45981	45968	42955	3013	
243653	172793	70860	31993	38867	17500
364741	217028	147713	86297	61416	75220
300764	178872	121892	41212	80680	29084
330415	215831	114584	101963	12621	7392
86476	61217	25259	11722	13537	
225236	213638	11598	10050	1548	38
31046	26417	4629	4510	119	
665320	452542	212778	89326	123452	132319
642423	441110	201313	83815	117498	20600
255354	180795	74559	53732	20827	
283538	181855	101683	65946	35737	
166501	88607	77894	15854	62040	16359
1023092	611947	411145	137008	274137	32128
405860	241611	164249	109616	54633	80899
365790	298654	67136	45886	21250	1872
537899	419128	118771	86129	32642	
752787	461035	291752	196314	95438	18713
351782	194245	157537	34733	122804	6442
78379	34079	44300	15743	28557	7654
200723	171382	29341	24908	4433	3955
542887	316811	226076	64627	161449	29924
753215	305980	447235	184179	263056	34709
521113	265508	255605	68252	187353	24106
26706	15620	11086	2346	8740	
293183	102196	190987	55535	135452	74611
228525	131129	97396	31475	65921	3033
75015	21518	53497	5346	48151	100
292037	77370	214667	62496	152171	3727
188278	132302	55976	34123	21853	33623

4—76 分地区教育事业单位

地区	合计	事业性经费支出	个人部分	工资福利支出	对个人和家庭的补助支出	#助学金
合计	**39898127**	**38533442**	**12420858**	**7079648**	**5341210**	**1485655**
北京	8080313	7716885	2193251	715957	1477294	953475
天津	1031696	1005332	235788	147859	87929	626
河北	992825	927419	392876	238202	154674	35289
山西	580466	538196	211884	130534	81350	35
内蒙古	1113551	1086587	262142	184688	77454	523
辽宁	2913692	2854124	773883	420079	353804	71952
吉林	828725	796336	355745	210927	144818	38
黑龙江	931768	914223	353608	223843	129765	13658
上海	1708762	1687062	657076	585533	71543	17181
江苏	3198029	3117867	690452	416581	273871	5861
浙江	1877830	1782277	637298	449144	188154	17912
安徽	322299	318929	151628	98557	53071	105
福建	765405	706182	192750	108260	84490	7614
江西	817646	805834	317854	140095	177759	108478
山东	1578808	1501909	708990	498332	210658	695
河南	1990904	1933498	751358	406489	344869	18688
湖北	1128564	1125240	356036	257698	98338	115
湖南	599585	553646	216621	159160	57461	89
广东	2903285	2784042	954586	405591	548995	117029
广西	829202	823824	245537	149872	95665	17440
海南	92089	91909	40544	29620	10924	902
重庆	494467	494467	134444	74918	59526	880
四川	946671	945571	360373	262477	97896	
贵州	805614	758749	119151	71775	47376	3686
云南	819554	771187	162897	87368	75529	4671
西藏	300987	291987	124771	80093	44678	82
陕西	623308	612308	330605	269139	61466	
甘肃	472388	472388	119882	61109	58773	32679
青海	251022	243799	158340	61549	96791	54587
宁夏	281353	281353	52760	37098	15662	58
新疆	617319	590312	157728	97101	60627	1307

教育经费支出明细

单位：千元

公用部分	商品和服务支出	其他资本性支出	专项公用支出	专项项目支出	基本建设支出
26112584	**16344228**	**9768356**	**5702782**	**4065574**	**1364685**
5523634	4247851	1275783	998804	276979	363428
769544	519527	250017	174762	75255	26364
534543	360953	173590	93292	80298	65406
326312	199828	126484	85416	41068	42270
824445	499988	324457	77036	247421	26964
2080241	910598	1169643	574016	595627	59568
440591	289407	151184	73489	77695	32389
560615	379634	180981	137386	43595	17545
1029986	952304	77682	55084	22598	21700
2427415	1283927	1143488	784137	359351	80162
1144979	623023	521956	261328	260628	95553
167301	103867	63434	40953	22481	3370
513432	330997	182435	102539	79896	59223
487980	369839	118141	61339	56802	11812
792919	444983	347936	196218	151718	76899
1182140	601089	581051	363552	217499	57406
769204	291469	477735	434993	42742	3324
337025	252012	85013	65448	19565	45939
1829456	1272945	556511	318446	238065	119243
578287	229926	348361	119295	229066	5378
51365	28001	23364	14952	8412	180
360023	160664	199359	61293	138066	
585198	327576	257622	162975	94647	1100
639598	502886	136712	34701	102011	46865
608290	260865	347425	146284	201141	48367
167216	80691	86525	33064	53461	9000
281703	180182	101521	83638	17883	11000
352506	235127	117379	88702	28677	
85459	63597	21862	9734	12128	7223
228593	62976	165617	21624	143993	
432584	277496	155088	28282	126806	27007

4—77 分地区中央属教育事业单位

地区	合计	事业性经费支出	个人部分	工资福利支出	对个人和家庭的补助支出	#助学金
合计	**4594635**	**4464965**	**1374954**	**243365**	**1131589**	**949204**
北京	4578980	4449310	1365810	236422	1129388	949204
天津						
河北						
山西						
内蒙古						
辽宁						
吉林						
黑龙江						
上海						
江苏						
浙江						
安徽						
福建						
江西						
山东						
河南						
湖北						
湖南						
广东						
广西						
海南						
重庆						
四川						
贵州						
云南						
西藏						
陕西						
甘肃						
青海						
宁夏						
新疆	15655	15655	9144	6943	2201	

教育经费支出明细

单位：千元

公用部分	商品和服务支出	其他资本性支出			基本建设支出
			专项公用支出	专项项目支出	
3090011	**2808868**	**281143**	**152258**	**128885**	**129670**
3083500	2803345	280155	151270	128885	129670
6511	5523	988	988		

4—78 分地区地方教育事业单位

地区	合计	事业性经费支出	个人部分	工资福利支出	对个人和家庭的补助支出	#助学金
合计	**35303492**	**34068477**	**11045904**	**6836283**	**4209621**	**536451**
北京	3501333	3267575	827441	479535	347906	4271
天津	1031696	1005332	235788	147859	87929	626
河北	992825	927419	392876	238202	154674	35289
山西	580466	538196	211884	130534	81350	35
内蒙古	1113551	1086587	262142	184688	77454	523
辽宁	2913692	2854124	773883	420079	353804	71952
吉林	828725	796336	355745	210927	144818	38
黑龙江	931768	914223	353608	223843	129765	13658
上海	1708762	1687062	657076	585533	71543	17181
江苏	3198029	3117867	690452	416581	273871	5861
浙江	1877830	1782277	637298	449144	188154	17912
安徽	322299	318929	151628	98557	53071	105
福建	765405	706182	192750	108260	84490	7614
江西	817646	805834	317854	140095	177759	108478
山东	1578808	1501909	708990	498332	210658	695
河南	1990904	1933498	751358	406489	344869	18688
湖北	1128564	1125240	356036	257698	98338	115
湖南	599585	553646	216621	159160	57461	89
广东	2903285	2784042	954586	405591	548995	117029
广西	829202	823824	245537	149872	95665	17440
海南	92089	91909	40544	29620	10924	902
重庆	494467	494467	134444	74918	59526	880
四川	946671	945571	360373	262477	97896	
贵州	805614	758749	119151	71775	47376	3686
云南	819554	771187	162897	87368	75529	4671
西藏	300987	291987	124771	80093	44678	82
陕西	623308	612308	330605	269139	61466	
甘肃	472388	472388	119882	61109	58773	32679
青海	251022	243799	158340	61549	96791	54587
宁夏	281353	281353	52760	37098	15662	58
新疆	601664	574657	148584	90158	58426	1307

教育经费支出明细

单位：千元

公用部分	商品和服务支出	其他资本性支出	专项公用支出	专项项目支出	基本建设支出
23022573	**13535360**	**9487213**	**5550524**	**3936689**	**1235015**
2440134	1444506	995628	847534	148094	233758
769544	519527	250017	174762	75255	26364
534543	360953	173590	93292	80298	65406
326312	199828	126484	85416	41068	42270
824445	499988	324457	77036	247421	26964
2080241	910598	1169643	574016	595627	59568
440591	289407	151184	73489	77695	32389
560615	379634	180981	137386	43595	17545
1029986	952304	77682	55084	22598	21700
2427415	1283927	1143488	784137	359351	80162
1144979	623023	521956	261328	260628	95553
167301	103867	63434	40953	22481	3370
513432	330997	182435	102539	79896	59223
487980	369839	118141	61339	56802	11812
792919	444983	347936	196218	151718	76899
1182140	601089	581051	363552	217499	57406
769204	291469	477735	434993	42742	3324
337025	252012	85013	65448	19565	45939
1829456	1272945	556511	318446	238065	119243
578287	229926	348361	119295	229066	5378
51365	28001	23364	14952	8412	180
360023	160664	199359	61293	138066	
585198	327576	257622	162975	94647	1100
639598	502886	136712	34701	102011	46865
608290	260865	347425	146284	201141	48367
167216	80691	86525	33064	53461	9000
281703	180182	101521	83638	17883	11000
352506	235127	117379	88702	28677	
85459	63597	21862	9734	12128	7223
228593	62976	165617	21624	143993	
426073	271973	154100	27294	126806	27007

4—79 分地区其他教育机构

地 区	合 计	事业性经费支出	个人部分	工资福利支出	对个人和家庭的补助支出	#助学金
合 计	**9711785**	**9038984**	**4728409**	**3266932**	**1461477**	**28894**
北 京	862203	822112	350526	222733	127793	12230
天 津	135210	134027	87761	56088	31673	40
河 北	340425	337620	205663	141924	63739	3240
山 西	302249	286488	155083	110294	44789	21
内蒙古	182886	179453	101527	72072	29455	
辽 宁	386521	358148	208572	127493	81079	
吉 林	252550	248544	148324	105464	42860	75
黑龙江	168345	168195	115601	79274	36327	505
上 海	510622	510008	210699	187348	23351	
江 苏	614399	568601	317671	219805	97866	1853
浙 江	673161	511319	246004	174859	71145	169
安 徽	305289	295557	186475	112644	73831	3633
福 建	393770	313660	129307	86082	43225	102
江 西	76369	76369	46804	27974	18830	1620
山 东	591874	582670	274245	218074	56171	1228
河 南	331431	284614	123299	83833	39466	197
湖 北	230433	220843	143113	97193	45920	
湖 南	381225	370652	184079	135580	48499	245
广 东	608568	521903	244513	163941	80572	2479
广 西	264767	242916	116252	77402	38850	8
海 南	18469	17676	10408	8396	2012	
重 庆	223757	197057	94957	55765	39192	42
四 川	428145	409225	243405	158687	84718	
贵 州	155233	155203	99212	64917	34295	
云 南	313872	304665	158570	111569	47001	33
西 藏	107139	106469	76986	58690	18296	
陕 西	146362	146362	75271	49806	25465	33
甘 肃	214584	203430	107034	79142	27892	20
青 海	79342	79342	50906	36148	14758	
宁 夏	81142	75432	38405	26106	12299	
新 疆	331443	310424	177737	117629	60108	1121

教育经费支出明细

单位:千元

公用部分	商品和服务支出	其他资本性支出		基本建设支出
			专项公用支出	专项项目支出	
4310575	**3022497**	**1288078**	**610899**	**677179**	**672801**
471586	271232	200354	103298	97056	40091
46266	36135	10131	4989	5142	1183
131957	100023	31934	23003	8931	2805
131405	88925	42480	21568	20912	15761
77926	61443	16483	4326	12157	3433
149576	115253	34323	30760	3563	28373
100220	80308	19912	12167	7745	4006
52594	37778	14816	9268	5548	150
299309	261789	37520	29750	7770	614
250930	182211	68719	31839	36880	45798
265315	177219	88096	35059	53037	161842
109082	81131	27951	16651	11300	9732
184353	139518	44835	26794	18041	80110
29565	15387	14178	6212	7966	
308425	198122	110303	30029	80274	9204
161315	102671	58644	8623	50021	46817
77730	60520	17210	10205	7005	9590
186573	127111	59462	27016	32446	10573
277390	207854	69536	57285	12251	86665
126664	61451	65213	13261	51952	21851
7268	5455	1813	1234	579	793
102100	70876	31224	15291	15933	26700
165820	118428	47392	29335	18057	18920
55991	51732	4259	2613	1646	30
146095	120736	25359	13677	11682	9207
29483	18297	11186	10826	360	670
71091	46414	24677	10177	14500	
96396	67400	28996	8995	20001	11154
28436	23341	5095	1182	3913	
37027	20031	16996	3203	13793	5710
132687	73706	58981	12263	46718	21019

4—80 分地区中央属其他教育机构

地区	合计	事业性经费支出	个人部分	工资福利支出	对个人和家庭的补助支出	#助学金
合计	**860095**	**824197**	**283962**	**177026**	**106936**	**13351**
北京	496372	493449	188935	103942	84993	12230
天津						
河北						
山西						
内蒙古						
辽宁						
吉林						
黑龙江	144	144	123	123		
上海	207174	207174	45418	40077	5341	
江苏						
浙江						
安徽						
福建	86047	59681	9481	8524	957	
江西						
山东						
河南						
湖北						
湖南						
广东						
广西						
海南						
重庆						
四川						
贵州						
云南						
西藏						
陕西						
甘肃						
青海						
宁夏						
新疆	70358	63749	40005	24360	15645	1121

教育经费支出明细

单位：千元

公用部分	商品和服务支出	其他资本性支出			基本建设支出
			专项公用支出	专项项目支出	
540235	**370150**	**170085**	**88511**	**81574**	**35898**
304514	161639	142875	68183	74692	2923
21	21				
161756	144802	16954	12268	4686	
50200	46605	3595	3595		26366
23744	17083	6661	4465	2196	6609

4—81 分地区地方其他教育机构

地区	合计	事业性经费支出	个人部分	工资福利支出	对个人和家庭的补助支出	#助学金
合计	**8851690**	**8214787**	**4444447**	**3089906**	**1354541**	**15543**
北京	365831	328663	161591	118791	42800	
天津	135210	134027	87761	56088	31673	40
河北	340425	337620	205663	141924	63739	3240
山西	302249	286488	155083	110294	44789	21
内蒙古	182886	179453	101527	72072	29455	
辽宁	386521	358148	208572	127493	81079	
吉林	252550	248544	148324	105464	42860	75
黑龙江	168201	168051	115478	79151	36327	505
上海	303448	302834	165281	147271	18010	
江苏	614399	568601	317671	219805	97866	1853
浙江	673161	511319	246004	174859	71145	169
安徽	305289	295557	186475	112644	73831	3633
福建	307723	253979	119826	77558	42268	102
江西	76369	76369	46804	27974	18830	1620
山东	591874	582670	274245	218074	56171	1228
河南	331431	284614	123299	83833	39466	197
湖北	230433	220843	143113	97193	45920	
湖南	381225	370652	184079	135580	48499	245
广东	608568	521903	244513	163941	80572	2479
广西	264767	242916	116252	77402	38850	8
海南	18469	17676	10408	8396	2012	
重庆	223757	197057	94957	55765	39192	42
四川	428145	409225	243405	158687	84718	
贵州	155233	155203	99212	64917	34295	
云南	313872	304665	158570	111569	47001	33
西藏	107139	106469	76986	58690	18296	
陕西	146362	146362	75271	49806	25465	33
甘肃	214584	203430	107034	79142	27892	20
青海	79342	79342	50906	36148	14758	
宁夏	81142	75432	38405	26106	12299	
新疆	261085	246675	137732	93269	44463	

教育经费支出明细

单位：千元

公用部分	商品和服务支出	其他资本性支出	专项公用支出	专项项目支出	基本建设支出
3770340	**2652347**	**1117993**	**522388**	**595605**	**636903**
167072	109593	57479	35115	22364	37168
46266	36135	10131	4989	5142	1183
131957	100023	31934	23003	8931	2805
131405	88925	42480	21568	20912	15761
77926	61443	16483	4326	12157	3433
149576	115253	34323	30760	3563	28373
100220	80308	19912	12167	7745	4006
52573	37757	14816	9268	5548	150
137553	116987	20566	17482	3084	614
250930	182211	68719	31839	36880	45798
265315	177219	88096	35059	53037	161842
109082	81131	27951	16651	11300	9732
134153	92913	41240	23199	18041	53744
29565	15387	14178	6212	7966	
308425	198122	110303	30029	80274	9204
161315	102671	58644	8623	50021	46817
77730	60520	17210	10205	7005	9590
186573	127111	59462	27016	32446	10573
277390	207854	69536	57285	12251	86665
126664	61451	65213	13261	51952	21851
7268	5455	1813	1234	579	793
102100	70876	31224	15291	15933	26700
165820	118428	47392	29335	18057	18920
55991	51732	4259	2613	1646	30
146095	120736	25359	13677	11682	9207
29483	18297	11186	10826	360	670
71091	46414	24677	10177	14500	
96396	67400	28996	8995	20001	11154
28436	23341	5095	1182	3913	
37027	20031	16996	3203	13793	5710
108943	56623	52320	7798	44522	14410

第五部分

省、自治区、直辖市各级各类教育机构预算内教育事业费和基本建设支出明细

5—1 分地区各级各类教育机构预算内

地 区	合 计	事业费支 出	个人部分	工资福利支出	对个人和家庭的补助支出	#助学金
合 计	**661012017**	**641630530**	**474304881**	**377233146**	**97071735**	**21385820**
北 京	35284671	32502184	15383172	9867772	5515400	1371826
天 津	11811717	11375109	8099609	4977936	3121673	206328
河 北	26482244	26229593	20979031	17752207	3226824	618363
山 西	16157564	15867113	11924888	10105121	1819767	425705
内蒙古	12684203	12232185	9083696	8120887	962809	581812
辽 宁	23555227	22782526	15788462	12574159	3214303	496034
吉 林	13772959	13675904	10081681	8574962	1506719	398938
黑龙江	19825718	19120627	15554021	11094111	4459910	439964
上 海	27664065	26640590	16864658	14621365	2243293	324043
江 苏	48075535	46194325	35858753	24419681	11439072	1094366
浙 江	34541882	33351803	25344952	20290618	5054334	641575
安 徽	21421188	20989938	17187809	14294926	2892883	630103
福 建	18354303	17891366	13798887	11009357	2789530	588808
江 西	15605643	15201742	12458314	9557200	2901114	753922
山 东	42284156	42059382	34610825	28057848	6552977	1409930
河 南	35410514	34873256	25860152	21074613	4785539	1489171
湖 北	23721328	23374537	18606127	13876995	4729132	654117
湖 南	22351033	22050000	17626520	14865193	2761327	1005824
广 东	57870259	55398968	37949215	32157315	5791900	715224
广 西	18620909	18312579	14310949	10403531	3907418	582537
海 南	4660922	4009398	3066716	2675563	391153	239519
重 庆	12227143	11950234	7506490	6274870	1231620	712697
四 川	28865879	28399376	19866766	16376532	3490234	1652939
贵 州	14993294	14757402	11757715	8963673	2794042	239444
云 南	18161386	17774817	13732313	11706002	2026311	1178395
西 藏	3756190	3117845	2614910	1898308	716602	423188
陕 西	18926675	18296130	13168576	10218419	2950157	930977
甘 肃	12778357	12656208	9745839	7741116	2004723	631821
青 海	3311415	3252609	2633256	2221319	411937	280232
宁 夏	3949485	3811403	2506714	2204811	301903	137725
新 疆	13886153	13481381	10333865	9256736	1077129	530293

教育事业费和基本建设支出明细

单位：千元

公用部分	商品和服务支出	其他资本性支出			基本建设支出
			专项公用支出	专项项目支出	
167325649	**103973219**	**63352430**	**30396682**	**32955748**	**19381487**
17119012	10701889	6417123	4236919	2180204	2782487
3275500	1972767	1302733	755373	547360	436608
5250562	3251681	1998881	1000583	998298	252651
3942225	2807198	1135027	532588	602439	290451
3148489	2080870	1067619	427562	640057	452018
6994064	4162449	2831615	1609372	1222243	772701
3594223	2605519	988704	552536	436168	97055
3566606	2679182	887424	427814	459610	705091
9775932	7920654	1855278	1195160	660118	1023475
10335572	6022674	4312898	2152033	2160865	1881210
8006851	4667626	3339225	1144931	2194294	1190079
3802129	2525297	1276832	527652	749180	431250
4092479	2661592	1430887	759613	671274	462937
2743428	1915751	827677	395943	431734	403901
7448557	4358666	3089891	1241122	1848769	224774
9013104	5876214	3136890	1681838	1455052	537258
4768410	3198721	1569689	948456	621233	346791
4423480	2893200	1530280	655444	874836	301033
17449753	9224663	8225090	3306871	4918219	2471291
4001630	2165560	1836070	612250	1223820	308330
942682	471136	471546	187604	283942	651524
4443744	2910568	1533176	856644	676532	276909
8532610	4712141	3820469	1693009	2127460	466503
2999687	2057225	942462	473071	469391	235892
4042504	2270758	1771746	795644	976102	386569
502935	326358	176577	65886	110691	638345
5127554	2816345	2311209	996047	1315162	630545
2910369	1947427	962942	384694	578248	122149
619353	376583	242770	111720	131050	58806
1304689	568351	736338	171210	565128	138082
3147516	1824154	1323362	497093	826269	404772

5—2 分地区中央属各级各类教育机构预算内

地 区	合 计	事业费支 出	个人部分			
				工资福利支出	对个人和家庭的补助支出	
						#助学金
合 计	**47059481**	**43346448**	**23402955**	**14168833**	**9234122**	**2637931**
北 京	13202865	11893006	5169384	2484277	2685107	899479
天 津	1192823	1158683	603832	292523	311309	46543
河 北	255843	247514	191435	160427	31008	18015
山 西	802	802	802		802	802
内蒙古						
辽 宁	1495438	1260567	636157	471545	164612	50725
吉 林	1475651	1432483	828945	570247	258698	137548
黑龙江	1722663	1128743	903833	544624	359209	76557
上 海	4140327	3941055	1357950	1045548	312402	106092
江 苏	3419484	3225263	1910932	1032476	878456	186219
浙 江	1043792	1028742	370132	175024	195108	66322
安 徽	1234162	1124162	966359	835407	130952	86690
福 建	854939	777443	389197	219197	170000	59813
江 西						
山 东	1308704	1262626	902376	425803	476573	74755
河 南						
湖 北	3492283	3344769	2452724	1410951	1041773	231236
湖 南	1031707	979097	752349	450085	302264	76357
广 东	2569116	2472512	915421	555733	359688	62433
广 西						
海 南						
重 庆	1195391	1170772	443484	310011	133473	31073
四 川	2064200	1913945	1330354	866904	463450	124488
贵 州						
云 南	716	716	716		716	716
西 藏						
陕 西	2527866	2301259	1506530	833322	673208	203224
甘 肃	574256	568666	280851	242674	38177	11509
青 海						
宁 夏	165480	165480	68618	51676	16942	8217
新 疆	2090973	1948143	1420574	1190379	230195	79118

教育事业费和基本建设支出明细

单位：千元

公用部分	商品和服务支出	其他资本性支出			基本建设支出
			专项公用支出	专项项目支出	
19943493	**13890786**	**6052707**	**3510425**	**2542282**	**3713033**
6723622	4746095	1977527	1075858	901669	1309859
554851	418090	136761	114873	21888	34140
56079	21867	34212	19003	15209	8329
624410	396450	227960	169702	58258	234871
603538	451920	151618	143228	8390	43168
224910	125137	99773	60525	39248	593920
2583105	2336865	246240	212475	33765	199272
1314331	705613	608718	247337	361381	194221
658610	463046	195564	105404	90160	15050
157803	75213	82590	41061	41529	110000
388246	256325	131921	121475	10446	77496
360250	280702	79548	48595	30953	46078
892045	798544	93501	89820	3681	147514
226748	182648	44100	42000	2100	52610
1557091	740440	816651	212498	604153	96604
727288	566193	161095	157695	3400	24619
583591	264981	318610	252243	66367	150255
794729	485758	308971	226574	82397	226607
287815	239926	47889	47889		5590
96862	48995	47867	33313	14554	
527569	285978	241591	88857	152734	142830

5—3 分地区地方各级各类教育机构预算内

地　区	合　计	事业费支出	个人部分	工资福利支出	对个人和家庭的补助支出	#助学金
合　计	**613952536**	**598284082**	**450901926**	**363064313**	**87837613**	**18747889**
北　京	22081806	20609178	10213788	7383495	2830293	472347
天　津	10618894	10216426	7495777	4685413	2810364	159785
河　北	26226401	25982079	20787596	17591780	3195816	600348
山　西	16156762	15866311	11924086	10105121	1818965	424903
内蒙古	12684203	12232185	9083696	8120887	962809	581812
辽　宁	22059789	21521959	15152305	12102614	3049691	445309
吉　林	12297308	12243421	9252736	8004715	1248021	261390
黑龙江	18103055	17991884	14650188	10549487	4100701	363407
上　海	23523738	22699535	15506708	13575817	1930891	217951
江　苏	44656051	42969062	33947821	23387205	10560616	908147
浙　江	33498090	32323061	24974820	20115594	4859226	575253
安　徽	20187026	19865776	16221450	13459519	2761931	543413
福　建	17499364	17113923	13409690	10790160	2619530	528995
江　西	15605643	15201742	12458314	9557200	2901114	753922
山　东	40975452	40796756	33708449	27632045	6076404	1335175
河　南	35410514	34873256	25860152	21074613	4785539	1489171
湖　北	20229045	20029768	16153403	12466044	3687359	422881
湖　南	21319326	21070903	16874171	14415108	2459063	929467
广　东	55301143	52926456	37033794	31601582	5432212	652791
广　西	18620909	18312579	14310949	10403531	3907418	582537
海　南	4660922	4009398	3066716	2675563	391153	239519
重　庆	11031752	10779462	7063006	5964859	1098147	681624
四　川	26801679	26485431	18536412	15509628	3026784	1528451
贵　州	14993294	14757402	11757715	8963673	2794042	239444
云　南	18160670	17774101	13731597	11706002	2025595	1177679
西　藏	3756190	3117845	2614910	1898308	716602	423188
陕　西	16398809	15994871	11662046	9385097	2276949	727753
甘　肃	12204101	12087542	9464988	7498442	1966546	620312
青　海	3311415	3252609	2633256	2221319	411937	280232
宁　夏	3784005	3645923	2438096	2153135	284961	129508
新　疆	11795180	11533238	8913291	8066357	846934	451175

教育事业费和基本建设支出明细

单位：千元

公用部分	商品和服务支出	其他资本性支出			基本建设支出
			专项公用支出	专项项目支出	
147382156	**90082433**	**57299723**	**26886257**	**30413466**	**15668454**
10395390	5955794	4439596	3161061	1278535	1472628
2720649	1554677	1165972	640500	525472	402468
5194483	3229814	1964669	981580	983089	244322
3942225	2807198	1135027	532588	602439	290451
3148489	2080870	1067619	427562	640057	452018
6369654	3765999	2603655	1439670	1163985	537830
2990685	2153599	837086	409308	427778	53887
3341696	2554045	787651	367289	420362	111171
7192827	5583789	1609038	982685	626353	824203
9021241	5317061	3704180	1904696	1799484	1686989
7348241	4204580	3143661	1039527	2104134	1175029
3644326	2450084	1194242	486591	707651	321250
3704233	2405267	1298966	638138	660828	385441
2743428	1915751	827677	395943	431734	403901
7088307	4077964	3010343	1192527	1817816	178696
9013104	5876214	3136890	1681838	1455052	537258
3876365	2400177	1476188	858636	617552	199277
4196732	2710552	1486180	613444	872736	248423
15892662	8484223	7408439	3094373	4314066	2374687
4001630	2165560	1836070	612250	1223820	308330
942682	471136	471546	187604	283942	651524
3716456	2344375	1372081	698949	673132	252290
7949019	4447160	3501859	1440766	2061093	316248
2999687	2057225	942462	473071	469391	235892
4042504	2270758	1771746	795644	976102	386569
502935	326358	176577	65886	110691	638345
4332825	2330587	2002238	769473	1232765	403938
2622554	1707501	915053	336805	578248	116559
619353	376583	242770	111720	131050	58806
1207827	519356	688471	137897	550574	138082
2619947	1538176	1081771	408236	673535	261942

5—4 分地区高等学校预算内

地 区	合 计	事业费支出	个人部分	工资福利支出	对个人和家庭的补助支出	#助学金
合 计	**129038547**	**121410906**	**73738792**	**50059264**	**23679528**	**7905548**
北 京	15829745	14472017	6420471	3540841	2879630	657602
天 津	4393067	4121669	2132945	1175878	957067	171171
河 北	2800421	2767169	1930611	1596222	334389	156633
山 西	1860052	1835172	1293005	1000218	292787	192442
内蒙古	1736413	1628613	1271172	995214	275958	221524
辽 宁	5130944	4622492	2480584	2015526	465058	202983
吉 林	3524098	3472030	2091155	1356910	734245	294893
黑龙江	4804884	4204831	3305268	2162756	1142512	313241
上 海	8804740	8255468	3388173	2778096	610077	214903
江 苏	10694933	10194328	6341823	3637626	2704197	741646
浙 江	5859651	5561770	3413343	2521773	891570	223168
安 徽	3153947	2963210	2512663	1924338	588325	219695
福 建	2806422	2712299	1609856	1120121	489735	258872
江 西	2381718	2224718	1744807	1175950	568857	246574
山 东	6595477	6534899	4976184	3119829	1856355	466706
河 南	4016340	3963683	3003439	1979369	1024070	458851
湖 北	5682731	5458993	4023302	2618618	1404684	362917
湖 南	3870893	3693157	2791714	1908014	883700	291328
广 东	12073877	11342487	5442042	4142350	1299692	327901
广 西	2210368	2062393	1412289	852071	560218	237967
海 南	639464	437566	373341	335027	38314	24846
重 庆	2615211	2532797	1003985	716150	287835	171930
四 川	4530085	4296890	2693349	1881744	811605	422956
贵 州	1436608	1362077	1102649	798952	303697	82267
云 南	1632174	1496143	898427	662998	235429	167205
西 藏	486097	282727	219499	154851	64648	19037
陕 西	4891193	4505219	2993641	1796944	1196697	444964
甘 肃	1861429	1842119	1173314	820612	352702	126863
青 海	344953	343653	299231	207540	91691	27991
宁 夏	657861	577291	361832	229882	131950	49957
新 疆	1712751	1643026	1034678	832844	201834	106515

教育事业费和基本建设支出明细

单位:千元

公用部分	商品和服务支出	其他资本性支出			基本建设支出
			专项公用支出	专项项目支出	
47672114	**28691835**	**18980279**	**12104107**	**6876172**	**7627641**
8051546	4661807	3389739	2004424	1385315	1357728
1988724	1208232	780492	524610	255882	271398
836558	252688	583870	440465	143405	33252
542167	293278	248889	184080	64809	24880
357441	244986	112455	95748	16707	107800
2141908	805347	1336561	834944	501617	508452
1380875	1052158	328717	294787	33930	52068
899563	538118	361445	209800	151645	600053
4867295	4445573	421722	385542	36180	549272
3852505	2199403	1653102	1076430	576672	500605
2148427	1395925	752502	474081	278421	297881
450547	238642	211905	133964	77941	190737
1102443	676192	426251	327044	99207	94123
479911	272081	207830	172315	35515	157000
1558715	651966	906749	482768	423981	60578
960244	704364	255880	222570	33310	52657
1435691	1142765	292926	272106	20820	223738
901443	626043	275400	216794	58606	177736
5900445	2453849	3446596	1429586	2017010	731390
650104	374742	275362	198788	76574	147975
64225	22570	41655	41655		201898
1528812	1049760	479052	450147	28905	82414
1603541	915526	688015	590259	97756	233195
259428	214414	45014	25652	19362	74531
597716	325379	272337	189636	82701	136031
63228	52284	10944	8944	2000	203370
1511578	894189	617389	419666	197723	385974
668805	492482	176323	128879	47444	19310
44422	9782	34640	31827	2813	1300
215459	129805	85654	57550	28104	80570
608348	347485	260863	179046	81817	69725

5—5 分地区中央属高等学校预算内

地 区	合 计	事业费支出	个人部分	工资福利支出	对个人和家庭的补助支出	＃助学金
合 计	**41872627**	**38456456**	**21051199**	**12725950**	**8325249**	**2048525**
北 京	10020323	8852630	4166579	2190969	1975610	379326
天 津	1175867	1141727	590940	285672	305268	46543
河 北	255843	247514	191435	160427	31008	18015
山 西						
内蒙古						
辽 宁	1477937	1243066	618779	454892	163887	50725
吉 林	1435481	1392313	803291	552881	250410	137465
黑龙江	1641545	1053025	881453	530412	351041	75558
上 海	4022365	3825093	1324443	1013672	310771	106012
江 苏	3419484	3225263	1910932	1032476	878456	186219
浙 江	1043792	1028742	370132	175024	195108	66322
安 徽	1233743	1123743	965940	835407	130533	86271
福 建	798407	747277	383190	214145	169045	59813
江 西						
山 东	1308704	1262626	902376	425803	476573	74755
河 南						
湖 北	3464261	3316747	2432959	1397697	1035262	231226
湖 南	1031707	979097	752349	450085	302264	76357
广 东	2567659	2471055	915421	555733	359688	62433
广 西						
海 南						
重 庆	1172954	1148335	429491	301847	127644	31073
四 川	2043202	1892947	1314973	854835	460138	121904
贵 州						
云 南						
西 藏						
陕 西	2526451	2300944	1506357	833209	673148	203191
甘 肃	564613	559023	274084	236400	37684	11434
青 海						
宁 夏	165480	165480	68618	51676	16942	8217
新 疆	502809	479809	247457	172688	74769	15666

教育事业费和基本建设支出明细

单位：千元

公用部分	商品和服务支出	其他资本性支出	专项公用支出	专项项目支出	基本建设支出
17405257	**11850877**	**5554380**	**3292350**	**2262030**	**3416171**
4686051	3055590	1630461	903644	726817	1167693
550787	417554	133233	113736	19497	34140
56079	21867	34212	19003	15209	8329
624287	396327	227960	169702	58258	234871
589022	443404	145618	141228	4390	43168
171572	74599	96973	59815	37158	588520
2500650	2266175	234475	205395	29080	197272
1314331	705613	608718	247337	361381	194221
658610	463046	195564	105404	90160	15050
157803	75213	82590	41061	41529	110000
364087	233831	130256	119810	10446	51130
360250	280702	79548	48595	30953	46078
883788	794596	89192	85511	3681	147514
226748	182648	44100	42000	2100	52610
1555634	739983	815651	211498	604153	96604
718844	561132	157712	154312	3400	24619
577974	260364	317610	251543	66067	150255
794587	485682	308905	226508	82397	225507
284939	237099	47840	47840		5590
96862	48995	47867	33313	14554	
232352	106457	125895	65095	60800	23000

5—6 分地区地方高等学校预算内

地区	合计	事业费支出	个人部分	工资福利支出	对个人和家庭的补助支出	#助学金
合计	**87165920**	**82954450**	**52687593**	**37333314**	**15354279**	**5857023**
北京	5809422	5619387	2253892	1349872	904020	278276
天津	3217200	2979942	1542005	890206	651799	124628
河北	2544578	2519655	1739176	1435795	303381	138618
山西	1860052	1835172	1293005	1000218	292787	192442
内蒙古	1736413	1628613	1271172	995214	275958	221524
辽宁	3653007	3379426	1861805	1560634	301171	152258
吉林	2088617	2079717	1287864	804029	483835	157428
黑龙江	3163339	3151806	2423815	1632344	791471	237683
上海	4782375	4430375	2063730	1764424	299306	108891
江苏	7275449	6969065	4430891	2605150	1825741	555427
浙江	4815859	4533028	3043211	2346749	696462	156846
安徽	1920204	1839467	1546723	1088931	457792	133424
福建	2008015	1965022	1226666	905976	320690	199059
江西	2381718	2224718	1744807	1175950	568857	246574
山东	5286773	5272273	4073808	2694026	1379782	391951
河南	4016340	3963683	3003439	1979369	1024070	458851
湖北	2218470	2142246	1590343	1220921	369422	131691
湖南	2839186	2714060	2039365	1457929	581436	214971
广东	9506218	8871432	4526621	3586617	940004	265468
广西	2210368	2062393	1412289	852071	560218	237967
海南	639464	437566	373341	335027	38314	24846
重庆	1442257	1384462	574494	414303	160191	140857
四川	2486883	2403943	1378376	1026909	351467	301052
贵州	1436608	1362077	1102649	798952	303697	82267
云南	1632174	1496143	898427	662998	235429	167205
西藏	486097	282727	219499	154851	64648	19037
陕西	2364742	2204275	1487284	963735	523549	241773
甘肃	1296816	1283096	899230	584212	315018	115429
青海	344953	343653	299231	207540	91691	27991
宁夏	492381	411811	293214	178206	115008	41740
新疆	1209942	1163217	787221	660156	127065	90849

教育事业费和基本建设支出明细

单位：千元

公用部分	商品和服务支出	其他资本性支出			基本建设支出
			专项公用支出	专项项目支出	
30266857	**16840958**	**13425899**	**8811757**	**4614142**	**4211470**
3365495	1606217	1759278	1100780	658498	190035
1437937	790678	647259	410874	236385	237258
780479	230821	549658	421462	128196	24923
542167	293278	248889	184080	64809	24880
357441	244986	112455	95748	16707	107800
1517621	409020	1108601	665242	443359	273581
791853	608754	183099	153559	29540	8900
727991	463519	264472	149985	114487	11533
2366645	2179398	187247	180147	7100	352000
2538174	1493790	1044384	829093	215291	306384
1489817	932879	556938	368677	188261	282831
292744	163429	129315	92903	36412	80737
738356	442361	295995	207234	88761	42993
479911	272081	207830	172315	35515	157000
1198465	371264	827201	434173	393028	14500
960244	704364	255880	222570	33310	52657
551903	348169	203734	186595	17139	76224
674695	443395	231300	174794	56506	125126
4344811	1713866	2630945	1218088	1412857	634786
650104	374742	275362	198788	76574	147975
64225	22570	41655	41655		201898
809968	488628	321340	295835	25505	57795
1025567	655162	370405	338716	31689	82940
259428	214414	45014	25652	19362	74531
597716	325379	272337	189636	82701	136031
63228	52284	10944	8944	2000	203370
716991	408507	308484	193158	115326	160467
383866	255383	128483	81039	47444	13720
44422	9782	34640	31827	2813	1300
118597	80810	37787	24237	13550	80570
375996	241028	134968	113951	21017	46725

5—7 分地区普通高等学校预算内

地区	合计	事业费支出	个人部分	工资福利支出	对个人和家庭的补助支出	＃助学金
合计	**125009946**	**117440707**	**70870549**	**47882606**	**22987943**	**7747836**
北京	15593963	14236235	6292966	3447282	2845684	657602
天津	4358410	4087012	2103854	1159301	944553	171078
河北	2682514	2651035	1842536	1523687	318849	150008
山西	1790538	1765658	1240498	956183	284315	190837
内蒙古	1694276	1586476	1237286	961954	275332	221175
辽宁	5006056	4498504	2398792	1942153	456639	202543
吉林	3367297	3315229	1968515	1266367	702148	293474
黑龙江	4563477	3963424	3117546	2044772	1072774	305548
上海	8184673	7635401	2962516	2408967	553549	213671
江苏	10317791	9818394	6070530	3474163	2596367	699086
浙江	5597114	5306915	3223709	2367221	856488	216997
安徽	3075345	2894095	2453729	1885363	568366	215610
福建	2699252	2605129	1537126	1061244	475882	253502
江西	2310346	2153346	1678697	1128990	549707	241222
山东	6336811	6276233	4798581	2993725	1804856	462637
河南	3780838	3736181	2826488	1842166	984322	437652
湖北	5601473	5377735	3947892	2554102	1393790	359814
湖南	3813537	3635801	2746913	1879865	867048	283523
广东	11804233	11074064	5259983	3999286	1260697	327809
广西	2109587	1963612	1336351	802707	533644	232868
海南	639464	437566	373341	335027	38314	24846
重庆	2560215	2477861	977604	699095	278509	162677
四川	4429143	4202113	2632211	1839960	792251	405941
贵州	1382592	1308061	1049478	760061	289417	82247
云南	1607435	1473404	886902	652303	234599	166433
西藏	486097	282727	219499	154851	64648	19037
陕西	4822091	4453523	2956968	1769339	1187629	442226
甘肃	1821369	1802559	1143537	799439	344098	125603
青海	340400	339100	294678	203064	91614	27991
宁夏	657861	577291	361832	229882	131950	49957
新疆	1575748	1506023	929991	740087	189904	104222

教育事业费和基本建设支出明细

单位：千元

公用部分	商品和服务支出	其他资本性支出			基本建设支出
			专项公用支出	专项项目支出	
46570158	**27932151**	**18638007**	**11927824**	**6710183**	**7569239**
7943269	4591308	3351961	1984258	1367703	1357728
1983158	1203457	779701	523819	255882	271398
808499	236519	571980	432419	139561	31479
525160	278440	246720	182226	64494	24880
349190	236856	112334	95627	16707	107800
2099712	768324	1331388	829771	501617	507552
1346714	1021671	325043	292433	32610	52068
845878	504120	341758	207275	134483	600053
4672885	4298674	374211	345131	29080	549272
3747864	2135326	1612538	1068844	543694	499397
2083206	1373419	709787	459875	249912	290199
440366	230697	209669	132958	76711	181250
1068003	662274	405729	326760	78969	94123
474649	269869	204780	172265	32515	157000
1477652	593601	884051	474364	409687	60578
909693	676902	232791	209501	23290	44657
1429843	1139690	290153	269833	20320	223738
888888	613671	275217	216611	58606	177736
5814081	2397145	3416936	1402878	2014058	730169
627261	353120	274141	198001	76140	145975
64225	22570	41655	41655		201898
1500257	1025770	474487	445582	28905	82354
1569902	887444	682458	584702	97756	227030
258583	213822	44761	25399	19362	74531
586502	314665	271837	189136	82701	134031
63228	52284	10944	8944	2000	203370
1496555	885144	611411	413688	197723	368568
659022	487509	171513	128350	43163	18810
44422	9782	34640	31827	2813	1300
215459	129805	85654	57550	28104	80570
576032	318273	257759	176142	81617	69725

5—8 分地区中央属普通高等学校预算内

地区	合计	事业费支出	个人部分	工资福利支出	对个人和家庭的补助支出	#助学金
合计	**41801502**	**38385331**	**21026602**	**12708895**	**8317707**	**2047875**
北京	9986061	8818368	4160068	2186627	1973441	379326
天津	1175867	1141727	590940	285672	305268	46543
河北	255843	247514	191435	160427	31008	18015
山西						
内蒙古						
辽宁	1477937	1243066	618779	454892	163887	50725
吉林	1435481	1392313	803291	552881	250410	137465
黑龙江	1625081	1036561	881453	530412	351041	75558
上海	4022365	3825093	1324443	1013672	310771	106012
江苏	3419484	3225263	1910932	1032476	878456	186219
浙江	1043792	1028742	370132	175024	195108	66322
安徽	1233743	1123743	965940	835407	130533	86271
福建	798407	747277	383190	214145	169045	59813
江西						
山东	1308704	1262626	902376	425803	476573	74755
河南						
湖北	3464261	3316747	2432959	1397697	1035262	231226
湖南	1031707	979097	752349	450085	302264	76357
广东	2567659	2471055	915421	555733	359688	62433
广西						
海南						
重庆	1172954	1148335	429491	301847	127644	31073
四川	2043202	1892947	1314973	854835	460138	121904
贵州						
云南						
西藏						
陕西	2525904	2300397	1505810	833209	672601	202644
甘肃	564613	559023	274084	236400	37684	11434
青海						
宁夏	165480	165480	68618	51676	16942	8217
新疆	482957	459957	229918	159975	69943	15563

教育事业费和基本建设支出明细

单位：千元

公用部分	商品和服务支出	其他资本性支出			基本建设支出
			专项公用支出	专项项目支出	
17358729	**11825723**	**5533006**	**3287742**	**2245264**	**3416171**
4658300	3032749	1625551	899036	726515	1167693
550787	417554	133233	113736	19497	34140
56079	21867	34212	19003	15209	8329
624287	396327	227960	169702	58258	234871
589022	443404	145618	141228	4390	43168
155108	74599	80509	59815	20694	588520
2500650	2266175	234475	205395	29080	197272
1314331	705613	608718	247337	361381	194221
658610	463046	195564	105404	90160	15050
157803	75213	82590	41061	41529	110000
364087	233831	130256	119810	10446	51130
360250	280702	79548	48595	30953	46078
883788	794596	89192	85511	3681	147514
226748	182648	44100	42000	2100	52610
1555634	739983	815651	211498	604153	96604
718844	561132	157712	154312	3400	24619
577974	260364	317610	251543	66067	150255
794587	485682	308905	226508	82397	225507
284939	237099	47840	47840		5590
96862	48995	47867	33313	14554	
230039	104144	125895	65095	60800	23000

5—9 分地区地方普通高等学校预算内

地　区	合　计	事业费支　出				
			个人部分	工资福利支出	对个人和家庭的补助支出	
						＃助学金
合　计	**83208444**	**79055376**	**49843947**	**35173711**	**14670236**	**5699961**
北　京	5607902	5417867	2132898	1260655	872243	278276
天　津	3182543	2945285	1512914	873629	639285	124535
河　北	2426671	2403521	1651101	1363260	287841	131993
山　西	1790538	1765658	1240498	956183	284315	190837
内蒙古	1694276	1586476	1237286	961954	275332	221175
辽　宁	3528119	3255438	1780013	1487261	292752	151818
吉　林	1931816	1922916	1165224	713486	451738	156009
黑龙江	2938396	2926863	2236093	1514360	721733	229990
上　海	4162308	3810308	1638073	1395295	242778	107659
江　苏	6898307	6593131	4159598	2441687	1717911	512867
浙　江	4553322	4278173	2853577	2192197	661380	150675
安　徽	1841602	1770352	1487789	1049956	437833	129339
福　建	1900845	1857852	1153936	847099	306837	193689
江　西	2310346	2153346	1678697	1128990	549707	241222
山　东	5028107	5013607	3896205	2567922	1328283	387882
河　南	3780838	3736181	2826488	1842166	984322	437652
湖　北	2137212	2060988	1514933	1156405	358528	128588
湖　南	2781830	2656704	1994564	1429780	564784	207166
广　东	9236574	8603009	4344562	3443553	901009	265376
广　西	2109587	1963612	1336351	802707	533644	232868
海　南	639464	437566	373341	335027	38314	24846
重　庆	1387261	1329526	548113	397248	150865	131604
四　川	2385941	2309166	1317238	985125	332113	284037
贵　州	1382592	1308061	1049478	760061	289417	82247
云　南	1607435	1473404	886902	652303	234599	166433
西　藏	486097	282727	219499	154851	64648	19037
陕　西	2296187	2153126	1451158	936130	515028	239582
甘　肃	1256756	1243536	869453	563039	306414	114169
青　海	340400	339100	294678	203064	91614	27991
宁　夏	492381	411811	293214	178206	115008	41740
新　疆	1092791	1046066	700073	580112	119961	88659

教育事业费和基本建设支出明细

单位：千元

公用部分	商品和服务支出	其他资本性支出			基本建设支出
			专项公用支出	专项项目支出	
29211429	**16106428**	**13105001**	**8640082**	**4464919**	**4153068**
3284969	1558559	1726410	1085222	641188	190035
1432371	785903	646468	410083	236385	237258
752420	214652	537768	413416	124352	23150
525160	278440	246720	182226	64494	24880
349190	236856	112334	95627	16707	107800
1475425	371997	1103428	660069	443359	272681
757692	578267	179425	151205	28220	8900
690770	429521	261249	147460	113789	11533
2172235	2032499	139736	139736		352000
2433533	1429713	1003820	821507	182313	305176
1424596	910373	514223	354471	159752	275149
282563	155484	127079	91897	35182	71250
703916	428443	275473	206950	68523	42993
474649	269869	204780	172265	32515	157000
1117402	312899	804503	425769	378734	14500
909693	676902	232791	209501	23290	44657
546055	345094	200961	184322	16639	76224
662140	431023	231117	174611	56506	125126
4258447	1657162	2601285	1191380	1409905	633565
627261	353120	274141	198001	76140	145975
64225	22570	41655	41655		201898
781413	464638	316775	291270	25505	57735
991928	627080	364848	333159	31689	76775
258583	213822	44761	25399	19362	74531
586502	314665	271837	189136	82701	134031
63228	52284	10944	8944	2000	203370
701968	399462	302506	187180	115326	143061
374083	250410	123673	80510	43163	13220
44422	9782	34640	31827	2813	1300
118597	80810	37787	24237	13550	80570
345993	214129	131864	111047	20817	46725

5—10 分地区普通高等本科学校预算内

地区	合计	事业费支出	个人部分	工资福利支出	对个人和家庭的补助支出	#助学金
合计	**105849632**	**99297482**	**59018880**	**39254140**	**19764740**	**6267868**
北京	15001592	13681260	6075105	3279927	2795178	640736
天津	3424552	3320941	1649888	873258	776630	119154
河北	2021943	1991614	1357581	1142995	214586	99467
山西	1196243	1193963	865391	676425	188966	138344
内蒙古	1121863	1067038	886524	683706	202818	168863
辽宁	4101152	3608200	2012669	1626675	385994	175672
吉林	3040813	2988745	1757386	1113696	643690	273861
黑龙江	4004413	3404360	2659738	1757763	901975	245760
上海	7929160	7379888	2836438	2312293	524145	205602
江苏	8435542	8019141	4998009	2797201	2200808	546887
浙江	4186541	3969465	2315632	1640217	675415	159917
安徽	2957281	2776183	2341831	1790338	551493	203328
福建	2156218	2071779	1184420	818631	365789	187615
江西	1809121	1677621	1278225	855956	422269	172679
山东	5237126	5181048	3922001	2401552	1520449	319927
河南	3052936	3017727	2306935	1442151	864784	369984
湖北	5045902	4853188	3518097	2249800	1268297	316802
湖南	2832374	2685526	2046571	1346235	700336	216988
广东	9632246	9073552	4240984	3134692	1106292	259203
广西	1701445	1588602	1055676	636444	419232	181966
海南	572679	371781	320063	288915	31148	20208
重庆	2339720	2265066	870746	625501	245245	134372
四川	3723534	3561279	2210862	1538336	672526	314404
贵州	1058861	984531	776245	582962	193283	54708
云南	1156619	1037239	620736	454518	166218	120128
西藏	358845	223095	171675	117505	54170	15012
陕西	4137461	3821893	2521306	1477050	1044256	354171
甘肃	1480969	1469479	933790	652651	281139	101386
青海	259539	258639	226787	157355	69432	21403
宁夏	531418	454348	284064	175270	108794	42228
新疆	1341524	1300291	773505	604122	169383	87093

教育事业费和基本建设支出明细

单位：千元

公用部分	商品和服务支出	其他资本性支出			基本建设支出
			专项公用支出	专项项目支出	
40278602	**24664977**	**15613625**	**10189479**	**5424146**	**6552150**
7606155	4422273	3183882	1866501	1317381	1320332
1671053	1048720	622333	395451	226882	103611
634033	189546	444487	333137	111350	30329
328572	151299	177273	142163	35110	2280
180514	128723	51791	51591	200	54825
1595531	685203	910328	798755	111573	492952
1231359	951825	279534	255290	24244	52068
744622	432508	312114	198866	113248	600053
4543450	4179821	363629	334549	29080	549272
3021132	1696466	1324666	868975	455691	416401
1653833	1116591	537242	329637	207605	217076
434352	225933	208419	131708	76711	181098
887359	583726	303633	256798	46835	84439
399396	216492	182904	158323	24581	131500
1259047	502975	756072	409276	346796	56078
710792	534795	175997	153707	22290	35209
1335091	1087483	247608	231817	15791	192714
638955	411178	227777	188564	39213	146848
4832568	2043631	2788937	1107063	1681874	558694
532926	308839	224087	154947	69140	112843
51718	13521	38197	38197		200898
1394320	965917	428403	401883	26520	74654
1350417	752004	598413	507958	90455	162255
208286	180537	27749	16845	10904	74330
416503	207815	208688	133112	75576	119380
51420	43244	8176	8176		135750
1300587	769218	531369	383646	147723	315568
535689	424630	111059	90418	20641	11490
31852	3584	28268	26668	1600	900
170284	90943	79341	51237	28104	77070
526786	295537	231249	164221	67028	41233

5—11 分地区中央属普通高等本科学校预算内

地 区	合 计	事业费支 出	个人部分	工资福利支出	对个人和家庭的补助支出	#助学金
合 计	**41633552**	**38266317**	**20948038**	**12659327**	**8288711**	**2031765**
北 京	9986061	8818368	4160068	2186627	1973441	379326
天 津	1175867	1141727	590940	285672	305268	46543
河 北	255843	247514	191435	160427	31008	18015
山 西						
内蒙古						
辽 宁	1477937	1243066	618779	454892	163887	50725
吉 林	1435481	1392313	803291	552881	250410	137465
黑龙江	1608299	1019779	871430	523977	347453	75558
上 海	4022365	3825093	1324443	1013672	310771	106012
江 苏	3345043	3184238	1890033	1014666	875367	183130
浙 江	1035039	1021909	365845	171068	194777	66322
安 徽	1232999	1122999	965196	835407	129789	85527
福 建	798407	747277	383190	214145	169045	59813
江 西						
山 东	1308704	1262626	902376	425803	476573	74755
河 南						
湖 北	3464261	3316747	2432959	1397697	1035262	231226
湖 南	1028424	975814	749066	446802	302264	76357
广 东	2532517	2440013	891000	545440	345560	56521
广 西						
海 南						
重 庆	1170269	1145650	427506	301847	125659	29088
四 川	2039305	1889050	1311076	854835	456241	118007
贵 州						
云 南						
西 藏						
陕 西	2525904	2300397	1505810	833209	672601	202644
甘 肃	564613	559023	274084	236400	37684	11434
青 海						
宁 夏	165480	165480	68618	51676	16942	8217
新 疆	460734	447234	220893	152184	68709	15080

教育事业费和基本建设支出明细

单位:千元

公用部分	商品和服务支出	其他资本性支出			基本建设支出
			专项公用支出	专项项目支出	
17318279	**11798919**	**5519360**	**3275945**	**2243415**	**3367235**
4658300	3032749	1625551	899036	726515	1167693
550787	417554	133233	113736	19497	34140
56079	21867	34212	19003	15209	8329
624287	396327	227960	169702	58258	234871
589022	443404	145618	141228	4390	43168
148349	68157	80192	59815	20377	588520
2500650	2266175	234475	205395	29080	197272
1294205	691207	602998	241617	361381	160805
656064	461800	194264	104745	89519	13130
157803	75213	82590	41061	41529	110000
364087	233831	130256	119810	10446	51130
360250	280702	79548	48595	30953	46078
883788	794596	89192	85511	3681	147514
226748	182648	44100	42000	2100	52610
1549013	738253	810760	207498	603262	92504
718144	560432	157712	154312	3400	24619
577974	260364	317610	251543	66067	150255
794587	485682	308905	226508	82397	225507
284939	237099	47840	47840		5590
96862	48995	47867	33313	14554	
226341	101864	124477	63677	60800	13500

5—12 分地区地方普通高等本科学校预算内

地区	合计	事业费支出	个人部分	工资福利支出	对个人和家庭的补助支出	#助学金
合计	**64216080**	**61031165**	**38070842**	**26594813**	**11476029**	**4236103**
北京	5015531	4862892	1915037	1093300	821737	261410
天津	2248685	2179214	1058948	587586	471362	72611
河北	1766100	1744100	1166146	982568	183578	81452
山西	1196243	1193963	865391	676425	188966	138344
内蒙古	1121863	1067038	886524	683706	202818	168863
辽宁	2623215	2365134	1393890	1171783	222107	124947
吉林	1605332	1596432	954095	560815	393280	136396
黑龙江	2396114	2384581	1788308	1233786	554522	170202
上海	3906795	3554795	1511995	1298621	213374	99590
江苏	5090499	4834903	3107976	1782535	1325441	363757
浙江	3151502	2947556	1949787	1469149	480638	93595
安徽	1724282	1653184	1376635	954931	421704	117801
福建	1357811	1324502	801230	604486	196744	127802
江西	1809121	1677621	1278225	855956	422269	172679
山东	3928422	3918422	3019625	1975749	1043876	245172
河南	3052936	3017727	2306935	1442151	864784	369984
湖北	1581641	1536441	1085138	852103	233035	85576
湖南	1803950	1709712	1297505	899433	398072	140631
广东	7099729	6633539	3349984	2589252	760732	202682
广西	1701445	1588602	1055676	636444	419232	181966
海南	572679	371781	320063	288915	31148	20208
重庆	1169451	1119416	443240	323654	119586	105284
四川	1684229	1672229	899786	683501	216285	196397
贵州	1058861	984531	776245	582962	193283	54708
云南	1156619	1037239	620736	454518	166218	120128
西藏	358845	223095	171675	117505	54170	15012
陕西	1611557	1521496	1015496	643841	371655	151527
甘肃	916356	910456	659706	416251	243455	89952
青海	259539	258639	226787	157355	69432	21403
宁夏	365938	288868	215446	123594	91852	34011
新疆	880790	853057	552612	451938	100674	72013

教育事业费和基本建设支出明细

单位：千元

公用部分	商品和服务支出	其他资本性支出			基本建设支出
			专项公用支出	专项项目支出	
22960323	**12866058**	**10094265**	**6913534**	**3180731**	**3184915**
2947855	1389524	1558331	967465	590866	152639
1120266	631166	489100	281715	207385	69471
577954	167679	410275	314134	96141	22000
328572	151299	177273	142163	35110	2280
180514	128723	51791	51591	200	54825
971244	288876	682368	629053	53315	258081
642337	508421	133916	114062	19854	8900
596273	364351	231922	139051	92871	11533
2042800	1913646	129154	129154		352000
1726927	1005259	721668	627358	94310	255596
997769	654791	342978	224892	118086	203946
276549	150720	125829	90647	35182	71098
523272	349895	173377	136988	36389	33309
399396	216492	182904	158323	24581	131500
898797	222273	676524	360681	315843	10000
710792	534795	175997	153707	22290	35209
451303	292887	158416	146306	12110	45200
412207	228530	183677	146564	37113	94238
3283555	1305378	1978177	899565	1078612	466190
532926	308839	224087	154947	69140	112843
51718	13521	38197	38197		200898
676176	405485	270691	247571	23120	50035
772443	491640	280803	256415	24388	12000
208286	180537	27749	16845	10904	74330
416503	207815	208688	133112	75576	119380
51420	43244	8176	8176		135750
506000	283536	222464	157138	65326	90061
250750	187531	63219	42578	20641	5900
31852	3584	28268	26668	1600	900
73422	41948	31474	17924	13550	77070
300445	193673	106772	100544	6228	27733

5—13 分地区普通高等专科学校预算内

地 区	合 计	事业费支出	个人部分	工资福利支出	对个人和家庭的补助支出	＃助学金
合 计	**3177998**	**3088690**	**1797383**	**1329634**	**467749**	**203049**
北 京						
天 津	71796	71796	47103	28399	18704	783
河 北	137230	137080	109793	77480	32313	8856
山 西	34814	34814	27551	17078	10473	7633
内蒙古	22711	22711	20599	17134	3465	3465
辽 宁	505206	503906	101573	85351	16222	4344
吉 林	125153	125153	77840	48696	29144	9303
黑龙江	39476	39476	35195	20073	15122	6989
上 海	208256	208256	90755	64748	26007	7389
江 苏	133501	100085	66901	52397	14504	3851
浙 江	168124	151659	101179	79479	21700	7021
安 徽	9477	9477	9158	9158		
福 建	43776	43776	27405	18477	8928	5798
江 西	70404	55404	41050	30915	10135	5820
山 东	118407	118407	94558	68850	25708	7301
河 南	336021	326573	206316	158743	47573	23337
湖 北	73403	73403	57148	44811	12337	3138
湖 南	197935	195435	119075	104838	14237	7581
广 东	121719	121719	55387	40664	14723	4738
广 西	120209	120180	83628	45766	37862	21305
海 南						
重 庆	9513	9513	5532	3180	2352	2352
四 川	143324	137324	80288	62031	18257	15264
贵 州	115316	115316	99333	64274	35059	12632
云 南	261239	261239	158956	120043	38913	24812
西 藏	34307	32807	25712	21419	4293	2045
陕 西	13522	13522	11684	10773	911	911
甘 肃	10105	10105	8590	6324	2266	1841
青 海						
宁 夏						
新 疆	53054	49554	35074	28533	6541	4540

教育事业费和基本建设支出明细

单位：千元

公用部分	商品和服务支出	其他资本性支出			基本建设支出
			专项公用支出	专项项目支出	
1291307	**591645**	**699662**	**248948**	**450714**	**89308**
24693	17511	7182	7182		
27287	4198	23089	18800	4289	150
7263	7263				
2112	1112	1000		1000	
402333	16023	386310	10146	376164	1300
47313	18912	28401	28401		
4281	4184	97	97		
117501	107160	10341	10341		
33184	16286	16898	16898		33416
50480	42790	7690	4617	3073	16465
319	319				
16371	13732	2639	2639		
14354	6283	8071	8071		15000
23849	11728	12121	9421	2700	
120257	72003	48254	48254		9448
16255	14358	1897	1897		
76360	65609	10751	10658	93	2500
66332	10528	55804	2433	53371	
36552	27825	8727	8727		29
3981		3981	3981		
57036	37779	19257	15157	4100	6000
15983	11033	4950	4750	200	
102283	63658	38625	34901	3724	
7095	5018	2077	77	2000	1500
1838	1838				
1515	1515				
14480	12980	1500	1500		3500

5—14　分地区中央属普通高等专科学校预算内

地　区	合　计	事业费支出	个人部分	工资福利支出	对个人和家庭的补助支出	#助学金
合　计	**91824**	**56488**	**31725**	**27074**	**4651**	**3569**
北　京						
天　津						
河　北						
山　西						
内蒙古						
辽　宁						
吉　林						
黑龙江						
上　海						
江　苏	74441	41025	20899	17810	3089	3089
浙　江	8753	6833	4287	3956	331	
安　徽						
福　建						
江　西						
山　东						
河　南						
湖　北						
湖　南						
广　东						
广　西						
海　南						
重　庆						
四　川						
贵　州						
云　南						
西　藏						
陕　西						
甘　肃						
青　海						
宁　夏						
新　疆	8630	8630	6539	5308	1231	480

教育事业费和基本建设支出明细

单位:千元

公用部分	商品和服务支出	其他资本性支出			基本建设支出
			专项公用支出	专项项目支出	
24763	**17743**	**7020**	**6379**	**641**	**35336**
20126	14406	5720	5720		33416
2546	1246	1300	659	641	1920
2091	2091				

5—15 分地区地方普通高等专科学校预算内

地区	合计	事业费支出	个人部分	工资福利支出	对个人和家庭的补助支出	#助学金
合计	**3086174**	**3032202**	**1765658**	**1302560**	**463098**	**199480**
北京						
天津	71796	71796	47103	28399	18704	783
河北	137230	137080	109793	77480	32313	8856
山西	34814	34814	27551	17078	10473	7633
内蒙古	22711	22711	20599	17134	3465	3465
辽宁	505206	503906	101573	85351	16222	4344
吉林	125153	125153	77840	48696	29144	9303
黑龙江	39476	39476	35195	20073	15122	6989
上海	208256	208256	90755	64748	26007	7389
江苏	59060	59060	46002	34587	11415	762
浙江	159371	144826	96892	75523	21369	7021
安徽	9477	9477	9158	9158		
福建	43776	43776	27405	18477	8928	5798
江西	70404	55404	41050	30915	10135	5820
山东	118407	118407	94558	68850	25708	7301
河南	336021	326573	206316	158743	47573	23337
湖北	73403	73403	57148	44811	12337	3138
湖南	197935	195435	119075	104838	14237	7581
广东	121719	121719	55387	40664	14723	4738
广西	120209	120180	83628	45766	37862	21305
海南						
重庆	9513	9513	5532	3180	2352	2352
四川	143324	137324	80288	62031	18257	15264
贵州	115316	115316	99333	64274	35059	12632
云南	261239	261239	158956	120043	38913	24812
西藏	34307	32807	25712	21419	4293	2045
陕西	13522	13522	11684	10773	911	911
甘肃	10105	10105	8590	6324	2266	1841
青海						
宁夏						
新疆	44424	40924	28535	23225	5310	4060

教育事业费和基本建设支出明细

单位：千元

公用部分	商品和服务支出	其他资本性支出	其他资本性支出：专项公用支出	其他资本性支出：专项项目支出	基本建设支出
1266544	**573902**	**692642**	**242569**	**450073**	**53972**
24693	17511	7182	7182		
27287	4198	23089	18800	4289	150
7263	7263				
2112	1112	1000		1000	
402333	16023	386310	10146	376164	1300
47313	18912	28401	28401		
4281	4184	97	97		
117501	107160	10341	10341		
13058	1880	11178	11178		
47934	41544	6390	3958	2432	14545
319	319				
16371	13732	2639	2639		
14354	6283	8071	8071		15000
23849	11728	12121	9421	2700	
120257	72003	48254	48254		9448
16255	14358	1897	1897		
76360	65609	10751	10658	93	2500
66332	10528	55804	2433	53371	
36552	27825	8727	8727		29
3981		3981	3981		
57036	37779	19257	15157	4100	6000
15983	11033	4950	4750	200	
102283	63658	38625	34901	3724	
7095	5018	2077	77	2000	1500
1838	1838				
1515	1515				
12389	10889	1500	1500		3500

5—16 分地区普通高等职业学校预算内

地 区	合 计	事业费支出	个人部分	工资福利支出	对个人和家庭的补助支出	#助学金
合 计	**15982316**	**15054535**	**10054286**	**7298832**	**2755454**	**1276919**
北 京	592371	554975	217861	167355	50506	16866
天 津	862062	694275	406863	257644	149219	51141
河 北	523341	522341	375162	303212	71950	41685
山 西	559481	536881	347556	262680	84876	44860
内蒙古	549702	496727	330163	261114	69049	48847
辽 宁	399698	386398	284550	230127	54423	22527
吉 林	201331	201331	133289	103975	29314	10310
黑龙江	519588	519588	422613	266936	155677	52799
上 海	47257	47257	35323	31926	3397	680
江 苏	1748748	1699168	1005620	624565	381055	148348
浙 江	1242449	1185791	806898	647525	159373	50059
安 徽	108587	108435	102740	85867	16873	12282
福 建	499258	489574	325301	224136	101165	60089
江 西	430821	420321	359422	242119	117303	62723
山 东	981278	976778	782022	523323	258699	135409
河 南	391881	391881	313237	241272	71965	44331
湖 北	482168	451144	372647	259491	113156	39874
湖 南	783228	754840	581267	428792	152475	58954
广 东	2050268	1878793	963612	823930	139682	63868
广 西	287933	254830	197047	120497	76550	29597
海 南	66785	65785	53278	46112	7166	4638
重 庆	210982	203282	101326	70414	30912	25953
四 川	562285	503510	341061	239593	101468	76273
贵 州	208415	208214	173900	112825	61075	14907
云 南	189577	174926	107210	77742	29468	21493
西 藏	92945	26825	22112	15927	6185	1980
陕 西	671108	618108	423978	281516	142462	87144
甘 肃	330295	322975	201157	140464	60693	22376
青 海	80861	80461	67891	45709	22182	6588
宁 夏	126443	122943	77768	54612	23156	7729
新 疆	181170	156178	121412	107432	13980	12589

教育事业费和基本建设支出明细

单位:千元

公用部分	商品和服务支出	其他资本性支出	专项公用支出	专项项目支出	基本建设支出
5000249	**2675529**	**2324720**	**1489397**	**835323**	**927781**
337114	169035	168079	117757	50322	37396
287412	137226	150186	121186	29000	167787
147179	42775	104404	80482	23922	1000
189325	119878	69447	40063	29384	22600
166564	107021	59543	44036	15507	52975
101848	67098	34750	20870	13880	13300
68042	50934	17108	8742	8366	
96975	67428	29547	8312	21235	
11934	11693	241	241		
693548	422574	270974	182971	88003	49580
378893	214038	164855	125621	39234	56658
5695	4445	1250	1250		152
164273	64816	99457	67323	32134	9684
60899	47094	13805	5871	7934	10500
194756	78898	115858	55667	60191	4500
78644	70104	8540	7540	1000	
78497	37849	40648	36119	4529	31024
173573	136884	36689	17389	19300	28388
915181	342986	572195	293382	278813	171475
57783	16456	41327	34327	7000	33103
12507	9049	3458	3458		1000
101956	59853	42103	39718	2385	7700
162449	97661	64788	61587	3201	58775
34314	22252	12062	3804	8258	201
67716	43192	24524	21123	3401	14651
4713	4022	691	691		66120
194130	114088	80042	30042	50000	53000
121818	61364	60454	37932	22522	7320
12570	6198	6372	5159	1213	400
45175	38862	6313	6313		3500
34766	9756	25010	10421	14589	24992

5—17　分地区中央属普通高等职业学校预算内

地　区	合　计	事业费支　出	个人部分	工资福利支出	对个人和家庭的补助支出	#助学金
合　计	**76126**	**62526**	**46839**	**22494**	**24345**	**12541**
北　京						
天　津						
河　北						
山　西						
内蒙古						
辽　宁						
吉　林						
黑龙江	16782	16782	10023	6435	3588	
上　海						
江　苏						
浙　江						
安　徽	744	744	744		744	744
福　建						
江　西						
山　东						
河　南						
湖　北						
湖　南	3283	3283	3283	3283		
广　东	35142	31042	24421	10293	14128	5912
广　西						
海　南						
重　庆	2685	2685	1985		1985	1985
四　川	3897	3897	3897		3897	3897
贵　州						
云　南						
西　藏						
陕　西						
甘　肃						
青　海						
宁　夏						
新　疆	13593	4093	2486	2483	3	3

教育事业费和基本建设支出明细

单位:千元

公用部分	商品和服务支出	其他资本性支出	专项公用支出	专项项目支出	基本建设支出
15687	**9061**	**6626**	**5418**	**1208**	**13600**
6759	6442	317		317	
6621	1730	4891	4000	891	4100
700	700				
1607	189	1418	1418		9500

5—18 分地区地方普通高等职业学校预算内

地 区	合 计	事业费支出	个人部分	工资福利支出	对个人和家庭的补助支出	#助学金
合 计	**15906190**	**14992009**	**10007447**	**7276338**	**2731109**	**1264378**
北 京	592371	554975	217861	167355	50506	16866
天 津	862062	694275	406863	257644	149219	51141
河 北	523341	522341	375162	303212	71950	41685
山 西	559481	536881	347556	262680	84876	44860
内蒙古	549702	496727	330163	261114	69049	48847
辽 宁	399698	386398	284550	230127	54423	22527
吉 林	201331	201331	133289	103975	29314	10310
黑龙江	502806	502806	412590	260501	152089	52799
上 海	47257	47257	35323	31926	3397	680
江 苏	1748748	1699168	1005620	624565	381055	148348
浙 江	1242449	1185791	806898	647525	159373	50059
安 徽	107843	107691	101996	85867	16129	11538
福 建	499258	489574	325301	224136	101165	60089
江 西	430821	420321	359422	242119	117303	62723
山 东	981278	976778	782022	523323	258699	135409
河 南	391881	391881	313237	241272	71965	44331
湖 北	482168	451144	372647	259491	113156	39874
湖 南	779945	751557	577984	425509	152475	58954
广 东	2015126	1847751	939191	813637	125554	57956
广 西	287933	254830	197047	120497	76550	29597
海 南	66785	65785	53278	46112	7166	4638
重 庆	208297	200597	99341	70414	28927	23968
四 川	558388	499613	337164	239593	97571	72376
贵 州	208415	208214	173900	112825	61075	14907
云 南	189577	174926	107210	77742	29468	21493
西 藏	92945	26825	22112	15927	6185	1980
陕 西	671108	618108	423978	281516	142462	87144
甘 肃	330295	322975	201157	140464	60693	22376
青 海	80861	80461	67891	45709	22182	6588
宁 夏	126443	122943	77768	54612	23156	7729
新 疆	167577	152085	118926	104949	13977	12586

教育事业费和基本建设支出明细

单位：千元

公用部分	商品和服务支出	其他资本性支出			基本建设支出
			专项公用支出	专项项目支出	
4984562	**2666468**	**2318094**	**1483979**	**834115**	**914181**
337114	169035	168079	117757	50322	37396
287412	137226	150186	121186	29000	167787
147179	42775	104404	80482	23922	1000
189325	119878	69447	40063	29384	22600
166564	107021	59543	44036	15507	52975
101848	67098	34750	20870	13880	13300
68042	50934	17108	8742	8366	
90216	60986	29230	8312	20918	
11934	11693	241	241		
693548	422574	270974	182971	88003	49580
378893	214038	164855	125621	39234	56658
5695	4445	1250	1250		152
164273	64816	99457	67323	32134	9684
60899	47094	13805	5871	7934	10500
194756	78898	115858	55667	60191	4500
78644	70104	8540	7540	1000	
78497	37849	40648	36119	4529	31024
173573	136884	36689	17389	19300	28388
908560	341256	567304	289382	277922	167375
57783	16456	41327	34327	7000	33103
12507	9049	3458	3458		1000
101256	59153	42103	39718	2385	7700
162449	97661	64788	61587	3201	58775
34314	22252	12062	3804	8258	201
67716	43192	24524	21123	3401	14651
4713	4022	691	691		66120
194130	114088	80042	30042	50000	53000
121818	61364	60454	37932	22522	7320
12570	6198	6372	5159	1213	400
45175	38862	6313	6313		3500
33159	9567	23592	9003	14589	15492

5—19 分地区成人高等学校预算内

地区	合计	事业费支出				
			个人部分	工资福利支出	对个人和家庭的补助支出	
						#助学金
合计	**4028601**	**3970199**	**2868243**	**2176658**	**691585**	**157712**
北京	235782	235782	127505	93559	33946	
天津	34657	34657	29091	16577	12514	93
河北	117907	116134	88075	72535	15540	6625
山西	69514	69514	52507	44035	8472	1605
内蒙古	42137	42137	33886	33260	626	349
辽宁	124888	123988	81792	73373	8419	440
吉林	156801	156801	122640	90543	32097	1419
黑龙江	241407	241407	187722	117984	69738	7693
上海	620067	620067	425657	369129	56528	1232
江苏	377142	375934	271293	163463	107830	42560
浙江	262537	254855	189634	154552	35082	6171
安徽	78602	69115	58934	38975	19959	4085
福建	107170	107170	72730	58877	13853	5370
江西	71372	71372	66110	46960	19150	5352
山东	258666	258666	177603	126104	51499	4069
河南	235502	227502	176951	137203	39748	21199
湖北	81258	81258	75410	64516	10894	3103
湖南	57356	57356	44801	28149	16652	7805
广东	269644	268423	182059	143064	38995	92
广西	100781	98781	75938	49364	26574	5099
海南						
重庆	54996	54936	26381	17055	9326	9253
四川	100942	94777	61138	41784	19354	17015
贵州	54016	54016	53171	38891	14280	20
云南	24739	22739	11525	10695	830	772
西藏						
陕西	69102	51696	36673	27605	9068	2738
甘肃	40060	39560	29777	21173	8604	1260
青海	4553	4553	4553	4476	77	
宁夏						
新疆	137003	137003	104687	92757	11930	2293

教育事业费和基本建设支出明细

单位：千元

公用部分	商品和服务支出	其他资本性支出			基本建设支出
			专项公用支出	专项项目支出	
1101956	**759684**	**342272**	**176283**	**165989**	**58402**
108277	70499	37778	20166	17612	
5566	4775	791	791		
28059	16169	11890	8046	3844	1773
17007	14838	2169	1854	315	
8251	8130	121	121		
42196	37023	5173	5173		900
34161	30487	3674	2354	1320	
53685	33998	19687	2525	17162	
194410	146899	47511	40411	7100	
104641	64077	40564	7586	32978	1208
65221	22506	42715	14206	28509	7682
10181	7945	2236	1006	1230	9487
34440	13918	20522	284	20238	
5262	2212	3050	50	3000	
81063	58365	22698	8404	14294	
50551	27462	23089	13069	10020	8000
5848	3075	2773	2273	500	
12555	12372	183	183		
86364	56704	29660	26708	2952	1221
22843	21622	1221	787	434	2000
28555	23990	4565	4565		60
33639	28082	5557	5557		6165
845	592	253	253		
11214	10714	500	500		2000
15023	9045	5978	5978		17406
9783	4973	4810	529	4281	500
32316	29212	3104	2904	200	

5—20 分地区中央属成人高等学校预算内

地　区	合　计	事业费支出	个人部分	工资福利支出	对个人和家庭的补助支出	#助学金
合　计	**71125**	**71125**	**24597**	**17055**	**7542**	**650**
北　京	34262	34262	6511	4342	2169	
天　津						
河　北						
山　西						
内蒙古						
辽　宁						
吉　林						
黑龙江	16464	16464				
上　海						
江　苏						
浙　江						
安　徽						
福　建						
江　西						
山　东						
河　南						
湖　北						
湖　南						
广　东						
广　西						
海　南						
重　庆						
四　川						
贵　州						
云　南						
西　藏						
陕　西	547	547	547		547	547
甘　肃						
青　海						
宁　夏						
新　疆	19852	19852	17539	12713	4826	103

教育事业费和基本建设支出明细

单位：千元

公用部分	商品和服务支出	其他资本性支出	专项公用支出	专项项目支出	基本建设支出
46528	**25154**	**21374**	**4608**	**16766**	
27751	22841	4910	4608	302	
16464		16464		16464	
2313	2313				

5—21 分地区地方成人高等学校预算内

地 区	合 计	事业费支出	个人部分	工资福利支出	对个人和家庭的补助支出	#助学金
合 计	**3957476**	**3899074**	**2843646**	**2159603**	**684043**	**157062**
北 京	201520	201520	120994	89217	31777	
天 津	34657	34657	29091	16577	12514	93
河 北	117907	116134	88075	72535	15540	6625
山 西	69514	69514	52507	44035	8472	1605
内蒙古	42137	42137	33886	33260	626	349
辽 宁	124888	123988	81792	73373	8419	440
吉 林	156801	156801	122640	90543	32097	1419
黑龙江	224943	224943	187722	117984	69738	7693
上 海	620067	620067	425657	369129	56528	1232
江 苏	377142	375934	271293	163463	107830	42560
浙 江	262537	254855	189634	154552	35082	6171
安 徽	78602	69115	58934	38975	19959	4085
福 建	107170	107170	72730	58877	13853	5370
江 西	71372	71372	66110	46960	19150	5352
山 东	258666	258666	177603	126104	51499	4069
河 南	235502	227502	176951	137203	39748	21199
湖 北	81258	81258	75410	64516	10894	3103
湖 南	57356	57356	44801	28149	16652	7805
广 东	269644	268423	182059	143064	38995	92
广 西	100781	98781	75938	49364	26574	5099
海 南						
重 庆	54996	54936	26381	17055	9326	9253
四 川	100942	94777	61138	41784	19354	17015
贵 州	54016	54016	53171	38891	14280	20
云 南	24739	22739	11525	10695	830	772
西 藏						
陕 西	68555	51149	36126	27605	8521	2191
甘 肃	40060	39560	29777	21173	8604	1260
青 海	4553	4553	4553	4476	77	
宁 夏						
新 疆	117151	117151	87148	80044	7104	2190

教育事业费和基本建设支出明细

单位:千元

公用部分	商品和服务支出	其他资本性支出	专项公用支出	专项项目支出	基本建设支出
1055428	**734530**	**320898**	**171675**	**149223**	**58402**
80526	47658	32868	15558	17310	
5566	4775	791	791		
28059	16169	11890	8046	3844	1773
17007	14838	2169	1854	315	
8251	8130	121	121		
42196	37023	5173	5173		900
34161	30487	3674	2354	1320	
37221	33998	3223	2525	698	
194410	146899	47511	40411	7100	
104641	64077	40564	7586	32978	1208
65221	22506	42715	14206	28509	7682
10181	7945	2236	1006	1230	9487
34440	13918	20522	284	20238	
5262	2212	3050	50	3000	
81063	58365	22698	8404	14294	
50551	27462	23089	13069	10020	8000
5848	3075	2773	2273	500	
12555	12372	183	183		
86364	56704	29660	26708	2952	1221
22843	21622	1221	787	434	2000
28555	23990	4565	4565		60
33639	28082	5557	5557		6165
845	592	253	253		
11214	10714	500	500		2000
15023	9045	5978	5978		17406
9783	4973	4810	529	4281	500
30003	26899	3104	2904	200	

5—22 分地区中等职业学校预算内

地区	合计	事业费支出	个人部分			
				工资福利支出	对个人和家庭的补助支出	
						#助学金
合计	**39429367**	**37919014**	**29318424**	**20890792**	**8427632**	**4427115**
北京	1886917	1817542	1012367	725709	286658	69736
天津	666708	651708	495062	322998	172064	2995
河北	2013514	1965534	1603419	1169337	434082	265524
山西	1202604	1187101	960269	710529	249740	116801
内蒙古	864826	808802	629170	533229	95941	79499
辽宁	1494683	1468203	1088389	750743	337646	151375
吉林	759847	748297	592283	453432	138851	63523
黑龙江	963065	949450	780955	500554	280401	53101
上海	1730287	1704309	1150636	1011721	138915	24676
江苏	2739990	2630552	2218329	1512146	706183	195604
浙江	2639373	2509786	1802645	1407959	394686	199550
安徽	986157	947726	830933	586812	244121	142115
福建	1347145	1267559	1019978	694054	325924	201019
江西	630890	595419	507153	327320	179833	97874
山东	3379719	3314159	2858168	2036677	821491	479608
河南	2454489	2377493	1817122	1240680	576442	378038
湖北	1023560	988735	888143	551337	336806	183492
湖南	1039742	1006742	858004	580249	277755	209722
广东	3172745	3078753	2101460	1782189	319271	66607
广西	1140037	1126816	928936	515911	413025	216148
海南	641883	362722	179618	137694	41924	34044
重庆	791701	781441	567630	288399	279231	262313
四川	1492330	1469611	1191387	710070	481317	396072
贵州	595108	583813	488976	336614	152362	54986
云南	1282713	1235813	856463	612261	244202	184450
西藏	98342	61477	53618	40144	13474	7463
陕西	739986	733256	611410	416502	194908	133954
甘肃	751831	728016	585509	415130	170379	81930
青海	151824	140501	98623	72788	25835	18643
宁夏	169010	161478	132133	94072	38061	21407
新疆	578341	516200	409636	353532	56104	34846

教育事业费和基本建设支出明细

单位:千元

公用部分	商品和服务支出	其他资本性支出	专项公用支出	专项项目支出	基本建设支出
8600590	**4759024**	**3841566**	**2034495**	**1807071**	**1510353**
805175	422590	382585	311885	70700	69375
156646	72595	84051	21867	62184	15000
362115	219418	142697	66869	75828	47980
226832	181948	44884	25965	18919	15503
179632	124291	55341	31835	23506	56024
379814	239958	139856	109859	29997	26480
156014	96573	59441	23376	36065	11550
168495	122725	45770	16002	29768	13615
553673	393553	160120	132357	27763	25978
412223	247281	164942	75573	89369	109438
707141	296015	411126	124986	286140	129587
116793	70895	45898	26510	19388	38431
247581	186139	61442	45309	16133	79586
88266	54279	33987	12889	21098	35471
455991	240106	215885	99738	116147	65560
560371	331078	229293	124706	104587	76996
100592	52335	48257	21024	27233	34825
148738	60769	87969	20950	67019	33000
977293	450531	526762	284241	242521	93992
197880	106674	91206	42331	48875	13221
183104	48650	134454	45763	88691	279161
213811	102378	111433	56876	54557	10260
278224	136597	141627	63812	77815	22719
94837	65531	29306	15548	13758	11295
379350	168938	210412	149842	60570	46900
7859	5990	1869	1752	117	36865
121846	81281	40565	14829	25736	6730
142507	84239	58268	27691	30577	23815
41878	25296	16582	7558	9024	11323
29345	17129	12216	6823	5393	7532
106564	53242	53322	25729	27593	62141

5—23 分地区中央属中等职业学校预算内

地 区	合 计	事业费支出	个人部分	工资福利支出	对个人和家庭的补助支出	#助学金
合 计	**197449**	**162059**	**94630**	**59229**	**35401**	**17474**
北 京	37237	35147	11842	8032	3810	880
天 津						
河 北						
山 西	802	802	802		802	802
内蒙古						
辽 宁						
吉 林						
黑龙江	14038	14038	9272	5617	3655	295
上 海	25008	23008	9651	8513	1138	80
江 苏						
浙 江						
安 徽	419	419	419		419	419
福 建						
江 西						
山 东						
河 南						
湖 北						
湖 南						
广 东	1457	1457				
广 西						
海 南						
重 庆						
四 川	18874	18874	13257	9948	3309	2584
贵 州						
云 南	716	716	716		716	716
西 藏						
陕 西						
甘 肃						
青 海						
宁 夏						
新 疆	98898	67598	48671	27119	21552	11698

教育事业费和基本建设支出明细

单位:千元

公用部分	商品和服务支出	其他资本性支出			基本建设支出
			专项公用支出	专项项目支出	
67429	**36138**	**31291**	**19025**	**12266**	**35390**
23305	10050	13255	8549	4706	2090
4766	4766				
13357	12810	547	547		2000
1457	457	1000	1000		
5617	4617	1000	700	300	
18927	3438	15489	8229	7260	31300

5—24 分地区地方中等职业学校预算内

地区	合计	事业费支出	个人部分	工资福利支出	对个人和家庭的补助支出	＃助学金
合计	**39231918**	**37756955**	**29223794**	**20831563**	**8392231**	**4409641**
北京	1849680	1782395	1000525	717677	282848	68856
天津	666708	651708	495062	322998	172064	2995
河北	2013514	1965534	1603419	1169337	434082	265524
山西	1201802	1186299	959467	710529	248938	115999
内蒙古	864826	808802	629170	533229	95941	79499
辽宁	1494683	1468203	1088389	750743	337646	151375
吉林	759847	748297	592283	453432	138851	63523
黑龙江	949027	935412	771683	494937	276746	52806
上海	1705279	1681301	1140985	1003208	137777	24596
江苏	2739990	2630552	2218329	1512146	706183	195604
浙江	2639373	2509786	1802645	1407959	394686	199550
安徽	985738	947307	830514	586812	243702	141696
福建	1347145	1267559	1019978	694054	325924	201019
江西	630890	595419	507153	327320	179833	97874
山东	3379719	3314159	2858168	2036677	821491	479608
河南	2454489	2377493	1817122	1240680	576442	378038
湖北	1023560	988735	888143	551337	336806	183492
湖南	1039742	1006742	858004	580249	277755	209722
广东	3171288	3077296	2101460	1782189	319271	66607
广西	1140037	1126816	928936	515911	413025	216148
海南	641883	362722	179618	137694	41924	34044
重庆	791701	781441	567630	288399	279231	262313
四川	1473456	1450737	1178130	700122	478008	393488
贵州	595108	583813	488976	336614	152362	54986
云南	1281997	1235097	855747	612261	243486	183734
西藏	98342	61477	53618	40144	13474	7463
陕西	739986	733256	611410	416502	194908	133954
甘肃	751831	728016	585509	415130	170379	81930
青海	151824	140501	98623	72788	25835	18643
宁夏	169010	161478	132133	94072	38061	21407
新疆	479443	448602	360965	326413	34552	23148

教育事业费和基本建设支出明细

单位：千元

公用部分	商品和服务支出	其他资本性支出			基本建设支出
			专项公用支出	专项项目支出	
8533161	**4722886**	**3810275**	**2015470**	**1794805**	**1474963**
781870	412540	369330	303336	65994	67285
156646	72595	84051	21867	62184	15000
362115	219418	142697	66869	75828	47980
226832	181948	44884	25965	18919	15503
179632	124291	55341	31835	23506	56024
379814	239958	139856	109859	29997	26480
156014	96573	59441	23376	36065	11550
163729	117959	45770	16002	29768	13615
540316	380743	159573	131810	27763	23978
412223	247281	164942	75573	89369	109438
707141	296015	411126	124986	286140	129587
116793	70895	45898	26510	19388	38431
247581	186139	61442	45309	16133	79586
88266	54279	33987	12889	21098	35471
455991	240106	215885	99738	116147	65560
560371	331078	229293	124706	104587	76996
100592	52335	48257	21024	27233	34825
148738	60769	87969	20950	67019	33000
975836	450074	525762	283241	242521	93992
197880	106674	91206	42331	48875	13221
183104	48650	134454	45763	88691	279161
213811	102378	111433	56876	54557	10260
272607	131980	140627	63112	77515	22719
94837	65531	29306	15548	13758	11295
379350	168938	210412	149842	60570	46900
7859	5990	1869	1752	117	36865
121846	81281	40565	14829	25736	6730
142507	84239	58268	27691	30577	23815
41878	25296	16582	7558	9024	11323
29345	17129	12216	6823	5393	7532
87637	49804	37833	17500	20333	30841

5—25 分地区中等专业学校预算内

地区	合计	事业费支出				
			个人部分			
				工资福利支出	对个人和家庭的补助支出	
						#助学金
合计	**15609991**	**15153559**	**11157186**	**7756337**	**3400849**	**1799383**
北京	987917	987632	452133	296597	155536	54225
天津	279932	264932	167081	116678	50403	2287
河北	677173	649173	489148	322780	166368	114570
山西	605474	591871	468558	325542	143016	60994
内蒙古	321879	314323	237952	195171	42781	36024
辽宁	748998	727398	502017	350018	151999	80746
吉林	289664	287264	227652	176663	50989	14363
黑龙江	316570	316570	258829	167366	91463	23357
上海	958766	949958	588437	527382	61055	18422
江苏	927382	850846	693239	463362	229877	61004
浙江	240393	240393	168229	130934	37295	17057
安徽	299863	293563	248095	173346	74749	37927
福建	613936	594992	467798	307282	160516	116416
江西	208714	206214	179128	112423	66705	36274
山东	1164723	1160249	997273	685249	312024	185030
河南	1049951	1026609	739902	498874	241028	142589
湖北	561966	535141	473776	309840	163936	103234
湖南	335309	323359	236312	177010	59302	35471
广东	1131380	1104689	761891	611334	150557	39600
广西	739211	732175	606174	320976	285198	161732
海南	269620	253020	131629	103286	28343	21745
重庆	182634	180744	130951	59338	71613	68457
四川	466078	459809	349552	214540	135012	110381
贵州	335273	330526	267054	170755	96299	25517
云南	638881	633881	380828	259500	121328	88849
西藏	93575	56710	49504	36616	12888	7327
陕西	248454	245054	205999	133689	72310	49787
甘肃	396697	383882	314753	219484	95269	45674
青海	59985	57362	41291	33161	8130	5361
宁夏	94310	86778	70596	44796	25800	11320
新疆	365283	308442	251405	212345	39060	23643

教育事业费和基本建设支出明细

单位：千元

公用部分	商品和服务支出	其他资本性支出			基本建设支出
			专项公用支出	专项项目支出	
3996373	**2255051**	**1741322**	**1136025**	**605297**	**456432**
535499	221667	313832	258978	54854	285
97851	43009	54842	19134	35708	15000
160025	101018	59007	23121	35886	28000
123313	110818	12495	9614	2881	13603
76371	59364	17007	10284	6723	7556
225381	155044	70337	58270	12067	21600
59612	37521	22091	7234	14857	2400
57741	54985	2756	1898	858	
361521	220148	141373	116436	24937	8808
157607	113025	44582	33588	10994	76536
72164	27408	44756	12292	32464	
45468	24228	21240	16985	4255	6300
127194	97339	29855	19001	10854	18944
27086	20609	6477	3517	2960	2500
162976	95765	67211	49648	17563	4474
286707	166204	120503	52458	68045	23342
61365	40330	21035	13796	7239	26825
87047	25077	61970	4585	57385	11950
342798	178110	164688	114662	50026	26691
126001	71328	54673	26830	27843	7036
121391	32025	89366	37796	51570	16600
49793	22059	27734	25894	1840	1890
110257	49103	61154	39724	21430	6269
63472	48321	15151	9229	5922	4747
253053	103289	149764	133213	16551	5000
7206	5481	1725	1608	117	36865
39055	32303	6752	2452	4300	3400
69129	47974	21155	13937	7218	12815
16071	12579	3492	1562	1930	2623
16182	9938	6244	2894	3350	7532
57037	28982	28055	15385	12670	56841

5—26 分地区中央属中等专业学校预算内

地　区	合　计	事业费支　出	个人部分	工资福利支出	对个人和家庭的补助支出	#助学金
合　计	**169841**	**136541**	**78112**	**48449**	**29663**	**15537**
北　京	35147	35147	11842	8032	3810	880
天　津						
河　北						
山　西	802	802	802		802	802
内蒙古						
辽　宁						
吉　林						
黑龙江						
上　海	25008	23008	9651	8513	1138	80
江　苏						
浙　江						
安　徽						
福　建						
江　西						
山　东						
河　南						
湖　北						
湖　南						
广　东						
广　西						
海　南						
重　庆						
四　川	11519	11519	8358	5556	2802	2077
贵　州						
云　南						
西　藏						
陕　西						
甘　肃						
青　海						
宁　夏						
新　疆	97365	66065	47459	26348	21111	11698

教育事业费和基本建设支出明细

单位：千元

公用部分	商品和服务支出	其他资本性支出			基本建设支出
			专项公用支出	专项项目支出	
58429	**28238**	**30191**	**17985**	**12206**	**33300**
23305	10050	13255	8549	4706	
13357	12810	547	547		2000
3161	2161	1000	700	300	
18606	3217	15389	8189	7200	31300

5—27 分地区地方中等专业学校预算内

地区	合计	事业费支出	个人部分	工资福利支出	对个人和家庭的补助支出	#助学金
合计	**15440150**	**15017018**	**11079074**	**7707888**	**3371186**	**1783846**
北京	952770	952485	440291	288565	151726	53345
天津	279932	264932	167081	116678	50403	2287
河北	677173	649173	489148	322780	166368	114570
山西	604672	591069	467756	325542	142214	60192
内蒙古	321879	314323	237952	195171	42781	36024
辽宁	748998	727398	502017	350018	151999	80746
吉林	289664	287264	227652	176663	50989	14363
黑龙江	316570	316570	258829	167366	91463	23357
上海	933758	926950	578786	518869	59917	18342
江苏	927382	850846	693239	463362	229877	61004
浙江	240393	240393	168229	130934	37295	17057
安徽	299863	293563	248095	173346	74749	37927
福建	613936	594992	467798	307282	160516	116416
江西	208714	206214	179128	112423	66705	36274
山东	1164723	1160249	997273	685249	312024	185030
河南	1049951	1026609	739902	498874	241028	142589
湖北	561966	535141	473776	309840	163936	103234
湖南	335309	323359	236312	177010	59302	35471
广东	1131380	1104689	761891	611334	150557	39600
广西	739211	732175	606174	320976	285198	161732
海南	269620	253020	131629	103286	28343	21745
重庆	182634	180744	130951	59338	71613	68457
四川	454559	448290	341194	208984	132210	108304
贵州	335273	330526	267054	170755	96299	25517
云南	638881	633881	380828	259500	121328	88849
西藏	93575	56710	49504	36616	12888	7327
陕西	248454	245054	205999	133689	72310	49787
甘肃	396697	383882	314753	219484	95269	45674
青海	59985	57362	41291	33161	8130	5361
宁夏	94310	86778	70596	44796	25800	11320
新疆	267918	242377	203946	185997	17949	11945

教育事业费和基本建设支出明细

单位：千元

公用部分	商品和服务支出	其他资本性支出	专项公用支出	专项项目支出	基本建设支出
3937944	**2226813**	**1711131**	**1118040**	**593091**	**423132**
512194	211617	300577	250429	50148	285
97851	43009	54842	19134	35708	15000
160025	101018	59007	23121	35886	28000
123313	110818	12495	9614	2881	13603
76371	59364	17007	10284	6723	7556
225381	155044	70337	58270	12067	21600
59612	37521	22091	7234	14857	2400
57741	54985	2756	1898	858	
348164	207338	140826	115889	24937	6808
157607	113025	44582	33588	10994	76536
72164	27408	44756	12292	32464	
45468	24228	21240	16985	4255	6300
127194	97339	29855	19001	10854	18944
27086	20609	6477	3517	2960	2500
162976	95765	67211	49648	17563	4474
286707	166204	120503	52458	68045	23342
61365	40330	21035	13796	7239	26825
87047	25077	61970	4585	57385	11950
342798	178110	164688	114662	50026	26691
126001	71328	54673	26830	27843	7036
121391	32025	89366	37796	51570	16600
49793	22059	27734	25894	1840	1890
107096	46942	60154	39024	21130	6269
63472	48321	15151	9229	5922	4747
253053	103289	149764	133213	16551	5000
7206	5481	1725	1608	117	36865
39055	32303	6752	2452	4300	3400
69129	47974	21155	13937	7218	12815
16071	12579	3492	1562	1930	2623
16182	9938	6244	2894	3350	7532
38431	25765	12666	7196	5470	25541

5—28 分地区职业高中预算内

地 区	合 计	事业费支出	个人部分	工资福利支出	对个人和家庭的补助支出	#助学金
合 计	**17164755**	**16655018**	**13479834**	**9699047**	**3780787**	**2101556**
北 京	656244	589244	399912	315307	84605	2989
天 津	259552	259552	217728	129902	87826	463
河 北	998298	978318	827980	629190	198790	116353
山 西	415535	414035	342389	269044	73345	48071
内蒙古	411348	363080	287362	242869	44493	38805
辽 宁	626941	622061	491324	329989	161335	62120
吉 林	330640	321490	245651	176788	68863	40487
黑龙江	465768	452153	374119	238077	136042	25186
上 海	531821	514651	411343	352352	58991	5977
江 苏	1418752	1407850	1240329	853204	387125	127084
浙 江	1972388	1901894	1380572	1078507	302065	165610
安 徽	606239	574767	510578	359352	151226	97074
福 建	385272	377540	327001	235306	91695	52697
江 西	337367	304396	252478	163626	88852	57800
山 东	1458207	1450391	1298336	963076	335260	184929
河 南	867048	854894	690545	452312	238233	182248
湖 北	354750	350450	318216	186195	132021	59847
湖 南	564455	545705	502053	307974	194079	157006
广 东	1337027	1324186	968811	867230	101581	10854
广 西	159604	154777	123272	80444	42828	21435
海 南	94513	76446	28293	19544	8749	8127
重 庆	417198	408828	297420	167230	130190	119764
四 川	820425	804425	674250	380874	293376	260084
贵 州	189879	183331	152529	98270	54259	28782
云 南	473066	431166	338830	241495	97335	80244
西 藏						
陕 西	448296	444966	368829	253010	115819	83987
甘 肃	314674	303674	236562	171333	65229	35279
青 海	91839	83139	57332	39627	17705	13282
宁 夏	60124	60124	49679	39862	9817	9108
新 疆	97485	97485	66111	57058	9053	5864

教育事业费和基本建设支出明细

单位:千元

公用部分	商品和服务支出	其他资本性支出			基本建设支出
			专项公用支出	专项项目支出	
3175184	**1661556**	**1513628**	**587165**	**926463**	**509737**
189332	162296	27036	21446	5590	67000
41824	13256	28568	2192	26376	
150338	80094	70244	36195	34049	19980
71646	46544	25102	10110	14992	1500
75718	47554	28164	13445	14719	48268
130737	65385	65352	48422	16930	4880
75839	40599	35240	14032	21208	9150
78034	41407	36627	9217	27410	13615
103308	91467	11841	11274	567	17170
167521	98871	68650	36371	32279	10902
521322	190530	330792	98309	232483	70494
64189	40302	23887	9204	14683	31472
50539	42460	8079	5358	2721	7732
51918	26460	25458	7734	17724	32971
152055	72884	79171	23487	55684	7816
164349	85103	79246	57848	21398	12154
32234	6864	25370	5376	19994	4300
43652	26600	17052	7628	9424	18750
355375	193231	162144	68644	93500	12841
31505	9293	22212	5610	16602	4827
48153	9798	38355	1234	37121	18067
111408	42378	69030	19224	49806	8370
130175	59484	70691	18720	51971	16000
30802	16775	14027	6191	7836	6548
92336	44675	47661	9412	38249	41900
76137	43289	32848	12363	20485	3330
67112	32425	34687	13328	21359	11000
25807	12717	13090	5996	7094	8700
10445	4539	5906	3863	2043	
31374	14276	17098	4932	12166	

5—29 分地区中央属职业高中预算内

地区	合计	事业费支出	个人部分	工资福利支出	对个人和家庭的补助支出	#助学金
合计	**20003**	**20003**	**13711**	**9658**	**4053**	**758**
北京						
天津						
河北						
山西						
内蒙古						
辽宁						
吉林						
黑龙江	12431	12431	8667	5168	3499	295
上海						
江苏						
浙江						
安徽						
福建						
江西						
山东						
河南						
湖北						
湖南						
广东						
广西						
海南						
重庆						
四川	7311	7311	4855	4392	463	463
贵州						
云南						
西藏						
陕西						
甘肃						
青海						
宁夏						
新疆	261	261	189	98	91	

教育事业费和基本建设支出明细

单位：千元

公用部分	商品和服务支出	其他资本性支出	专项公用支出	专项项目支出	基本建设支出
6292	**6292**				
3764	3764				
2456	2456				
72	72				

5—30 分地区地方职业高中预算内

地 区	合 计	事业费支 出	个人部分	工资福利支出	对个人和家庭的补助支出	#助学金
合 计	**17144752**	**16635015**	**13466123**	**9689389**	**3776734**	**2100798**
北 京	656244	589244	399912	315307	84605	2989
天 津	259552	259552	217728	129902	87826	463
河 北	998298	978318	827980	629190	198790	116353
山 西	415535	414035	342389	269044	73345	48071
内蒙古	411348	363080	287362	242869	44493	38805
辽 宁	626941	622061	491324	329989	161335	62120
吉 林	330640	321490	245651	176788	68863	40487
黑龙江	453337	439722	365452	232909	132543	24891
上 海	531821	514651	411343	352352	58991	5977
江 苏	1418752	1407850	1240329	853204	387125	127084
浙 江	1972388	1901894	1380572	1078507	302065	165610
安 徽	606239	574767	510578	359352	151226	97074
福 建	385272	377540	327001	235306	91695	52697
江 西	337367	304396	252478	163626	88852	57800
山 东	1458207	1450391	1298336	963076	335260	184929
河 南	867048	854894	690545	452312	238233	182248
湖 北	354750	350450	318216	186195	132021	59847
湖 南	564455	545705	502053	307974	194079	157006
广 东	1337027	1324186	968811	867230	101581	10854
广 西	159604	154777	123272	80444	42828	21435
海 南	94513	76446	28293	19544	8749	8127
重 庆	417198	408828	297420	167230	130190	119764
四 川	813114	797114	669395	376482	292913	259621
贵 州	189879	183331	152529	98270	54259	28782
云 南	473066	431166	338830	241495	97335	80244
西 藏						
陕 西	448296	444966	368829	253010	115819	83987
甘 肃	314674	303674	236562	171333	65229	35279
青 海	91839	83139	57332	39627	17705	13282
宁 夏	60124	60124	49679	39862	9817	9108
新 疆	97224	97224	65922	56960	8962	5864

教育事业费和基本建设支出明细

单位：千元

公用部分	商品和服务支出	其他资本性支出	专项公用支出	专项项目支出	基本建设支出
3168892	**1655264**	**1513628**	**587165**	**926463**	**509737**
189332	162296	27036	21446	5590	67000
41824	13256	28568	2192	26376	
150338	80094	70244	36195	34049	19980
71646	46544	25102	10110	14992	1500
75718	47554	28164	13445	14719	48268
130737	65385	65352	48422	16930	4880
75839	40599	35240	14032	21208	9150
74270	37643	36627	9217	27410	13615
103308	91467	11841	11274	567	17170
167521	98871	68650	36371	32279	10902
521322	190530	330792	98309	232483	70494
64189	40302	23887	9204	14683	31472
50539	42460	8079	5358	2721	7732
51918	26460	25458	7734	17724	32971
152055	72884	79171	23487	55684	7816
164349	85103	79246	57848	21398	12154
32234	6864	25370	5376	19994	4300
43652	26600	17052	7628	9424	18750
355375	193231	162144	68644	93500	12841
31505	9293	22212	5610	16602	4827
48153	9798	38355	1234	37121	18067
111408	42378	69030	19224	49806	8370
127719	57028	70691	18720	51971	16000
30802	16775	14027	6191	7836	6548
92336	44675	47661	9412	38249	41900
76137	43289	32848	12363	20485	3330
67112	32425	34687	13328	21359	11000
25807	12717	13090	5996	7094	8700
10445	4539	5906	3863	2043	
31302	14204	17098	4932	12166	

5—31 分地区农村职业高中预算内

地　区	合　计	事业费支　出				
			个人部分			
				工资福利支出	对个人和家庭的补助支出	
						＃助学金
合　计	**2024641**	**1993651**	**1656763**	**1257237**	**399526**	**262228**
北　京	90932	81932	49401	43408	5993	492
天　津	6736	6736	6639	5751	888	
河　北	98918	95918	81724	64187	17537	11738
山　西	32228	32078	26517	21802	4715	2102
内蒙古	11422	11422	7777	6716	1061	741
辽　宁	10136	10136	7182	5561	1621	1491
吉　林	8124	8124	6503	4431	2072	2064
黑龙江	10562	10562	9908	6366	3542	70
上　海						
江　苏	211423	211423	191106	138639	52467	20900
浙　江	322212	319754	268659	224111	44548	24370
安　徽	174861	171611	153421	112877	40544	31563
福　建	52340	52308	43326	32167	11159	6038
江　西	22563	20563	17145	10275	6870	4676
山　东	88341	88341	84302	61799	22503	12540
河　南	72228	72228	65135	46055	19080	12325
湖　北	20706	20206	19974	13043	6931	4672
湖　南	58814	56014	51659	27794	23865	23048
广　东	276092	276092	199071	184234	14837	3446
广　西	13788	13788	9923	6938	2985	819
海　南	6063	6063	2089	1636	453	220
重　庆	68883	64683	49093	33613	15480	13165
四　川	184565	184565	158219	98794	59425	52959
贵　州	7827	7827	7136	4938	2198	1465
云　南	27320	24520	18251	12392	5859	5386
西　藏						
陕　西	81493	80693	70274	48373	21901	20046
甘　肃	51036	51036	41990	32207	9783	4955
青　海						
宁　夏	2140	2140	2123	2121	2	
新　疆	12888	12888	8216	7009	1207	937

教育事业费和基本建设支出明细

单位:千元

公用部分	商品和服务支出	其他资本性支出	专项公用支出	专项项目支出	基本建设支出
336888	**199553**	**137335**	**70559**	**66776**	**30990**
32531	21504	11027	8347	2680	9000
97	6	91	91		
14194	9354	4840	4290	550	3000
5561	4385	1176	426	750	150
3645	3544	101	101		
2954	1210	1744	1744		
1621	1605	16	16		
654	388	266	66	200	
20317	16273	4044	2263	1781	
51095	31877	19218	10901	8317	2458
18190	11838	6352	2552	3800	3250
8982	7851	1131	67	1064	32
3418	1194	2224	168	2056	2000
4039	2233	1806	354	1452	
7093	4358	2735	1480	1255	
232	232				500
4355	1752	2603	3	2600	2800
77021	41750	35271	19367	15904	
3865	453	3412	182	3230	
3974	3974				
15590	7786	7804	4741	3063	4200
26346	8839	17507	7545	9962	
691	271	420	36	384	
6269	2057	4212	2735	1477	2800
10419	4930	5489	2353	3136	800
9046	7455	1591	731	860	
17	17				
4672	2417	2255		2255	

5—32 分地区技工学校预算内

地区	合计	事业费支出	个人部分	工资福利支出	对个人和家庭的补助支出	#助学金
合计	**3640039**	**3116777**	**2251082**	**1584053**	**667029**	**401464**
北京	222597	220507	142935	102629	40306	12272
天津	57458	57458	45079	38163	6916	162
河北	133225	133225	108338	69013	39325	30037
山西	77471	77071	54541	38983	15558	7261
内蒙古	40587	40387	35523	31349	4174	2306
辽宁	109648	109648	88094	64568	23526	8506
吉林	16407	16407	14326	6001	8325	8088
黑龙江	67070	67070	44377	28711	15666	3028
上海	793	793	584	422	162	134
江苏	219020	197020	140557	105939	34618	6249
浙江	224056	168097	109175	83793	25382	11736
安徽	9376	9376	8862	5630	3232	3128
福建	208393	155483	110394	63575	46819	31735
江西	11798	11798	11415	8310	3105	1563
山东	535146	481876	360405	229042	131363	98878
河南	294707	259307	200120	145530	54590	34483
湖北	34216	31216	29956	19455	10501	7541
湖南	46517	44217	43527	29848	13679	12418
广东	549026	499991	268660	222137	46523	14309
广西	132169	130971	103831	54497	49334	26407
海南	259331	19131	8773	5060	3713	3709
重庆	93980	93980	74045	24725	49320	48784
四川	26023	26023	24722	14659	10063	8263
贵州	66622	66622	66522	65835	687	687
云南	95929	95929	69985	50587	19398	14639
西藏						
陕西	9215	9215	7605	6851	754	73
甘肃	10720	10720	7945	5664	2281	752
青海						
宁夏	9591	9591	7679	5375	2304	839
新疆	78948	73648	63107	57702	5405	3477

教育事业费和基本建设支出明细

单位:千元

公用部分	商品和服务支出	其他资本性支出			基本建设支出
			专项公用支出	专项项目支出	
865695	**409860**	**455835**	**235486**	**220349**	**523262**
77572	36006	41566	31310	10256	2090
12379	12372	7	7		
24887	13823	11064	5481	5583	
22530	16065	6465	5629	836	400
4864	3805	1059		1059	200
21554	17387	4167	3167	1000	
2081	1874	207	207		
22693	16849	5844	4344	1500	
209	209				
56463	21580	34883	4345	30538	22000
58922	35465	23457	8780	14677	55959
514	514				
45089	27458	17631	16914	717	52910
383	383				
121471	53485	67986	25673	42313	53270
59187	33017	26170	12526	13644	35400
1260	270	990	990		3000
690	690				2300
231331	57852	173479	89163	84316	49035
27140	16830	10310	8956	1354	1198
10358	4107	6251	6251		240200
19935	13835	6100	3200	2900	
1301	941	360	150	210	
100		100	100		
25944	14897	11047	5851	5196	
1610	1610				
2775	775	2000		2000	
1912	1912				
10541	5849	4692	2442	2250	5300

5—33 分地区中央属技工学校预算内

地 区	合 计	事业费支 出	个人部分	工资福利支出	对个人和家庭的补助支出	#助学金
合 计	**4793**	**2703**	**1179**		**1179**	**1179**
北 京	2090					
天 津						
河 北						
山 西						
内蒙古						
辽 宁						
吉 林						
黑龙江	67	67				
上 海						
江 苏						
浙 江						
安 徽	419	419	419		419	419
福 建						
江 西						
山 东						
河 南						
湖 北						
湖 南						
广 东	1457	1457				
广 西						
海 南						
重 庆						
四 川	44	44	44		44	44
贵 州						
云 南	716	716	716		716	716
西 藏						
陕 西						
甘 肃						
青 海						
宁 夏						
新 疆						

教育事业费和基本建设支出明细

单位：千元

公用部分	商品和服务支出	其他资本性支出	专项公用支出	专项项目支出	基本建设支出
1524	**524**	**1000**	**1000**		**2090**
					2090
67	67				
1457	457	1000	1000		

5—34 分地区地方技工学校预算内

地区	合计	事业费支出	个人部分	工资福利支出	对个人和家庭的补助支出	#助学金
合计	**3635246**	**3114074**	**2249903**	**1584053**	**665850**	**400285**
北京	220507	220507	142935	102629	40306	12272
天津	57458	57458	45079	38163	6916	162
河北	133225	133225	108338	69013	39325	30037
山西	77471	77071	54541	38983	15558	7261
内蒙古	40587	40387	35523	31349	4174	2306
辽宁	109648	109648	88094	64568	23526	8506
吉林	16407	16407	14326	6001	8325	8088
黑龙江	67003	67003	44377	28711	15666	3028
上海	793	793	584	422	162	134
江苏	219020	197020	140557	105939	34618	6249
浙江	224056	168097	109175	83793	25382	11736
安徽	8957	8957	8443	5630	2813	2709
福建	208393	155483	110394	63575	46819	31735
江西	11798	11798	11415	8310	3105	1563
山东	535146	481876	360405	229042	131363	98878
河南	294707	259307	200120	145530	54590	34483
湖北	34216	31216	29956	19455	10501	7541
湖南	46517	44217	43527	29848	13679	12418
广东	547569	498534	268660	222137	46523	14309
广西	132169	130971	103831	54497	49334	26407
海南	259331	19131	8773	5060	3713	3709
重庆	93980	93980	74045	24725	49320	48784
四川	25979	25979	24678	14659	10019	8219
贵州	66622	66622	66522	65835	687	687
云南	95213	95213	69269	50587	18682	13923
西藏						
陕西	9215	9215	7605	6851	754	73
甘肃	10720	10720	7945	5664	2281	752
青海						
宁夏	9591	9591	7679	5375	2304	839
新疆	78948	73648	63107	57702	5405	3477

教育事业费和基本建设支出明细

单位：千元

公用部分	商品和服务支出	其他资本性支出			基本建设支出
			专项公用支出	专项项目支出	
864171	**409336**	**454835**	**234486**	**220349**	**521172**
77572	36006	41566	31310	10256	
12379	12372	7	7		
24887	13823	11064	5481	5583	
22530	16065	6465	5629	836	400
4864	3805	1059		1059	200
21554	17387	4167	3167	1000	
2081	1874	207	207		
22626	16782	5844	4344	1500	
209	209				
56463	21580	34883	4345	30538	22000
58922	35465	23457	8780	14677	55959
514	514				
45089	27458	17631	16914	717	52910
383	383				
121471	53485	67986	25673	42313	53270
59187	33017	26170	12526	13644	35400
1260	270	990	990		3000
690	690				2300
229874	57395	172479	88163	84316	49035
27140	16830	10310	8956	1354	1198
10358	4107	6251	6251		240200
19935	13835	6100	3200	2900	
1301	941	360	150	210	
100		100	100		
25944	14897	11047	5851	5196	
1610	1610				
2775	775	2000		2000	
1912	1912				
10541	5849	4692	2442	2250	5300

5—35 分地区成人中等专业学校预算内

地区	合计	事业费支出	个人部分	工资福利支出	对个人和家庭的补助支出	#助学金
合计	**3014582**	**2993660**	**2430322**	**1851355**	**578967**	**124712**
北京	20159	20159	17387	11176	6211	250
天津	69766	69766	65174	38255	26919	83
河北	204818	204818	177953	148354	29599	4564
山西	104124	104124	94781	76960	17821	475
内蒙古	91012	91012	68333	63840	4493	2364
辽宁	9096	9096	6954	6168	786	3
吉林	123136	123136	104654	93980	10674	585
黑龙江	113657	113657	103630	66400	37230	1530
上海	238907	238907	150272	131565	18707	143
江苏	174836	174836	144204	89641	54563	1267
浙江	202536	199402	144669	114725	29944	5147
安徽	70679	70020	63398	48484	14914	3986
福建	139544	139544	114785	87891	26894	171
江西	73011	73011	64132	42961	21171	2237
山东	221643	221643	202154	159310	42844	10771
河南	242783	236683	186555	143964	42591	18718
湖北	72628	71928	66195	35847	30348	12870
湖南	93461	93461	76112	65417	10695	4827
广东	155312	149887	102098	81488	20610	1844
广西	109053	108893	95659	59994	35665	6574
海南	18419	14125	10923	9804	1119	463
重庆	97889	97889	65214	37106	28108	25308
四川	179804	179354	142863	99997	42866	17344
贵州	3334	3334	2871	1754	1117	
云南	74837	74837	66820	60679	6141	718
西藏	4767	4767	4114	3528	586	136
陕西	34021	34021	28977	22952	6025	107
甘肃	29740	29740	26249	18649	7600	225
青海						
宁夏	4985	4985	4179	4039	140	140
新疆	36625	36625	29013	26427	2586	1862

教育事业费和基本建设支出明细

单位：千元

公用部分	商品和服务支出	其他资本性支出			基本建设支出
			专项公用支出	专项项目支出	
563338	**432557**	**130781**	**75819**	**54962**	**20922**
2772	2621	151	151		
4592	3958	634	534	100	
26865	24483	2382	2072	310	
9343	8521	822	612	210	
22679	13568	9111	8106	1005	
2142	2142				
18482	16579	1903	1903		
10027	9484	543	543		
88635	81729	6906	4647	2259	
30632	13805	16827	1269	15558	
54733	42612	12121	5605	6516	3134
6622	5851	771	321	450	659
24759	18882	5877	4036	1841	
8879	6827	2052	1638	414	
19489	17972	1517	930	587	
50128	46754	3374	1874	1500	6100
5733	4871	862	862		700
17349	8402	8947	8737	210	
47789	21338	26451	11772	14679	5425
13234	9223	4011	935	3076	160
3202	2720	482	482		4294
32675	24106	8569	8558	11	
36491	27069	9422	5218	4204	450
463	435	28	28		
8017	6077	1940	1366	574	
653	509	144	144		
5044	4079	965	14	951	
3491	3065	426	426		
806	740	66	66		
7612	4135	3477	2970	507	

5—36 分地区中央属成人中等专业学校预算内

地区	合计	事业费支出				
			个人部分			
				工资福利支出	对个人和家庭的补助支出	
						#助学金
合计	**2812**	**2812**	**1628**	**1122**	**506**	
北京						
天津						
河北						
山西						
内蒙古						
辽宁						
吉林						
黑龙江	1540	1540	605	449	156	
上海						
江苏						
浙江						
安徽						
福建						
江西						
山东						
河南						
湖北						
湖南						
广东						
广西						
海南						
重庆						
四川						
贵州						
云南						
西藏						
陕西						
甘肃						
青海						
宁夏						
新疆	1272	1272	1023	673	350	

教育事业费和基本建设支出明细

单位:千元

公用部分	商品和服务支出	其他资本性支出	专项公用支出	专项项目支出	基本建设支出
1184	**1084**	**100**	**40**	**60**	
935	935				
249	149	100	40	60	

5—37 分地区地方成人中等专业学校预算内

地 区	合 计	事业费支出	个人部分	工资福利支出	对个人和家庭的补助支出	＃助学金
合 计	**3011770**	**2990848**	**2428694**	**1850233**	**578461**	**124712**
北 京	20159	20159	17387	11176	6211	250
天 津	69766	69766	65174	38255	26919	83
河 北	204818	204818	177953	148354	29599	4564
山 西	104124	104124	94781	76960	17821	475
内蒙古	91012	91012	68333	63840	4493	2364
辽 宁	9096	9096	6954	6168	786	3
吉 林	123136	123136	104654	93980	10674	585
黑龙江	112117	112117	103025	65951	37074	1530
上 海	238907	238907	150272	131565	18707	143
江 苏	174836	174836	144204	89641	54563	1267
浙 江	202536	199402	144669	114725	29944	5147
安 徽	70679	70020	63398	48484	14914	3986
福 建	139544	139544	114785	87891	26894	171
江 西	73011	73011	64132	42961	21171	2237
山 东	221643	221643	202154	159310	42844	10771
河 南	242783	236683	186555	143964	42591	18718
湖 北	72628	71928	66195	35847	30348	12870
湖 南	93461	93461	76112	65417	10695	4827
广 东	155312	149887	102098	81488	20610	1844
广 西	109053	108893	95659	59994	35665	6574
海 南	18419	14125	10923	9804	1119	463
重 庆	97889	97889	65214	37106	28108	25308
四 川	179804	179354	142863	99997	42866	17344
贵 州	3334	3334	2871	1754	1117	
云 南	74837	74837	66820	60679	6141	718
西 藏	4767	4767	4114	3528	586	136
陕 西	34021	34021	28977	22952	6025	107
甘 肃	29740	29740	26249	18649	7600	225
青 海						
宁 夏	4985	4985	4179	4039	140	140
新 疆	35353	35353	27990	25754	2236	1862

教育事业费和基本建设支出明细

单位：千元

公用部分					基本建设支出
	商品和服务支出	其他资本性支出	专项公用支出	专项项目支出	
562154	**431473**	**130681**	**75779**	**54902**	**20922**
2772	2621	151	151		
4592	3958	634	534	100	
26865	24483	2382	2072	310	
9343	8521	822	612	210	
22679	13568	9111	8106	1005	
2142	2142				
18482	16579	1903	1903		
9092	8549	543	543		
88635	81729	6906	4647	2259	
30632	13805	16827	1269	15558	
54733	42612	12121	5605	6516	3134
6622	5851	771	321	450	659
24759	18882	5877	4036	1841	
8879	6827	2052	1638	414	
19489	17972	1517	930	587	
50128	46754	3374	1874	1500	6100
5733	4871	862	862		700
17349	8402	8947	8737	210	
47789	21338	26451	11772	14679	5425
13234	9223	4011	935	3076	160
3202	2720	482	482		4294
32675	24106	8569	8558	11	
36491	27069	9422	5218	4204	450
463	435	28	28		
8017	6077	1940	1366	574	
653	509	144	144		
5044	4079	965	14	951	
3491	3065	426	426		
806	740	66	66		
7363	3986	3377	2930	447	

5—38 分地区中学预算内

地 区	合 计	事业费支出				
			个人部分			
				工资福利支出	对个人和家庭的补助支出	
						#助学金
合 计	**213305670**	**207621625**	**162157750**	**136977484**	**25180266**	**4399469**
北 京	6383342	5734433	3153983	2392420	761563	72563
天 津	3090386	3031164	2512777	1617825	894952	18959
河 北	9763545	9619422	7647276	6737780	909496	94340
山 西	5548368	5348515	3990398	3594512	395886	69167
内蒙古	4368059	4198091	3148120	2870316	277804	165222
辽 宁	7261422	7163565	5501622	4531053	970569	37497
吉 林	3929900	3901390	3038053	2792095	245958	24995
黑龙江	5927412	5876470	4881573	3773207	1108366	47771
上 海	8181162	7842391	5802276	5112627	689649	38540
江 苏	14999800	14338072	12049642	9090156	2959486	95481
浙 江	11467453	11157102	8884912	7566875	1318037	111995
安 徽	7488738	7383821	5947847	5194492	753355	144567
福 建	6064587	5958487	4839083	4125556	713527	66684
江 西	5018600	4911422	4195708	3463628	732080	200972
山 东	15222675	15180052	12801173	10980774	1820399	274777
河 南	12912753	12687242	9336083	8003081	1333002	347996
湖 北	8351281	8282794	6816485	5377512	1438973	66412
湖 南	8061465	8010244	6660130	5869696	790434	300299
广 东	19458612	18394470	13695130	12199107	1496023	86627
广 西	5754808	5671922	4529632	3621644	907988	75767
海 南	1394937	1284938	965695	836860	128835	88084
重 庆	3816100	3721031	2559782	2253855	305927	156711
四 川	9532144	9446968	6778462	5998262	780200	330350
贵 州	4541812	4497656	3693941	2966046	727895	67020
云 南	5692800	5585646	4579920	3912218	667702	444478
西 藏	1185357	838987	749837	540215	209622	163628
陕 西	5845951	5723679	4149744	3543972	605772	192102
甘 肃	4202741	4150493	3300269	2687584	612685	241999
青 海	986527	976475	816101	737129	78972	55399
宁 夏	1237324	1198752	797041	744622	52419	29926
新 疆	5615609	5505931	4335055	3842365	492690	289141

教育事业费和基本建设支出明细

单位:千元

公用部分	商品和服务支出	其他资本性支出	专项公用支出	专项项目支出	基本建设支出
45463875	**28046132**	**17417743**	**6259609**	**11158134**	**5684045**
2580450	1699822	880628	573899	306729	648909
518387	296397	221990	94852	127138	59222
1972146	1219349	752797	272377	480420	144123
1358117	940447	417670	129923	287747	199853
1049971	689549	360422	143434	216988	169968
1661943	1210596	451347	189129	262218	97857
863337	603920	259417	110672	148745	28510
994897	760092	234805	80714	154091	50942
2040115	1399346	640769	333082	307687	338771
2288430	1383123	905307	277931	627376	661728
2272190	1196776	1075414	167692	907722	310351
1435974	956024	479950	174880	305070	104917
1119404	762241	357163	132077	225086	106100
715714	520319	195395	67432	127963	107178
2378879	1450211	928668	246597	682071	42623
3351159	2227827	1123332	521507	601825	225511
1466309	988290	478019	155054	322965	68487
1350114	862728	487386	176953	310433	51221
4699340	2533486	2165854	802792	1363062	1064142
1142290	631765	510525	141241	369284	82886
319243	165685	153558	46827	106731	109999
1161249	726343	434906	175157	259749	95069
2668506	1425257	1243249	399841	843408	85176
803715	497143	306572	149923	156649	44156
1005726	621080	384646	116023	268623	107154
89150	70207	18943	6752	12191	346370
1573935	820965	752970	263197	489773	122272
850224	494631	355593	90394	265199	52248
160374	107175	53199	32865	20334	10052
401711	158676	243035	32981	210054	38572
1170876	626662	544214	153411	390803	109678

5—39 分地区中央属中学预算内

地 区	合 计	事业费支出	个人部分	工资福利支出	对个人和家庭的补助支出	
						#助学金
合 计	**1339043**	**1262748**	**1036814**	**911408**	**125406**	**22959**
北 京	143126	117283	64233	38456	25777	261
天 津	9136	9136	6510	3140	3370	
河 北						
山 西						
内蒙古						
辽 宁	17501	17501	17378	16653	725	
吉 林	25090	25090	14530	9230	5300	80
黑龙江	37261	37261	10502	7069	3433	669
上 海						
江 苏						
浙 江						
安 徽						
福 建						
江 西						
山 东						
河 南						
湖 北	17213	17213	11462	7874	3588	10
湖 南						
广 东						
广 西						
海 南						
重 庆	15449	15449	10300	5598	4702	
四 川	2124	2124	2124	2121	3	
贵 州						
云 南						
西 藏						
陕 西	916	221	79	38	41	14
甘 肃	8405	8405	6736	6274	462	44
青 海						
宁 夏						
新 疆	1062822	1013065	892960	814955	78005	21881

教育事业费和基本建设支出明细

单位：千元

公用部分	商品和服务支出	其他资本性支出	专项公用支出	专项项目支出	基本建设支出
225934	**131546**	**94388**	**24342**	**70046**	**76295**
53050	13981	39069	12429	26640	25843
2626	235	2391		2391	
123	123				
10560	6560	4000		4000	
26759	25509	1250		1250	
5751	1694	4057	4057		
5149	3908	1241	1241		
142	76	66	66		695
1669	1640	29	29		
120105	77820	42285	6520	35765	49757

5—40 分地区地方中学预算内

地 区	合 计	事业费支出	个人部分	工资福利支出	对个人和家庭的补助支出	#助学金
合 计	**211966627**	**206358877**	**161120936**	**136066076**	**25054860**	**4376510**
北 京	6240216	5617150	3089750	2353964	735786	72302
天 津	3081250	3022028	2506267	1614685	891582	18959
河 北	9763545	9619422	7647276	6737780	909496	94340
山 西	5548368	5348515	3990398	3594512	395886	69167
内蒙古	4368059	4198091	3148120	2870316	277804	165222
辽 宁	7243921	7146064	5484244	4514400	969844	37497
吉 林	3904810	3876300	3023523	2782865	240658	24915
黑龙江	5890151	5839209	4871071	3766138	1104933	47102
上 海	8181162	7842391	5802276	5112627	689649	38540
江 苏	14999800	14338072	12049642	9090156	2959486	95481
浙 江	11467453	11157102	8884912	7566875	1318037	111995
安 徽	7488738	7383821	5947847	5194492	753355	144567
福 建	6064587	5958487	4839083	4125556	713527	66684
江 西	5018600	4911422	4195708	3463628	732080	200972
山 东	15222675	15180052	12801173	10980774	1820399	274777
河 南	12912753	12687242	9336083	8003081	1333002	347996
湖 北	8334068	8265581	6805023	5369638	1435385	66402
湖 南	8061465	8010244	6660130	5869696	790434	300299
广 东	19458612	18394470	13695130	12199107	1496023	86627
广 西	5754808	5671922	4529632	3621644	907988	75767
海 南	1394937	1284938	965695	836860	128835	88084
重 庆	3800651	3705582	2549482	2248257	301225	156711
四 川	9530020	9444844	6776338	5996141	780197	330350
贵 州	4541812	4497656	3693941	2966046	727895	67020
云 南	5692800	5585646	4579920	3912218	667702	444478
西 藏	1185357	838987	749837	540215	209622	163628
陕 西	5845035	5723458	4149665	3543934	605731	192088
甘 肃	4194336	4142088	3293533	2681310	612223	241955
青 海	986527	976475	816101	737129	78972	55399
宁 夏	1237324	1198752	797041	744622	52419	29926
新 疆	4552787	4492866	3442095	3027410	414685	267260

教育事业费和基本建设支出明细

单位：千元

公用部分	商品和服务支出	其他资本性支出			基本建设支出
			专项公用支出	专项项目支出	
45237941	**27914586**	**17323355**	**6235267**	**11088088**	**5607750**
2527400	1685841	841559	561470	280089	623066
515761	296162	219599	94852	124747	59222
1972146	1219349	752797	272377	480420	144123
1358117	940447	417670	129923	287747	199853
1049971	689549	360422	143434	216988	169968
1661820	1210473	451347	189129	262218	97857
852777	597360	255417	110672	144745	28510
968138	734583	233555	80714	152841	50942
2040115	1399346	640769	333082	307687	338771
2288430	1383123	905307	277931	627376	661728
2272190	1196776	1075414	167692	907722	310351
1435974	956024	479950	174880	305070	104917
1119404	762241	357163	132077	225086	106100
715714	520319	195395	67432	127963	107178
2378879	1450211	928668	246597	682071	42623
3351159	2227827	1123332	521507	601825	225511
1460558	986596	473962	150997	322965	68487
1350114	862728	487386	176953	310433	51221
4699340	2533486	2165854	802792	1363062	1064142
1142290	631765	510525	141241	369284	82886
319243	165685	153558	46827	106731	109999
1156100	722435	433665	173916	259749	95069
2668506	1425257	1243249	399841	843408	85176
803715	497143	306572	149923	156649	44156
1005726	621080	384646	116023	268623	107154
89150	70207	18943	6752	12191	346370
1573793	820889	752904	263131	489773	121577
848555	492991	355564	90365	265199	52248
160374	107175	53199	32865	20334	10052
401711	158676	243035	32981	210054	38572
1050771	548842	501929	146891	355038	59921

5—41 分地区普通中学预算内

地区	合计	事业费支出	个人部分	工资福利支出	对个人和家庭的补助支出	#助学金
合计	**213130412**	**207447133**	**162028978**	**136870758**	**25158220**	**4395998**
北京	6383342	5734433	3153983	2392420	761563	72563
天津	3090386	3031164	2512777	1617825	894952	18959
河北	9762369	9618246	7646100	6736653	909447	94340
山西	5548368	5348515	3990398	3594512	395886	69167
内蒙古	4368059	4198091	3148120	2870316	277804	165222
辽宁	7261422	7163565	5501622	4531053	970569	37497
吉林	3928889	3900379	3037233	2791275	245958	24995
黑龙江	5927412	5876470	4881573	3773207	1108366	47771
上海	8146549	7807778	5778747	5093875	684872	38510
江苏	14983900	14322172	12035643	9079502	2956141	95480
浙江	11389583	11079992	8825104	7515347	1309757	110816
安徽	7488738	7383821	5947847	5194492	753355	144567
福建	6061501	5955401	4836302	4123648	712654	66684
江西	5016993	4909815	4194101	3462756	731345	200237
山东	15222675	15180052	12801173	10980774	1820399	274777
河南	12891327	12665816	9323304	7992317	1330987	346846
湖北	8350746	8282259	6815950	5377054	1438896	66412
湖南	8061465	8010244	6660130	5869696	790434	300299
广东	19454810	18390674	13691912	12196198	1495714	86627
广西	5752994	5670108	4527829	3620461	907368	75401
海南	1394937	1284938	965695	836860	128835	88084
重庆	3815466	3720397	2559279	2253352	305927	156711
四川	9530637	9445461	6777176	5997019	780157	330350
贵州	4540529	4496373	3692681	2965264	727417	67020
云南	5692548	5585394	4579721	3912019	667702	444478
西藏	1185357	838987	749837	540215	209622	163628
陕西	5838096	5715824	4147088	3541761	605327	192092
甘肃	4202741	4150493	3300269	2687584	612685	241999
青海	986527	976475	816101	737129	78972	55399
宁夏	1237324	1198752	797041	744622	52419	29926
新疆	5614722	5505044	4334242	3841552	492690	289141

教育事业费和基本建设支出明细

单位：千元

公用部分	商品和服务支出	其他资本性支出	专项公用支出	专项项目支出	基本建设支出
45418155	**28010960**	**17407195**	**6256576**	**11150619**	**5683279**
2580450	1699822	880628	573899	306729	648909
518387	296397	221990	94852	127138	59222
1972146	1219349	752797	272377	480420	144123
1358117	940447	417670	129923	287747	199853
1049971	689549	360422	143434	216988	169968
1661943	1210596	451347	189129	262218	97857
863146	603729	259417	110672	148745	28510
994897	760092	234805	80714	154091	50942
2029031	1388549	640482	332795	307687	338771
2286529	1381340	905189	277813	627376	661728
2254888	1180145	1074743	167091	907652	309591
1435974	956024	479950	174880	305070	104917
1119099	761986	357113	132027	225086	106100
715714	520319	195395	67432	127963	107178
2378879	1450211	928668	246597	682071	42623
3342512	2224509	1118003	519538	598465	225511
1466309	988290	478019	155054	322965	68487
1350114	862728	487386	176953	310433	51221
4698762	2532920	2165842	802788	1363054	1064136
1142279	631754	510525	141241	369284	82886
319243	165685	153558	46827	106731	109999
1161118	726212	434906	175157	259749	95069
2668285	1425040	1243245	399837	843408	85176
803692	497120	306572	149923	156649	44156
1005673	621027	384646	116023	268623	107154
89150	70207	18943	6752	12191	346370
1568736	819843	748893	263197	485696	122272
850224	494631	355593	90394	265199	52248
160374	107175	53199	32865	20334	10052
401711	158676	243035	32981	210054	38572
1170802	626588	544214	153411	390803	109678

5—42 分地区中央属普通中学预算内

地区	合计	事业费支出	个人部分	工资福利支出	对个人和家庭的补助支出	#助学金
合计	**1339043**	**1262748**	**1036814**	**911408**	**125406**	**22959**
北京	143126	117283	64233	38456	25777	261
天津	9136	9136	6510	3140	3370	
河北						
山西						
内蒙古						
辽宁	17501	17501	17378	16653	725	
吉林	25090	25090	14530	9230	5300	80
黑龙江	37261	37261	10502	7069	3433	669
上海						
江苏						
浙江						
安徽						
福建						
江西						
山东						
河南						
湖北	17213	17213	11462	7874	3588	10
湖南						
广东						
广西						
海南						
重庆	15449	15449	10300	5598	4702	
四川	2124	2124	2124	2121	3	
贵州						
云南						
西藏						
陕西	916	221	79	38	41	14
甘肃	8405	8405	6736	6274	462	44
青海						
宁夏						
新疆	1062822	1013065	892960	814955	78005	21881

教育事业费和基本建设支出明细

单位:千元

公用部分	商品和服务支出	其他资本性支出	专项公用支出	专项项目支出	基本建设支出
225934	**131546**	**94388**	**24342**	**70046**	**76295**
53050	13981	39069	12429	26640	25843
2626	235	2391		2391	
123	123				
10560	6560	4000		4000	
26759	25509	1250		1250	
5751	1694	4057	4057		
5149	3908	1241	1241		
142	76	66	66		695
1669	1640	29	29		
120105	77820	42285	6520	35765	49757

5—43 分地区地方普通中学预算内

地 区	合 计	事业费支出				
			个人部分			
				工资福利支出	对个人和家庭的补助支出	
						#助学金
合 计	**211791369**	**206184385**	**160992164**	**135959350**	**25032814**	**4373039**
北 京	6240216	5617150	3089750	2353964	735786	72302
天 津	3081250	3022028	2506267	1614685	891582	18959
河 北	9762369	9618246	7646100	6736653	909447	94340
山 西	5548368	5348515	3990398	3594512	395886	69167
内蒙古	4368059	4198091	3148120	2870316	277804	165222
辽 宁	7243921	7146064	5484244	4514400	969844	37497
吉 林	3903799	3875289	3022703	2782045	240658	24915
黑龙江	5890151	5839209	4871071	3766138	1104933	47102
上 海	8146549	7807778	5778747	5093875	684872	38510
江 苏	14983900	14322172	12035643	9079502	2956141	95480
浙 江	11389583	11079992	8825104	7515347	1309757	110816
安 徽	7488738	7383821	5947847	5194492	753355	144567
福 建	6061501	5955401	4836302	4123648	712654	66684
江 西	5016993	4909815	4194101	3462756	731345	200237
山 东	15222675	15180052	12801173	10980774	1820399	274777
河 南	12891327	12665816	9323304	7992317	1330987	346846
湖 北	8333533	8265046	6804488	5369180	1435308	66402
湖 南	8061465	8010244	6660130	5869696	790434	300299
广 东	19454810	18390674	13691912	12196198	1495714	86627
广 西	5752994	5670108	4527829	3620461	907368	75401
海 南	1394937	1284938	965695	836860	128835	88084
重 庆	3800017	3704948	2548979	2247754	301225	156711
四 川	9528513	9443337	6775052	5994898	780154	330350
贵 州	4540529	4496373	3692681	2965264	727417	67020
云 南	5692548	5585394	4579721	3912019	667702	444478
西 藏	1185357	838987	749837	540215	209622	163628
陕 西	5837180	5715603	4147009	3541723	605286	192078
甘 肃	4194336	4142088	3293533	2681310	612223	241955
青 海	986527	976475	816101	737129	78972	55399
宁 夏	1237324	1198752	797041	744622	52419	29926
新 疆	4551900	4491979	3441282	3026597	414685	267260

教育事业费和基本建设支出明细

单位:千元

公用部分	商品和服务支出	其他资本性支出			基本建设支出
			专项公用支出	专项项目支出	
45192221	**27879414**	**17312807**	**6232234**	**11080573**	**5606984**
2527400	1685841	841559	561470	280089	623066
515761	296162	219599	94852	124747	59222
1972146	1219349	752797	272377	480420	144123
1358117	940447	417670	129923	287747	199853
1049971	689549	360422	143434	216988	169968
1661820	1210473	451347	189129	262218	97857
852586	597169	255417	110672	144745	28510
968138	734583	233555	80714	152841	50942
2029031	1388549	640482	332795	307687	338771
2286529	1381340	905189	277813	627376	661728
2254888	1180145	1074743	167091	907652	309591
1435974	956024	479950	174880	305070	104917
1119099	761986	357113	132027	225086	106100
715714	520319	195395	67432	127963	107178
2378879	1450211	928668	246597	682071	42623
3342512	2224509	1118003	519538	598465	225511
1460558	986596	473962	150997	322965	68487
1350114	862728	487386	176953	310433	51221
4698762	2532920	2165842	802788	1363054	1064136
1142279	631754	510525	141241	369284	82886
319243	165685	153558	46827	106731	109999
1155969	722304	433665	173916	259749	95069
2668285	1425040	1243245	399837	843408	85176
803692	497120	306572	149923	156649	44156
1005673	621027	384646	116023	268623	107154
89150	70207	18943	6752	12191	346370
1568594	819767	748827	263131	485696	121577
848555	492991	355564	90365	265199	52248
160374	107175	53199	32865	20334	10052
401711	158676	243035	32981	210054	38572
1050697	548768	501929	146891	355038	59921

5—44 分地区普通高中预算内

地区	合计	事业费支出	个人部分	工资福利支出	对个人和家庭的补助支出	#助学金
合计	**63860518**	**61038282**	**49301344**	**41784585**	**7516759**	**614323**
北京	2583512	2282733	1355369	1013607	341762	19465
天津	1293033	1260124	993645	612364	381281	6510
河北	2902268	2835580	2243979	1977426	266553	12829
山西	1722959	1558886	1219117	1087427	131690	9531
内蒙古	1334133	1277575	971538	915253	56285	29466
辽宁	2068498	2007236	1507766	1241247	266519	6184
吉林	1199046	1191646	907001	825195	81806	2540
黑龙江	1517571	1495613	1276458	989332	287126	23013
上海	2787961	2551063	1894393	1665492	228901	8072
江苏	4988409	4501769	4028592	2986418	1042174	25319
浙江	3458005	3365768	2615987	2221030	394957	28288
安徽	2040063	2009481	1781124	1545084	236040	13562
福建	2118356	2079255	1732917	1472741	260176	5586
江西	1472874	1429396	1325181	1070519	254662	76061
山东	4339319	4311659	3785490	3251003	534487	66171
河南	3313589	3167184	2377045	2133613	243432	22434
湖北	2009290	2002260	1814595	1445416	369179	7688
湖南	2184434	2178660	1916182	1717962	198220	15413
广东	6938106	6336693	4866629	4303094	563535	24456
广西	1485090	1429022	1278834	956219	322615	17497
海南	395547	352493	254464	241683	12781	3158
重庆	1045472	1032147	747438	684946	62492	18889
四川	2436217	2424203	1968881	1810428	158453	29464
贵州	1209798	1201510	1012170	766511	245659	9613
云南	1490363	1434471	1171567	1068357	103210	33981
西藏	276879	193879	173191	134957	38234	23927
陕西	1597625	1543333	1246538	1091686	154852	22608
甘肃	1222621	1213185	1013632	871379	142253	7746
青海	294198	291511	258621	243193	15428	7555
宁夏	472602	455182	292201	272708	19493	6285
新疆	1662680	1624765	1270799	1168295	102504	31012

教育事业费和基本建设支出明细

单位：千元

公用部分	商品和服务支出	其他资本性支出	专项公用支出	专项项目支出	基本建设支出
11736938	**6447481**	**5289457**	**1731924**	**3557533**	**2822236**
927364	649871	277493	146736	130757	300779
266479	126505	139974	60833	79141	32909
591601	287358	304243	95562	208681	66688
339769	173230	166539	34880	131659	164073
306037	192751	113286	43936	69350	56558
499470	335086	164384	66819	97565	61262
284645	187208	97437	45721	51716	7400
219155	145887	73268	17385	55883	21958
656670	430230	226440	112158	114282	236898
473177	276502	196675	73740	122935	486640
749781	348389	401392	52414	348978	92237
228357	148137	80220	24902	55318	30582
346338	210431	135907	52048	83859	39101
104215	69990	34225	10317	23908	43478
526169	243560	282609	50280	232329	27660
790139	495475	294664	80113	214551	146405
187665	103054	84611	32401	52210	7030
262478	137212	125266	54525	70741	5774
1470064	705480	764584	329217	435367	601413
150188	60776	89412	22921	66491	56068
98029	40109	57920	17543	40377	43054
284709	179201	105508	45141	60367	13325
455322	177073	278249	77105	201144	12014
189340	105259	84081	34746	49335	8288
262904	124913	137991	33871	104120	55892
20688	20235	453	453		83000
296795	135051	161744	33527	128217	54292
199553	99869	99684	20386	79298	9436
32890	22249	10641	8370	2271	2687
162981	36121	126860	17693	109167	17420
353966	180269	173697	36181	137516	37915

5—45 分地区中央属普通高中预算内

地区	合计	事业费支出				
			个人部分			
				工资福利支出	对个人和家庭的补助支出	
						#助学金
合计	**626644**	**583367**	**480120**	**411510**	**68610**	**4384**
北京	114947	89104	48576	28429	20147	147
天津	9136	9136	6510	3140	3370	
河北						
山西						
内蒙古						
辽宁	8608	8608	8485	7760	725	
吉林	20923	20923	12119	7699	4420	67
黑龙江	17035	17035	4709	2275	2434	643
上海						
江苏						
浙江						
安徽						
福建						
江西						
山东						
河南						
湖北	9739	9739	6196	4643	1553	7
湖南						
广东						
广西						
海南						
重庆	10628	10628	7086	3851	3235	
四川	2124	2124	2124	2121	3	
贵州						
云南						
西藏						
陕西	565	210	70	38	32	5
甘肃	7609	7609	6717	6274	443	25
青海						
宁夏						
新疆	425330	408251	377528	345280	32248	3490

教育事业费和基本建设支出明细

单位:千元

公用部分	商品和服务支出	其他资本性支出	专项公用支出	专项项目支出	基本建设支出
103247	**56904**	**46343**	**16099**	**30244**	**43277**
40528	10901	29627	11279	18348	25843
2626	235	2391		2391	
123	123				
8804	5469	3335		3335	
12326	12326				
3543	916	2627	2627		
3542	2688	854	854		
140	75	65	65		355
892	876	16	16		
30723	23295	7428	1258	6170	17079

5—46 分地区地方普通高中预算内

地区	合计	事业费支出				
			个人部分			
				工资福利支出	对个人和家庭的补助支出	
						#助学金
合计	**63233874**	**60454915**	**48821224**	**41373075**	**7448149**	**609939**
北京	2468565	2193629	1306793	985178	321615	19318
天津	1283897	1250988	987135	609224	377911	6510
河北	2902268	2835580	2243979	1977426	266553	12829
山西	1722959	1558886	1219117	1087427	131690	9531
内蒙古	1334133	1277575	971538	915253	56285	29466
辽宁	2059890	1998628	1499281	1233487	265794	6184
吉林	1178123	1170723	894882	817496	77386	2473
黑龙江	1500536	1478578	1271749	987057	284692	22370
上海	2787961	2551063	1894393	1665492	228901	8072
江苏	4988409	4501769	4028592	2986418	1042174	25319
浙江	3458005	3365768	2615987	2221030	394957	28288
安徽	2040063	2009481	1781124	1545084	236040	13562
福建	2118356	2079255	1732917	1472741	260176	5586
江西	1472874	1429396	1325181	1070519	254662	76061
山东	4339319	4311659	3785490	3251003	534487	66171
河南	3313589	3167184	2377045	2133613	243432	22434
湖北	1999551	1992521	1808399	1440773	367626	7681
湖南	2184434	2178660	1916182	1717962	198220	15413
广东	6938106	6336693	4866629	4303094	563535	24456
广西	1485090	1429022	1278834	956219	322615	17497
海南	395547	352493	254464	241683	12781	3158
重庆	1034844	1021519	740352	681095	59257	18889
四川	2434093	2422079	1966757	1808307	158450	29464
贵州	1209798	1201510	1012170	766511	245659	9613
云南	1490363	1434471	1171567	1068357	103210	33981
西藏	276879	193879	173191	134957	38234	23927
陕西	1597060	1543123	1246468	1091648	154820	22603
甘肃	1215012	1205576	1006915	865105	141810	7721
青海	294198	291511	258621	243193	15428	7555
宁夏	472602	455182	292201	272708	19493	6285
新疆	1237350	1216514	893271	823015	70256	27522

教育事业费和基本建设支出明细

单位：千元

公用部分	商品和服务支出	其他资本性支出	专项公用支出	专项项目支出	基本建设支出
11633691	**6390577**	**5243114**	**1715825**	**3527289**	**2778959**
886836	638970	247866	135457	112409	274936
263853	126270	137583	60833	76750	32909
591601	287358	304243	95562	208681	66688
339769	173230	166539	34880	131659	164073
306037	192751	113286	43936	69350	56558
499347	334963	164384	66819	97565	61262
275841	181739	94102	45721	48381	7400
206829	133561	73268	17385	55883	21958
656670	430230	226440	112158	114282	236898
473177	276502	196675	73740	122935	486640
749781	348389	401392	52414	348978	92237
228357	148137	80220	24902	55318	30582
346338	210431	135907	52048	83859	39101
104215	69990	34225	10317	23908	43478
526169	243560	282609	50280	232329	27660
790139	495475	294664	80113	214551	146405
184122	102138	81984	29774	52210	7030
262478	137212	125266	54525	70741	5774
1470064	705480	764584	329217	435367	601413
150188	60776	89412	22921	66491	56068
98029	40109	57920	17543	40377	43054
281167	176513	104654	44287	60367	13325
455322	177073	278249	77105	201144	12014
189340	105259	84081	34746	49335	8288
262904	124913	137991	33871	104120	55892
20688	20235	453	453		83000
296655	134976	161679	33462	128217	53937
198661	98993	99668	20370	79298	9436
32890	22249	10641	8370	2271	2687
162981	36121	126860	17693	109167	17420
323243	156974	166269	34923	131346	20836

5—47 分地区农村高中预算内

地区	合计	事业费支出				
			个人部分	工资福利支出	对个人和家庭的补助支出	
						#助学金
合计	**8550651**	**8441131**	**7177307**	**6354988**	**822319**	**88106**
北京	205384	194908	105855	90370	15485	1331
天津	85491	74227	64505	51517	12988	250
河北	369173	369173	309257	286756	22501	3991
山西	120868	120868	88667	78935	9732	783
内蒙古	36821	36821	28973	25938	3035	823
辽宁	122881	122881	80888	70378	10510	277
吉林	77629	77629	62969	58589	4380	636
黑龙江	25561	25422	19241	15950	3291	157
上海	73987	73987	60630	54843	5787	269
江苏	1010790	984346	906941	725219	181722	6326
浙江	733482	732143	652966	563055	89911	9104
安徽	458594	456326	414203	376343	37860	4444
福建	693689	681797	589442	512069	77373	3339
江西	130007	129646	115773	94129	21644	5354
山东	481176	481176	451747	394324	57423	7991
河南	246258	234698	165182	143475	21707	1355
湖北	218377	218247	206311	178855	27456	570
湖南	466386	466311	436155	421058	15097	3101
广东	832347	811297	613654	561578	52076	3028
广西	132244	132107	116668	93880	22788	766
海南	19740	18515	15485	14473	1012	267
重庆	323423	322564	228728	212022	16706	9832
四川	576603	575631	498776	461404	37372	7692
贵州	105927	105841	97346	82740	14606	905
云南	146760	146114	124758	116502	8256	4009
西藏						
陕西	326466	325666	277566	253120	24446	5537
甘肃	232698	231774	179953	165036	14917	1694
青海	21542	20633	18252	17426	826	826
宁夏	29534	29534	24557	23048	1509	424
新疆	246813	240849	221859	211956	9903	3025

教育事业费和基本建设支出明细

单位:千元

公用部分	商品和服务支出	其他资本性支出			基本建设支出
			专项公用支出	专项项目支出	
1263824	**757111**	**506713**	**139716**	**366997**	**109520**
89053	74654	14399	11841	2558	10476
9722	6587	3135	1184	1951	11264
59916	26925	32991	5198	27793	
32201	9813	22388	1385	21003	
7848	5113	2735	1369	1366	
41993	16465	25528	22169	3359	
14660	11703	2957	1023	1934	
6181	5088	1093	829	264	139
13357	8964	4393	2353	2040	
77405	50988	26417	3783	22634	26444
79177	53207	25970	9052	16918	1339
42123	30090	12033	2982	9051	2268
92355	66893	25462	8438	17024	11892
13873	7533	6340	2097	4243	361
29429	15692	13737	1498	12239	
69516	42407	27109	3368	23741	11560
11936	7883	4053	1689	2364	130
30156	23737	6419	1875	4544	75
197643	102722	94921	20606	74315	21050
15439	8462	6977	947	6030	137
3030	1067	1963	1121	842	1225
93836	58180	35656	10331	25325	859
76855	36663	40192	9580	30612	972
8495	5411	3084	538	2546	86
21356	11188	10168	1071	9097	646
48100	20625	27475	7126	20349	800
51821	31199	20622	3585	17037	924
2381	1893	488	488		909
4977	3535	1442	260	1182	
18990	12424	6566	1930	4636	5964

5—48 分地区中央属农村高中预算内

地区	合计	事业费支出	个人部分			
				工资福利支出	对个人和家庭的补助支出	
						#助学金
合计	**213127**	**207163**	**195232**	**186727**	**8505**	**2301**
北京						
天津						
河北						
山西						
内蒙古						
辽宁						
吉林						
黑龙江						
上海						
江苏						
浙江						
安徽						
福建						
江西						
山东						
河南						
湖北						
湖南						
广东						
广西						
海南						
重庆						
四川						
贵州						
云南						
西藏						
陕西						
甘肃						
青海						
宁夏						
新疆	213127	207163	195232	186727	8505	2301

教育事业费和基本建设支出明细

单位:千元

公用部分	商品和服务支出	其他资本性支出			基本建设支出
			专项公用支出	专项项目支出	
11931	**8155**	**3776**	**560**	**3216**	**5964**
11931	8155	3776	560	3216	5964

5—49 分地区地方农村高中预算内

地区	合计	事业费支出	个人部分	工资福利支出	对个人和家庭的补助支出	＃助学金
合　计	**8337524**	**8233968**	**6982075**	**6168261**	**813814**	**85805**
北　京	205384	194908	105855	90370	15485	1331
天　津	85491	74227	64505	51517	12988	250
河　北	369173	369173	309257	286756	22501	3991
山　西	120868	120868	88667	78935	9732	783
内蒙古	36821	36821	28973	25938	3035	823
辽　宁	122881	122881	80888	70378	10510	277
吉　林	77629	77629	62969	58589	4380	636
黑龙江	25561	25422	19241	15950	3291	157
上　海	73987	73987	60630	54843	5787	269
江　苏	1010790	984346	906941	725219	181722	6326
浙　江	733482	732143	652966	563055	89911	9104
安　徽	458594	456326	414203	376343	37860	4444
福　建	693689	681797	589442	512069	77373	3339
江　西	130007	129646	115773	94129	21644	5354
山　东	481176	481176	451747	394324	57423	7991
河　南	246258	234698	165182	143475	21707	1355
湖　北	218377	218247	206311	178855	27456	570
湖　南	466386	466311	436155	421058	15097	3101
广　东	832347	811297	613654	561578	52076	3028
广　西	132244	132107	116668	93880	22788	766
海　南	19740	18515	15485	14473	1012	267
重　庆	323423	322564	228728	212022	16706	9832
四　川	576603	575631	498776	461404	37372	7692
贵　州	105927	105841	97346	82740	14606	905
云　南	146760	146114	124758	116502	8256	4009
西　藏						
陕　西	326466	325666	277566	253120	24446	5537
甘　肃	232698	231774	179953	165036	14917	1694
青　海	21542	20633	18252	17426	826	826
宁　夏	29534	29534	24557	23048	1509	424
新　疆	33686	33686	26627	25229	1398	724

教育事业费和基本建设支出明细

单位：千元

公用部分	商品和服务支出	其他资本性支出	专项公用支出	专项项目支出	基本建设支出
1251893	**748956**	**502937**	**139156**	**363781**	**103556**
89053	74654	14399	11841	2558	10476
9722	6587	3135	1184	1951	11264
59916	26925	32991	5198	27793	
32201	9813	22388	1385	21003	
7848	5113	2735	1369	1366	
41993	16465	25528	22169	3359	
14660	11703	2957	1023	1934	
6181	5088	1093	829	264	139
13357	8964	4393	2353	2040	
77405	50988	26417	3783	22634	26444
79177	53207	25970	9052	16918	1339
42123	30090	12033	2982	9051	2268
92355	66893	25462	8438	17024	11892
13873	7533	6340	2097	4243	361
29429	15692	13737	1498	12239	
69516	42407	27109	3368	23741	11560
11936	7883	4053	1689	2364	130
30156	23737	6419	1875	4544	75
197643	102722	94921	20606	74315	21050
15439	8462	6977	947	6030	137
3030	1067	1963	1121	842	1225
93836	58180	35656	10331	25325	859
76855	36663	40192	9580	30612	972
8495	5411	3084	538	2546	86
21356	11188	10168	1071	9097	646
48100	20625	27475	7126	20349	800
51821	31199	20622	3585	17037	924
2381	1893	488	488		909
4977	3535	1442	260	1182	
7059	4269	2790	1370	1420	

5—50 分地区普通初中预算内

地 区	合 计	事业费支出				
			个人部分	工资福利支出	对个人和家庭的补助支出	
						#助学金
合 计	**149269894**	**146408851**	**112727634**	**95086173**	**17641461**	**3781675**
北 京	3799830	3451700	1798614	1378813	419801	53098
天 津	1797353	1771040	1519132	1005461	513671	12449
河 北	6860101	6782666	5402121	4759227	642894	81511
山 西	3825409	3789629	2771281	2507085	264196	59636
内蒙古	3033926	2920516	2176582	1955063	221519	135756
辽 宁	5192924	5156329	3993856	3289806	704050	31313
吉 林	2729843	2708733	2130232	1966080	164152	22455
黑龙江	4409841	4380857	3605115	2783875	821240	24758
上 海	5358588	5256715	3884354	3428383	455971	30438
江 苏	9995491	9820403	8007051	6093084	1913967	70161
浙 江	7931578	7714224	6209117	5294317	914800	82528
安 徽	5448675	5374340	4166723	3649408	517315	131005
福 建	3943145	3876146	3103385	2650907	452478	61098
江 西	3544119	3480419	2868920	2392237	476683	124176
山 东	10883356	10868393	9015683	7729771	1285912	208606
河 南	9577738	9498632	6946259	5858704	1087555	324412
湖 北	6341456	6279999	5001355	3931638	1069717	58724
湖 南	5877031	5831584	4743948	4151734	592214	284886
广 东	12516704	12053981	8825283	7893104	932179	62171
广 西	4267904	4241086	3248995	2664242	584753	57904
海 南	999390	932445	711231	595177	116054	84926
重 庆	2769994	2688250	1811841	1568406	243435	137822
四 川	7094420	7021258	4808295	4186591	621704	300886
贵 州	3330731	3294863	2680511	2198753	481758	57407
云 南	4202185	4150923	3408154	2843662	564492	410497
西 藏	908478	645108	576646	405258	171388	139701
陕 西	4240471	4172491	2900550	2450075	450475	169484
甘 肃	2980120	2937308	2286637	1816205	470432	234253
青 海	692329	684964	557480	493936	63544	47844
宁 夏	764722	743570	504840	471914	32926	23641
新 疆	3952042	3880279	3063443	2673257	390186	258129

教育事业费和基本建设支出明细

单位:千元

公用部分	商品和服务支出	其他资本性支出	专项公用支出	专项项目支出	基本建设支出
33681217	**21563479**	**12117738**	**4524652**	**7593086**	**2861043**
1653086	1049951	603135	427163	175972	348130
251908	169892	82016	34019	47997	26313
1380545	931991	448554	176815	271739	77435
1018348	767217	251131	95043	156088	35780
743934	496798	247136	99498	147638	113410
1162473	875510	286963	122310	164653	36595
578501	416521	161980	64951	97029	21110
775742	614205	161537	63329	98208	28984
1372361	958319	414042	220637	193405	101873
1813352	1104838	708514	204073	504441	175088
1505107	831756	673351	114677	558674	217354
1207617	807887	399730	149978	249752	74335
772761	551555	221206	79979	141227	66999
611499	450329	161170	57115	104055	63700
1852710	1206651	646059	196317	449742	14963
2552373	1729034	823339	439425	383914	79106
1278644	885236	393408	122653	270755	61457
1087636	725516	362120	122428	239692	45447
3228698	1827440	1401258	473571	927687	462723
992091	570978	421113	118320	302793	26818
221214	125576	95638	29284	66354	66945
876409	547011	329398	130016	199382	81744
2212963	1247967	964996	322732	642264	73162
614352	391861	222491	115177	107314	35868
742769	496114	246655	82152	164503	51262
68462	49972	18490	6299	12191	263370
1271941	684792	587149	229670	357479	67980
650671	394762	255909	70008	185901	42812
127484	84926	42558	24495	18063	7365
238730	122555	116175	15288	100887	21152
816836	446319	370517	117230	253287	71763

5—51 分地区中央属普通初中预算内

地区	合计	事业费支出	个人部分	工资福利支出	对个人和家庭的补助支出	#助学金
合计	**712399**	**679381**	**556694**	**499898**	**56796**	**18575**
北京	28179	28179	15657	10027	5630	114
天津						
河北						
山西						
内蒙古						
辽宁	8893	8893	8893	8893		
吉林	4167	4167	2411	1531	880	13
黑龙江	20226	20226	5793	4794	999	26
上海						
江苏						
浙江						
安徽						
福建						
江西						
山东						
河南						
湖北	7474	7474	5266	3231	2035	3
湖南						
广东						
广西						
海南						
重庆	4821	4821	3214	1747	1467	
四川						
贵州						
云南						
西藏						
陕西	351	11	9		9	9
甘肃	796	796	19		19	19
青海						
宁夏						
新疆	637492	604814	515432	469675	45757	18391

教育事业费和基本建设支出明细

单位:千元

公用部分	商品和服务支出	其他资本性支出	专项公用支出	专项项目支出	基本建设支出
122687	**74642**	**48045**	**8243**	**39802**	**33018**
12522	3080	9442	1150	8292	
1756	1091	665		665	
14433	13183	1250		1250	
2208	778	1430	1430		
1607	1220	387	387		
2	1	1	1		340
777	764	13	13		
89382	54525	34857	5262	29595	32678

5—52 分地区地方普通初中预算内

地区	合计	事业费支出				
			个人部分			
				工资福利支出	对个人和家庭的补助支出	
						#助学金
合计	**148557495**	**145729470**	**112170940**	**94586275**	**17584665**	**3763100**
北京	3771651	3423521	1782957	1368786	414171	52984
天津	1797353	1771040	1519132	1005461	513671	12449
河北	6860101	6782666	5402121	4759227	642894	81511
山西	3825409	3789629	2771281	2507085	264196	59636
内蒙古	3033926	2920516	2176582	1955063	221519	135756
辽宁	5184031	5147436	3984963	3280913	704050	31313
吉林	2725676	2704566	2127821	1964549	163272	22442
黑龙江	4389615	4360631	3599322	2779081	820241	24732
上海	5358588	5256715	3884354	3428383	455971	30438
江苏	9995491	9820403	8007051	6093084	1913967	70161
浙江	7931578	7714224	6209117	5294317	914800	82528
安徽	5448675	5374340	4166723	3649408	517315	131005
福建	3943145	3876146	3103385	2650907	452478	61098
江西	3544119	3480419	2868920	2392237	476683	124176
山东	10883356	10868393	9015683	7729771	1285912	208606
河南	9577738	9498632	6946259	5858704	1087555	324412
湖北	6333982	6272525	4996089	3928407	1067682	58721
湖南	5877031	5831584	4743948	4151734	592214	284886
广东	12516704	12053981	8825283	7893104	932179	62171
广西	4267904	4241086	3248995	2664242	584753	57904
海南	999390	932445	711231	595177	116054	84926
重庆	2765173	2683429	1808627	1566659	241968	137822
四川	7094420	7021258	4808295	4186591	621704	300886
贵州	3330731	3294863	2680511	2198753	481758	57407
云南	4202185	4150923	3408154	2843662	564492	410497
西藏	908478	645108	576646	405258	171388	139701
陕西	4240120	4172480	2900541	2450075	450466	169475
甘肃	2979324	2936512	2286618	1816205	470413	234234
青海	692329	684964	557480	493936	63544	47844
宁夏	764722	743570	504840	471914	32926	23641
新疆	3314550	3275465	2548011	2203582	344429	239738

教育事业费和基本建设支出明细

单位:千元

公用部分	商品和服务支出	其他资本性支出	专项公用支出	专项项目支出	基本建设支出
33558530	**21488837**	**12069693**	**4516409**	**7553284**	**2828025**
1640564	1046871	593693	426013	167680	348130
251908	169892	82016	34019	47997	26313
1380545	931991	448554	176815	271739	77435
1018348	767217	251131	95043	156088	35780
743934	496798	247136	99498	147638	113410
1162473	875510	286963	122310	164653	36595
576745	415430	161315	64951	96364	21110
761309	601022	160287	63329	96958	28984
1372361	958319	414042	220637	193405	101873
1813352	1104838	708514	204073	504441	175088
1505107	831756	673351	114677	558674	217354
1207617	807887	399730	149978	249752	74335
772761	551555	221206	79979	141227	66999
611499	450329	161170	57115	104055	63700
1852710	1206651	646059	196317	449742	14963
2552373	1729034	823339	439425	383914	79106
1276436	884458	391978	121223	270755	61457
1087636	725516	362120	122428	239692	45447
3228698	1827440	1401258	473571	927687	462723
992091	570978	421113	118320	302793	26818
221214	125576	95638	29284	66354	66945
874802	545791	329011	129629	199382	81744
2212963	1247967	964996	322732	642264	73162
614352	391861	222491	115177	107314	35868
742769	496114	246655	82152	164503	51262
68462	49972	18490	6299	12191	263370
1271939	684791	587148	229669	357479	67640
649894	393998	255896	69995	185901	42812
127484	84926	42558	24495	18063	7365
238730	122555	116175	15288	100887	21152
727454	391794	335660	111968	223692	39085

5—53 分地区农村初中预算内

地 区	合 计	事业费支出	个人部分	工资福利支出	对个人和家庭的补助支出	#助学金
合 计	**91473085**	**90261858**	**68992892**	**58698485**	**10294407**	**2961679**
北 京	1474289	1325136	659001	511252	147749	32333
天 津	733716	716226	606971	490824	116147	4896
河 北	4488458	4422176	3462511	3092923	369588	60672
山 西	2355985	2342189	1676397	1537116	139281	42935
内蒙古	1073883	1046421	805109	719570	85539	52827
辽 宁	2539520	2532860	1890047	1622660	267387	23634
吉 林	1473216	1462536	1113270	1044677	68593	16492
黑龙江	1923947	1918024	1544442	1229802	314640	15800
上 海	1467412	1427982	1031367	929028	102339	6852
江 苏	6046206	5948914	4805416	3741035	1064381	43026
浙 江	4909506	4813381	3886564	3292395	594169	58025
安 徽	4039919	3989353	3097487	2718240	379247	116084
福 建	2901446	2861107	2271865	1951391	320474	57708
江 西	2373621	2337148	1924779	1598129	326650	90929
山 东	8073096	8059023	6704908	5868852	836056	186680
河 南	6810127	6780319	4816115	3983636	832479	290677
湖 北	4417012	4372691	3408052	2732412	675640	48307
湖 南	4396255	4359191	3538061	3103218	434843	261248
广 东	5916054	5809037	3980450	3545159	435291	47578
广 西	2934250	2915063	2222537	1850396	372141	44219
海 南	548449	520064	412784	314983	97801	79147
重 庆	1984660	1946194	1309000	1125549	183451	122827
四 川	5127739	5075270	3397129	2982525	414604	228648
贵 州	2324551	2299351	1852966	1581276	271690	49733
云 南	2967016	2937724	2437112	1995111	442001	344939
西 藏						
陕 西	3011989	2970251	2081783	1753211	328572	144597
甘 肃	2033135	1997906	1561404	1233885	327519	209732
青 海	310303	305605	254916	229439	25477	25001
宁 夏	416976	416542	287744	262135	25609	19766
新 疆	2400349	2354174	1952705	1657656	295049	236367

教育事业费和基本建设支出明细

单位：千元

公用部分	商品和服务支出	其他资本性支出			基本建设支出
			专项公用支出	专项项目支出	
21268966	**13848459**	**7420507**	**2716633**	**4703874**	**1211227**
666135	420730	245405	197031	48374	149153
109255	78997	30258	18076	12182	17490
959665	616070	343595	132267	211328	66282
665792	523359	142433	47935	94498	13796
241312	180628	60684	26519	34165	27462
642813	460755	182058	59000	123058	6660
349266	249075	100191	38280	61911	10680
373582	297882	75700	29788	45912	5923
396615	265620	130995	48333	82662	39430
1143498	640222	503276	111294	391982	97292
926817	491063	435754	69950	365804	96125
891866	611805	280061	109998	170063	50566
589242	447538	141704	47158	94546	40339
412369	301493	110876	41078	69798	36473
1354115	910775	443340	144138	299202	14073
1964204	1310490	653714	369298	284416	29808
964639	676593	288046	80234	207812	44321
821130	557653	263477	91394	172083	37064
1828587	1126276	702311	165997	536314	107017
692526	403727	288799	92785	196014	19187
107280	77259	30021	17799	12222	28385
637194	423938	213256	89887	123369	38466
1678141	953169	724972	264427	460545	52469
446385	305923	140462	66689	73773	25200
500612	355115	145497	58095	87402	29292
888468	514495	373973	185922	188051	41738
436502	288658	147844	35519	112325	35229
50689	34163	16526	5394	11132	4698
128798	77897	50901	8300	42601	434
401469	247091	154378	64048	90330	46175

5—54　分地区中央属农村初中预算内

地　区	合　计	事业费支　出				
			个人部分	工资福利支出	对个人和家庭的补助支出	
						＃助学金
合　计	**493708**	**468100**	**396939**	**365556**	**31383**	**15442**
北　京						
天　津						
河　北						
山　西						
内蒙古						
辽　宁						
吉　林						
黑龙江						
上　海						
江　苏						
浙　江						
安　徽						
福　建						
江　西						
山　东						
河　南						
湖　北						
湖　南						
广　东						
广　西						
海　南						
重　庆						
四　川						
贵　州						
云　南						
西　藏						
陕　西						
甘　肃						
青　海						
宁　夏						
新　疆	493708	468100	396939	365556	31383	15442

教育事业费和基本建设支出明细

单位：千元

公用部分	商品和服务支出	其他资本性支出			基本建设支出
			专项公用支出	专项项目支出	
71161	**43918**	**27243**	**4639**	**22604**	**25608**
71161	43918	27243	4639	22604	25608

5—55 分地区地方农村初中预算内

地区	合计	事业费支出	个人部分	工资福利支出	对个人和家庭的补助支出	#助学金
合计	**90979377**	**89793758**	**68595953**	**58332929**	**10263024**	**2946237**
北京	1474289	1325136	659001	511252	147749	32333
天津	733716	716226	606971	490824	116147	4896
河北	4488458	4422176	3462511	3092923	369588	60672
山西	2355985	2342189	1676397	1537116	139281	42935
内蒙古	1073883	1046421	805109	719570	85539	52827
辽宁	2539520	2532860	1890047	1622660	267387	23634
吉林	1473216	1462536	1113270	1044677	68593	16492
黑龙江	1923947	1918024	1544442	1229802	314640	15800
上海	1467412	1427982	1031367	929028	102339	6852
江苏	6046206	5948914	4805416	3741035	1064381	43026
浙江	4909506	4813381	3886564	3292395	594169	58025
安徽	4039919	3989353	3097487	2718240	379247	116084
福建	2901446	2861107	2271865	1951391	320474	57708
江西	2373621	2337148	1924779	1598129	326650	90929
山东	8073096	8059023	6704908	5868852	836056	186680
河南	6810127	6780319	4816115	3983636	832479	290677
湖北	4417012	4372691	3408052	2732412	675640	48307
湖南	4396255	4359191	3538061	3103218	434843	261248
广东	5916054	5809037	3980450	3545159	435291	47578
广西	2934250	2915063	2222537	1850396	372141	44219
海南	548449	520064	412784	314983	97801	79147
重庆	1984660	1946194	1309000	1125549	183451	122827
四川	5127739	5075270	3397129	2982525	414604	228648
贵州	2324551	2299351	1852966	1581276	271690	49733
云南	2967016	2937724	2437112	1995111	442001	344939
西藏						
陕西	3011989	2970251	2081783	1753211	328572	144597
甘肃	2033135	1997906	1561404	1233885	327519	209732
青海	310303	305605	254916	229439	25477	25001
宁夏	416976	416542	287744	262135	25609	19766
新疆	1906641	1886074	1555766	1292100	263666	220925

教育事业费和基本建设支出明细

单位:千元

公用部分	商品和服务支出	其他资本性支出			基本建设支出
			专项公用支出	专项项目支出	
21197805	**13804541**	**7393264**	**2711994**	**4681270**	**1185619**
666135	420730	245405	197031	48374	149153
109255	78997	30258	18076	12182	17490
959665	616070	343595	132267	211328	66282
665792	523359	142433	47935	94498	13796
241312	180628	60684	26519	34165	27462
642813	460755	182058	59000	123058	6660
349266	249075	100191	38280	61911	10680
373582	297882	75700	29788	45912	5923
396615	265620	130995	48333	82662	39430
1143498	640222	503276	111294	391982	97292
926817	491063	435754	69950	365804	96125
891866	611805	280061	109998	170063	50566
589242	447538	141704	47158	94546	40339
412369	301493	110876	41078	69798	36473
1354115	910775	443340	144138	299202	14073
1964204	1310490	653714	369298	284416	29808
964639	676593	288046	80234	207812	44321
821130	557653	263477	91394	172083	37064
1828587	1126276	702311	165997	536314	107017
692526	403727	288799	92785	196014	19187
107280	77259	30021	17799	12222	28385
637194	423938	213256	89887	123369	38466
1678141	953169	724972	264427	460545	52469
446385	305923	140462	66689	73773	25200
500612	355115	145497	58095	87402	29292
888468	514495	373973	185922	188051	41738
436502	288658	147844	35519	112325	35229
50689	34163	16526	5394	11132	4698
128798	77897	50901	8300	42601	434
330308	203173	127135	59409	67726	20567

5—56 分地区成人中学预算内

地 区	合 计	事业费支出	个人部分	工资福利支出	对个人和家庭的补助支出	#助学金
合 计	**175258**	**174492**	**128772**	**106726**	**22046**	**3471**
北 京						
天 津						
河 北	1176	1176	1176	1127	49	
山 西						
内蒙古						
辽 宁						
吉 林	1011	1011	820	820		
黑龙江						
上 海	34613	34613	23529	18752	4777	30
江 苏	15900	15900	13999	10654	3345	1
浙 江	77870	77110	59808	51528	8280	1179
安 徽						
福 建	3086	3086	2781	1908	873	
江 西	1607	1607	1607	872	735	735
山 东						
河 南	21426	21426	12779	10764	2015	1150
湖 北	535	535	535	458	77	
湖 南						
广 东	3802	3796	3218	2909	309	
广 西	1814	1814	1803	1183	620	366
海 南						
重 庆	634	634	503	503		
四 川	1507	1507	1286	1243	43	
贵 州	1283	1283	1260	782	478	
云 南	252	252	199	199		
西 藏						
陕 西	7855	7855	2656	2211	445	10
甘 肃						
青 海						
宁 夏						
新 疆	887	887	813	813		

教育事业费和基本建设支出明细

单位：千元

公用部分	商品和服务支出	其他资本性支出	专项公用支出	专项项目支出	基本建设支出
45720	**35172**	**10548**	**3033**	**7515**	**766**
191	191				
11084	10797	287	287		
1901	1783	118	118		
17302	16631	671	601	70	760
305	255	50	50		
8647	3318	5329	1969	3360	
578	566	12	4	8	6
11	11				
131	131				
221	217	4	4		
23	23				
53	53				
5199	1122	4077		4077	
74	74				

5—57 分地区小学预算内

地 区	合 计	事业费支出	个人部分	工资福利支出	对个人和家庭的补助支出	#助学金
合 计	**228093926**	**225603722**	**181925700**	**148748819**	**33176881**	**3519971**
北 京	5199868	4827645	2881714	2222265	659449	49440
天 津	2641193	2577713	2269000	1421696	847304	12564
河 北	10275140	10256939	8545192	7237774	1307418	64635
山 西	6254625	6242631	4847042	4149860	697182	45022
内蒙古	4452588	4391168	3421617	3161558	260059	113297
辽 宁	7098419	7065321	5597100	4452430	1144670	73773
吉 林	4543634	4542713	3742560	3466039	276521	15001
黑龙江	6856972	6834224	5860099	4167098	1693001	11885
上 海	5454606	5404696	4067537	3497183	570354	26965
江 苏	16096864	15709196	13527422	8978453	4548969	47724
浙 江	11922075	11732845	9816656	7706975	2109681	88967
安 徽	8987891	8926390	7314306	6103065	1211241	122011
福 建	6723531	6684634	5596487	4478269	1118218	45988
江 西	6687898	6606527	5483069	4291386	1191683	95147
山 东	14446390	14427115	12179152	10534856	1644296	180830
河 南	13730221	13631006	10532782	8994883	1537899	243657
湖 北	7194667	7180615	6025379	4723739	1301640	36879
湖 南	8167055	8140026	6552920	5851302	701618	201761
广 东	19589223	19176358	14948421	12828975	2119446	112018
广 西	8261356	8223602	6838517	5001717	1836800	41252
海 南	1808490	1756521	1450545	1288294	162251	91312
重 庆	4356687	4294699	3080720	2748558	332162	113522
四 川	11730010	11654981	8238523	6978353	1260170	499940
贵 州	6896365	6855140	5926890	4509079	1417811	20862
云 南	8025225	7996184	6745448	5930553	814895	374113
西 藏	1526107	1484037	1326134	974129	352005	232635
陕 西	6328906	6298948	4762511	3913073	849438	157869
甘 肃	5039618	5028151	4175345	3419960	755385	144997
青 海	1454045	1425437	1197256	1048891	148365	123079
宁 夏	1373169	1370471	1040742	976327	64415	36196
新 疆	4971088	4857789	3934614	3692079	242535	96630

教育事业费和基本建设支出明细

单位:千元

公用部分	商品和服务支出	其他资本性支出			基本建设支出
			专项公用支出	专项项目支出	
43678022	**29125809**	**14552213**	**5214855**	**9337358**	**2490204**
1945931	1259457	686474	488979	197495	372223
308713	240329	68384	37123	31261	63480
1711747	1272197	439550	174176	265374	18201
1395589	1102338	293251	112798	180453	11994
969551	639429	330122	110109	220013	61420
1468221	1135802	332419	124183	208236	33098
800153	584070	216083	77990	138093	921
974125	797731	176394	73011	103383	22748
1337159	934767	402392	208324	194068	49910
2181774	1229989	951785	277214	674571	387668
1916189	1218122	698067	184301	513766	189230
1612084	1123370	488714	159531	329183	61501
1088147	709571	378576	129902	248674	38897
1123458	830185	293273	106218	187055	81371
2247963	1549609	698354	257753	440601	19275
3098224	2141128	957096	491654	465442	99215
1155236	836456	318780	97281	221499	14052
1587106	1022417	564689	165478	399211	27029
4227937	2794413	1433524	421398	1012126	412865
1385085	844823	540262	120456	419806	37754
305976	202970	103006	32579	70427	51969
1213979	869599	344380	117292	227088	61988
3416458	1854773	1561685	511949	1049736	75029
928250	641141	287109	141277	145832	41225
1250736	821263	429473	146812	282661	29041
157903	100809	57094	14858	42236	42070
1536437	849245	687192	209157	478035	29958
852806	600088	252718	56445	196273	11467
228181	162290	65891	25449	40442	28608
329729	178238	151491	32093	119398	2698
923175	579190	343985	109065	234920	113299

5—58 分地区中央属小学预算内

地区	合计	事业费支出	个人部分	工资福利支出	对个人和家庭的补助支出	#助学金
合计	**448981**	**410783**	**231045**	**172655**	**58390**	**28956**
北京	30249	30249	19750	12880	6870	
天津	7820	7820	6382	3711	2671	
河北						
山西						
内蒙古						
辽宁						
吉林	15080	15080	11124	8136	2988	3
黑龙江	29082	23682	2606	1526	1080	35
上海						
江苏						
浙江						
安徽						
福建						
江西						
山东						
河南						
湖北	10809	10809	8303	5380	2923	
湖南						
广东						
广西						
海南						
重庆	6988	6988	3693	2566	1127	
四川						
贵州						
云南						
西藏						
陕西	499	94	94	75	19	19
甘肃	1238	1238	31		31	31
青海						
宁夏						
新疆	347216	314823	179062	138381	40681	28868

教育事业费和基本建设支出明细

单位:千元

公用部分	商品和服务支出	其他资本性支出	专项公用支出	专项项目支出	基本建设支出
179738	**111160**	**68578**	**19069**	**49509**	**38198**
10499	5339	5160	5160		
1438	301	1137	1137		
3956	1956	2000	2000		
21076	19526	1550	710	840	5400
2506	2254	252	252		
3295	1153	2142	2142		
					405
1207	1187	20	20		
135761	79444	56317	7648	48669	32393

5—59 分地区地方小学预算内

地区	合计	事业费支出				
			个人部分	工资福利支出	对个人和家庭的补助支出	
						#助学金
合计	**227644945**	**225192939**	**181694655**	**148576164**	**33118491**	**3491015**
北京	5169619	4797396	2861964	2209385	652579	49440
天津	2633373	2569893	2262618	1417985	844633	12564
河北	10275140	10256939	8545192	7237774	1307418	64635
山西	6254625	6242631	4847042	4149860	697182	45022
内蒙古	4452588	4391168	3421617	3161558	260059	113297
辽宁	7098419	7065321	5597100	4452430	1144670	73773
吉林	4528554	4527633	3731436	3457903	273533	14998
黑龙江	6827890	6810542	5857493	4165572	1691921	11850
上海	5454606	5404696	4067537	3497183	570354	26965
江苏	16096864	15709196	13527422	8978453	4548969	47724
浙江	11922075	11732845	9816656	7706975	2109681	88967
安徽	8987891	8926390	7314306	6103065	1211241	122011
福建	6723531	6684634	5596487	4478269	1118218	45988
江西	6687898	6606527	5483069	4291386	1191683	95147
山东	14446390	14427115	12179152	10534856	1644296	180830
河南	13730221	13631006	10532782	8994883	1537899	243657
湖北	7183858	7169806	6017076	4718359	1298717	36879
湖南	8167055	8140026	6552920	5851302	701618	201761
广东	19589223	19176358	14948421	12828975	2119446	112018
广西	8261356	8223602	6838517	5001717	1836800	41252
海南	1808490	1756521	1450545	1288294	162251	91312
重庆	4349699	4287711	3077027	2745992	331035	113522
四川	11730010	11654981	8238523	6978353	1260170	499940
贵州	6896365	6855140	5926890	4509079	1417811	20862
云南	8025225	7996184	6745448	5930553	814895	374113
西藏	1526107	1484037	1326134	974129	352005	232635
陕西	6328407	6298854	4762417	3912998	849419	157850
甘肃	5038380	5026913	4175314	3419960	755354	144966
青海	1454045	1425437	1197256	1048891	148365	123079
宁夏	1373169	1370471	1040742	976327	64415	36196
新疆	4623872	4542966	3755552	3553698	201854	67762

教育事业费和基本建设支出明细

单位：千元

公用部分	商品和服务支出	其他资本性支出	专项公用支出	专项项目支出	基本建设支出
43498284	**29014649**	**14483635**	**5195786**	**9287849**	**2452006**
1935432	1254118	681314	483819	197495	372223
307275	240028	67247	35986	31261	63480
1711747	1272197	439550	174176	265374	18201
1395589	1102338	293251	112798	180453	11994
969551	639429	330122	110109	220013	61420
1468221	1135802	332419	124183	208236	33098
796197	582114	214083	75990	138093	921
953049	778205	174844	72301	102543	17348
1337159	934767	402392	208324	194068	49910
2181774	1229989	951785	277214	674571	387668
1916189	1218122	698067	184301	513766	189230
1612084	1123370	488714	159531	329183	61501
1088147	709571	378576	129902	248674	38897
1123458	830185	293273	106218	187055	81371
2247963	1549609	698354	257753	440601	19275
3098224	2141128	957096	491654	465442	99215
1152730	834202	318528	97029	221499	14052
1587106	1022417	564689	165478	399211	27029
4227937	2794413	1433524	421398	1012126	412865
1385085	844823	540262	120456	419806	37754
305976	202970	103006	32579	70427	51969
1210684	868446	342238	115150	227088	61988
3416458	1854773	1561685	511949	1049736	75029
928250	641141	287109	141277	145832	41225
1250736	821263	429473	146812	282661	29041
157903	100809	57094	14858	42236	42070
1536437	849245	687192	209157	478035	29553
851599	598901	252698	56425	196273	11467
228181	162290	65891	25449	40442	28608
329729	178238	151491	32093	119398	2698
787414	499746	287668	101417	186251	80906

5—60 分地区普通小学预算内

地 区	合 计	事业费支出	个人部分	工资福利支出	对个人和家庭的补助支出	#助学金
合 计	**228058270**	**225568066**	**181895330**	**148721292**	**33174038**	**3519971**
北 京	5199868	4827645	2881714	2222265	659449	49440
天 津	2641193	2577713	2269000	1421696	847304	12564
河 北	10273585	10255384	8543698	7236280	1307418	64635
山 西	6250980	6238986	4844170	4148052	696118	45022
内蒙古	4452588	4391168	3421617	3161558	260059	113297
辽 宁	7098419	7065321	5597100	4452430	1144670	73773
吉 林	4543634	4542713	3742560	3466039	276521	15001
黑龙江	6856972	6834224	5860099	4167098	1693001	11885
上 海	5454606	5404696	4067537	3497183	570354	26965
江 苏	16095043	15707375	13525601	8976698	4548903	47724
浙 江	11922075	11732845	9816656	7706975	2109681	88967
安 徽	8987891	8926390	7314306	6103065	1211241	122011
福 建	6710148	6671251	5584418	4467280	1117138	45988
江 西	6687898	6606527	5483069	4291386	1191683	95147
山 东	14446390	14427115	12179152	10534856	1644296	180830
河 南	13729672	13630457	10532233	8994334	1537899	243657
湖 北	7193997	7179945	6024724	4723084	1301640	36879
湖 南	8167055	8140026	6552920	5851302	701618	201761
广 东	19589223	19176358	14948421	12828975	2119446	112018
广 西	8261222	8223468	6838517	5001717	1836800	41252
海 南	1808490	1756521	1450545	1288294	162251	91312
重 庆	4350246	4288258	3075894	2743762	332132	113522
四 川	11726073	11651044	8234790	6975153	1259637	499940
贵 州	6896130	6854905	5926890	4509079	1417811	20862
云 南	8021939	7992898	6743097	5928272	814825	374113
西 藏	1526107	1484037	1326134	974129	352005	232635
陕 西	6328906	6298948	4762511	3913073	849438	157869
甘 肃	5039618	5028151	4175345	3419960	755385	144997
青 海	1454045	1425437	1197256	1048891	148365	123079
宁 夏	1373169	1370471	1040742	976327	64415	36196
新 疆	4971088	4857789	3934614	3692079	242535	96630

教育事业费和基本建设支出明细

单位：千元

公用部分	商品和服务支出	其他资本性支出	专项公用支出	专项项目支出	基本建设支出
43672736	**29120694**	**14552042**	**5214684**	**9337358**	**2490204**
1945931	1259457	686474	488979	197495	372223
308713	240329	68384	37123	31261	63480
1711686	1272136	439550	174176	265374	18201
1394816	1101668	293148	112695	180453	11994
969551	639429	330122	110109	220013	61420
1468221	1135802	332419	124183	208236	33098
800153	584070	216083	77990	138093	921
974125	797731	176394	73011	103383	22748
1337159	934767	402392	208324	194068	49910
2181774	1229989	951785	277214	674571	387668
1916189	1218122	698067	184301	513766	189230
1612084	1123370	488714	159531	329183	61501
1086833	708280	378553	129879	248674	38897
1123458	830185	293273	106218	187055	81371
2247963	1549609	698354	257753	440601	19275
3098224	2141128	957096	491654	465442	99215
1155221	836441	318780	97281	221499	14052
1587106	1022417	564689	165478	399211	27029
4227937	2794413	1433524	421398	1012126	412865
1384951	844689	540262	120456	419806	37754
305976	202970	103006	32579	70427	51969
1212364	868009	344355	117267	227088	61988
3416254	1854569	1561685	511949	1049736	75029
928015	640906	287109	141277	145832	41225
1249801	820348	429453	146792	282661	29041
157903	100809	57094	14858	42236	42070
1536437	849245	687192	209157	478035	29958
852806	600088	252718	56445	196273	11467
228181	162290	65891	25449	40442	28608
329729	178238	151491	32093	119398	2698
923175	579190	343985	109065	234920	113299

5—61 分地区中央属普通小学预算内

地区	合计	事业费支出				
			个人部分			
				工资福利支出	对个人和家庭的补助支出	
						#助学金
合计	**448981**	**410783**	**231045**	**172655**	**58390**	**28956**
北京	30249	30249	19750	12880	6870	
天津	7820	7820	6382	3711	2671	
河北						
山西						
内蒙古						
辽宁						
吉林	15080	15080	11124	8136	2988	3
黑龙江	29082	23682	2606	1526	1080	35
上海						
江苏						
浙江						
安徽						
福建						
江西						
山东						
河南						
湖北	10809	10809	8303	5380	2923	
湖南						
广东						
广西						
海南						
重庆	6988	6988	3693	2566	1127	
四川						
贵州						
云南						
西藏						
陕西	499	94	94	75	19	19
甘肃	1238	1238	31		31	31
青海						
宁夏						
新疆	347216	314823	179062	138381	40681	28868

教育事业费和基本建设支出明细

单位:千元

公用部分					基本建设支出
	商品和服务支出	其他资本性支出			
			专项公用支出	专项项目支出	
179738	**111160**	**68578**	**19069**	**49509**	**38198**
10499	5339	5160	5160		
1438	301	1137	1137		
3956	1956	2000	2000		
21076	19526	1550	710	840	5400
2506	2254	252	252		
3295	1153	2142	2142		
					405
1207	1187	20	20		
135761	79444	56317	7648	48669	32393

5—62 分地区地方普通小学预算内

地 区	合 计	事业费支出	个人部分	工资福利支出	对个人和家庭的补助支出	#助学金
合 计	**227609289**	**225157283**	**181664285**	**148548637**	**33115648**	**3491015**
北 京	5169619	4797396	2861964	2209385	652579	49440
天 津	2633373	2569893	2262618	1417985	844633	12564
河 北	10273585	10255384	8543698	7236280	1307418	64635
山 西	6250980	6238986	4844170	4148052	696118	45022
内蒙古	4452588	4391168	3421617	3161558	260059	113297
辽 宁	7098419	7065321	5597100	4452430	1144670	73773
吉 林	4528554	4527633	3731436	3457903	273533	14998
黑龙江	6827890	6810542	5857493	4165572	1691921	11850
上 海	5454606	5404696	4067537	3497183	570354	26965
江 苏	16095043	15707375	13525601	8976698	4548903	47724
浙 江	11922075	11732845	9816656	7706975	2109681	88967
安 徽	8987891	8926390	7314306	6103065	1211241	122011
福 建	6710148	6671251	5584418	4467280	1117138	45988
江 西	6687898	6606527	5483069	4291386	1191683	95147
山 东	14446390	14427115	12179152	10534856	1644296	180830
河 南	13729672	13630457	10532233	8994334	1537899	243657
湖 北	7183188	7169136	6016421	4717704	1298717	36879
湖 南	8167055	8140026	6552920	5851302	701618	201761
广 东	19589223	19176358	14948421	12828975	2119446	112018
广 西	8261222	8223468	6838517	5001717	1836800	41252
海 南	1808490	1756521	1450545	1288294	162251	91312
重 庆	4343258	4281270	3072201	2741196	331005	113522
四 川	11726073	11651044	8234790	6975153	1259637	499940
贵 州	6896130	6854905	5926890	4509079	1417811	20862
云 南	8021939	7992898	6743097	5928272	814825	374113
西 藏	1526107	1484037	1326134	974129	352005	232635
陕 西	6328407	6298854	4762417	3912998	849419	157850
甘 肃	5038380	5026913	4175314	3419960	755354	144966
青 海	1454045	1425437	1197256	1048891	148365	123079
宁 夏	1373169	1370471	1040742	976327	64415	36196
新 疆	4623872	4542966	3755552	3553698	201854	67762

教育事业费和基本建设支出明细

单位：千元

公用部分	商品和服务支出	其他资本性支出	专项公用支出	专项项目支出	基本建设支出
43492998	**29009534**	**14483464**	**5195615**	**9287849**	**2452006**
1935432	1254118	681314	483819	197495	372223
307275	240028	67247	35986	31261	63480
1711686	1272136	439550	174176	265374	18201
1394816	1101668	293148	112695	180453	11994
969551	639429	330122	110109	220013	61420
1468221	1135802	332419	124183	208236	33098
796197	582114	214083	75990	138093	921
953049	778205	174844	72301	102543	17348
1337159	934767	402392	208324	194068	49910
2181774	1229989	951785	277214	674571	387668
1916189	1218122	698067	184301	513766	189230
1612084	1123370	488714	159531	329183	61501
1086833	708280	378553	129879	248674	38897
1123458	830185	293273	106218	187055	81371
2247963	1549609	698354	257753	440601	19275
3098224	2141128	957096	491654	465442	99215
1152715	834187	318528	97029	221499	14052
1587106	1022417	564689	165478	399211	27029
4227937	2794413	1433524	421398	1012126	412865
1384951	844689	540262	120456	419806	37754
305976	202970	103006	32579	70427	51969
1209069	866856	342213	115125	227088	61988
3416254	1854569	1561685	511949	1049736	75029
928015	640906	287109	141277	145832	41225
1249801	820348	429453	146792	282661	29041
157903	100809	57094	14858	42236	42070
1536437	849245	687192	209157	478035	29553
851599	598901	252698	56425	196273	11467
228181	162290	65891	25449	40442	28608
329729	178238	151491	32093	119398	2698
787414	499746	287668	101417	186251	80906

5—63 分地区农村小学预算内

地 区	合 计	事业费支出	个人部分	工资福利支出	对个人和家庭的补助支出	#助学金
合 计	**158334587**	**157153639**	**126600087**	**104389461**	**22210626**	**3003007**
北 京	2191316	2073337	1229019	932003	297016	30626
天 津	1223696	1204561	1046737	745294	301443	4887
河 北	7776877	7763413	6428354	5480291	948063	52099
山 西	4760904	4752490	3682567	3139976	542591	36904
内蒙古	2481448	2469152	1967766	1833906	133860	53098
辽 宁	4222844	4221722	3308341	2696199	612142	38230
吉 林	3051320	3050419	2513587	2344597	168990	12293
黑龙江	4225719	4215917	3667114	2678810	988304	8000
上 海	1901296	1872296	1455040	1263949	191091	5831
江 苏	10236850	10046731	8667596	5748215	2919381	38117
浙 江	7897059	7806733	6556066	5066746	1489320	73089
安 徽	6978392	6932045	5694432	4736897	957535	109243
福 建	4977025	4948695	4132807	3350469	782338	43490
江 西	4944640	4892265	4084207	3175826	908381	73232
山 东	11343230	11326205	9540537	8435822	1104715	167405
河 南	10729827	10685451	8179102	6983402	1195700	221066
湖 北	4929122	4921536	4062002	3327054	734948	28705
湖 南	5927823	5909021	4867570	4432999	434571	180386
广 东	10707651	10548578	7732424	6471971	1260453	89797
广 西	6723853	6707883	5558996	4082634	1476362	36465
海 南	1350203	1302743	1083999	938138	145861	90066
重 庆	3256733	3222600	2352162	2107203	244959	102662
四 川	9269295	9219131	6453621	5523673	929948	448955
贵 州	5439375	5403388	4662300	3690727	971573	18535
云 南	6705817	6687006	5641365	4925176	716189	350224
西 藏	988044	968674	866918	624297	242621	183780
陕 西	4881250	4856322	3687055	3033024	654031	145316
甘 肃	3919648	3909821	3221172	2687941	533231	136937
青 海	965092	940649	782969	674569	108400	101498
宁 夏	999895	997630	768924	714849	54075	34832
新 疆	3328343	3297225	2705338	2542804	162534	87239

教育事业费和基本建设支出明细

单位：千元

公用部分	商品和服务支出	其他资本性支出			基本建设支出
			专项公用支出	专项项目支出	
30553552	**20251168**	**10302384**	**3347693**	**6954691**	**1180948**
844318	556430	287888	219711	68177	117979
157824	112163	45661	19420	26241	19135
1335059	989327	345732	126666	219066	13464
1069923	864629	205294	66859	138435	8414
501386	325760	175626	53790	121836	12296
913381	689376	224005	60513	163492	1122
536832	385482	151350	42103	109247	901
548803	458214	90589	39594	50995	9802
417256	318794	98462	39548	58914	29000
1379135	708454	670681	154945	515736	190119
1250667	758625	492042	112228	379814	90326
1237613	878186	359427	114869	244558	46347
815888	573215	242673	88048	154625	28330
808058	584519	223539	72997	150542	52375
1785668	1221217	564451	190667	373784	17025
2506349	1705330	801019	437340	363679	44376
859534	628234	231300	61543	169757	7586
1041451	735008	306443	88594	217849	18802
2816154	1797965	1018189	202797	815392	159073
1148887	708246	440641	96195	344446	15970
218744	142649	76095	22858	53237	47460
870438	631964	238474	68806	169668	34133
2765510	1466132	1299378	423382	875996	50164
741088	520877	220211	94258	125953	35987
1045641	672839	372802	126252	246550	18811
101756	62293	39463	10344	29119	19370
1169267	667919	501348	161131	340217	24928
688649	482293	206356	45535	160821	9827
157680	111090	46590	15306	31284	24443
228706	126512	102194	24444	77750	2265
591887	367426	224461	66950	157511	31118

5—64 分地区中央属农村小学预算内

地 区	合 计	事业费支出				
			个人部分			
				工资福利支出	对个人和家庭的补助支出	
						#助学金
合 计	**262180**	**237712**	**134693**	**107107**	**27586**	**23873**
北 京						
天 津						
河 北						
山 西						
内蒙古						
辽 宁						
吉 林						
黑龙江						
上 海						
江 苏						
浙 江						
安 徽						
福 建						
江 西						
山 东						
河 南						
湖 北						
湖 南						
广 东						
广 西						
海 南						
重 庆						
四 川						
贵 州						
云 南						
西 藏						
陕 西						
甘 肃						
青 海						
宁 夏						
新 疆	262180	237712	134693	107107	27586	23873

教育事业费和基本建设支出明细

单位：千元

公用部分	商品和服务支出	其他资本性支出			基本建设支出
			专项公用支出	专项项目支出	
103019	**62982**	**40037**	**6472**	**33565**	**24468**
103019	62982	40037	6472	33565	24468

5—65 分地区地方农村小学预算内

地区	合计	事业费支出	个人部分	工资福利支出	对个人和家庭的补助支出	#助学金
合计	**158072407**	**156915927**	**126465394**	**104282354**	**22183040**	**2979134**
北京	2191316	2073337	1229019	932003	297016	30626
天津	1223696	1204561	1046737	745294	301443	4887
河北	7776877	7763413	6428354	5480291	948063	52099
山西	4760904	4752490	3682567	3139976	542591	36904
内蒙古	2481448	2469152	1967766	1833906	133860	53098
辽宁	4222844	4221722	3308341	2696199	612142	38230
吉林	3051320	3050419	2513587	2344597	168990	12293
黑龙江	4225719	4215917	3667114	2678810	988304	8000
上海	1901296	1872296	1455040	1263949	191091	5831
江苏	10236850	10046731	8667596	5748215	2919381	38117
浙江	7897059	7806733	6556066	5066746	1489320	73089
安徽	6978392	6932045	5694432	4736897	957535	109243
福建	4977025	4948695	4132807	3350469	782338	43490
江西	4944640	4892265	4084207	3175826	908381	73232
山东	11343230	11326205	9540537	8435822	1104715	167405
河南	10729827	10685451	8179102	6983402	1195700	221066
湖北	4929122	4921536	4062002	3327054	734948	28705
湖南	5927823	5909021	4867570	4432999	434571	180386
广东	10707651	10548578	7732424	6471971	1260453	89797
广西	6723853	6707883	5558996	4082634	1476362	36465
海南	1350203	1302743	1083999	938138	145861	90066
重庆	3256733	3222600	2352162	2107203	244959	102662
四川	9269295	9219131	6453621	5523673	929948	448955
贵州	5439375	5403388	4662300	3690727	971573	18535
云南	6705817	6687006	5641365	4925176	716189	350224
西藏	988044	968674	866918	624297	242621	183780
陕西	4881250	4856322	3687055	3033024	654031	145316
甘肃	3919648	3909821	3221172	2687941	533231	136937
青海	965092	940649	782969	674569	108400	101498
宁夏	999895	997630	768924	714849	54075	34832
新疆	3066163	3059513	2570645	2435697	134948	63366

教育事业费和基本建设支出明细

单位:千元

公用部分	商品和服务支出	其他资本性支出	专项公用支出	专项项目支出	基本建设支出
30450533	**20188186**	**10262347**	**3341221**	**6921126**	**1156480**
844318	556430	287888	219711	68177	117979
157824	112163	45661	19420	26241	19135
1335059	989327	345732	126666	219066	13464
1069923	864629	205294	66859	138435	8414
501386	325760	175626	53790	121836	12296
913381	689376	224005	60513	163492	1122
536832	385482	151350	42103	109247	901
548803	458214	90589	39594	50995	9802
417256	318794	98462	39548	58914	29000
1379135	708454	670681	154945	515736	190119
1250667	758625	492042	112228	379814	90326
1237613	878186	359427	114869	244558	46347
815888	573215	242673	88048	154625	28330
808058	584519	223539	72997	150542	52375
1785668	1221217	564451	190667	373784	17025
2506349	1705330	801019	437340	363679	44376
859534	628234	231300	61543	169757	7586
1041451	735008	306443	88594	217849	18802
2816154	1797965	1018189	202797	815392	159073
1148887	708246	440641	96195	344446	15970
218744	142649	76095	22858	53237	47460
870438	631964	238474	68806	169668	34133
2765510	1466132	1299378	423382	875996	50164
741088	520877	220211	94258	125953	35987
1045641	672839	372802	126252	246550	18811
101756	62293	39463	10344	29119	19370
1169267	667919	501348	161131	340217	24928
688649	482293	206356	45535	160821	9827
157680	111090	46590	15306	31284	24443
228706	126512	102194	24444	77750	2265
488868	304444	184424	60478	123946	6650

5—66 分地区成人小学预算内

地区	合计	事业费支出	个人部分	工资福利支出	对个人和家庭的补助支出	#助学金
合计	**35656**	**35656**	**30370**	**27527**	**2843**	
北京						
天津						
河北	1555	1555	1494	1494		
山西	3645	3645	2872	1808	1064	
内蒙古						
辽宁						
吉林						
黑龙江						
上海						
江苏	1821	1821	1821	1755	66	
浙江						
安徽						
福建	13383	13383	12069	10989	1080	
江西						
山东						
河南	549	549	549	549		
湖北	670	670	655	655		
湖南						
广东						
广西	134	134				
海南						
重庆	6441	6441	4826	4796	30	
四川	3937	3937	3733	3200	533	
贵州	235	235				
云南	3286	3286	2351	2281	70	
西藏						
陕西						
甘肃						
青海						
宁夏						
新疆						

教育事业费和基本建设支出明细

单位：千元

公用部分	商品和服务支出	其他资本性支出			基本建设支出
			专项公用支出	专项项目支出	
5286	**5115**	**171**	**171**		
61	61				
773	670	103	103		
1314	1291	23	23		
15	15				
134	134				
1615	1590	25	25		
204	204				
235	235				
935	915	20	20		

5—67 分地区特殊教育预算内

地 区	合 计	事业费支出				
			个人部分			
				工资福利支出	对个人和家庭的补助支出	
						#助学金
合 计	**2385842**	**2337101**	**1812146**	**1480574**	**331572**	**38405**
北 京	152489	146139	79370	61263	18107	2506
天 津	58163	58163	47877	29391	18486	13
河 北	79616	79616	65384	57921	7463	576
山 西	60142	59562	44714	38620	6094	1187
内蒙古	40791	35614	26721	24454	2267	903
辽 宁	127080	127039	103794	79348	24446	606
吉 林	86371	86371	61589	51626	9963	433
黑龙江	111123	111123	97952	63933	34019	786
上 海	254566	254566	202281	180171	22110	1857
江 苏	206635	206635	174182	124778	49404	2074
浙 江	125570	124576	94170	76445	17725	2794
安 徽	70690	48128	40009	33885	6124	651
福 建	81044	76940	57693	47231	10462	2141
江 西	20709	20709	17072	15065	2007	892
山 东	238205	238105	194106	160209	33897	3835
河 南	97081	96621	82638	73800	8838	1793
湖 北	67237	67137	53734	42313	11421	1065
湖 南	54985	54585	44791	38696	6095	995
广 东	171118	169353	117774	111755	6019	208
广 西	22136	22136	17881	14854	3027	240
海 南	8641	8641	5770	5184	586	554
重 庆	30694	30694	21949	19447	2502	1194
四 川	59346	59106	43809	36754	7055	3621
贵 州	28558	28558	25122	18534	6588	270
云 南	43647	38401	26261	22105	4156	2362
西 藏	2706	2706	2210	1804	406	343
陕 西	24038	24038	19152	16302	2850	306
甘 肃	31575	30953	20578	13927	6651	3303
青 海	6868	6868	5645	5265	380	373
宁 夏	9608	9608	7109	6283	826	181
新 疆	14410	14410	10809	9211	1598	343

教育事业费和基本建设支出明细

单位：千元

公用部分	商品和服务支出	其他资本性支出	专项公用支出	专项项目支出	基本建设支出
524955	**343163**	**181792**	**96816**	**84976**	**48741**
66769	27770	38999	19291	19708	6350
10286	7769	2517	2317	200	
14232	12263	1969	1705	264	
14848	11453	3395	2160	1235	580
8893	7583	1310	648	662	5177
23245	21033	2212	1421	791	41
24782	11209	13573	1639	11934	
13171	12224	947	677	270	
52285	39404	12881	6841	6040	
32453	20894	11559	6652	4907	
30406	21240	9166	5178	3988	994
8119	6789	1330	1262	68	22562
19247	12026	7221	4739	2482	4104
3637	2343	1294	208	1086	
43999	32078	11921	5215	6706	100
13983	12144	1839	1270	569	460
13403	10575	2828	972	1856	100
9794	7737	2057	597	1460	400
51579	23040	28539	17492	11047	1765
4255	2133	2122	749	1373	
2871	2127	744	331	413	
8745	6569	2176	1148	1028	
15297	10992	4305	2518	1787	240
3436	1957	1479	1169	310	
12140	6891	5249	2632	2617	5246
496	171	325	325		
4886	3929	957	957		
10375	3017	7358	5578	1780	622
1223	1073	150	150		
2499	1721	778	608	170	
3601	3009	592	367	225	

5—68 分地区特殊教育学校预算内

地区	合计	事业费支出	个人部分	工资福利支出	对个人和家庭的补助支出	#助学金
合计	**2313486**	**2267955**	**1765746**	**1440829**	**324917**	**38351**
北京	146471	140121	75859	58167	17692	2506
天津	58163	58163	47877	29391	18486	13
河北	79616	79616	65384	57921	7463	576
山西	60142	59562	44714	38620	6094	1187
内蒙古	40791	35614	26721	24454	2267	903
辽宁	110463	110422	91840	70074	21766	583
吉林	84126	84126	59679	49776	9903	433
黑龙江	111123	111123	97952	63933	34019	786
上海	249403	249403	198156	176492	21664	1857
江苏	206635	206635	174182	124778	49404	2074
浙江	120743	119749	91045	73811	17234	2794
安徽	70690	48128	40009	33885	6124	651
福建	71718	70824	54987	44884	10103	2113
江西	20502	20502	16882	14920	1962	892
山东	238205	238105	194106	160209	33897	3835
河南	95602	95142	81253	73046	8207	1793
湖北	63268	63168	51051	40162	10889	1065
湖南	54985	54585	44791	38696	6095	995
广东	152620	150855	106392	100373	6019	208
广西	20215	20215	16247	13639	2608	240
海南	8641	8641	5770	5184	586	554
重庆	29987	29987	21533	19046	2487	1191
四川	59128	58888	43591	36536	7055	3621
贵州	27397	27397	23961	17935	6026	270
云南	43647	38401	26261	22105	4156	2362
西藏	2706	2706	2210	1804	406	343
陕西	24038	24038	19152	16302	2850	306
甘肃	31575	30953	20578	13927	6651	3303
青海	6868	6868	5645	5265	380	373
宁夏	9608	9608	7109	6283	826	181
新疆	14410	14410	10809	9211	1598	343

教育事业费和基本建设支出明细

单位：千元

公用部分	商品和服务支出	其他资本性支出	专项公用支出	专项项目支出	基本建设支出
502209	**329192**	**173017**	**88041**	**84976**	**45531**
64262	25570	38692	18984	19708	6350
10286	7769	2517	2317	200	
14232	12263	1969	1705	264	
14848	11453	3395	2160	1235	580
8893	7583	1310	648	662	5177
18582	16508	2074	1283	791	41
24447	10874	13573	1639	11934	
13171	12224	947	677	270	
51247	38369	12878	6838	6040	
32453	20894	11559	6652	4907	
28704	20163	8541	4553	3988	994
8119	6789	1330	1262	68	22562
15837	10935	4902	2420	2482	894
3620	2326	1294	208	1086	
43999	32078	11921	5215	6706	100
13889	12050	1839	1270	569	460
12117	9713	2404	548	1856	100
9794	7737	2057	597	1460	400
44463	20849	23614	12567	11047	1765
3968	1860	2108	735	1373	
2871	2127	744	331	413	
8454	6298	2156	1128	1028	
15297	10992	4305	2518	1787	240
3436	1957	1479	1169	310	
12140	6891	5249	2632	2617	5246
496	171	325	325		
4886	3929	957	957		
10375	3017	7358	5578	1780	622
1223	1073	150	150		
2499	1721	778	608	170	
3601	3009	592	367	225	

5—69 分地区工读学校预算内

地　区	合　计	事业费支出	个人部分	工资福利支出	对个人和家庭的补助支出	#助学金
合　计	**72356**	**69146**	**46400**	**39745**	**6655**	**54**
北　京	6018	6018	3511	3096	415	
天　津						
河　北						
山　西						
内蒙古						
辽　宁	16617	16617	11954	9274	2680	23
吉　林	2245	2245	1910	1850	60	
黑龙江						
上　海	5163	5163	4125	3679	446	
江　苏						
浙　江	4827	4827	3125	2634	491	
安　徽						
福　建	9326	6116	2706	2347	359	28
江　西	207	207	190	145	45	
山　东						
河　南	1479	1479	1385	754	631	
湖　北	3969	3969	2683	2151	532	
湖　南						
广　东	18498	18498	11382	11382		
广　西	1921	1921	1634	1215	419	
海　南						
重　庆	707	707	416	401	15	3
四　川	218	218	218	218		
贵　州	1161	1161	1161	599	562	
云　南						
西　藏						
陕　西						
甘　肃						
青　海						
宁　夏						
新　疆						

教育事业费和基本建设支出明细

单位:千元

公用部分	商品和服务支出	其他资本性支出	专项公用支出	专项项目支出	基本建设支出
22746	**13971**	**8775**	**8775**		**3210**
2507	2200	307	307		
4663	4525	138	138		
335	335				
1038	1035	3	3		
1702	1077	625	625		
3410	1091	2319	2319		3210
17	17				
94	94				
1286	862	424	424		
7116	2191	4925	4925		
287	273	14	14		
291	271	20	20		

5—70 分地区幼儿园预算内

地区	合计	事业费支出	个人部分	工资福利支出	对个人和家庭的补助支出	#助学金
合计	**8796231**	**8687206**	**7525035**	**6573478**	**951557**	
北京	359503	357503	269626	222305	47321	
天津	278255	277901	245464	162277	83187	
河北	506439	506439	449572	416961	32611	
山西	234672	234592	210103	193901	16202	
内蒙古	253719	249129	216171	206590	9581	
辽宁	170350	158910	140219	120774	19445	
吉林	137826	137826	114117	105362	8755	
黑龙江	140042	140042	122034	87840	34194	
上海	1888867	1851637	1475816	1350786	125030	
江苏	597278	565602	508607	401814	106793	
浙江	486707	484487	410991	352355	58636	
安徽	178579	178579	172466	155898	16568	
福建	359766	357556	315475	281854	33621	
江西	104836	104836	100265	82346	17919	
山东	233652	233652	218785	197102	21683	
河南	287119	286442	245179	220455	24724	
湖北	187651	187646	173760	137695	36065	
湖南	92055	91591	85509	78251	7258	
广东	431583	428768	368287	331521	36766	
广西	184827	184827	174436	131574	42862	
海南	19628	19578	18550	18042	508	
重庆	86401	86123	68341	64747	3594	
四川	285874	285674	261700	236814	24886	
贵州	157650	157588	150180	115419	34761	
云南	318507	316027	288523	272390	16133	
西藏	27089	27089	24096	20667	3429	
陕西	166518	166518	155767	136481	19286	
甘肃	228514	228014	203961	179139	24822	
青海	36653	36453	32864	31891	973	
宁夏	63124	63124	58428	57242	1186	
新疆	292547	283053	245743	202985	42758	

教育事业费和基本建设支出明细

单位：千元

公用部分	商品和服务支出	其他资本性支出			基本建设支出
			专项公用支出	专项项目支出	
1162171	**760461**	**401710**	**183468**	**218242**	**109025**
87877	59163	28714	17406	11308	2000
32437	21170	11267	5965	5302	354
56867	43245	13622	6246	7376	
24489	20167	4322	1959	2363	80
32958	21436	11522	3510	8012	4590
18691	13567	5124	3961	1163	11440
23709	15314	8395	1069	7326	
18008	13233	4775	555	4220	
375821	242782	133039	65558	67481	37230
56995	31493	25502	13613	11889	31676
73496	40955	32541	9276	23265	2220
6113	4107	2006	932	1074	
42081	29248	12833	7464	5369	2210
4571	3385	1186	884	302	
14867	10337	4530	1898	2632	
41263	26243	15020	4315	10705	677
13886	8288	5598	4977	621	5
6082	5127	955	435	520	464
60481	29803	30678	12928	17750	2815
10391	6628	3763	812	2951	
1028	689	339	211	128	50
17782	8431	9351	2675	6676	278
23974	18808	5166	2170	2996	200
7408	5976	1432	636	796	62
27504	18887	8617	2208	6409	2480
2993	2285	708	708		
10751	9420	1331	1054	277	
24053	18919	5134	1019	4115	500
3589	2843	746	645	101	200
4696	2965	1731	1252	479	
37310	25547	11763	7127	4636	9494

5—71　分地区中央属幼儿园预算内

地　区	合　计	事业费支　出				
			个人部分			
				工资福利支出	对个人和家庭的补助支出	
						＃助学金
合　计	**3270**	**3270**	**2709**	**1608**	**1101**	
北　京						
天　津						
河　北						
山　西						
内蒙古						
辽　宁						
吉　林						
黑龙江	561	561				
上　海						
江　苏						
浙　江						
安　徽						
福　建						
江　西						
山　东						
河　南						
湖　北						
湖　南						
广　东						
广　西						
海　南						
重　庆						
四　川						
贵　州						
云　南						
西　藏						
陕　西						
甘　肃						
青　海						
宁　夏						
新　疆	2709	2709	2709	1608	1101	

教育事业费和基本建设支出明细

单位:千元

公用部分	商品和服务支出	其他资本性支出	专项公用支出	专项项目支出	基本建设支出
561	**561**				
561	561				

5—72 分地区地方幼儿园预算内

地 区	合 计	事业费支出				
			个人部分	工资福利支出	对个人和家庭的补助支出	
						#助学金
合 计	**8792961**	**8683936**	**7522326**	**6571870**	**950456**	
北 京	359503	357503	269626	222305	47321	
天 津	278255	277901	245464	162277	83187	
河 北	506439	506439	449572	416961	32611	
山 西	234672	234592	210103	193901	16202	
内蒙古	253719	249129	216171	206590	9581	
辽 宁	170350	158910	140219	120774	19445	
吉 林	137826	137826	114117	105362	8755	
黑龙江	139481	139481	122034	87840	34194	
上 海	1888867	1851637	1475816	1350786	125030	
江 苏	597278	565602	508607	401814	106793	
浙 江	486707	484487	410991	352355	58636	
安 徽	178579	178579	172466	155898	16568	
福 建	359766	357556	315475	281854	33621	
江 西	104836	104836	100265	82346	17919	
山 东	233652	233652	218785	197102	21683	
河 南	287119	286442	245179	220455	24724	
湖 北	187651	187646	173760	137695	36065	
湖 南	92055	91591	85509	78251	7258	
广 东	431583	428768	368287	331521	36766	
广 西	184827	184827	174436	131574	42862	
海 南	19628	19578	18550	18042	508	
重 庆	86401	86123	68341	64747	3594	
四 川	285874	285674	261700	236814	24886	
贵 州	157650	157588	150180	115419	34761	
云 南	318507	316027	288523	272390	16133	
西 藏	27089	27089	24096	20667	3429	
陕 西	166518	166518	155767	136481	19286	
甘 肃	228514	228014	203961	179139	24822	
青 海	36653	36453	32864	31891	973	
宁 夏	63124	63124	58428	57242	1186	
新 疆	289838	280344	243034	201377	41657	

教育事业费和基本建设支出明细

单位：千元

公用部分	商品和服务支出	其他资本性支出			基本建设支出
			专项公用支出	专项项目支出	
1161610	**759900**	**401710**	**183468**	**218242**	**109025**
87877	59163	28714	17406	11308	2000
32437	21170	11267	5965	5302	354
56867	43245	13622	6246	7376	
24489	20167	4322	1959	2363	80
32958	21436	11522	3510	8012	4590
18691	13567	5124	3961	1163	11440
23709	15314	8395	1069	7326	
17447	12672	4775	555	4220	
375821	242782	133039	65558	67481	37230
56995	31493	25502	13613	11889	31676
73496	40955	32541	9276	23265	2220
6113	4107	2006	932	1074	
42081	29248	12833	7464	5369	2210
4571	3385	1186	884	302	
14867	10337	4530	1898	2632	
41263	26243	15020	4315	10705	677
13886	8288	5598	4977	621	5
6082	5127	955	435	520	464
60481	29803	30678	12928	17750	2815
10391	6628	3763	812	2951	
1028	689	339	211	128	50
17782	8431	9351	2675	6676	278
23974	18808	5166	2170	2996	200
7408	5976	1432	636	796	62
27504	18887	8617	2208	6409	2480
2993	2285	708	708		
10751	9420	1331	1054	277	
24053	18919	5134	1019	4115	500
3589	2843	746	645	101	200
4696	2965	1731	1252	479	
37310	25547	11763	7127	4636	9494

5—73 分地区教育行政单位预算内

地区	合计	事业费支出	个人部分	工资福利支出	对个人和家庭的补助支出	#助学金
合计	**11013329**	**10509933**	**5427645**	**4015665**	**1411980**	**109119**
北京	268600	268600	183522	129327	54195	
天津	198853	198853	118998	72149	46849	
河北	322981	314086	223329	185114	38215	740
山西	453488	431688	266873	195030	71843	1030
内蒙古	298802	280570	101958	83754	18204	1367
辽宁	347661	340269	177359	134886	42473	
吉林	111895	111895	56875	49854	7021	
黑龙江	263664	263626	84841	56912	27929	895
上海	132904	132904	109047	96288	12759	
江苏	784586	657636	348067	237918	110149	7516
浙江	626745	606145	311518	201860	109658	14463
安徽	262491	262491	165710	127744	37966	191
福建	255267	255267	140954	99177	41777	6485
江西	210706	197599	123246	80126	43120	2571
山东	788388	777959	499519	386107	113412	3436
河南	527414	454016	200589	127628	72961	40226
湖北	364678	364678	264335	160419	103916	3237
湖南	555744	555744	340973	297327	43646	1401
广东	854412	836778	404280	285075	119205	3065
广西	264024	258750	93151	61635	31516	
海南	72801	65147	29197	19949	9248	679
重庆	195506	195306	110649	95053	15596	6985
四川	542156	512232	260002	198886	61116	
贵州	593087	564840	184767	102651	82116	10544
云南	413353	409323	135184	118226	16958	1485
西藏	96247	96247	69607	55494	14113	
陕西	386820	312209	108295	84348	23947	1749
甘肃	185134	182101	91614	73181	18433	50
青海	93833	93733	24703	22018	2685	160
宁夏	240536	237536	39828	36328	3500	
新疆	300553	271705	158655	141201	17454	844

教育事业费和基本建设支出明细

单位：千元

公用部分	商品和服务支出	其他资本性支出	专项公用支出	专项项目支出	基本建设支出
5082288	**3196595**	**1885693**	**886319**	**999374**	**503396**
85078	75173	9905	9725	180	
79855	38144	41711	40881	830	
90757	73474	17283	11999	5284	8895
164815	118438	46377	34638	11739	21800
178612	121667	56945	15777	41168	18232
162910	131925	30985	22858	8127	7392
55020	43983	11037	8637	2400	
178785	172246	6539	5051	1488	38
23857	20382	3475	3475		
309569	205831	103738	28813	74925	126950
294627	228205	66422	40036	26386	20600
96781	81930	14851	14172	679	
114313	58060	56253	36671	19582	
74353	35010	39343	8568	30775	13107
278440	171977	106463	29926	76537	10429
253427	151548	101879	85841	16038	73398
100343	86991	13352	7666	5686	
214771	190408	24363	19446	4917	
432498	236422	196076	121439	74637	17634
165599	86871	78728	18991	59737	5274
35950	14274	21676	10481	11195	7654
84657	75599	9058	7885	1173	200
252230	188675	63555	30991	32564	29924
380073	178135	201938	122717	79221	28247
274139	117413	156726	52550	104176	4030
26640	15554	11086	2346	8740	
203914	65977	137937	35779	102158	74611
90487	66203	24284	6816	17468	3033
69030	16765	52265	4823	47442	100
197708	39520	158188	36083	122105	3000
113050	89795	23255	11238	12017	28848

5—74 分地区中央属教育行政单位预算内

地区	合计	事业费支出	个人部分			
				工资福利支出	对个人和家庭的补助支出	
						#助学金
合计	**70947**	**70947**	**36388**	**32613**	**3775**	
北京	47959	47959	23516	21724	1792	
天津						
河北						
山西						
内蒙古						
辽宁						
吉林						
黑龙江	176	176				
上海						
江苏						
浙江						
安徽						
福建						
江西						
山东						
河南						
湖北						
湖南						
广东						
广西						
海南						
重庆						
四川						
贵州						
云南						
西藏						
陕西						
甘肃						
青海						
宁夏						
新疆	22812	22812	12872	10889	1983	

教育事业费和基本建设支出明细

单位:千元

公用部分	商品和服务支出	其他资本性支出	专项公用支出	专项项目支出	基本建设支出
34559	**34377**	**182**	**182**		
24443	24443				
176	176				
9940	9758	182	182		

5—75 分地区地方教育行政单位预算内

地区	合计	事业费支出	个人部分	工资福利支出	对个人和家庭的补助支出	#助学金
合计	**10942382**	**10438986**	**5391257**	**3983052**	**1408205**	**109119**
北京	220641	220641	160006	107603	52403	
天津	198853	198853	118998	72149	46849	
河北	322981	314086	223329	185114	38215	740
山西	453488	431688	266873	195030	71843	1030
内蒙古	298802	280570	101958	83754	18204	1367
辽宁	347661	340269	177359	134886	42473	
吉林	111895	111895	56875	49854	7021	
黑龙江	263488	263450	84841	56912	27929	895
上海	132904	132904	109047	96288	12759	
江苏	784586	657636	348067	237918	110149	7516
浙江	626745	606145	311518	201860	109658	14463
安徽	262491	262491	165710	127744	37966	191
福建	255267	255267	140954	99177	41777	6485
江西	210706	197599	123246	80126	43120	2571
山东	788388	777959	499519	386107	113412	3436
河南	527414	454016	200589	127628	72961	40226
湖北	364678	364678	264335	160419	103916	3237
湖南	555744	555744	340973	297327	43646	1401
广东	854412	836778	404280	285075	119205	3065
广西	264024	258750	93151	61635	31516	
海南	72801	65147	29197	19949	9248	679
重庆	195506	195306	110649	95053	15596	6985
四川	542156	512232	260002	198886	61116	
贵州	593087	564840	184767	102651	82116	10544
云南	413353	409323	135184	118226	16958	1485
西藏	96247	96247	69607	55494	14113	
陕西	386820	312209	108295	84348	23947	1749
甘肃	185134	182101	91614	73181	18433	50
青海	93833	93733	24703	22018	2685	160
宁夏	240536	237536	39828	36328	3500	
新疆	277741	248893	145783	130312	15471	844

教育事业费和基本建设支出明细

单位：千元

公用部分	商品和服务支出	其他资本性支出			基本建设支出
			专项公用支出	专项项目支出	
5047729	**3162218**	**1885511**	**886137**	**999374**	**503396**
60635	50730	9905	9725	180	
79855	38144	41711	40881	830	
90757	73474	17283	11999	5284	8895
164815	118438	46377	34638	11739	21800
178612	121667	56945	15777	41168	18232
162910	131925	30985	22858	8127	7392
55020	43983	11037	8637	2400	
178609	172070	6539	5051	1488	38
23857	20382	3475	3475		
309569	205831	103738	28813	74925	126950
294627	228205	66422	40036	26386	20600
96781	81930	14851	14172	679	
114313	58060	56253	36671	19582	
74353	35010	39343	8568	30775	13107
278440	171977	106463	29926	76537	10429
253427	151548	101879	85841	16038	73398
100343	86991	13352	7666	5686	
214771	190408	24363	19446	4917	
432498	236422	196076	121439	74637	17634
165599	86871	78728	18991	59737	5274
35950	14274	21676	10481	11195	7654
84657	75599	9058	7885	1173	200
252230	188675	63555	30991	32564	29924
380073	178135	201938	122717	79221	28247
274139	117413	156726	52550	104176	4030
26640	15554	11086	2346	8740	
203914	65977	137937	35779	102158	74611
90487	66203	24284	6816	17468	3033
69030	16765	52265	4823	47442	100
197708	39520	158188	36083	122105	3000
103110	80037	23073	11056	12017	28848

5—76 分地区教育事业单位预算内

地 区	合 计	事业费支出	个人部分	工资福利支出	对个人和家庭的补助支出	#助学金
合 计	**22870523**	**22004139**	**8990222**	**5814989**	**3175233**	**967140**
北 京	4597778	4281967	1142142	430594	711548	507749
天 津	380726	354755	204200	128118	76082	626
河 北	529066	528866	356172	225654	130518	35202
山 西	318547	318547	179871	120281	59590	35
内蒙古	561060	535686	195106	175072	20034	
辽 宁	1640662	1581094	547192	371698	175494	29800
吉 林	519501	519501	264367	197012	67355	18
黑龙江	647047	629502	329371	212661	116710	12280
上 海	889571	867871	525637	460741	64896	17102
江 苏	1666008	1631811	491593	300710	190883	4321
浙 江	1014711	928195	455050	340103	114947	638
安 徽	146841	143471	101880	83301	18579	36
福 建	463129	405322	130959	89695	41264	7614
江 西	541762	531988	279289	116969	162320	108306
山 东	967808	944708	638903	443643	195260	605
河 南	1237908	1236888	573926	376076	197850	18609
湖 北	712964	712920	252341	187017	65324	115
湖 南	254058	253448	148687	121391	27296	73
广 东	1713531	1648668	695993	340234	355759	116717
广 西	566898	561520	211051	134416	76635	11155
海 南	61346	61346	34367	26601	7766	
重 庆	223718	223718	56373	53093	3280	
四 川	433108	432008	233195	199004	34191	
贵 州	642477	606131	100371	60931	39440	3495
云 南	582716	534349	95799	77623	18176	4269
西 藏	230346	221346	93238	52629	40609	82
陕 西	447296	436296	306285	260991	45294	
甘 肃	348357	348357	107914	58028	49886	32679
青 海	181244	174021	116802	60523	56279	54587
宁 夏	137464	137464	38135	35105	3030	58
新 疆	212875	212375	84013	75075	8938	969

教育事业费和基本建设支出明细

单位:千元

公用部分	商品和服务支出	其他资本性支出			基本建设支出
			专项公用支出	专项项目支出	
13013917	**7701040**	**5312877**	**3299816**	**2013061**	**866384**
3139825	2311804	828021	721363	106658	315811
150555	66819	83736	23865	59871	25971
172694	131369	41325	23787	17538	200
138676	90905	47771	26178	21593	
340580	209734	130846	25202	105644	25374
1033902	531457	502445	295018	207427	59568
255134	172498	82636	32370	50266	
300131	244140	55991	41436	14555	17545
342234	290366	51868	38720	13148	21700
1140218	661389	478829	391529	87300	34197
473145	217497	255648	130381	125267	86516
41591	18803	22788	12407	10381	3370
274363	168055	106308	62045	44263	57807
252699	197862	54837	27423	27414	9774
305805	164513	141292	105291	36001	23100
662962	260345	402617	227881	174736	1020
460579	52502	408077	388174	19903	44
104761	53823	50938	40105	10833	610
952675	599517	353158	182226	170932	64863
350469	73798	276671	79523	197148	5378
26979	11262	15717	9621	6096	
167345	48062	119283	37406	81877	
198813	108447	90366	82581	7785	1100
505760	437171	68589	15426	53163	36346
438550	143950	294600	130215	164385	48367
128108	63181	64927	19880	45047	9000
130011	67819	62192	50732	11460	11000
240443	165719	74724	63491	11233	
57219	41231	15988	7842	8146	7223
99329	24889	74440	926	73514	
128362	72113	56249	6772	49477	500

5—77 分地区中央属教育事业单位预算内

地区	合计	事业费支出	个人部分	工资福利支出	对个人和家庭的补助支出	#助学金
合计	**2499135**	**2387825**	**737557**	**132689**	**604868**	**506782**
北京	2486806	2375496	729208	126226	602982	506782
天津						
河北						
山西						
内蒙古						
辽宁						
吉林						
黑龙江						
上海						
江苏						
浙江						
安徽						
福建						
江西						
山东						
河南						
湖北						
湖南						
广东						
广西						
海南						
重庆						
四川						
贵州						
云南						
西藏						
陕西						
甘肃						
青海						
宁夏						
新疆	12329	12329	8349	6463	1886	

教育事业费和基本建设支出明细

单位：千元

公用部分	商品和服务支出	其他资本性支出			基本建设支出
			专项公用支出	专项项目支出	
1650268	**1500050**	**150218**	**81404**	**68814**	**111310**
1646288	1496711	149577	80763	68814	111310
3980	3339	641	641		

5—78 分地区地方教育事业单位预算内

地区	合计	事业费支出	个人部分	工资福利支出	对个人和家庭的补助支出	#助学金
合计	**20371388**	**19616314**	**8252665**	**5682300**	**2570365**	**460358**
北京	2110972	1906471	412934	304368	108566	967
天津	380726	354755	204200	128118	76082	626
河北	529066	528866	356172	225654	130518	35202
山西	318547	318547	179871	120281	59590	35
内蒙古	561060	535686	195106	175072	20034	
辽宁	1640662	1581094	547192	371698	175494	29800
吉林	519501	519501	264367	197012	67355	18
黑龙江	647047	629502	329371	212661	116710	12280
上海	889571	867871	525637	460741	64896	17102
江苏	1666008	1631811	491593	300710	190883	4321
浙江	1014711	928195	455050	340103	114947	638
安徽	146841	143471	101880	83301	18579	36
福建	463129	405322	130959	89695	41264	7614
江西	541762	531988	279289	116969	162320	108306
山东	967808	944708	638903	443643	195260	605
河南	1237908	1236888	573926	376076	197850	18609
湖北	712964	712920	252341	187017	65324	115
湖南	254058	253448	148687	121391	27296	73
广东	1713531	1648668	695993	340234	355759	116717
广西	566898	561520	211051	134416	76635	11155
海南	61346	61346	34367	26601	7766	
重庆	223718	223718	56373	53093	3280	
四川	433108	432008	233195	199004	34191	
贵州	642477	606131	100371	60931	39440	3495
云南	582716	534349	95799	77623	18176	4269
西藏	230346	221346	93238	52629	40609	82
陕西	447296	436296	306285	260991	45294	
甘肃	348357	348357	107914	58028	49886	32679
青海	181244	174021	116802	60523	56279	54587
宁夏	137464	137464	38135	35105	3030	58
新疆	200546	200046	75664	68612	7052	969

教育事业费和基本建设支出明细

单位：千元

公用部分	商品和服务支出	其他资本性支出			基本建设支出
			专项公用支出	专项项目支出	
11363649	**6200990**	**5162659**	**3218412**	**1944247**	**755074**
1493537	815093	678444	640600	37844	204501
150555	66819	83736	23865	59871	25971
172694	131369	41325	23787	17538	200
138676	90905	47771	26178	21593	
340580	209734	130846	25202	105644	25374
1033902	531457	502445	295018	207427	59568
255134	172498	82636	32370	50266	
300131	244140	55991	41436	14555	17545
342234	290366	51868	38720	13148	21700
1140218	661389	478829	391529	87300	34197
473145	217497	255648	130381	125267	86516
41591	18803	22788	12407	10381	3370
274363	168055	106308	62045	44263	57807
252699	197862	54837	27423	27414	9774
305805	164513	141292	105291	36001	23100
662962	260345	402617	227881	174736	1020
460579	52502	408077	388174	19903	44
104761	53823	50938	40105	10833	610
952675	599517	353158	182226	170932	64863
350469	73798	276671	79523	197148	5378
26979	11262	15717	9621	6096	
167345	48062	119283	37406	81877	
198813	108447	90366	82581	7785	1100
505760	437171	68589	15426	53163	36346
438550	143950	294600	130215	164385	48367
128108	63181	64927	19880	45047	9000
130011	67819	62192	50732	11460	11000
240443	165719	74724	63491	11233	
57219	41231	15988	7842	8146	7223
99329	24889	74440	926	73514	
124382	68774	55608	6131	49477	500

5—79 分地区其他教育机构预算内

地区	合计	事业费支出	个人部分	工资福利支出	对个人和家庭的补助支出	#助学金
合计	**6078582**	**5536884**	**3409167**	**2672081**	**737086**	**19053**
北京	606429	596338	239977	143048	96929	12230
天津	104366	103183	73286	47604	25682	
河北	191522	191522	158076	125444	32632	713
山西	225066	209305	132613	102170	30443	21
内蒙古	107945	104512	73661	70700	2961	
辽宁	284006	255633	152203	117701	34502	
吉林	159887	155881	120682	102632	18050	75
黑龙江	111509	111359	91928	69150	22778	5
上海	327362	326748	143255	133752	9503	
江苏	289441	260493	199088	136080	63008	
浙江	399597	246897	155667	116273	39394	
安徽	145854	136122	101995	85391	16604	837
福建	253412	173302	88402	73400	15002	5
江西	8524	8524	7705	4410	3295	1586
山东	411842	408733	244835	198651	46184	133
河南	147189	139865	68394	58641	9753	1
湖北	136559	131019	108648	78345	30303	
湖南	255036	244463	143792	120267	23525	245
广东	405158	323333	175828	136109	39719	2081
广西	216455	200613	105056	69709	35347	8
海南	13732	12939	9633	7912	1721	
重庆	111125	84425	37061	35568	1493	42
四川	260826	241906	166339	136645	29694	
贵州	101629	101599	84819	55447	29372	
云南	170251	162931	106288	97628	8660	33
西藏	103899	103229	76671	58375	18296	
陕西	95967	95967	61771	49806	11965	33
甘肃	129158	118004	87335	73555	13780	
青海	55468	55468	42031	35274	6757	
宁夏	61389	55679	31466	24950	6516	
新疆	187979	176892	120662	107444	13218	1005

教育事业费和基本建设支出明细

单位：千元

公用部分	商品和服务支出	其他资本性支出	专项公用支出	专项项目支出	基本建设支出
2127717	**1349160**	**778557**	**317197**	**461360**	**541698**
356361	184303	172058	89947	82111	10091
29897	21312	8585	3893	4692	1183
33446	27678	5768	2959	2809	
76692	48224	28468	14887	13581	15761
30851	22195	8656	1299	7357	3433
103430	72764	30666	27999	2667	28373
35199	25794	9405	1996	7409	4006
19431	18673	758	568	190	150
183493	154481	29012	21261	7751	614
61405	43271	18134	4278	13856	28948
91230	52891	38339	9000	29339	152700
34127	24737	9390	3994	5396	9732
84900	60060	24840	14362	10478	80110
819	287	532	6	526	
163898	87869	76029	11936	64093	3109
71471	21537	49934	2094	47840	7324
22371	20519	1852	1202	650	5540
100671	64148	36523	14686	21837	10573
147505	103602	43903	34769	9134	81825
95557	38126	57431	9359	48072	15842
3306	2909	397	136	261	793
47364	23827	23537	8058	15479	26700
75567	53066	22501	8888	13613	18920
16780	15757	1023	723	300	30
56643	46957	9686	5726	3960	7320
26558	15877	10681	10321	360	670
34196	23520	10676	676	10000	
30669	22129	8540	4381	4159	11154
13437	10128	3309	561	2748	
24213	15408	8805	2894	5911	5710
56230	27111	29119	4338	24781	11087

5—80 分地区中央属其他教育机构预算内

地区	合计	事业费支出	个人部分	工资福利支出	对个人和家庭的补助支出	#助学金
合计	**628029**	**592360**	**212613**	**132681**	**79932**	**13235**
北京	437165	434242	154256	85990	68266	12230
天津						
河北						
山西						
内蒙古						
辽宁						
吉林						
黑龙江						
上海	92954	92954	23856	23363	493	
江苏						
浙江						
安徽						
福建	56532	30166	6007	5052	955	
江西						
山东						
河南						
湖北						
湖南						
广东						
广西						
海南						
重庆						
四川						
贵州						
云南						
西藏						
陕西						
甘肃						
青海						
宁夏						
新疆	41378	34998	28494	18276	10218	1005

教育事业费和基本建设支出明细

单位:千元

公用部分	商品和服务支出	其他资本性支出	专项公用支出	专项项目支出	基本建设支出
379747	**226077**	**153670**	**74053**	**79617**	**35669**
279986	139981	140005	65313	74692	2923
69098	57880	11218	6533	4685	
24159	22494	1665	1665		26366
6504	5722	782	542	240	6380

5—81 分地区地方其他教育机构预算内

地区	合计	事业费支出				
			个人部分	工资福利支出	对个人和家庭的补助支出	#助学金
合计	**5450553**	**4944524**	**3196554**	**2539400**	**657154**	**5818**
北京	169264	162096	85721	57058	28663	
天津	104366	103183	73286	47604	25682	
河北	191522	191522	158076	125444	32632	713
山西	225066	209305	132613	102170	30443	21
内蒙古	107945	104512	73661	70700	2961	
辽宁	284006	255633	152203	117701	34502	
吉林	159887	155881	120682	102632	18050	75
黑龙江	111509	111359	91928	69150	22778	5
上海	234408	233794	119399	110389	9010	
江苏	289441	260493	199088	136080	63008	
浙江	399597	246897	155667	116273	39394	
安徽	145854	136122	101995	85391	16604	837
福建	196880	143136	82395	68348	14047	5
江西	8524	8524	7705	4410	3295	1586
山东	411842	408733	244835	198651	46184	133
河南	147189	139865	68394	58641	9753	1
湖北	136559	131019	108648	78345	30303	
湖南	255036	244463	143792	120267	23525	245
广东	405158	323333	175828	136109	39719	2081
广西	216455	200613	105056	69709	35347	8
海南	13732	12939	9633	7912	1721	
重庆	111125	84425	37061	35568	1493	42
四川	260826	241906	166339	136645	29694	
贵州	101629	101599	84819	55447	29372	
云南	170251	162931	106288	97628	8660	33
西藏	103899	103229	76671	58375	18296	
陕西	95967	95967	61771	49806	11965	33
甘肃	129158	118004	87335	73555	13780	
青海	55468	55468	42031	35274	6757	
宁夏	61389	55679	31466	24950	6516	
新疆	146601	141894	92168	89168	3000	

教育事业费和基本建设支出明细

单位:千元

公用部分					基本建设支出
	商品和服务支出	其他资本性支出			
			专项公用支出	专项项目支出	
1747970	**1123083**	**624887**	**243144**	**381743**	**506029**
76375	44322	32053	24634	7419	7168
29897	21312	8585	3893	4692	1183
33446	27678	5768	2959	2809	
76692	48224	28468	14887	13581	15761
30851	22195	8656	1299	7357	3433
103430	72764	30666	27999	2667	28373
35199	25794	9405	1996	7409	4006
19431	18673	758	568	190	150
114395	96601	17794	14728	3066	614
61405	43271	18134	4278	13856	28948
91230	52891	38339	9000	29339	152700
34127	24737	9390	3994	5396	9732
60741	37566	23175	12697	10478	53744
819	287	532	6	526	
163898	87869	76029	11936	64093	3109
71471	21537	49934	2094	47840	7324
22371	20519	1852	1202	650	5540
100671	64148	36523	14686	21837	10573
147505	103602	43903	34769	9134	81825
95557	38126	57431	9359	48072	15842
3306	2909	397	136	261	793
47364	23827	23537	8058	15479	26700
75567	53066	22501	8888	13613	18920
16780	15757	1023	723	300	30
56643	46957	9686	5726	3960	7320
26558	15877	10681	10321	360	670
34196	23520	10676	676	10000	
30669	22129	8540	4381	4159	11154
13437	10128	3309	561	2748	
24213	15408	8805	2894	5911	5710
49726	21389	28337	3796	24541	4707

第六部分

省、自治区、直辖市
教育部门和其他部门
各级各类学校
生均教育经费支出

6—1 分地区高等学校生均教育经费支出

单位:元

地 区	教育经费支出	事业性经费支出			基本建设支出
			个人部分	公用部分	
合 计	**15493.48**	**14227.13**	**6422.96**	**7804.17**	**1266.35**
北 京	31477.71	29235.62	11592.02	17643.60	2242.09
天 津	16496.40	15635.94	7372.85	8263.09	860.45
河 北	10643.40	10503.99	4638.20	5865.78	139.41
山 西	10744.84	10597.95	5303.21	5294.74	146.89
内蒙古	9852.39	9181.42	4775.16	4406.25	670.98
辽 宁	16381.32	15409.15	7225.67	8183.49	972.17
吉 林	12559.30	11884.23	6201.38	5682.86	675.07
黑龙江	16664.63	15226.33	6260.18	8966.15	1438.30
上 海	25771.92	23927.51	10913.00	13014.51	1844.41
江 苏	17025.56	15693.98	7106.91	8587.06	1331.58
浙 江	21994.72	19615.77	8842.42	10773.36	2378.94
安 徽	11134.76	10152.72	5339.98	4812.74	982.04
福 建	14948.07	13573.76	6891.84	6681.92	1374.31
江 西	10250.26	8907.04	4151.86	4755.19	1343.22
山 东	12556.67	11652.06	5650.22	6001.85	904.60
河 南	9606.17	8986.51	4042.31	4944.20	619.66
湖 北	14097.03	13169.90	6544.38	6625.52	927.13
湖 南	11161.69	9887.38	4742.43	5144.95	1274.31
广 东	23445.85	20759.71	7289.06	13470.65	2686.14
广 西	10069.48	8880.21	4813.17	4067.05	1189.26
海 南	13991.00	11247.62	5325.08	5922.54	2743.38
重 庆	15216.68	14132.84	6130.52	8002.32	1083.83
四 川	12683.00	11614.75	5158.60	6456.16	1068.25
贵 州	8638.26	8170.44	4550.10	3620.34	467.82
云 南	11440.42	10886.60	5783.49	5103.11	553.82
西 藏	23079.96	14389.53	9606.63	4782.90	8690.43
陕 西	15368.93	13607.19	5921.23	7685.96	1761.74
甘 肃	10732.48	9979.31	5161.72	4817.58	753.17
青 海	12102.91	12025.90	7632.86	4393.04	77.00
宁 夏	13713.44	12719.74	6518.66	6201.09	993.70
新 疆	10025.51	9263.88	4712.08	4551.79	761.63

6—2 分地区高等学校生均预算内教育经费支出

单位:元

地区	预算内教育经费支出	事业费支出	个人部分	公用部分	基本建设支出
合计	**6657.77**	**6268.01**	**3806.98**	**2461.02**	**389.76**
北京	15502.25	14172.29	6286.38	7885.90	1329.96
天津	10049.89	9573.44	4954.21	4619.23	476.45
河北	3455.30	3414.27	2382.09	1032.19	41.03
山西	4682.00	4619.36	3255.12	1364.23	62.64
内蒙古	5381.56	5047.30	3938.99	1108.32	334.26
辽宁	6708.89	6043.91	3244.24	2799.67	664.98
吉林	6594.52	6496.43	3901.34	2595.09	98.09
黑龙江	7215.53	6308.03	4982.83	1325.21	907.50
上海	14160.67	13276.85	5445.62	7831.22	883.82
江苏	7334.47	6988.91	4350.49	2638.42	345.56
浙江	7830.67	7491.44	4589.75	2901.69	339.23
安徽	4391.08	4124.97	3496.72	628.25	266.11
福建	5904.52	5705.64	3379.32	2326.32	198.88
江西	3364.51	3137.34	2457.08	680.26	227.17
山东	5131.13	5082.74	3923.38	1159.36	48.39
河南	4008.70	3955.65	2988.36	967.29	53.05
湖北	5302.07	5093.24	3753.18	1340.06	208.83
湖南	4116.67	3925.75	2957.98	967.77	190.92
广东	10338.92	9710.60	4664.97	5045.63	628.32
广西	5163.70	4817.67	3299.51	1518.16	346.03
海南	6260.33	4283.76	3655.00	628.76	1976.58
重庆	5835.96	5650.52	2212.95	3437.57	185.43
四川	4323.00	4098.51	2555.03	1543.48	224.49
贵州	4787.42	4538.71	3672.99	865.72	248.71
云南	5094.45	4667.05	2789.08	1877.97	427.40
西藏	19612.55	11407.18	8856.12	2551.06	8205.37
陕西	6008.15	5528.02	3649.96	1878.05	480.14
甘肃	5811.04	5750.55	3655.32	2095.22	60.49
青海	6797.07	6771.45	5896.14	875.32	25.62
宁夏	10898.15	9758.87	6253.38	3505.49	1139.28
新疆	4725.05	4542.58	3074.25	1468.33	182.47

6—3　分地区中央属高等学校生均教育经费支出

单位:元

地　区	教育经费支出	事业性经费支出	个人部分	公用部分	基本建设支　出
合　计	**28469.17**	**25979.06**	**11018.78**	**14960.27**	**2490.11**
北　京	37374.98	34165.65	13343.30	20822.35	3209.32
天　津	22910.87	22386.39	11140.03	11246.36	524.48
河　北	14882.86	13513.80	6789.06	6724.75	1369.05
山　西					
内蒙古					
辽　宁	24950.79	22586.71	10134.59	12452.11	2364.09
吉　林	15969.98	15339.42	7117.30	8222.13	630.56
黑龙江	35965.02	28142.02	11293.78	16848.24	7823.00
上　海	29912.99	27481.20	11858.12	15623.09	2431.79
江　苏	28805.31	25110.31	11482.71	13627.60	3695.00
浙　江	53216.27	44788.02	16052.21	28735.81	8428.25
安　徽	41108.37	38939.04	23416.78	15522.26	2169.33
福　建	22821.88	20886.03	10347.35	10538.68	1935.84
江　西					
山　东	24574.23	22269.15	10620.96	11648.19	2305.08
河　南					
湖　北	21964.24	21254.86	10068.01	11186.85	709.37
湖　南	18025.23	17196.08	8333.74	8862.34	829.15
广　东	39313.66	38233.43	11111.01	27122.42	1080.23
广　西					
海　南					
重　庆	18403.36	17644.15	8239.80	9404.35	759.21
四　川	22483.35	20096.38	8870.82	11225.55	2386.98
贵　州					
云　南					
西　藏					
陕　西	27088.39	23336.37	9953.71	13382.65	3752.02
甘　肃	17712.57	17615.82	7724.98	9890.84	96.75
青　海					
宁　夏	17382.35	17382.35	7207.77	10174.58	
新　疆					

6—4 分地区中央属高等学校生均预算内教育经费支出

单位:元

地 区	预算内教育经费支出	事业费支出			基本建设支出
			个人部分	公用部分	
合 计	**12261.98**	**11255.42**	**6168.09**	**5087.33**	**1006.56**
北 京	15405.29	13610.07	6405.72	7204.35	1795.22
天 津	11800.36	11457.75	5930.35	5527.40	342.61
河 北	7298.75	7061.14	5461.30	1599.83	237.61
山 西					
内蒙古					
辽 宁	12085.21	10164.65	5059.81	5104.85	1920.56
吉 林	8772.40	8508.60	4909.01	3599.59	263.81
黑龙江	13638.21	8647.62	7389.63	1257.98	4990.59
上 海	13205.50	12557.85	4348.17	8209.68	647.65
江 苏	12392.26	11688.40	6925.25	4763.16	703.86
浙 江	15664.63	15438.77	5554.73	9884.04	225.86
安 徽	23929.65	21794.80	18732.21	3062.59	2134.84
福 建	11389.38	10660.00	5466.26	5193.75	729.38
江 西					
山 东	10207.24	9847.85	7038.08	2809.77	359.39
河 南					
湖 北	10008.77	9582.58	7029.18	2553.40	426.19
湖 南	8958.69	8501.86	6532.92	1968.94	456.83
广 东	15382.17	14803.44	5484.05	9319.40	578.73
广 西					
海 南					
重 庆	9017.38	8828.12	3301.82	5526.30	189.26
四 川	8474.47	7851.26	5454.03	2397.23	623.20
贵 州					
云 南					
西 藏					
陕 西	11380.61	10364.80	6785.51	3579.29	1015.82
甘 肃	10428.37	10325.13	5062.32	5262.81	103.25
青 海					
宁 夏	17382.35	17382.35	7207.77	10174.58	
新 疆					

6—5 分地区地方高等学校生均教育经费支出

单位:元

地区	教育经费支出	事业性经费支出	个人部分	公用部分	基本建设支出
合计	**12709.02**	**11705.27**	**5436.74**	**6268.53**	**1003.74**
北京	20720.35	20242.62	8397.47	11845.16	477.73
天津	14629.83	13671.61	6276.63	7394.98	958.22
河北	10450.82	10367.26	4540.50	5826.76	83.55
山西	10744.84	10597.95	5303.21	5294.74	146.89
内蒙古	9852.39	9181.42	4775.16	4406.25	670.98
辽宁	14819.67	14101.15	6695.56	7405.59	718.51
吉林	11035.52	10340.57	5792.18	4548.40	694.95
黑龙江	12444.61	12402.32	5159.58	7242.74	42.29
上海	22292.05	20941.22	10118.79	10822.43	1350.83
江苏	14278.75	13498.27	6086.56	7411.71	780.48
浙江	18891.59	17113.89	8125.83	8988.06	1777.70
安徽	8938.43	8043.39	4015.39	4028.00	895.04
福建	13632.33	12351.85	6314.41	6037.44	1280.47
江西	10250.26	8907.04	4151.86	4755.19	1343.22
山东	11149.63	10409.00	5068.23	5340.76	740.63
河南	9606.17	8986.51	4042.31	4944.20	619.66
湖北	10135.23	9098.44	4769.93	4328.51	1036.79
湖南	10244.31	8910.50	4262.41	4648.08	1333.81
广东	20919.30	17977.46	6680.51	11296.95	2941.84
广西	10069.48	8880.21	4813.17	4067.05	1189.26
海南	13991.00	11247.62	5325.08	5922.54	2743.38
重庆	13811.79	12584.84	5200.62	7384.22	1226.95
四川	9806.28	9125.11	4068.93	5056.18	681.16
贵州	8638.26	8170.44	4550.10	3620.34	467.82
云南	11440.42	10886.60	5783.49	5103.11	553.82
西藏	23079.96	14389.53	9606.63	4782.90	8690.43
陕西	10821.97	9832.42	4356.70	5475.73	989.55
甘肃	9328.37	8443.15	4646.10	3797.05	885.22
青海	12102.91	12025.90	7632.86	4393.04	77.00
宁夏	13094.87	11933.64	6402.47	5531.17	1161.23
新疆	10025.51	9263.88	4712.08	4551.79	761.63

6—6 分地区地方高等学校生均预算内教育经费支出

单位:元

地区	预算内教育经费支出	事业费支出	个人部分	公用部分	基本建设支出
合计	**5462.41**	**5204.21**	**3303.37**	**1900.84**	**258.20**
北京	15672.50	15159.49	6076.84	9082.65	513.01
天津	9522.73	9005.97	4660.24	4345.73	516.76
河北	3281.56	3249.42	2242.89	1006.53	32.14
山西	4682.00	4619.36	3255.12	1364.23	62.64
内蒙古	5381.56	5047.30	3938.99	1108.32	334.26
辽宁	5685.27	5259.35	2898.56	2360.78	425.93
吉林	5623.90	5599.66	3452.25	2147.41	24.24
黑龙江	5821.43	5800.20	4460.40	1339.80	21.23
上海	15078.81	13967.98	6500.55	7467.43	1110.84
江苏	6144.41	5883.16	3744.67	2138.48	261.25
浙江	7046.36	6695.78	4493.14	2202.63	350.58
安徽	2877.73	2756.36	2316.66	439.70	121.36
福建	4950.83	4844.19	3016.45	1827.75	106.64
江西	3364.51	3137.34	2457.08	680.26	227.17
山东	4551.89	4538.98	3567.96	971.03	12.91
河南	4008.70	3955.65	2988.36	967.29	53.05
湖北	3055.80	2950.70	2189.70	760.99	105.10
湖南	3433.15	3279.77	2453.33	826.44	153.38
广东	9494.64	8858.01	4527.84	4330.17	636.63
广西	5163.70	4817.67	3299.51	1518.16	346.03
海南	6260.33	4283.76	3655.00	628.76	1976.58
重庆	4519.57	4335.72	1762.41	2573.31	183.84
四川	3068.17	2964.19	1678.77	1285.42	103.98
贵州	4787.42	4538.71	3672.99	865.72	248.71
云南	5094.45	4667.05	2789.08	1877.97	427.40
西藏	19612.55	11407.18	8856.12	2551.06	8205.37
陕西	3958.51	3682.74	2453.72	1229.02	275.77
甘肃	4867.90	4816.14	3367.93	1448.21	51.76
青海	6797.07	6771.45	5896.14	875.32	25.62
宁夏	9613.02	8247.95	6064.23	2183.72	1365.07
新疆	4725.05	4542.58	3074.25	1468.33	182.47

6—7 分地区普通高等学校生均教育经费支出

单位:元

地区	教育经费支出	事业性经费支出	个人部分	公用部分	基本建设支出
合计	**16319.95**	**14969.58**	**6739.25**	**8230.33**	**1350.37**
北京	34656.19	32134.93	12739.67	19395.26	2521.26
天津	16869.91	15982.37	7509.56	8472.81	887.54
河北	11166.45	11019.28	4840.78	6178.50	147.17
山西	11041.26	10919.02	5432.09	5486.93	122.24
内蒙古	9843.29	9151.96	4752.32	4399.64	691.33
辽宁	16382.71	15398.14	7226.25	8171.89	984.57
吉林	12543.13	11837.49	6112.67	5724.82	705.64
黑龙江	16981.36	15467.65	6257.20	9210.45	1513.71
上海	26680.51	24665.79	11047.64	13618.14	2014.72
江苏	17903.64	16484.01	7437.58	9046.43	1419.63
浙江	24781.98	21977.35	9904.59	12072.76	2804.63
安徽	11632.76	10592.73	5564.42	5028.30	1040.03
福建	15782.70	14264.73	7252.36	7012.36	1517.97
江西	10746.72	9313.06	4356.03	4957.03	1433.66
山东	12691.97	11853.01	5737.55	6115.46	838.95
河南	9764.46	9234.86	4125.43	5109.43	529.60
湖北	14685.90	13717.98	6799.17	6918.81	967.92
湖南	11531.07	10182.17	4905.96	5276.21	1348.90
广东	27755.29	24493.86	8548.41	15945.45	3261.43
广西	11162.33	9792.52	5274.20	4518.32	1369.81
海南	13991.00	11247.62	5325.08	5922.54	2743.38
重庆	15147.22	14010.62	6377.38	7633.24	1136.60
四川	13684.43	12534.30	5525.29	7009.01	1150.13
贵州	9427.15	8890.62	4966.08	3924.54	536.54
云南	12474.88	11939.07	6345.35	5593.72	535.81
西藏	23079.96	14389.53	9606.63	4782.90	8690.43
陕西	15975.50	14153.73	6170.12	7983.61	1821.77
甘肃	10985.80	10184.54	5332.46	4852.08	801.26
青海	13637.72	13549.25	8619.03	4930.22	88.46
宁夏	13713.44	12719.74	6518.66	6201.09	993.70
新疆	10373.12	9680.79	4781.67	4899.12	692.33

6—8 分地区普通高等学校生均预算内教育经费支出

单位:元

地 区	预算内教育经费支出	事业费支出	个人部分	公用部分	基本建设支出
合 计	**6963.39**	**6546.04**	**3949.27**	**2596.77**	**417.36**
北 京	17279.27	15774.43	6971.64	8802.79	1504.83
天 津	10210.89	9722.90	5005.02	4717.88	487.99
河 北	3547.34	3505.71	2436.56	1069.15	41.63
山 西	4735.71	4669.90	3281.54	1388.36	65.82
内蒙古	5358.49	5017.39	3912.47	1104.92	341.10
辽 宁	6622.57	5950.96	3174.18	2776.78	671.61
吉 林	6535.11	6433.34	3807.80	2625.55	101.77
黑龙江	7221.72	6268.50	4935.65	1332.84	953.22
上 海	13405.97	12505.83	4848.61	7657.22	900.14
江 苏	7645.05	7273.95	4489.03	2784.92	371.09
浙 江	8638.33	8258.28	5006.69	3251.60	380.05
安 徽	4580.14	4309.62	3652.73	656.89	270.51
福 建	6165.93	5949.97	3502.79	2447.18	215.97
江 西	3548.32	3301.15	2569.29	731.86	247.16
山 东	5208.14	5156.96	3999.34	1157.62	51.18
河 南	4128.92	4079.66	3076.44	1003.22	49.26
湖 北	5572.13	5349.48	3926.54	1422.93	222.66
湖 南	4256.82	4056.51	3055.28	1001.24	200.31
广 东	12066.31	11317.45	5382.43	5935.02	748.86
广 西	5594.85	5207.31	3544.36	1662.94	387.55
海 南	6260.33	4283.76	3655.00	628.76	1976.58
重 庆	5957.68	5764.42	2246.14	3518.28	193.26
四 川	4629.32	4389.93	2734.78	1655.15	239.39
贵 州	5243.70	4961.03	3980.31	980.72	282.67
云 南	5413.06	4958.68	2970.36	1988.32	454.38
西 藏	19612.55	11407.18	8856.12	2551.06	8205.37
陕 西	6308.38	5820.42	3841.55	1978.88	487.95
甘 肃	6090.94	6027.81	3816.03	2211.79	63.13
青 海	7766.69	7737.03	6723.47	1013.56	29.66
宁 夏	10898.15	9758.87	6253.38	3505.49	1139.28
新 疆	4994.96	4781.39	3199.91	1581.48	213.57

6—9 分地区中央属普通高等学校生均教育经费支出

单位:元

地区	教育经费支出	事业性经费支出	个人部分	公用部分	基本建设支出
合计	**28402.60**	**25910.25**	**11010.71**	**14899.55**	**2492.35**
北京	37046.91	33832.85	13287.13	20545.71	3214.06
天津	22910.87	22386.39	11140.03	11246.36	524.48
河北	14882.86	13513.80	6789.06	6724.75	1369.05
山西					
内蒙古					
辽宁	24972.59	22601.02	10148.75	12452.27	2371.57
吉林	15969.98	15339.42	7117.30	8222.13	630.56
黑龙江	35965.02	28142.02	11293.78	16848.24	7823.00
上海	29912.99	27481.20	11858.12	15623.09	2431.79
江苏	28805.31	25110.31	11482.71	13627.60	3695.00
浙江	53216.27	44788.02	16052.21	28735.81	8428.25
安徽	41108.37	38939.04	23416.78	15522.26	2169.33
福建	22821.88	20886.03	10347.35	10538.68	1935.84
江西					
山东	24574.23	22269.15	10620.96	11648.19	2305.08
河南					
湖北	21964.24	21254.86	10068.01	11186.85	709.37
湖南	18025.23	17196.08	8333.74	8862.34	829.15
广东	39313.66	38233.43	11111.01	27122.42	1080.23
广西					
海南					
重庆	18403.36	17644.15	8239.80	9404.35	759.21
四川	22483.35	20096.38	8870.82	11225.55	2386.98
贵州					
云南					
西藏					
陕西	27086.88	23305.61	9996.89	13308.72	3781.27
甘肃	17712.57	17615.82	7724.98	9890.84	96.75
青海					
宁夏	17382.35	17382.35	7207.77	10174.58	
新疆					

6—10　分地区中央属普通高等学校生均预算内教育经费支出

单位:元

地　区	预算内教育经费支出	事业费支出			基本建设支　出
			个人部分	公用部分	
合　计	**12261.30**	**11253.95**	**6170.85**	**5083.10**	**1007.35**
北　京	15371.99	13574.51	6403.78	7170.73	1797.48
天　津	11800.36	11457.75	5930.35	5527.40	342.61
河　北	7298.75	7061.14	5461.30	1599.83	237.61
山　西					
内蒙古					
辽　宁	12085.18	10164.63	5059.79	5104.83	1920.55
吉　林	8772.40	8508.60	4909.01	3599.59	263.81
黑龙江	13638.21	8647.62	7389.63	1257.98	4990.59
上　海	13205.50	12557.85	4348.17	8209.68	647.65
江　苏	12392.26	11688.40	6925.25	4763.16	703.86
浙　江	15664.63	15438.77	5554.73	9884.04	225.86
安　徽	23929.65	21794.80	18732.21	3062.59	2134.84
福　建	11389.38	10660.00	5466.26	5193.75	729.38
江　西					
山　东	10207.24	9847.85	7038.08	2809.77	359.39
河　南					
湖　北	10008.77	9582.58	7029.18	2553.40	426.19
湖　南	8958.69	8501.86	6532.92	1968.94	456.83
广　东	15382.17	14803.44	5484.05	9319.40	578.73
广　西					
海　南					
重　庆	9017.38	8828.12	3301.82	5526.30	189.26
四　川	8474.47	7851.26	5454.03	2397.23	623.20
贵　州					
云　南					
西　藏					
陕　西	11472.83	10448.56	6839.49	3609.07	1024.27
甘　肃	10428.37	10325.13	5062.32	5262.81	103.25
青　海					
宁　夏	17382.35	17382.35	7207.77	10174.58	
新　疆					

6—11 分地区地方普通高等学校生均教育经费支出

单位：元

地区	教育经费支出	事业性经费支出	个人部分	公用部分	基本建设支出
合计	**13435.59**	**12357.84**	**5719.57**	**6638.27**	**1077.76**
北京	28345.05	27652.68	11294.45	16358.23	692.38
天津	15039.93	14042.41	6409.78	7632.63	997.52
河北	10981.70	10895.27	4743.93	6151.34	86.43
山西	11041.26	10919.02	5432.09	5486.93	122.24
内蒙古	9843.29	9151.96	4752.32	4399.64	691.33
辽宁	14769.80	14045.66	6677.49	7368.17	724.14
吉林	10909.74	10168.31	5633.82	4534.50	741.42
黑龙江	12562.32	12517.29	5084.78	7432.51	45.03
上海	23446.74	21849.25	10236.85	11612.40	1597.49
江苏	15078.25	14248.33	6389.20	7859.13	829.92
浙江	21368.61	19239.07	9166.61	10072.46	2129.54
安徽	9303.29	8352.50	4153.54	4198.96	950.78
福建	14460.37	13020.90	6670.96	6349.94	1439.47
江西	10746.72	9313.06	4356.03	4957.03	1433.66
山东	11210.37	10554.23	5128.64	5425.58	656.14
河南	9764.46	9234.86	4125.43	5109.43	529.60
湖北	10637.82	9526.10	4981.10	4545.00	1111.72
湖南	10605.00	9181.98	4417.15	4764.83	1423.02
广东	25433.51	21733.93	8033.65	13700.29	3699.58
广西	11162.33	9792.52	5274.20	4518.32	1369.81
海南	13991.00	11247.62	5325.08	5922.54	2743.38
重庆	13551.57	12230.02	5464.70	6765.32	1321.55
四川	10706.55	9975.02	4393.04	5581.98	731.53
贵州	9427.15	8890.62	4966.08	3924.54	536.54
云南	12474.88	11939.07	6345.35	5593.72	535.81
西藏	23079.96	14389.53	9606.63	4782.90	8690.43
陕西	11341.88	10337.25	4574.30	5762.95	1004.63
甘肃	9524.10	8569.76	4812.58	3757.18	954.35
青海	13637.72	13549.25	8619.03	4930.22	88.46
宁夏	13094.87	11933.64	6402.47	5531.17	1161.23
新疆	10373.12	9680.79	4781.67	4899.12	692.33

6—12 分地区地方普通高等学校生均预算内教育经费支出

单位:元

地 区	预算内教育经费支出	事业费支出	个人部分	公用部分	基本建设支出
合 计	**5724.06**	**5444.72**	**3429.58**	**2015.15**	**279.34**
北 京	22183.99	21431.73	8431.95	12999.78	752.26
天 津	9717.02	9183.86	4717.50	4466.36	533.16
河 北	3364.99	3332.89	2289.53	1043.36	32.10
山 西	4735.71	4669.90	3281.54	1388.36	65.82
内蒙古	5358.49	5017.39	3912.47	1104.92	341.10
辽 宁	5567.92	5137.44	2810.13	2327.31	430.49
吉 林	5483.09	5457.51	3289.98	2167.53	25.57
黑龙江	5742.62	5720.07	4369.97	1350.10	22.54
上 海	13605.77	12453.98	5347.39	7106.59	1151.79
江 苏	6420.59	6135.33	3860.65	2274.68	285.26
浙 江	7812.17	7413.99	4942.25	2471.75	398.18
安 徽	2968.15	2852.95	2396.48	456.47	115.20
福 建	5164.71	5047.15	3126.43	1920.72	117.56
江 西	3548.32	3301.15	2569.29	731.86	247.16
山 东	4600.85	4587.12	3630.20	956.92	13.74
河 南	4128.92	4079.66	3076.44	1003.22	49.26
湖 北	3240.97	3125.25	2296.31	828.95	115.71
湖 南	3555.56	3393.51	2536.60	856.91	162.05
广 东	11381.39	10597.39	5361.44	5235.95	784.00
广 西	5594.85	5207.31	3544.36	1662.94	387.55
海 南	6260.33	4283.76	3655.00	628.76	1976.58
重 庆	4613.35	4418.34	1782.31	2636.03	195.01
四 川	3318.52	3209.97	1807.79	1402.17	108.55
贵 州	5243.70	4961.03	3980.31	980.72	282.67
云 南	5413.06	4958.68	2970.36	1988.32	454.38
西 藏	19612.55	11407.18	8856.12	2551.06	8205.37
陕 西	4183.78	3916.46	2608.22	1308.23	267.32
甘 肃	5127.77	5073.55	3539.27	1534.28	54.22
青 海	7766.69	7737.03	6723.47	1013.56	29.66
宁 夏	9613.02	8247.95	6064.23	2183.72	1365.07
新 疆	4994.96	4781.39	3199.91	1581.48	213.57

6—13 分地区普通高等本科学校生均教育经费支出

单位:元

地区	教育经费支出	事业性经费支出	个人部分	公用部分	基本建设支出
合计	**18174.07**	**16650.74**	**7511.70**	**9139.03**	**1523.34**
北京	35425.94	32812.48	13013.66	19798.82	2613.46
天津	18852.88	18318.90	8731.04	9587.85	533.99
河北	12452.11	12295.54	5293.68	7001.86	156.57
山西	11968.89	11909.77	6069.96	5839.80	59.12
内蒙古	10336.86	9835.88	5204.65	4631.23	500.98
辽宁	16560.93	15463.42	7401.37	8062.05	1097.51
吉林	12974.08	12169.92	6279.32	5890.59	804.16
黑龙江	18020.33	16254.83	6395.73	9859.11	1765.50
上海	27273.75	25140.14	11299.60	13840.54	2133.60
江苏	20322.18	18645.57	8686.32	9959.24	1676.61
浙江	28816.06	25063.20	11307.62	13755.59	3752.86
安徽	12327.27	11175.60	5915.79	5259.81	1151.67
福建	17057.20	15594.36	8070.01	7524.35	1462.84
江西	12223.22	10613.77	4990.56	5623.20	1609.45
山东	13237.49	12450.05	6334.03	6116.02	787.44
河南	10600.70	10040.22	4583.28	5456.94	560.47
湖北	16834.10	15835.04	7827.26	8007.78	999.06
湖南	13427.28	11479.82	5945.79	5534.03	1947.46
广东	32173.75	28219.09	9311.12	18907.97	3954.66
广西	12130.81	10659.51	5881.84	4777.67	1471.30
海南	16192.94	12560.53	6051.66	6508.87	3632.41
重庆	15966.70	15233.92	7045.21	8188.71	732.77
四川	14533.15	13391.57	6026.53	7365.05	1141.58
贵州	10780.03	10077.41	5488.99	4588.42	702.63
云南	13822.25	13201.39	6828.94	6372.44	620.86
西藏	21863.44	14376.39	9509.78	4866.61	7487.05
陕西	17779.20	15705.16	6831.42	8873.74	2074.04
甘肃	11976.42	11139.86	5947.14	5192.72	836.56
青海	14359.03	14333.40	9051.62	5281.78	25.63
宁夏	15268.14	13923.76	7396.60	6527.16	1344.38
新疆	11835.98	11137.68	5341.10	5796.58	698.30

6—14 分地区普通高等本科学校生均预算内教育经费支出

单位:元

地区	预算内教育经费支出	事业费支出	个人部分	公用部分	基本建设支出
合计	**7945.36**	**7459.51**	**4435.39**	**3024.12**	**485.85**
北京	17550.51	16005.72	7106.50	8899.22	1544.79
天津	11399.82	11273.07	5600.61	5672.46	126.75
河北	3984.12	3924.36	2675.04	1249.33	59.76
山西	4984.38	4974.88	3605.82	1369.06	9.50
内蒙古	5534.39	5263.93	4373.41	890.51	270.46
辽宁	6414.36	5643.13	3148.85	2494.28	771.23
吉林	6864.90	6746.64	3949.82	2796.81	118.26
黑龙江	7484.04	6362.58	4970.92	1391.66	1121.47
上海	13813.58	12856.68	4941.43	7915.25	956.90
江苏	8970.40	8526.74	5307.88	3218.86	443.66
浙江	9595.86	9195.79	5338.59	3857.20	400.07
安徽	4959.70	4655.55	3926.48	729.07	304.14
福建	6992.80	6718.20	3832.38	2885.81	274.61
江西	4240.05	3926.89	2975.77	951.12	313.15
山东	5972.40	5907.20	4552.05	1355.15	65.19
河南	4607.79	4554.45	3477.55	1076.90	53.34
湖北	6841.61	6580.22	4769.31	1810.91	261.40
湖南	5587.43	5294.40	4020.37	1274.03	293.02
广东	13726.08	12926.86	6050.38	6876.48	799.22
广西	6730.62	6283.78	4177.03	2106.75	446.84
海南	7618.11	4945.65	4257.67	687.98	2672.46
重庆	6911.83	6689.72	2541.18	4148.53	222.12
四川	5202.44	4974.03	3073.06	1900.97	228.41
贵州	6309.89	5866.95	4625.75	1241.20	442.94
云南	5922.18	5307.66	3163.68	2143.99	614.52
西藏	18039.66	11215.31	8630.35	2584.96	6824.35
陕西	7140.72	6591.74	4329.13	2262.60	548.99
甘肃	6851.37	6797.99	4309.37	2488.62	53.38
青海	7999.80	7972.06	6990.27	981.79	27.74
宁夏	12536.41	10987.67	7080.75	3906.91	1548.74
新疆	6138.47	5945.19	3851.30	2093.88	193.28

6—15 分地区地方普通高等本科学校生均教育经费支出

单位:元

地区	教育经费支出	事业性经费支出			基本建设支出
			个人部分	公用部分	
合计	**14663.55**	**13466.36**	**6309.21**	**7157.16**	**1197.19**
北京	30212.03	29530.43	12134.01	17396.42	681.60
天津	16858.05	16319.40	7546.83	8772.57	538.66
河北	12271.58	12205.06	5182.62	7022.44	66.53
山西	11968.89	11909.77	6069.96	5839.80	59.12
内蒙古	10336.86	9835.88	5204.65	4631.23	500.98
辽宁	14652.41	13843.97	6778.01	7065.96	808.44
吉林	11209.15	10302.72	5785.66	4517.06	906.43
黑龙江	12952.08	12897.45	5012.33	7885.11	54.63
上海	24291.19	22494.56	10668.44	11826.12	1796.63
江苏	16951.44	16033.79	7561.24	8472.55	917.65
浙江	24245.64	21362.55	10407.97	10954.58	2883.09
安徽	9748.60	8688.11	4347.77	4340.34	1060.49
福建	15422.86	14094.12	7424.36	6669.76	1328.74
江西	12223.22	10613.77	4990.56	5623.20	1609.45
山东	11255.51	10733.40	5584.55	5148.85	522.12
河南	10600.70	10040.22	4583.28	5456.94	560.47
湖北	12175.81	10913.70	5792.60	5121.10	1262.11
湖南	12012.87	9795.52	5231.96	4563.56	2217.35
广东	29580.70	24889.67	8701.54	16188.12	4691.04
广西	12130.81	10659.51	5881.84	4777.67	1471.30
海南	16192.94	12560.53	6051.66	6508.87	3632.41
重庆	14099.26	13402.98	6152.19	7250.80	696.28
四川	10547.36	9956.99	4583.13	5373.86	590.38
贵州	10780.03	10077.41	5488.99	4588.42	702.63
云南	13822.25	13201.39	6828.94	6372.44	620.86
西藏	21863.44	14376.39	9509.78	4866.61	7487.05
陕西	12055.47	11031.28	4884.82	6146.47	1024.19
甘肃	10142.38	9069.28	5378.71	3690.58	1073.10
青海	14359.03	14333.40	9051.62	5281.78	25.63
宁夏	14718.96	13025.38	7445.65	5579.73	1693.59
新疆	11835.98	11137.68	5341.10	5796.58	698.30

6—16 分地区地方普通高等本科学校生均预算内教育经费支出

单位:元

地区	预算内教育经费支出	事业费支出	个人部分	公用部分	基本建设支出
合计	**6448.62**	**6139.00**	**3828.51**	**2310.48**	**309.62**
北京	24451.62	23707.30	9332.59	14374.71	744.32
天津	11195.08	11178.67	5432.06	5746.60	16.41
河北	3738.20	3691.63	2468.31	1223.32	46.57
山西	4984.38	4974.88	3605.82	1369.06	9.50
内蒙古	5534.39	5263.93	4373.41	890.51	270.46
辽宁	5072.66	4573.36	2696.72	1876.63	499.30
吉林	5736.57	5704.40	3382.44	2321.95	32.17
黑龙江	5744.23	5716.58	4287.13	1429.45	27.65
上海	14501.07	13194.53	5612.16	7582.37	1306.54
江苏	7608.78	7225.51	4636.04	2589.46	383.27
浙江	8459.35	8022.91	5292.11	2730.80	436.44
安徽	3162.63	3031.92	2523.91	508.01	130.72
福建	5694.49	5554.18	3349.90	2204.28	140.31
江西	4240.05	3926.89	2975.77	951.12	313.15
山东	5230.59	5216.93	4116.58	1100.35	13.66
河南	4607.79	4554.45	3477.55	1076.90	53.34
湖北	4038.88	3923.32	2769.47	1153.85	115.56
湖南	4511.64	4271.67	3223.20	1048.47	239.98
广东	12850.53	12002.30	6074.40	5927.89	848.23
广西	6730.62	6283.78	4177.03	2106.75	446.84
海南	7618.11	4945.65	4257.67	687.98	2672.46
重庆	5439.60	5203.50	2012.89	3190.61	236.10
四川	3454.27	3429.25	1818.40	1610.85	25.02
贵州	6309.89	5866.95	4625.75	1241.20	442.94
云南	5922.18	5307.66	3163.68	2143.99	614.52
西藏	18039.66	11215.31	8630.35	2584.96	6824.35
陕西	4451.42	4197.48	2770.74	1426.74	253.94
甘肃	5649.32	5612.70	4056.34	1556.36	36.62
青海	7999.80	7972.06	6990.27	981.79	27.74
宁夏	11026.69	8995.45	7041.18	1954.27	2031.24
新疆	6138.47	5945.19	3851.30	2093.88	193.28

6—17 分地区地方普通高等专科学校生均教育经费支出

单位:元

地区	教育经费支出	事业性经费支出	个人部分	公用部分	基本建设支出
合计	**11296.77**	**10708.64**	**4651.94**	**6056.70**	**588.13**
北京					
天津	11536.95	11536.95	6411.92	5125.03	
河北	10068.46	10064.86	4913.66	5151.20	3.60
山西	11491.76	10839.55	4211.88	6627.67	652.20
内蒙古	7389.09	7389.09	4038.12	3350.97	
辽宁	26069.57	25772.34	6918.17	18854.17	297.24
吉林	9519.94	9519.94	4710.12	4809.82	
黑龙江	7306.99	7306.99	3331.42	3975.57	
上海	26866.29	26669.69	12273.29	14396.39	196.61
江苏	11722.56	11722.56	5359.69	6362.87	
浙江	13199.26	10661.86	6438.40	4223.45	2537.40
安徽	4151.38	4151.38	2419.14	1732.23	
福建	9025.38	7712.89	4299.99	3412.90	1312.49
江西	7754.76	6522.88	2972.61	3550.27	1231.88
山东	10776.97	8151.58	3753.28	4398.30	2625.39
河南	7847.95	7711.83	2957.97	4753.85	136.13
湖北	10000.16	10000.16	5249.14	4751.02	
湖南	9553.81	9032.48	3929.60	5102.88	521.33
广东	17581.52	16695.28	7696.31	8998.97	886.24
广西	8219.05	7461.02	3710.46	3750.56	758.03
海南					
重庆	8746.46	8746.46	4506.16	4240.30	
四川	21792.92	20894.93	5021.93	15873.00	897.99
贵州	6761.49	6670.08	4148.22	2521.86	91.42
云南	9031.67	8707.01	5079.71	3627.30	324.65
西藏	18397.78	17731.11	11872.00	5859.11	666.67
陕西					
甘肃	10218.59	6267.49	3251.03	3016.46	3951.10
青海					
宁夏					
新疆	8309.71	7355.32	4564.90	2790.43	954.39

6—18 分地区地方普通高等专科学校生均预算内教育经费支出

单位:元

地 区	预算内教育经费支出	事业费支出	个人部分	公用部分	基本建设支出
合 计	**4900.21**	**4813.57**	**2783.77**	**2029.81**	**86.63**
北 京					
天 津	8342.55	8342.55	5473.27	2869.28	
河 北	3381.33	3377.63	2705.28	672.35	3.70
山 西	2295.83	2295.83	1816.87	478.96	
内蒙古	2854.69	2854.69	2589.22	265.47	
辽 宁	18516.57	18468.92	3722.80	14746.11	47.65
吉 林	5288.10	5288.10	3266.23	2021.87	
黑龙江	2533.71	2533.71	2258.94	274.77	
上 海	17803.21	17803.21	7758.38	10044.82	
江 苏	2818.15	2818.15	2195.07	623.09	
浙 江	8621.95	7835.07	5241.84	2593.22	786.88
安 徽	2232.51	2232.51	2157.36	75.15	
福 建	4135.40	4135.40	2588.88	1546.53	
江 西	3361.80	2645.55	1960.14	685.41	716.25
山 东	3308.17	3308.17	2641.85	666.32	
河 南	4674.23	4535.17	2767.35	1767.82	139.06
湖 北	3056.25	3056.25	2379.45	676.80	
湖 南	3148.26	3108.49	1893.95	1214.54	39.76
广 东	12092.09	12092.09	5502.38	6589.71	
广 西	3302.45	3301.65	2297.47	1004.18	0.80
海 南					
重 庆	1446.84	1446.84	841.37	605.48	
四 川	3299.46	3161.33	1848.31	1313.02	138.13
贵 州	3420.42	3420.42	2946.34	474.08	
云 南	4290.18	4290.18	2610.44	1679.74	
西 藏	15247.56	14580.89	11427.56	3153.33	666.67
陕 西					
甘 肃	2446.14	2446.14	2079.40	366.74	
青 海					
宁 夏					
新 疆	4717.59	4345.91	3030.27	1315.65	371.68

6—19 分地区地方普通高等职业学校生均教育经费支出

单位:元

地 区	教育经费支出	事业性经费支出			基本建设支出
			个人部分	公用部分	
合 计	**10420.45**	**9590.82**	**4278.27**	**5312.55**	**829.62**
北 京	19798.85	19057.14	7451.28	11605.86	741.70
天 津	12162.07	10304.09	4453.65	5850.44	1857.98
河 北	8032.51	7881.28	3645.33	4235.95	151.23
山 西	8977.01	8782.49	4198.69	4583.80	194.52
内蒙古	9023.54	7886.09	3879.23	4006.86	1137.45
辽 宁	12046.96	11720.62	5973.66	5746.96	326.34
吉 林	9701.34	9638.13	5130.54	4507.60	63.21
黑龙江	11405.93	11405.93	5833.93	5571.99	
上 海	12439.32	12439.32	4480.50	7958.82	
江 苏	11677.28	10970.16	4203.21	6766.95	707.12
浙 江	16289.17	15733.49	6898.82	8834.67	555.68
安 徽	6086.65	5948.34	2718.37	3229.97	138.31
福 建	12885.91	11198.31	5270.81	5927.51	1687.60
江 西	7678.71	6627.03	3048.08	3578.94	1051.69
山 东	11137.92	10351.18	4024.77	6326.40	786.74
河 南	7162.64	6604.66	2746.45	3858.21	557.98
湖 北	8029.37	7069.01	3545.03	3523.98	960.36
湖 南	8889.58	8372.17	3399.99	4972.19	517.41
广 东	15418.58	14075.34	6383.22	7692.12	1343.23
广 西	9239.09	7941.38	3946.81	3994.57	1297.72
海 南	7391.55	7312.69	3147.45	4165.25	78.86
重 庆	12346.63	9080.44	3528.16	5552.28	3266.19
四 川	8578.24	7498.56	3726.90	3771.66	1079.68
贵 州	6901.84	6611.54	3875.01	2736.53	290.30
云 南	9924.21	9559.15	5476.71	4082.44	365.06
西 藏	36665.53	11648.51	8442.30	3206.21	25017.03
陕 西	9838.43	8875.01	3920.07	4954.94	963.42
甘 肃	8110.35	7573.47	3630.06	3943.41	536.89
青 海	11412.65	11130.35	7284.58	3845.76	282.30
宁 夏	10091.09	9914.46	4473.10	5441.36	176.62
新 疆	7429.87	6790.07	3570.34	3219.74	639.79

6—20 分地区地方普通高等职业学校生均预算内教育经费支出

单位:元

地区	预算内教育经费支出	事业费支出	个人部分	公用部分	基本建设支出
合计	**4024.36**	**3790.81**	**2524.39**	**1266.42**	**233.55**
北京	12403.20	11616.66	4547.27	7069.39	786.54
天津	7358.47	5926.26	3472.94	2453.32	1432.21
河北	2514.60	2509.80	1802.62	707.18	4.80
山西	4551.11	4367.16	2828.86	1538.30	183.95
内蒙古	5209.15	4706.40	3125.63	1580.76	502.76
辽宁	4477.87	4328.87	3187.85	1141.02	149.00
吉林	4116.09	4116.09	2768.24	1347.85	
黑龙江	6368.06	6368.06	5225.23	1142.82	
上海	1756.39	1756.39	1284.71	471.68	
江苏	4543.80	4414.00	2598.29	1815.71	129.80
浙江	6510.75	6222.71	4252.15	1970.56	288.04
安徽	1508.64	1506.48	1425.51	80.97	2.16
福建	4189.13	4106.88	2724.22	1382.66	82.25
江西	2073.77	2019.74	1756.65	263.09	54.03
山东	3159.51	3143.87	2515.72	628.15	15.64
河南	2152.25	2152.25	1712.03	440.22	
湖北	1977.98	1850.62	1528.37	322.25	127.36
湖南	2450.50	2360.83	1812.56	548.27	89.67
广东	8102.70	7429.02	3778.57	3650.45	673.67
广西	3276.50	2899.15	2240.48	658.67	377.34
海南	2476.09	2439.01	1975.31	463.70	37.08
重庆	2624.00	2524.71	1232.00	1292.71	99.28
四川	2969.78	2650.85	1770.65	880.20	318.93
贵州	3353.76	3350.53	2798.35	552.17	3.23
云南	4646.26	4278.29	2577.59	1700.71	367.96
西藏	35166.48	10149.45	8366.25	1783.20	25017.03
陕西	3657.94	3364.34	2288.93	1075.41	293.60
甘肃	4199.34	4106.17	2555.79	1550.39	93.16
青海	7102.42	7067.28	5963.20	1104.08	35.13
宁夏	7141.20	6940.93	4356.01	2584.92	200.27
新疆	2543.86	2308.69	1805.33	503.36	235.17

6—21 分地区地方中等职业学校生均教育经费支出

单位:元

地 区	教育经费支出	事业性经费支出	个人部分	公用部分	基本建设支出
合 计	**6245.19**	**6013.58**	**3409.85**	**2603.72**	**231.61**
北 京	14842.57	14534.84	6855.98	7678.85	307.74
天 津	8622.36	8458.57	5448.71	3009.86	163.79
河 北	4554.30	4447.65	2525.41	1922.24	106.65
山 西	5467.35	5319.55	3103.52	2216.02	147.80
内蒙古	6924.71	6463.17	4329.87	2133.30	461.55
辽 宁	7179.82	7095.70	4074.25	3021.45	84.12
吉 林	7457.36	7311.31	4671.81	2639.50	146.05
黑龙江	6924.68	6812.95	4426.75	2386.20	111.74
上 海	16853.01	16666.35	9232.56	7433.79	186.66
江 苏	6826.82	6443.89	3312.72	3131.17	382.93
浙 江	10219.27	9912.69	5300.18	4612.51	306.58
安 徽	3977.29	3788.10	2170.25	1617.85	189.20
福 建	6035.08	5604.43	3427.33	2177.11	430.65
江 西	4510.03	4325.35	2486.20	1839.15	184.68
山 东	6055.48	5884.67	3415.39	2469.28	170.81
河 南	4032.61	3876.09	2269.66	1606.43	156.52
湖 北	4038.21	3863.75	2178.39	1685.36	174.46
湖 南	5259.81	5118.33	3005.38	2112.95	141.48
广 东	8199.17	7857.74	4111.50	3746.24	341.43
广 西	4774.66	4700.97	2933.56	1767.42	73.69
海 南	12225.69	7896.67	3374.87	4521.80	4329.02
重 庆	6216.76	6125.73	3489.01	2636.73	91.03
四 川	4889.90	4841.59	2955.59	1886.00	48.31
贵 州	3881.11	3802.97	2446.19	1356.79	78.13
云 南	6338.38	6037.36	3618.39	2418.98	301.02
西 藏	8392.51	5497.96	4519.47	978.49	2894.55
陕 西	3944.34	3865.94	2216.03	1649.91	78.40
甘 肃	5109.52	5005.98	3012.46	1993.52	103.54
青 海	7281.82	6954.43	3933.49	3020.93	327.39
宁 夏	5715.66	5412.56	3401.73	2010.83	303.11
新 疆	8605.91	8156.61	4974.84	3181.77	449.30

6—22 分地区地方中等职业学校生均预算内教育经费支出

单位:元

地 区	预算内教育经费支出	事业费支出			基本建设支出
			个人部分	公用部分	
合 计	**3247.41**	**3122.69**	**2406.51**	**716.18**	**124.73**
北 京	7890.02	7603.00	4267.85	3335.15	287.01
天 津	5693.71	5562.83	4195.96	1366.87	130.89
河 北	2530.77	2468.56	1999.02	469.54	62.21
山 西	3328.54	3285.39	2654.61	630.78	43.15
内蒙古	4459.90	4168.92	3238.23	930.69	290.98
辽 宁	3987.63	3916.55	2897.02	1019.53	71.08
吉 林	4192.06	4127.37	3277.37	850.00	64.69
黑龙江	4780.66	4710.85	3884.49	826.36	69.82
上 海	9015.35	8887.02	6046.95	2840.07	128.33
江 苏	2682.95	2575.15	2169.79	405.36	107.80
浙 江	4677.37	4443.31	3185.98	1257.33	234.06
安 徽	1788.01	1716.60	1502.05	214.55	71.42
福 建	3208.97	3017.05	2421.03	596.02	191.92
江 西	2359.59	2221.44	1887.70	333.74	138.15
山 东	3234.14	3170.55	2734.45	436.10	63.59
河 南	2494.72	2415.19	1830.44	584.75	79.54
湖 北	1641.27	1583.57	1420.92	162.65	57.70
湖 南	2273.64	2194.93	1836.81	358.12	78.70
广 东	3872.05	3757.01	2570.70	1186.31	115.05
广 西	2678.10	2646.08	2168.27	477.82	32.02
海 南	9576.57	5400.45	2661.30	2739.15	4176.12
重 庆	2801.67	2764.77	2003.55	761.22	36.90
四 川	2403.54	2362.30	1891.88	470.42	41.23
贵 州	2654.36	2597.49	2120.94	476.55	56.87
云 南	3874.60	3731.16	2571.92	1159.24	143.44
西 藏	7721.58	4827.03	4209.96	617.07	2894.55
陕 西	2142.79	2122.32	1752.67	369.66	20.46
甘 肃	3200.46	3097.11	2494.93	602.18	103.35
青 海	4265.38	3945.06	2760.36	1184.70	320.32
宁 夏	3482.92	3327.59	2722.38	605.20	155.34
新 疆	3987.44	3730.36	3005.55	724.81	257.08

6—23 分地区地方中等专业学校生均教育经费支出

单位:元

地 区	教育经费支出	事业性经费支出	个人部分	公用部分	基本建设支出
合 计	**6745.10**	**6502.56**	**3584.11**	**2918.46**	**242.54**
北 京	14994.59	14967.66	6974.10	7993.55	26.93
天 津	9355.99	8983.38	4849.43	4133.95	372.61
河 北	6077.43	5790.23	3140.86	2649.38	287.19
山 西	6740.54	6541.62	3604.91	2936.71	198.93
内蒙古	6636.05	6440.51	4421.92	2018.59	195.53
辽 宁	7250.22	7111.27	3796.39	3314.88	138.95
吉 林	8063.42	7834.55	4724.28	3110.27	228.87
黑龙江	8740.67	8697.23	5070.42	3626.81	43.44
上 海	14622.70	14466.01	7951.10	6514.90	156.70
江 苏	8321.61	7483.63	3582.82	3900.81	837.97
浙 江	10840.58	10755.38	5238.27	5517.11	85.20
安 徽	4767.84	4477.69	2407.28	2070.41	290.15
福 建	6106.50	5738.73	3581.56	2157.17	367.77
江 西	5243.12	5206.11	2588.16	2617.95	37.01
山 东	6142.06	6101.96	3481.44	2620.52	40.10
河 南	5010.12	4747.55	2659.07	2088.47	262.57
湖 北	4412.92	4149.84	2167.48	1982.36	263.08
湖 南	5814.98	5618.67	3040.69	2577.97	196.32
广 东	8393.21	8079.41	4313.98	3765.43	313.80
广 西	4723.07	4677.94	2906.76	1771.18	45.14
海 南	7831.72	7309.92	3182.19	4127.72	521.80
重 庆	5473.76	5443.27	3308.69	2134.58	30.49
四 川	5679.63	5620.01	3361.12	2258.89	59.62
贵 州	4398.45	4328.31	2781.26	1547.05	70.14
云 南	7547.29	7435.90	4166.67	3269.23	111.39
西 藏	8241.78	5263.75	4317.47	946.28	2978.03
陕 西	6071.72	5971.77	3118.21	2853.56	99.95
甘 肃	5770.06	5664.04	3349.27	2314.77	106.02
青 海	9460.74	9260.02	5634.76	3625.27	200.72
宁 夏	6555.77	6103.00	3739.96	2363.03	452.78
新 疆	8032.65	7419.40	4728.98	2690.43	613.25

6—24　分地区地方中等专业学校生均预算内教育经费支出

单位:元

地区	预算内教育经费支出	事业费支出	个人部分	公用部分	基本建设支出
合计	**3354.88**	**3261.43**	**2397.55**	**863.88**	**93.45**
北京	10499.19	10496.05	4851.85	5644.20	3.14
天津	5639.41	5326.53	3285.55	2040.99	312.87
河北	3198.22	3060.20	2271.39	788.81	138.02
山西	3800.90	3715.32	2939.54	775.79	85.58
内蒙古	4347.64	4245.56	3213.84	1031.72	102.08
辽宁	3924.46	3811.02	2627.35	1183.67	113.44
吉林	4290.13	4254.06	3421.90	832.16	36.08
黑龙江	4806.00	4806.00	3921.77	884.23	
上海	8079.62	8019.36	5023.62	2995.74	60.25
江苏	2911.61	2669.95	2172.31	497.64	241.66
浙江	3552.23	3552.23	2493.34	1058.89	
安徽	1792.18	1753.85	1477.18	276.67	38.33
福建	3136.72	3038.21	2376.94	661.27	98.51
江西	2080.44	2055.04	1800.40	254.63	25.40
山东	2996.69	2985.15	2569.93	415.22	11.54
河南	2970.04	2902.98	2079.38	823.60	67.06
湖北	1650.96	1569.40	1387.14	182.25	81.56
湖南	2557.64	2464.99	1791.11	673.88	92.64
广东	3323.24	3244.82	2237.67	1007.15	78.42
广西	2638.58	2612.35	2144.58	467.78	26.23
海南	5221.01	4898.06	2536.41	2361.65	322.95
重庆	2509.86	2483.55	1818.24	665.31	26.31
四川	2516.76	2478.20	1823.54	654.66	38.56
贵州	2905.87	2864.61	2313.80	550.81	41.26
云南	4542.92	4506.73	2675.27	1831.46	36.19
西藏	7559.17	4581.15	3999.03	582.11	2978.03
陕西	2557.85	2522.22	2112.91	409.30	35.63
甘肃	3252.44	3146.77	2576.73	570.04	105.67
青海	4510.10	4309.38	3079.58	1229.80	200.72
宁夏	4071.05	3745.92	3047.40	698.52	325.13
新疆	3560.38	3219.82	2716.52	503.30	340.56

6—25 分地区地方职业高中生均教育经费支出

单位:元

地区	教育经费支出	事业性经费支出			基本建设支出
			个人部分	公用部分	
合计	**5495.92**	**5335.59**	**3122.63**	**2212.96**	**160.32**
北京	18266.37	17371.87	9665.19	7706.68	894.50
天津	8914.64	8914.64	6284.28	2630.36	
河北	3562.08	3514.01	1973.37	1540.64	48.07
山西	3878.89	3770.39	2283.68	1486.71	108.49
内蒙古	6084.96	5359.46	3578.72	1780.75	725.50
辽宁	7469.52	7436.47	4518.14	2918.33	33.05
吉林	5840.66	5717.88	3633.10	2084.78	122.78
黑龙江	5650.24	5466.79	3761.02	1705.78	183.45
上海	19655.78	19368.82	10713.13	8655.69	286.95
江苏	5994.12	5832.69	3262.93	2569.76	161.43
浙江	9715.84	9463.57	5164.18	4299.39	252.27
安徽	3541.31	3381.94	1977.32	1404.63	159.37
福建	4912.07	4830.05	2819.43	2010.61	82.02
江西	3620.76	3296.76	2169.61	1127.14	324.01
山东	5678.90	5572.95	3451.99	2120.96	105.95
河南	3036.35	2995.89	1818.17	1177.73	40.45
湖北	3729.49	3655.09	2234.20	1420.89	74.41
湖南	5129.73	4987.51	3026.11	1961.40	142.22
广东	8211.80	8009.95	4252.32	3757.63	201.85
广西	3688.87	3532.35	2264.39	1267.95	156.52
海南	9445.41	7899.64	2866.62	5033.03	1545.77
重庆	5981.06	5829.98	3327.68	2502.30	151.08
四川	3981.14	3935.05	2377.18	1557.87	46.09
贵州	3135.28	3044.93	1976.75	1068.18	90.36
云南	4783.96	4231.39	2721.27	1510.11	552.57
西藏					
陕西	2957.89	2883.24	1776.77	1106.46	74.65
甘肃	4110.76	4006.26	2420.03	1586.23	104.50
青海	6003.86	5602.17	2935.69	2666.49	401.69
宁夏	4581.32	4389.72	2919.63	1470.08	191.60
新疆	5990.60	5990.60	3415.23	2575.37	

6—26 分地区地方职业高中生均预算内教育经费支出

单位:元

地区	预算内教育经费支出	事业费支出	个人部分	公用部分	基本建设支出
合计	**3002.99**	**2911.71**	**2349.13**	**562.58**	**91.28**
北京	8761.37	7866.87	5339.14	2527.73	894.50
天津	6265.74	6265.74	5256.08	1009.66	
河北	2007.66	1967.08	1661.74	305.35	40.58
山西	2472.77	2463.72	2032.98	430.75	9.04
内蒙古	3977.87	3505.86	2769.75	736.12	472.01
辽宁	4220.09	4187.03	3301.59	885.44	33.05
吉林	3660.96	3557.42	2699.22	858.20	103.54
黑龙江	4353.31	4221.95	3510.20	711.76	131.35
上海	8887.98	8601.03	6874.51	1726.52	286.95
江苏	2667.13	2646.47	2330.50	315.98	20.65
浙江	4652.92	4483.47	3248.87	1234.61	169.45
安徽	1758.69	1664.88	1477.55	187.33	93.81
福建	2578.44	2526.38	2186.92	339.46	52.06
江西	2393.23	2145.65	1759.97	385.67	247.58
山东	3344.19	3325.92	2973.86	352.06	18.26
河南	1980.52	1951.86	1565.57	386.29	28.66
湖北	1802.98	1780.93	1615.64	165.29	22.05
湖南	2241.10	2154.45	1950.60	203.85	86.65
广东	4682.34	4637.18	3403.71	1233.47	45.16
广西	2497.03	2420.34	1919.82	500.52	76.69
海南	8086.33	6540.55	2420.69	4119.87	1545.77
重庆	2953.01	2893.70	2105.38	788.32	59.31
四川	2063.26	2018.50	1688.31	330.19	44.76
贵州	2298.80	2219.35	1845.63	373.72	79.45
云南	3133.71	2853.86	2239.25	614.61	279.85
西藏					
陕西	1918.33	1903.03	1554.45	348.58	15.30
甘肃	2938.26	2833.76	2207.45	626.31	104.50
青海	4121.85	3731.39	2573.13	1158.25	390.47
宁夏	2731.72	2731.72	2256.12	475.59	
新疆	3634.25	3634.25	2461.93	1172.32	

6—27 分地区地方农村职业高中生均教育经费支出

单位:元

地区	教育经费支出	事业性经费支出	个人部分	公用部分	基本建设支出
合计	**4227.29**	**4139.62**	**2495.44**	**1644.18**	**87.67**
北京	18988.68	18260.88	7393.42	10867.46	727.80
天津	7315.91	7315.91	4039.66	3276.25	
河北	3250.26	3133.03	1879.04	1253.99	117.23
山西	3116.65	3108.06	1760.22	1347.84	8.59
内蒙古	3838.06	3838.06	2480.56	1357.50	
辽宁	8379.10	8379.10	5801.74	2577.36	
吉林	1797.63	1797.63	1343.01	454.61	
黑龙江	3188.29	3188.29	2288.62	899.67	
上海					
江苏	5073.34	4964.83	3237.36	1727.47	108.52
浙江	7241.64	7215.22	4397.16	2818.06	26.42
安徽	2373.45	2322.60	1549.60	772.99	50.85
福建	2671.31	2670.27	1571.49	1098.78	1.04
江西	1875.23	1699.62	1272.28	427.34	175.61
山东	5232.72	5232.72	3690.24	1542.48	
河南	2235.08	2235.08	1461.25	773.82	
湖北	3018.21	2976.79	1761.30	1215.49	41.43
湖南	4515.16	4388.62	2667.92	1720.70	126.54
广东	6242.36	5892.65	3026.14	2866.52	349.71
广西	3386.93	3386.93	2241.63	1145.30	
海南	9149.12	9149.12	3213.03	5936.09	
重庆	3765.40	3652.73	1959.79	1692.95	112.67
四川	3087.16	3082.48	2051.34	1031.14	4.67
贵州	2247.67	2247.67	1797.93	449.74	
云南	3332.42	3058.58	1992.96	1065.62	273.84
西藏					
陕西	2822.97	2801.09	1782.24	1018.85	21.88
甘肃	2957.09	2957.09	2153.12	803.97	
青海					
宁夏	2861.31	2861.31	2580.81	280.50	
新疆	2880.74	2880.74	1690.89	1189.84	

6—28 分地区地方农村职业高中生均预算内教育经费支出

单位:元

地区	预算内教育经费支出	事业费支出			基本建设支出
			个人部分	公用部分	
合计	**2338.84**	**2302.22**	**1906.60**	**395.62**	**36.62**
北京	7353.39	6625.59	3994.91	2630.68	727.80
天津	3143.26	3143.26	3097.99	45.26	
河北	2058.13	1995.26	1697.81	297.45	62.87
山西	1845.61	1837.02	1518.55	318.46	8.59
内蒙古	2705.70	2705.70	1836.39	869.31	
辽宁	6789.02	6789.02	4810.45	1978.57	
吉林	1483.84	1483.84	1187.76	296.07	
黑龙江	2334.14	2334.14	2189.61	144.53	
上海					
江苏	2615.75	2615.75	2364.38	251.36	
浙江	3412.39	3385.97	2850.96	535.01	26.42
安徽	1477.87	1449.86	1293.08	156.79	28.01
福建	1643.45	1642.41	1354.17	288.23	1.04
江西	1645.27	1469.66	1169.55	300.11	175.61
山东	3666.38	3666.38	3483.87	182.51	
河南	1489.78	1489.78	1343.37	146.42	
湖北	1341.48	1307.24	1291.36	15.89	34.24
湖南	1862.25	1735.71	1541.83	193.88	126.54
广东	3392.82	3392.82	2447.23	945.59	
广西	2482.54	2482.54	1786.64	695.89	
海南	7597.74	7597.74	2617.79	4979.95	
重庆	1845.35	1732.68	1316.98	415.70	112.67
四川	1787.85	1787.85	1532.67	255.18	
贵州	1972.03	1972.03	1797.93	174.10	
云南	2634.82	2360.98	1747.87	613.11	273.84
西藏					
陕西	1814.66	1796.53	1560.49	236.04	18.12
甘肃	2563.58	2563.58	2107.49	456.09	
青海					
宁夏	2231.49	2231.49	2213.76	17.73	
新疆	2257.09	2257.09	1438.88	818.21	

6—29 分地区地方技工学校生均教育经费支出

单位:元

地区	教育经费支出	事业性经费支出	个人部分	公用部分	基本建设支出
合计	**6758.30**	**6117.29**	**3102.17**	**3015.12**	**641.01**
北京	11739.95	11694.65	3759.71	7934.94	45.30
天津	5541.82	5474.62	4231.83	1242.79	67.20
河北	5299.48	5292.43	2919.00	2373.43	7.04
山西	5208.85	5046.75	2793.20	2253.56	162.10
内蒙古	8860.43	8835.93	5297.39	3538.54	24.51
辽宁	6302.14	6302.14	4242.17	2059.98	
吉林	3915.30	3915.30	2181.53	1733.77	
黑龙江	5901.55	5901.55	3316.61	2584.95	
上海	2684.76	2684.76	1665.97	1018.79	
江苏	5643.93	5350.51	2358.46	2992.05	293.42
浙江	10293.38	9066.10	4792.79	4273.31	1227.28
安徽	5460.84	5460.84	2899.07	2561.78	
福建	7564.32	5533.78	3217.68	2316.10	2030.54
江西	3141.88	3099.86	1425.31	1674.55	42.02
山东	6523.30	5857.62	2754.83	3102.79	665.68
河南	4489.54	4143.56	2562.01	1581.56	345.98
湖北	3769.64	3652.54	2228.58	1423.96	117.10
湖南	4658.07	4590.74	2654.73	1936.01	67.33
广东	8253.58	7525.75	3594.74	3931.01	727.83
广西	5441.92	5300.59	3028.17	2272.42	141.33
海南	79804.19	10840.65	4357.45	6483.20	68963.54
重庆	5793.33	5793.33	3442.91	2350.42	
四川	4021.06	4021.06	2695.36	1325.71	
贵州					
云南	5520.15	5520.15	3139.04	2381.11	
西藏					
陕西	3007.88	3007.88	1416.04	1591.84	
甘肃	13768.24	13768.24	10678.11	3090.13	
青海					
宁夏	5426.85	5426.85	2840.91	2585.94	
新疆	14222.30	13637.79	7575.94	6061.86	584.51

6—30 分地区地方技工学校生均预算内教育经费支出

单位:元

地区	预算内教育经费支出	事业费支出			基本建设支出
			个人部分	公用部分	
合计	**3145.87**	**2675.87**	**1900.85**	**775.02**	**470.00**
北京	3699.60	3699.60	2398.12	1301.48	
天津	3913.68	3913.68	2996.52	917.17	
河北	2436.99	2436.99	1897.54	539.45	
山西	3600.29	3581.70	2534.67	1047.03	18.59
内蒙古	4787.28	4762.77	4166.77	596.01	24.51
辽宁	3798.87	3798.87	3027.07	771.80	
吉林	847.34	847.34	739.86	107.47	
黑龙江	4580.78	4580.78	3033.91	1546.87	
上海	1655.53	1655.53	1219.21	436.33	
江苏	1683.25	1513.93	1079.35	434.57	169.33
浙江	4721.29	3494.01	2241.67	1252.35	1227.28
安徽	1189.28	1189.28	1116.62	72.66	
福建	4378.82	3248.67	2291.37	957.30	1130.15
江西	790.70	790.70	765.03	25.67	
山东	3053.92	2745.87	2043.58	702.28	308.05
河南	2742.19	2401.33	1831.44	569.89	340.86
湖北	1123.90	1025.36	983.97	41.39	98.54
湖南	1346.61	1279.28	1259.08	20.20	67.33
广东	3962.03	3607.23	1943.94	1663.29	354.80
广西	2397.49	2375.76	1883.45	492.31	21.73
海南	74456.22	5492.68	2518.81	2973.87	68963.54
重庆	2103.70	2103.70	1604.86	498.84	
四川	1632.93	1632.93	1542.20	90.74	
贵州					
云南	2758.60	2758.60	2006.92	751.67	
西藏					
陕西	973.49	973.49	802.04	171.44	
甘肃	8603.00	8603.00	8152.36	450.64	
青海					
宁夏	3405.89	3405.89	2726.92	678.98	
新疆	5834.60	5442.91	4663.88	779.03	391.69

6—31 分地区地方普通中学生均教育经费支出

单位:元

地 区	教育经费支出	事业性经费支出			基本建设支出
			个人部分	公用部分	
合 计	**4070.31**	**3954.24**	**2583.05**	**1371.20**	**116.07**
北 京	17102.25	15995.80	8791.40	7204.40	1106.45
天 津	8143.03	7987.26	5656.32	2330.94	155.77
河 北	3273.87	3233.50	2075.06	1158.45	40.36
山 西	3587.30	3413.33	2061.84	1351.49	173.98
内蒙古	4324.77	4156.48	2606.29	1550.19	168.29
辽 宁	4875.59	4773.74	3296.87	1476.88	101.84
吉 林	4343.98	4321.92	2924.38	1397.54	22.07
黑龙江	3986.56	3951.96	2856.18	1095.78	34.60
上 海	17760.96	17106.86	10984.43	6122.43	654.10
江 苏	5977.70	5690.12	3809.50	1880.61	287.58
浙 江	8428.38	8232.42	5305.28	2927.14	195.97
安 徽	2760.99	2691.15	1841.07	850.08	69.83
福 建	4284.12	4164.76	2757.59	1407.17	119.36
江 西	2876.70	2793.16	2017.42	775.74	83.54
山 东	4424.39	4341.47	2913.85	1427.62	82.93
河 南	2568.50	2493.53	1569.20	924.33	74.97
湖 北	3168.66	3113.11	2130.71	982.40	55.55
湖 南	4107.55	4070.46	2813.59	1256.87	37.09
广 东	4971.79	4725.10	2773.70	1951.39	246.69
广 西	2880.78	2838.40	1902.89	935.50	42.39
海 南	3778.88	3439.21	2260.80	1178.40	339.68
重 庆	3806.50	3743.13	2312.23	1430.90	63.37
四 川	3127.37	3095.95	1911.02	1184.93	31.42
贵 州	2394.16	2373.11	1674.87	698.24	21.06
云 南	3160.41	3103.96	2246.91	857.04	56.45
西 藏	7068.87	5072.97	4409.74	663.24	1995.90
陕 西	2841.27	2753.95	1657.66	1096.29	87.32
甘 肃	2647.09	2613.41	1771.57	841.84	33.68
青 海	3942.88	3900.81	2981.48	919.33	42.07
宁 夏	4179.27	3999.49	2403.72	1595.77	179.79
新 疆	4903.67	4843.03	3338.20	1504.83	60.64

6—32 分地区地方普通中学生均预算内教育经费支出

单位：元

地区	预算内教育经费支出	事业费支出	个人部分	公用部分	基本建设支出
合计	**2741.84**	**2669.07**	**2086.25**	**582.82**	**72.76**
北京	10954.19	9860.44	5423.80	4436.64	1093.74
天津	6051.29	5934.98	4922.08	1012.91	116.31
河北	2338.00	2303.39	1831.44	471.95	34.61
山西	2490.57	2402.99	1794.04	608.95	87.58
内蒙古	2967.77	2852.82	2139.86	712.96	114.94
辽宁	3386.63	3340.88	2563.96	776.92	45.75
吉林	2834.77	2814.04	2197.40	616.64	20.73
黑龙江	3181.47	3153.18	2635.25	517.93	28.29
上海	13088.09	12543.82	9284.02	3259.80	544.26
江苏	3644.06	3481.07	2941.99	539.08	162.99
浙江	4855.82	4722.17	3778.49	943.68	133.65
安徽	1772.66	1747.76	1410.16	337.60	24.90
福建	2783.55	2734.77	2220.59	514.18	48.78
江西	2063.52	2019.16	1723.39	295.77	44.36
山东	3115.85	3107.07	2626.21	480.86	8.77
河南	1864.07	1831.06	1350.24	480.81	33.02
湖北	2063.37	2046.39	1684.96	361.43	16.98
湖南	2392.03	2376.78	1977.84	398.94	15.26
广东	3205.06	3028.92	2255.68	773.24	176.14
广西	2096.72	2066.49	1651.04	415.45	30.23
海南	2776.45	2556.30	1923.99	632.31	220.15
重庆	2182.40	2127.48	1464.57	662.90	54.92
四川	1946.99	1929.53	1384.30	545.23	17.46
贵州	1909.33	1890.71	1552.61	338.11	18.62
云南	2346.81	2306.31	1890.15	416.17	40.50
西藏	6830.40	4834.51	4320.79	513.71	1995.90
陕西	2100.66	2056.72	1490.72	566.00	43.94
甘肃	2081.36	2055.31	1632.76	422.55	26.05
青海	2997.60	2966.93	2479.94	486.99	30.67
宁夏	2995.22	2901.39	1930.80	970.58	93.84
新疆	3413.61	3368.57	2580.13	788.44	45.04

6—33 分地区地方普通高中生均教育经费支出

单位:元

地 区	教育经费支出	事业性经费支出			基本建设支出
			个人部分	公用部分	
合 计	**5466.04**	**5249.97**	**3053.01**	**2196.96**	**216.07**
北 京	17318.43	16163.86	9274.13	6889.73	1154.57
天 津	10461.68	10198.51	6542.36	3656.15	263.17
河 北	4128.45	4066.88	2155.50	1911.38	61.56
山 西	5320.03	4860.14	2585.29	2274.85	459.89
内蒙古	4936.09	4769.80	2512.34	2257.46	166.29
辽 宁	5613.85	5382.35	3192.82	2189.53	231.50
吉 林	5172.88	5154.62	2799.76	2354.85	18.27
黑龙江	4691.50	4637.60	2860.49	1777.11	53.90
上 海	21429.93	20182.39	11703.36	8479.03	1247.54
江 苏	7734.61	7172.98	4540.36	2632.62	561.62
浙 江	11326.09	11140.37	6498.84	4641.53	185.72
安 徽	3904.59	3763.94	2295.98	1467.96	140.65
福 建	5884.95	5682.27	3418.34	2263.93	202.68
江 西	3718.40	3610.53	2385.10	1225.43	107.87
山 东	5248.59	5089.19	2857.44	2231.75	159.39
河 南	3348.38	3132.63	1585.98	1546.65	215.74
湖 北	4242.21	4154.53	2532.94	1621.59	87.67
湖 南	4947.51	4891.74	2907.91	1983.83	55.77
广 东	7572.70	7016.60	3795.25	3221.35	556.10
广 西	4272.17	4148.20	2576.77	1571.43	123.97
海 南	5590.19	4838.52	2923.87	1914.65	751.67
重 庆	5086.72	5046.54	2914.31	2132.23	40.18
四 川	4057.08	4012.14	2364.44	1647.70	44.95
贵 州	4096.37	4071.20	2478.53	1592.67	25.17
云 南	4894.60	4766.91	3023.95	1742.96	127.69
西 藏	8019.14	5833.55	4737.36	1096.19	2185.59
陕 西	3539.29	3417.43	1809.93	1607.49	121.87
甘 肃	3322.63	3298.79	1967.66	1331.13	23.84
青 海	4410.19	4361.98	3284.48	1077.50	48.20
宁 夏	5849.03	5593.34	2949.55	2643.79	255.68
新 疆	6445.07	6357.12	3885.63	2471.49	87.95

6—34 分地区地方普通高中生均预算内教育经费支出

单位:元

地 区	预算内教育经费支出	事业费支出	个人部分	公用部分	基本建设支出
合 计	**2767.05**	**2645.31**	**2137.40**	**507.92**	**121.74**
北 京	10322.33	9172.68	5464.37	3708.31	1149.65
天 津	6779.37	6605.60	5212.37	1393.22	173.77
河 北	2249.60	2197.55	1739.83	457.72	52.05
山 西	2821.24	2557.23	2004.20	553.03	264.01
内蒙古	2553.46	2449.60	1861.62	587.97	103.86
辽 宁	3102.37	3010.10	2258.05	752.06	92.27
吉 林	2617.61	2601.16	1989.97	611.19	16.46
黑龙江	2903.40	2859.88	2460.62	399.26	43.52
上 海	12566.42	11498.63	8538.76	2959.87	1067.79
江 苏	3610.89	3256.48	2919.86	336.63	354.41
浙 江	4688.99	4561.95	3566.87	995.08	127.04
安 徽	1661.56	1636.62	1450.64	185.97	24.94
福 建	3064.50	3007.78	2505.46	502.32	56.73
江 西	1968.35	1909.20	1767.98	141.22	59.15
山 东	2588.30	2571.72	2257.71	314.01	16.58
河 南	1703.56	1626.56	1227.15	399.41	77.00
湖 北	1658.85	1652.99	1501.16	151.83	5.86
湖 南	1852.74	1847.82	1626.54	221.28	4.92
广 东	4138.82	3778.38	2899.62	878.76	360.44
广 西	2261.53	2176.04	1949.16	226.88	85.49
海 南	3268.83	2911.74	2103.60	808.13	357.09
重 庆	2114.74	2087.42	1511.37	576.05	27.32
四 川	1769.49	1760.72	1428.48	332.24	8.77
贵 州	2495.66	2478.40	2087.09	391.32	17.26
云 南	2736.68	2646.24	2157.77	488.47	90.44
西 藏	7290.84	5105.25	4560.49	544.77	2185.59
陕 西	1897.85	1833.39	1479.12	354.28	64.46
甘 肃	2082.77	2066.43	1723.35	343.09	16.34
青 海	2937.64	2910.52	2579.67	330.85	27.12
宁 夏	3642.18	3507.46	2247.79	1259.67	134.72
新 疆	3724.52	3661.56	2686.69	974.87	62.97

6—35 分地区地方农村高中生均教育经费支出

单位:元

地区	教育经费支出	事业性经费支出	个人部分	公用部分	基本建设支出
合计	**4031.41**	**3968.40**	**2464.49**	**1503.90**	**63.02**
北京	13383.25	12884.63	7405.57	5479.06	498.62
天津	5337.58	4926.14	3548.64	1377.51	411.44
河北	3589.59	3589.59	2231.57	1358.02	
山西	4657.43	4648.47	2296.28	2352.20	8.96
内蒙古	4199.97	4199.97	2660.86	1539.11	
辽宁	4469.23	4469.23	2446.70	2022.53	
吉林	3108.73	3108.73	2109.95	998.78	
黑龙江	2660.49	2641.42	1980.10	661.31	19.08
上海	19962.29	19962.29	10344.98	9617.31	
江苏	5567.66	5330.94	3475.89	1855.04	236.72
浙江	8344.65	8296.29	5491.88	2804.42	48.36
安徽	2881.74	2841.59	1765.82	1075.78	40.15
福建	4263.94	4130.04	2579.91	1550.13	133.90
江西	2822.30	2811.22	1998.35	812.87	11.08
山东	4305.44	4291.64	2731.73	1559.91	13.80
河南	2471.70	2340.33	1278.82	1061.50	131.37
湖北	2567.80	2550.92	1571.94	978.98	16.88
湖南	3914.23	3877.73	2353.37	1524.36	36.50
广东	5150.91	5076.36	2768.08	2308.28	74.55
广西	2585.20	2574.76	1789.47	785.29	10.43
海南	2390.73	2277.00	1491.86	785.14	113.73
重庆	3503.24	3497.88	2139.47	1358.41	5.36
四川	3044.55	3029.06	1900.05	1129.01	15.49
贵州	2713.55	2711.98	1920.75	791.23	1.58
云南	3913.25	3901.80	2444.80	1457.00	11.45
西藏					
陕西	2558.70	2554.98	1448.58	1106.40	3.72
甘肃	2527.49	2519.74	1630.25	889.49	7.75
青海	3798.66	3515.91	2866.74	649.17	282.74
宁夏	3293.38	3293.38	2387.13	906.24	
新疆	4512.99	4512.99	3451.79	1061.20	

6—36 分地区地方农村高中生均预算内教育经费支出

单位:元

地 区	预算内教育经费支出	事业费支出			基本建设支出
			个人部分	公用部分	
合 计	**2115.18**	**2088.82**	**1771.85**	**316.97**	**26.36**
北 京	9775.54	9276.92	5038.32	4238.60	498.62
天 津	3122.73	2711.29	2356.17	355.12	411.44
河 北	2369.87	2369.87	1982.73	387.14	
山 西	2848.50	2848.50	2083.78	764.72	
内蒙古	2366.84	2366.84	1862.38	504.47	
辽 宁	2990.02	2990.02	1968.22	1021.80	
吉 林	2050.05	2050.05	1666.68	383.37	
黑龙江	2472.07	2453.00	1968.99	484.01	19.08
上 海	11435.39	11435.39	9370.94	2064.45	
江 苏	2660.93	2591.14	2389.57	201.57	69.79
浙 江	3443.86	3437.56	3065.89	371.67	6.30
安 徽	1399.68	1392.75	1264.65	128.11	6.93
福 建	2408.08	2366.80	2046.25	320.55	41.28
江 西	1931.15	1925.78	1719.70	206.08	5.36
山 东	2477.50	2477.50	2329.64	147.86	
河 南	1702.31	1622.35	1141.52	480.83	79.96
湖 北	1072.94	1072.29	1015.93	56.35	0.65
湖 南	1316.06	1315.84	1231.07	84.77	0.21
广 东	2936.57	2862.22	2165.10	697.12	74.35
广 西	1682.73	1680.99	1484.53	196.45	1.74
海 南	1689.66	1584.68	1327.13	257.54	104.99
重 庆	2019.08	2013.72	1427.89	585.82	5.36
四 川	1458.90	1456.44	1261.98	194.46	2.46
贵 州	1942.40	1940.83	1785.05	155.77	1.58
云 南	2280.72	2270.68	1938.80	331.88	10.04
西 藏					
陕 西	1516.34	1512.63	1289.22	223.41	3.72
甘 肃	1945.86	1938.12	1505.34	432.78	7.75
青 海	2731.33	2616.08	2314.19	301.89	115.25
宁 夏	2448.31	2448.31	2035.73	412.58	
新 疆	3241.53	3241.53	2562.26	679.27	

6—37 分地区地方普通初中生均教育经费支出

单位:元

地区	教育经费支出	事业性经费支出			基本建设支出
			个人部分	公用部分	
合计	**3485.09**	**3410.95**	**2385.99**	**1024.96**	**74.13**
北京	16945.83	15874.20	8442.12	7432.08	1071.63
天津	6769.97	6677.80	5131.63	1546.17	92.17
河北	2893.97	2863.03	2039.30	823.73	30.94
山西	2946.16	2877.97	1868.15	1009.83	68.18
内蒙古	3988.32	3818.94	2657.99	1160.95	169.39
辽宁	4543.26	4499.78	3343.70	1156.08	43.48
吉林	3941.39	3917.48	2984.90	932.58	23.91
黑龙江	3712.19	3685.10	2854.50	830.60	27.09
上海	15728.94	15403.52	10586.26	4817.25	325.43
江苏	5079.79	4932.27	3435.98	1496.29	147.52
浙江	7105.53	6904.88	4760.40	2144.48	200.65
安徽	2291.53	2250.76	1654.33	596.44	40.76
福建	3541.43	3460.72	2451.04	1009.68	80.71
江西	2508.62	2435.72	1856.64	579.08	72.90
山东	3993.44	3950.50	2943.34	1007.16	42.94
河南	2267.64	2246.98	1562.73	684.25	20.67
湖北	2713.75	2671.81	1960.27	711.55	41.93
湖南	3656.44	3629.39	2762.93	866.45	27.05
广东	3978.73	3850.17	2383.67	1466.51	128.56
广西	2443.15	2426.42	1690.94	735.48	16.73
海南	3202.80	2994.15	2049.91	944.24	208.64
重庆	3304.29	3231.82	2076.04	1155.78	72.47
四川	2764.41	2738.27	1734.01	1004.26	26.14
贵州	1961.97	1941.96	1470.82	471.14	20.01
云南	2664.73	2628.65	2024.82	603.83	36.09
西藏	6802.67	4859.91	4317.96	541.95	1942.76
陕西	2538.64	2466.30	1591.64	874.66	72.34
甘肃	2374.00	2336.33	1692.29	644.04	37.67
青海	3740.50	3701.08	2850.26	850.83	39.42
宁夏	3412.97	3268.01	2153.22	1114.79	144.96
新疆	4393.30	4341.70	3156.94	1184.77	51.60

6—38 分地区地方普通初中生均预算内教育经费支出

单位:元

地区	预算内教育经费支出	事业费支出			基本建设支出
			个人部分	公用部分	
合计	**2731.27**	**2679.04**	**2064.80**	**614.23**	**52.23**
北京	11411.37	10358.08	5394.45	4963.63	1053.29
天津	5620.14	5537.86	4750.17	787.69	82.28
河北	2377.30	2350.44	1872.16	478.28	26.87
山西	2368.21	2345.91	1716.27	629.64	22.30
内蒙古	3195.78	3074.74	2292.99	781.75	121.04
辽宁	3514.59	3489.78	2701.66	788.12	24.81
吉林	2940.24	2917.44	2298.15	619.29	22.80
黑龙江	3289.69	3267.33	2703.22	564.11	22.36
上海	13377.01	13122.69	9696.78	3425.92	254.31
江苏	3661.02	3595.85	2953.30	642.55	65.17
浙江	4931.98	4795.31	3875.10	920.22	136.67
安徽	1818.27	1793.39	1393.54	399.85	24.89
福建	2653.21	2608.11	2088.43	519.68	45.10
江西	2105.14	2067.24	1703.89	363.35	37.90
山东	3391.69	3387.00	2818.89	568.10	4.69
河南	1926.00	1909.95	1397.73	512.22	16.05
湖北	2234.79	2213.10	1762.85	450.25	21.69
湖南	2681.66	2660.86	2166.50	494.36	20.80
广东	2848.53	2742.77	2009.82	732.95	105.77
广西	2044.88	2032.03	1557.27	474.76	12.85
海南	2619.85	2443.25	1866.87	576.38	176.60
重庆	2208.94	2143.19	1446.22	696.97	65.75
四川	2016.29	1995.44	1367.06	628.38	20.85
贵州	1760.46	1741.50	1416.90	324.60	18.97
云南	2235.38	2209.16	1813.66	395.50	26.23
西藏	6701.42	4758.66	4253.65	505.01	1942.76
陕西	2188.59	2153.55	1495.75	657.80	35.05
甘肃	2080.79	2050.82	1596.14	454.68	29.97
青海	3023.56	2991.36	2436.74	554.62	32.20
宁夏	2698.31	2623.24	1785.32	837.91	75.08
新疆	3310.66	3271.55	2544.85	726.71	39.11

6—39　分地区地方农村初中生均教育经费支出

单位:元

地　区	教育经费支出	事业性经费支出			基本建设支　出
			个人部分	公用部分	
合　计	**2926.58**	**2882.03**	**2061.04**	**820.99**	**44.54**
北　京	18193.61	16738.21	8034.79	8703.42	1455.41
天　津	4813.76	4708.90	3862.00	846.90	104.86
河　北	2726.99	2688.77	1949.89	738.88	38.22
山　西	2760.05	2740.36	1799.38	940.98	19.69
内蒙古	4014.22	3924.58	2944.32	980.25	89.64
辽　宁	3840.57	3820.24	2709.68	1110.56	20.32
吉　林	3485.17	3463.76	2681.97	781.80	21.41
黑龙江	3003.25	2991.34	2346.75	644.58	11.91
上　海	14463.38	14116.21	9582.29	4533.91	347.17
江　苏	4412.20	4270.94	3028.23	1242.70	141.27
浙　江	6634.71	6467.95	4455.86	2012.09	166.76
安　徽	2025.30	1999.02	1506.63	492.39	26.29
福　建	3103.31	3051.09	2202.63	848.46	52.22
江　西	2336.15	2295.99	1795.45	500.54	40.16
山　东	3667.24	3624.61	2794.35	830.26	42.62
河　南	2117.22	2107.77	1472.69	635.08	9.45
湖　北	2372.21	2343.69	1728.19	615.51	28.51
湖　南	3515.95	3490.89	2750.20	740.69	25.06
广　东	2731.81	2683.09	1625.51	1057.58	48.72
广　西	2160.29	2145.07	1527.56	617.51	15.22
海　南	2863.50	2731.49	1997.46	734.04	132.01
重　庆	2816.01	2770.66	1848.67	921.99	45.35
四　川	2489.01	2468.12	1569.33	898.78	20.90
贵　州	1704.46	1686.21	1301.66	384.55	18.25
云　南	2368.75	2345.67	1884.45	461.22	23.09
西　藏					
陕　西	2319.24	2289.46	1541.81	747.64	29.78
甘　肃	2112.44	2074.04	1568.12	505.92	38.40
青　海	3260.03	3203.28	2676.22	527.06	56.75
宁　夏	3139.40	3136.59	2099.13	1037.46	2.81
新　疆	3723.69	3678.93	2969.87	709.06	44.76

6—40 分地区地方农村初中生均预算内教育经费支出

单位:元

地区	预算内教育经费支出	事业费支出			基本建设支出
			个人部分	公用部分	
合计	**2465.46**	**2433.28**	**1859.84**	**573.44**	**32.19**
北京	14385.83	12930.43	6430.41	6500.02	1455.41
天津	4399.07	4294.20	3639.15	655.05	104.86
河北	2380.42	2345.21	1836.24	508.96	35.21
山西	2430.82	2416.58	1730.23	686.34	14.25
内蒙古	3410.28	3323.04	2556.83	766.21	87.24
辽宁	3143.27	3135.03	2339.39	795.64	8.24
吉林	2854.84	2834.13	2158.78	675.34	20.71
黑龙江	2895.74	2886.72	2324.07	562.64	9.02
上海	12920.20	12573.03	9080.93	3492.10	347.17
江苏	3448.32	3392.54	2749.13	643.41	55.78
浙江	4789.81	4695.96	3793.34	902.62	93.85
安徽	1728.79	1707.15	1325.57	381.58	21.64
福建	2493.47	2458.81	1952.44	506.37	34.67
江西	2119.22	2086.62	1718.15	368.47	32.60
山东	3251.46	3245.76	2707.33	538.43	5.70
河南	1910.71	1902.33	1350.73	551.60	8.38
湖北	2103.68	2082.56	1623.26	459.31	21.11
湖南	2720.72	2697.77	2190.30	507.46	22.96
广东	2133.26	2094.60	1436.28	658.32	38.66
广西	1929.55	1916.93	1461.66	455.27	12.62
海南	2503.68	2373.91	1884.19	489.72	129.77
重庆	2171.59	2129.35	1433.81	695.55	42.24
四川	1960.89	1940.81	1299.37	641.44	20.08
贵州	1606.80	1589.38	1280.84	308.54	17.43
云南	2127.82	2106.82	1747.80	359.02	21.01
西藏					
陕西	2146.23	2116.45	1482.89	633.56	29.78
甘肃	1972.65	1938.47	1514.96	423.51	34.18
青海	2928.48	2884.13	2406.25	477.87	44.35
宁夏	2695.02	2692.21	1859.76	832.45	2.81
新疆	3098.27	3064.85	2528.11	536.75	33.42

6—41　分地区地方普通小学生均教育经费支出

单位:元

地　区	教育经费支出	事业性经费支出	个人部分	公用部分	基本建设支　出
合　计	**2751.43**	**2717.25**	**2063.40**	**653.85**	**34.18**
北　京	10684.09	10114.18	6242.75	3871.43	569.91
天　津	5703.36	5576.87	4589.35	987.52	126.49
河　北	2680.71	2674.63	2090.64	583.99	6.09
山　西	2388.74	2377.48	1748.19	629.29	11.26
内蒙古	3856.75	3802.35	2901.37	900.99	54.40
辽　宁	3618.60	3601.00	2782.35	818.65	17.60
吉　林	4010.04	4008.66	3270.85	737.81	1.38
黑龙江	3906.05	3890.17	3211.01	679.16	15.88
上　海	13591.86	13485.67	9170.83	4314.85	106.19
江　苏	4726.26	4578.82	3510.88	1067.94	147.43
浙　江	5234.73	5132.01	3720.62	1411.39	102.72
安　徽	2054.25	2038.61	1655.42	383.19	15.64
福　建	3350.85	3318.41	2600.85	717.56	32.44
江　西	1906.76	1878.21	1489.14	389.07	28.56
山　东	2724.59	2698.62	2088.53	610.10	25.97
河　南	1628.08	1614.14	1213.69	400.45	13.95
湖　北	2265.39	2253.69	1750.04	503.65	11.70
湖　南	2514.09	2506.70	1969.92	536.79	7.39
广　东	2850.92	2796.28	1933.64	862.64	54.65
广　西	2034.71	2025.10	1614.06	411.03	9.61
海　南	2548.96	2478.41	1924.48	553.93	70.55
重　庆	2612.38	2581.16	1875.71	705.45	31.22
四　川	2268.54	2252.00	1550.92	701.08	16.54
贵　州	1574.49	1565.37	1301.43	263.95	9.11
云　南	2215.56	2200.15	1821.34	378.81	15.41
西　藏	4982.78	4815.56	4208.39	607.16	167.22
陕　西	2416.78	2402.12	1736.32	665.80	14.66
甘　肃	1948.32	1940.42	1558.29	382.13	7.90
青　海	3446.72	3375.08	2730.39	644.69	71.64
宁　夏	2465.25	2458.98	1824.00	634.98	6.27
新　疆	3631.16	3571.43	2886.34	685.09	59.72

6—42 分地区地方普通小学生均预算内教育经费支出

单位:元

地区	预算内教育经费支出	事业费支出			基本建设支出
			个人部分	公用部分	
合计	**2230.97**	**2206.90**	**1782.01**	**424.89**	**24.07**
北京	7883.81	7316.16	4364.57	2951.59	567.65
天津	5078.79	4956.36	4363.74	592.62	122.43
河北	2276.37	2272.34	1893.02	379.32	4.03
山西	2061.51	2057.54	1598.64	458.90	3.97
内蒙古	2988.04	2946.35	2298.61	647.74	41.69
辽宁	2854.73	2841.42	2250.95	590.47	13.31
吉林	3028.91	3028.29	2498.02	530.27	0.62
黑龙江	3557.01	3548.60	3063.41	485.18	8.41
上海	11605.17	11498.99	8654.06	2844.93	106.19
江苏	3771.05	3679.97	3173.11	506.86	91.08
浙江	3794.99	3734.35	3131.82	602.53	60.64
安徽	1656.07	1644.73	1347.86	296.87	11.33
福建	2602.28	2587.20	2165.90	421.30	15.09
江西	1687.36	1666.80	1383.46	283.34	20.56
山东	2399.79	2396.58	2025.76	370.82	3.21
河南	1403.05	1392.91	1076.38	316.52	10.14
湖北	1924.64	1920.87	1612.06	308.81	3.77
湖南	1911.76	1905.43	1534.82	370.60	6.33
广东	2098.28	2053.92	1604.72	449.20	44.36
广西	1837.72	1829.33	1521.27	308.06	8.39
海南	2239.92	2175.25	1801.07	374.18	64.67
重庆	1783.48	1757.99	1262.63	495.35	25.50
四川	1691.91	1681.05	1189.59	491.46	10.86
贵州	1475.22	1466.39	1267.84	198.56	8.82
云南	1805.23	1798.70	1517.44	281.26	6.54
西藏	4779.96	4648.19	4153.62	494.57	131.77
陕西	2138.45	2128.46	1609.17	519.28	9.99
甘肃	1778.27	1774.22	1473.77	300.45	4.05
青海	2788.06	2733.17	2296.21	436.96	54.89
宁夏	1979.49	1975.60	1501.61	473.99	3.89
新疆	2619.39	2573.48	2128.18	445.31	45.91

6—43 分地区地方农村小学生均教育经费支出

单位:元

地 区	教育经费支出	事业性经费支出	个人部分	公用部分	基本建设支出
合 计	**2463.72**	**2441.71**	**1899.46**	**542.25**	**22.01**
北 京	10842.71	10365.88	6003.06	4362.82	476.84
天 津	4780.83	4709.92	3925.71	784.20	70.91
河 北	2726.79	2720.06	2146.64	573.41	6.73
山 西	2476.25	2470.14	1859.71	610.43	6.10
内蒙古	4823.48	4798.52	3863.67	934.85	24.95
辽 宁	3434.87	3430.20	2642.90	787.30	4.68
吉 林	4131.82	4129.65	3456.45	673.20	2.17
黑龙江	4051.90	4032.13	3455.96	576.17	19.77
上 海	12083.77	11912.17	8969.56	2942.61	171.61
江 苏	4394.55	4288.07	3366.70	921.37	106.49
浙 江	5000.98	4919.05	3621.48	1297.56	81.93
安 徽	1921.43	1907.41	1570.44	336.97	14.02
福 建	3220.83	3196.15	2577.36	618.80	24.68
江 西	1888.34	1867.37	1503.10	364.27	20.97
山 东	2517.66	2506.36	2002.93	503.43	11.30
河 南	1530.82	1523.63	1162.29	361.34	7.19
湖 北	1960.36	1953.52	1551.17	402.36	6.83
湖 南	2347.69	2340.83	1916.50	424.33	6.86
广 东	2095.16	2060.01	1415.85	644.16	35.15
广 西	1898.47	1893.34	1528.92	364.42	5.13
海 南	2567.45	2484.09	1982.71	501.38	83.36
重 庆	2351.84	2329.25	1754.78	574.47	22.59
四 川	2175.73	2163.65	1500.49	663.16	12.07
贵 州	1490.16	1480.36	1243.18	237.19	9.79
云 南	2148.30	2135.10	1784.86	350.24	13.19
西 藏	4475.98	4369.93	3804.53	565.40	106.04
陕 西	2452.68	2434.96	1809.67	625.29	17.72
甘 肃	1828.49	1820.94	1471.77	349.17	7.56
青 海	3383.83	3288.58	2738.16	550.42	95.25
宁 夏	2369.95	2362.08	1812.45	549.62	7.88
新 疆	3530.58	3513.03	2955.69	557.34	17.55

6—44 分地区地方农村小学生均预算内教育经费支出

单位:元

地区	预算内教育经费支出	事业费支出	个人部分	公用部分	基本建设支出
合计	**2099.65**	**2084.28**	**1680.51**	**403.76**	**15.37**
北京	8856.66	8379.83	4967.34	3412.49	476.84
天津	4382.74	4314.21	3748.95	565.26	68.53
河北	2370.45	2366.35	1959.42	406.94	4.10
山西	2241.38	2237.42	1733.97	503.45	3.96
内蒙古	3805.72	3786.86	3018.25	768.61	18.86
辽宁	2803.17	2802.43	2196.12	606.31	0.74
吉林	3352.57	3351.58	2763.02	588.57	0.99
黑龙江	3904.22	3895.06	3395.10	499.96	9.16
上海	11250.87	11079.26	8610.16	2469.10	171.61
江苏	3718.63	3649.53	3150.16	499.38	69.10
浙江	3806.25	3762.67	3161.82	600.85	43.58
安徽	1609.20	1598.51	1313.15	285.36	10.69
福建	2640.65	2625.62	2192.74	432.88	15.03
江西	1721.80	1703.55	1422.39	281.17	18.25
山东	2323.39	2319.89	1955.98	363.92	3.49
河南	1366.09	1360.44	1041.40	319.04	5.65
湖北	1813.06	1810.27	1494.19	316.09	2.79
湖南	1847.25	1841.39	1517.19	324.19	5.86
广东	1671.62	1646.78	1209.06	437.72	24.84
广西	1766.91	1762.72	1460.88	301.84	4.20
海南	2323.01	2241.26	1865.94	375.32	81.75
重庆	1730.95	1712.77	1251.13	461.64	18.17
四川	1672.17	1663.09	1165.54	497.55	9.08
贵州	1426.07	1416.64	1222.36	194.27	9.44
云南	1799.98	1794.93	1514.24	280.69	5.05
西藏	4285.30	4201.29	3759.96	441.33	84.01
陕西	2232.77	2221.36	1686.48	534.88	11.41
甘肃	1714.43	1710.13	1408.92	301.21	4.30
青海	2922.14	2848.10	2370.90	477.20	74.04
宁夏	2042.21	2037.59	1570.60	466.99	4.63
新疆	2634.78	2629.07	2208.98	420.09	5.71

6—45 分地区地方特殊教育学校生均教育经费支出

单位:元

地区	教育经费支出	事业性经费支出	个人部分	公用部分	基本建设支出
合计	**18265.38**	**17900.66**	**12490.08**	**5410.58**	**364.72**
北京	46373.04	44767.07	26081.44	18685.63	1605.97
天津	36393.31	35235.87	27433.35	7802.52	1157.43
河北	13863.57	13863.57	9604.94	4258.63	
山西	15332.20	15216.06	9821.79	5394.27	116.14
内蒙古	19994.13	17823.48	13033.54	4789.94	2170.65
辽宁	17970.78	17965.53	13718.48	4247.05	5.25
吉林	22089.58	22089.58	15965.59	6123.98	
黑龙江	21387.10	21370.97	17864.06	3506.91	16.13
上海	34500.64	34500.64	24499.24	10001.39	
江苏	20399.33	20399.33	14662.89	5736.44	
浙江	26140.24	25488.58	17873.85	7614.74	651.66
安徽	12321.13	9422.99	6506.62	2916.38	2898.14
福建	16332.69	16176.73	11235.69	4941.03	155.97
江西	11247.08	11219.63	6844.20	4375.43	27.45
山东	21188.19	20800.80	14333.93	6466.87	387.39
河南	10000.59	9961.74	7922.97	2038.77	38.85
湖北	11443.44	11430.59	7275.71	4154.88	12.85
湖南	15103.88	15021.27	10235.65	4785.63	82.61
广东	28467.39	27854.45	18220.47	9633.98	612.93
广西	9490.89	9490.89	6938.15	2552.73	
海南	15183.39	15183.39	10129.76	5053.63	
重庆	14183.00	14183.00	8505.06	5677.94	
四川	9072.09	9045.47	5880.89	3164.58	26.62
贵州	11507.60	11507.60	8553.21	2954.39	
云南	13846.78	12531.91	7852.50	4679.41	1314.87
西藏	20204.38	20204.38	16131.39	4072.99	
陕西	8870.11	8870.11	6371.92	2498.19	
甘肃	16535.30	16248.27	9886.02	6362.25	287.03
青海	13205.76	13205.76	10466.19	2739.57	
宁夏	6993.67	6993.67	5231.79	1761.87	
新疆	14232.93	14232.93	10406.29	3826.64	

6—46 分地区地方特殊教育学校生均预算内教育经费支出

单位:元

地区	预算内教育经费支出	事业费支出	个人部分	公用部分	基本建设支出
合计	**14328.14**	**14046.07**	**10937.11**	**3108.96**	**282.07**
北京	37043.75	35437.78	19185.38	16252.40	1605.97
天津	31905.10	31905.10	26262.75	5642.35	
河北	10689.67	10689.67	8778.57	1911.11	
山西	12042.85	11926.71	8953.54	2973.17	116.14
内蒙古	17103.14	14932.49	11203.77	3728.72	2170.65
辽宁	14154.66	14149.41	11768.32	2381.09	5.25
吉林	17126.63	17126.63	12149.63	4977.00	
黑龙江	19695.68	19695.68	17361.22	2334.46	
上海	28970.03	28970.03	23017.31	5952.72	
江苏	15414.77	15414.77	12993.81	2420.96	
浙江	19485.83	19324.86	14693.44	4631.42	160.97
安徽	9080.28	6182.15	5139.24	1042.90	2898.14
福建	12511.86	12355.90	9592.99	2762.91	155.97
江西	7035.69	7035.69	5793.41	1242.28	
山东	17007.65	17000.50	13873.63	3126.87	7.15
河南	8074.49	8035.64	6862.58	1173.06	38.85
湖北	8132.13	8119.28	6561.83	1557.46	12.85
湖南	11349.65	11267.04	9248.45	2018.59	82.61
广东	21135.58	20891.15	14733.69	6157.46	244.43
广西	6580.40	6580.40	5288.74	1291.67	
海南	14949.83	14949.83	9982.70	4967.13	
重庆	8669.27	8669.27	6225.21	2444.06	
四川	6557.39	6530.78	4834.31	1696.46	26.62
贵州	9466.83	9466.83	8279.54	1187.28	
云南	10838.59	9535.88	6521.23	3014.65	1302.71
西藏	19751.82	19751.82	16131.39	3620.44	
陕西	7904.64	7904.64	6297.93	1606.71	
甘肃	14570.84	14283.80	9496.08	4787.72	287.03
青海	9882.01	9882.01	8122.30	1759.71	
宁夏	6084.86	6084.86	4502.22	1582.65	
新疆	9645.25	9645.25	7234.94	2410.31	

6—47 分地区地方幼儿园生均教育经费支出

单位:元

地区	教育经费支出	事业性经费支出	个人部分	公用部分	基本建设支出
合计	**3121.41**	**3081.67**	**2127.18**	**954.50**	**39.74**
北京	12757.54	12307.28	8208.71	4098.57	450.26
天津	10982.76	10952.57	7763.54	3189.03	30.19
河北	1487.20	1487.20	1068.77	418.43	
山西	1896.86	1892.85	1306.78	586.08	4.01
内蒙古	6236.26	6148.82	4247.25	1901.57	87.44
辽宁	10508.82	10073.87	7259.30	2814.58	434.95
吉林	2635.44	2635.44	1813.63	821.81	
黑龙江	5282.94	5254.83	4034.79	1220.05	28.10
上海	12247.27	12085.78	8084.69	4001.09	161.49
江苏	2962.38	2790.08	1838.37	951.71	172.30
浙江	5355.70	5311.99	3494.44	1817.55	43.72
安徽	1590.84	1590.08	1193.15	396.93	0.77
福建	2904.16	2889.50	1997.96	891.54	14.67
江西	3140.54	3137.57	2193.87	943.70	2.97
山东	2116.57	2114.40	1330.99	783.41	2.18
河南	2112.68	2100.63	1345.98	754.65	12.05
湖北	2575.26	2572.14	1882.49	689.66	3.12
湖南	2684.63	2646.77	1734.18	912.58	37.86
广东	5152.81	5139.13	3563.30	1575.83	13.68
广西	1197.52	1197.49	817.77	379.72	0.03
海南	1824.51	1821.81	1381.40	440.40	2.70
重庆	2383.80	2354.36	1585.83	768.53	29.44
四川	1347.47	1344.79	965.32	379.47	2.68
贵州	1562.72	1562.27	1214.08	348.19	0.46
云南	1732.04	1722.83	1229.28	493.55	9.22
西藏	3480.45	3480.45	2870.26	610.19	
陕西	2648.87	2648.70	1951.57	697.13	0.17
甘肃	2132.97	2127.20	1646.01	481.19	5.77
青海	4793.54	4776.11	3846.76	929.35	17.42
宁夏	2429.15	2429.15	1769.48	659.67	
新疆	2880.55	2816.70	2171.43	645.27	63.84

6—48 分地区地方幼儿园生均预算内教育经费支出

单位:元

地区	预算内教育经费支出	事业费支出	个人部分	公用部分	基本建设支出
合计	**1771.76**	**1749.79**	**1515.73**	**234.06**	**21.97**
北京	6474.85	6438.83	4856.11	1582.71	36.02
天津	6873.89	6865.14	6063.83	801.31	8.75
河北	1042.33	1042.33	925.29	117.04	
山西	1211.18	1210.77	1084.37	126.39	0.41
内蒙古	4001.50	3929.11	3409.31	519.79	72.39
辽宁	6476.69	6041.75	5331.12	710.63	434.95
吉林	1617.73	1617.73	1339.45	278.28	
黑龙江	4355.38	4355.38	3810.59	544.79	
上海	8193.02	8031.53	6401.39	1630.13	161.49
江苏	1378.87	1305.75	1174.17	131.58	73.13
浙江	2112.73	2103.09	1784.06	319.04	9.64
安徽	912.84	912.84	881.59	31.25	
福建	1669.34	1659.08	1463.83	195.26	10.25
江西	1739.06	1739.06	1663.24	75.83	
山东	901.22	901.22	843.87	57.34	
河南	1272.88	1269.88	1086.95	182.93	3.00
湖北	1476.58	1476.54	1367.27	109.27	0.04
湖南	1117.54	1111.91	1038.07	73.83	5.63
广东	2064.52	2051.05	1761.73	289.32	13.47
广西	662.21	662.21	624.98	37.23	
海南	1060.51	1057.81	1002.27	55.54	2.70
重庆	1118.23	1114.63	884.49	230.14	3.60
四川	638.39	637.95	584.41	53.54	0.45
贵州	1106.73	1106.29	1054.29	52.01	0.44
云南	1056.04	1047.82	956.63	91.19	8.22
西藏	3124.09	3124.09	2778.92	345.17	
陕西	1932.41	1932.41	1807.65	124.76	
甘肃	1647.27	1643.66	1470.28	173.39	3.60
青海	3193.05	3175.63	2862.97	312.66	17.42
宁夏	1392.73	1392.73	1289.12	103.61	
新疆	1877.86	1816.35	1574.62	241.73	61.51

附　录

全国教育经费统计指标说明

一、全国教育经费来源

全国教育经费来源包括国家财政性教育经费、民办学校中举办者投入、社会捐赠经费、事业收入及其他教育经费。

1. 国家财政性教育经费 包括国家财政预算内教育经费，各级政府征收用于教育的税、费，企业办学中的企业拨款，校办产业和社会服务收入用于教育的经费。

(1)财政预算内教育经费 指中央、地方各级财政或上级主管部门在本年度内安排，并划拨到各级各类学校、教育行政单位、教育事业单位，列入国家预算支出科目的教育经费。

①教育事业费拨款 指学校或单位列入《政府收支分类支出科目》第205类“教育支出”科目中教育经费拨款数，不含205类第09款“教育附加及基金支出”。

②科研拨款 指高等学校从中央和地方取得的《政府收支分类支出科目》第206类“科学技术”科目的科学研究经费。

③基本建设拨款 指学校或单位从中央和地方发展与改革部门取得的《政府收支分类科目》经济分类第309类的“基本建设支出”拨款。

④其他拨款 指学校或单位取得的除教育事业拨款以外的其他属于财政预算内的经费拨款，如医疗保障经费、住房改革经费、离退休经费等。

(2)各级政府征收用于教育的税费 指中央和地方各级政府为发展教育事业而指定机关专门征收，并划拨给教育部门使用的实际数额。例如：教育费附加，地方教育附加。

①教育费附加 指按照国家规定比例向缴纳增值税、营业税、消费税的单位和个人征收的教育费附加。

②地方教育附加 指地方各级政府根据《教育法》的有关规定，在征收教育费附加以外，开征的用于教育的税费。如地方政府按增值税、营业税、消费税的1%征收的用于教育的税费等。

(3)企业办学中的企业拨款 指中央和地方所属企业在企业营业外资金列支或企业自有资金列支，并实际拨付所属学校的办学经费。

(4)校办产业和社会服务收入用于教育的经费 指学校举办的校办产业和各种经营取得的收益及投资收益中用于补充教育经费的部分。

2. 民办学校中举办者投入 指办学的单位或公民个人拨给民办学校的办学经费。

3. 社会捐赠经费 指境内外社会各界及个人对教育的资助和捐赠。

4. 事业收入 指学校和单位开展教学及其辅助活动依法取得的、经财政部门核准留用的预算外资金，以及经财政专户核拨回的预算外资金。包括教学收入和科研收入、义务教育阶段学生缴纳的杂费、非义务教育阶段学生缴纳的学费、借读学生缴纳的借读费、住宿学生缴纳的住宿费、按照有关规定向学生收取的其他费用等。

其中，学杂费指学生缴纳的学杂费(含普通高中按规定收取的择校费)，不包括学校收取的课本费和其他代收费项目。

5. 其他收入 指除上述各项收入以外的其他各项收入。

二、全国教育经费支出

教育经费支出分为事业性经费支出和基建支出两部分。

1. 事业性经费支出 分为“个人部分支出”和“公用部分支出”两部分。

(1)个人部分支出 包括“工资福利支出”、“对个人和家庭的补助”两部分。

①工资福利支出 反映学校或单位开支的在职职工和临时聘用人员的各类劳动报酬，以及为上述人员缴纳的各项社会保险费等。

②对个人和家庭的补助支出 反映政府对个人和家庭的补助支出。

(2)公用部分支出 包括“商品和服务支出”和“其他资本性支出”两部分。

①商品和服务支出 反映学校或单位购买商品和服务的支出(不包括用于购置固定资产的支出)。

②其他资本性支出 反映非各级发展与改革部门集中安排的用于购置固定资产、土地和无形资产，以及购建基础设施、大型修缮所发生的支出。

2. 基本建设支出 反映各级发展和改革部门集中安排用于学校购置固定资产、土地和无形资产，以及购建基础设施、大型修缮所发生的支出以及与之配套完成上述项目的非财政预算内资金支出，不包括财政预算内配套资金。

3. 预算内教育事业费和基建支出 指按实际支出、预算安排或采用统计方法得出。

本统计中央和地方教育经费支出按学校与其他教育机构隶属关系划分。中央教育经费支出指中央部委属学校及其他教育机构支出；地方教育经费支出指地方属学校及其他教育机构支出。中央和地方教育经费收入按经费来源划分。

本资料统计的范围

1. 凡列入财政部制定的《政府收支分类科目》中第205类“教育支出”科目的：教育部门办各级各类学校、幼儿园、教育事业单位；其他部门办各级各类学校、幼儿园；教育行政单位。独立师资并按学校体制管理的中央、省(自治区、直辖市)、地(市)、县各级党委举办的党校，各级政府举办的社会主义学院、行政学院(不含行业、部门办的党校和行政学院)；财政部举办的国家会计学院。

2. 国有及国有控股企业举办的普通高等学校、中等专业学校、职业高中、技工学校、普通中学、十二年一贯制学校、九年一贯制学校、普通小学和经过教育主管部门批准承认学历的成人高校、成人中等专业学校、成人中学、成人小学等。

3. 由国家机构以外的社会组织或者个人，利用非国家财政性经费，面向社会举办的，经县级以上人民政府教育行政部门按照国家规定的权限审批的普通高等学校(含按新机制和模式举办的独立学院)、职业高中、普通中学、十二年一贯制学校、九年一贯制学校、普通小学、特殊教育学校等；或经县级以上人民政府劳动和社会保障行政部门按照国家规定的权限审批，并抄送同级教育行政部门备案的中等专业学校、技工学校等。

香港、澳门和台湾省的教育经费统计资料暂缺。

本资料的统计时间 2007年1月1日至2007年12月31日。